제자백가
인 간 을
말하─다

제자백가, 인간을 말하다

성악설 vs 성선설, 위대한 사상가 10인이 말하는 인간 본성 이야기

초판 1쇄 발행 2019년 6월 25일
초판 2쇄 발행 2019년 8월 1일

지은이   임건순
펴낸이   이영선
책임편집 김선정

편집   강영선 김선정 김문정 김종훈 이민재 김연수 이현정
디자인   김회량 정경아
독자본부 김일신 김진규 정혜영 박정래 손미경 김동욱

펴낸곳 서해문집 | 출판등록 1989년 3월 16일 (제406-2005-000047호)
주소 경기도 파주시 광인사길 217 (파주출판도시)
전화 (031)955-7470 | 팩스 (031)955-7469
홈페이지 www.booksea.co.kr | 이메일 shmj21@hanmail.net

ⓒ 임건순, 2019
ISBN 978-89-7483-988-8 03150

이 도서의 국립중앙도서관 출판예정도서목록(CIP)은 서지정보유통지원시스템
홈페이지(http://seoji.nl.go.kr)와 국가자료공동목록시스템(http://www.nl.go.kr/
kolisnet)에서 이용하실 수 있습니다.(CIP제어번호: CIP2019022553)

제자백가 인간을 말하다

임건순 지음

**성악설 vs 성선설, 위대한 사상가
10인이 말하는 인간 본성 이야기**

최초로 인성론을 펼친 묵자부터
인간을 새롭게 발견한 혁명가 공자까지
'인간 본성'에 대한 네버엔딩 스토리

서해문집

묵자墨子·손자孫子·공자孔子·한비자韓非子·노자老子·상앙商鞅·맹자孟子·
장자莊子·고자告子 등 위대한 스승이 우르르 쏟아져 나온 시기가 있었습니
다. 일가를 이룬 여러 스승이 나와 목소리를 높였는데 이를 백가쟁명百家爭
鳴이라고 했지요. 그렇게 다양한 색채의 사상이 한꺼번에 나와서 다투어 목
소리를 냈던 시기, 그때를 제자백가 시대라고 하는데 한국에 사는 어떤 한
젊은이가 그만 그 시대 사상들의 다양성과 역동성, 재기발랄함에 반해버렸
고, 반해버린 나머지 그 사상들의 연구를 평생의 업으로 삼게 되었답니다.

그 젊은이가 제자백가 시대 사상들에 인생을 건 채 천착한 지 십 년이
넘은 시점에 또 하나의 묵직한 책을 내게 되었네요. 바로《제자백가, 인간을
말하다》. 제자백가 사상 중에서 젊은이가 가장 자신 있어 하던 것이 그들의
인간 이야기인데, 그 인간 이야기를 가지고 다시 또 독자들을 찾아뵙게 되
었습니다.

사실 모든 사상은 인간 이야기입니다. 사상가들은 각자 자신만의 인간

관에 기초해 이야기를 하는데, 열 명의 사상가가 있으면 열 명의 인간관이 있는 것이고 백 명의 사상가가 있으면 백 명의 인간 담론이 있는 것이죠. 위대한 스승들 각자의 인간 이야기를 통해 그들 사상의 기초와 뼈대를 봅시다. 그러면서 그들이 남긴 인류 공통의 자산, 고전을 읽고 이해하는 힘을 길러봅시다. 단순히 지식이 아닌 지혜의 문까지 가봅시다. 그것이 바로 이 책의 목표입니다.

종종 이런 조언을 듣습니다. 책을 팔리기 좋게, 더 직설적으로 말해 기업 강의 들어오기 좋게 쓰라고요. 경영자의 리더십과 연관되게 포장을 하고 시작 단계부터 그렇게 기획해서 구성하라고요. 하지만 전 늘 그런 조언에 고개를 단호하게 가로젓습니다. 저는 축적을 위해 삽니다. 내가 쌓아놓은 것들이 공동체의 자산이 되고 후배들이 동양철학자로 성장하는 데 도움이 되게 쌓아갈 뿐입니다. 제가 비록 화려하게 꽃을 피우지 못하면 어떻습니까? 제가 쌓은 것들이 거름이 되어 땅을 비옥하게 만들고 후배가, 다음 세대가 꽃을 피우고 열매를 맺을 수 있게 하면 그만이지요.

쉽게 읽힌다, 이해가 쉽다, 대중적인 글쓰기가 된다, 가독성이 훌륭하다 등등의 칭찬을 종종 받아왔는데, 그럼에도 늘 저는 학술서를 써야 한다는 욕심을 포기한 적이 없습니다. 최대한 많은 이가 이해할 수 있게 쓰는 데 그치지 않고 어떻게든 우리 공동체의 지적 자산을 만들어가야지요. 또 지식의 수용에서 그치는 게 아니라 각자가 생각의 주체, 질문하는 주체가 되게끔 책을 써야지요. 이 책도 그러합니다. 쉬운 대중서이지만 또한 학술서이기도 합니다. 그렇게 저는 늘 축적을 위해 살아갈 것입니다.

은사님들 이야기를 하지 않을 수가 없겠네요. 권옥주·최미숙 선생님, 돌아가신 신동수 선생님, 박천권 선생님, 양희선·윤석진 선생님, 유인환 선생님, 고선희·이영애 선생님, 김춘수 선생님, 최용락 선생님, 이상헌 선생님. 장인형 인재라며 저를 적잖이 배려해주시고 때론 편애다 싶을 정도로 돌봐주신 선생님들을 생각하면 늘 감사하고 또 죄송한 마음뿐입니다. 그리고 상경해서 스승으로 모신 박용찬·정원재·정재현 선생님. 빌어먹을 성질의 제자 때문에 마음고생이 심하셨을 텐데, 역시나 감사하고 또 죄송한 마음밖에 없네요. 늘 열심히 축적을 향해 매진하고 공동체의 지적 자산을 쌓아나가 보겠습니다. 아울러 이화여대 권복규 선생님과, 저를 도와주시고 격려·후원해주시는 여러 의사 선생님들께도 감사의 말씀을 꼭 올리고 싶습니다.

개화파들의 꿈과 한이 서린 소격동에서

임건순

네버엔딩 스토리,
제자백가의
인간 이야기

반갑습니다.《제자백가, 공동체를 말하다》이후 5년 만인 것 같네요. 곧 후속 작을 낼 것처럼 해놓고서 이렇게 염치없이 5년 만에 찾아왔는데 어쨌든 반갑습니다.

제자백가는 춘추전국시대에 등장한 스타들이죠. 공자·맹자·손자·오기 吳起(오자), 그리고 묵자·한비자·상앙 등 춘추전국시대 때 무수히 많은 슈퍼 스타가 등장했지요. 일가를 이룬 스승들이 뛰쳐나와 우리 이렇게 세상을 만 들어가자, 지금 우리가 처한 세상의 근본문제를 해결해가자며 소리를 높였 는데 그야말로 백가가 쟁명했다지요. 정말 백 명은 아니지만 아주 많은 스 승이 뛰쳐나와 다투어 목소리를 내면서 사상의 자유시장이 열렸습니다.

그러면 이들은 인간이라는 존재를 어떻게 바라보았을까요? 그들은 정 말 많이 인간에 대해 논하고 이야기했습니다. 인간은 착하다 악하다, 인간 본성은 이러하다 저러하다, 인간은 이걸 좋아하고 저걸 싫어한다 등등. 이제 이들 각자가 인간에 대해 어떻게 논했는지 살펴볼 것입니다. 그러면서 각자의 인간관을 비교·대조해보고 무엇이 다르고 비슷한지, 거기에 더해 그 이유는 무엇인지까지 살펴볼 것입니다.

일단 인성론을 중심으로 이야기해보겠습니다. 각자가 생각한 인간 일반의 본성, 즉 인간의 본성이 착하다 악하다로 구분되는 '성악'과 '성선'의 틀로 시작해보지요. 그래야 이해하기가 쉽고 잘 따라올 수 있을 것 같습니다. 거기에서 더 나아가 묵자·순자·맹자가 생각했던 인간 일반의 행위의 경향 또는 성향, 그리고 그것을 만들어내는 중심 원인에 대해 논해보겠습니다. 그리고 인간 본성과 경향·성향의 변화 문제, 수양론과 규범의 실천 문제 등을 이야기하겠습니다. 그렇게 인성론·본성론에서 시작해 계속 범위를 넓혀갈 것입니다. 그들이 말한 인간에 대한 이야기를 전부는 아니어도 구석구석 조목조목 살펴보지요. 자, 그럼 가봅시다. 그들의 인간관에 대해 알아보면서 그들 각자의 사상을 공부해보지요.

성선설 vs 성악설, 가장 대중적인 인성 논쟁

성선설과 성악설, 누구든 들어본 이야기일 것입니다. 사람들에게 '성악설이 맞는 거 같아요? 성선설이 맞는 거 같아요? 아니면 자신이 생각하는 인간이란 어떤 존재인 것 같아요?'라고 물어보면 대부분이 어렵지 않게 답을 하곤 합니다. 질문에 대한 답이 준비되어 있는 경우도 많고요. 평소에 이런 질문을 자주 주고받았다거나 그들 나름대로 생각해둔 바가 있어서 그렇겠지요.

　제자백가 시대에, 춘추전국시대에 인간 일반은 이렇다 저렇다, 선하다 악하다, 참 많이 논쟁을 했는데 그 인성 논쟁은 대중에게 가장 친근한 논쟁일 것입니다. 제자백가의 인간 이야기라는 것은 오늘날 대중에게도 가장 쉽게 와닿을 수 있고 대중이 쉽게 접근할 수 있다는 점에서 의미가 있지 않을까 싶은데, 그렇기에 꼭 다뤄보고 싶은 주제였습니다. 각자의 생각을 키우는 철학함을 도와준다는 점에서 예전부터 꼭 해보고 싶은 이야기였지요.

　철학이란 것이 무엇일까요? 사람이 생각하게 해주는 것 아닐까요? 많은 사람이 자신의 생각을 가져보도록 도와주는 것이 철학함이라고 보는데, 철학이란 것이 꼭 어렵고 저 위에서 독야청청 잘난 체하는 것일까요? 아니지요. 누구든 생각해보고 고민해봄 직한 주제를 가지고 이야기하고, 그러면서 많은 사람이 사고를 넓히고 자신의 생각과 의견을 분명히 하도록 도와주는 것이 철학이 아닐까요? 그런 점에서 제자백가의 인간 이야기, 인간과 관련된 논쟁은 아주 훌륭한 철학적 주제가 아닐까 싶어요. 누구든 당장 생각해보고 이야기할 수 있는 주제니까요.

　그런데 단순히 친근하고 대중적인 주제라서 이것을 다루고자 하는 것은 아닙니다. 사실 세상의 모든 사상은 인간에 대한 규정에서 시작합니다. 사상가들 각자의 인간관에서 그들의 사상이 출발하고, 그 인간관이 자기 사상의 토대이자 기초가 되는데요. 제자백가의 인간 이야기를 들어보면서 결국 그들 사상의 알짜와 핵심을 보자는 것이죠. 그리고 결국엔 그들이 남긴 《논어論語》,《노자老子》,《손자병법孫子兵法》,《장자莊子》등 우리가 고전이라고 부르는 책들을 스스로 읽어보는 힘까지 키워보자는 겁니다.

마지막으로 인문학적 내공을 높이는 것을 목적으로 하는데, 사실 인문학이란 것이 무엇이겠습니까? 인간에 대한 이해입니다. 인간에 대한 설명입니다. 인간 이해의 지평을 넓히고 인간에 대해 더욱 밀도 있게 설명하는 것이 인문학이지요. 제자백가 각자의 인간론·인간관을 매개로 그들 사상의 중심부로 가는 것도 중요하지만, 결국 인문학은 인간이잖습니까? 인간을 보고 인간을 논하는 내공 자체를 넓혀가 봅시다. 그리하여 인문학의 기본적·궁극적 목적, 즉 인문학의 시작과 끝, 그것을 이 책은 목표로 합니다.

성악설이 주류다

본격적인 논의를 시작하기 전에 말씀드리고 싶은 것이 두 가지 있습니다. 첫째, 제자백가에서는 성악설이 주류이고 다수라는 것이지요. 인간 이야기를 하자면서 '성악설과 성선설 중 어느 것이 맞냐? 둘 중 무엇이 더 설득력이 있냐? 인간의 본성이 선하냐 악하냐?'와 같이 성악과 성선의 틀로 많이 이야기하는데, 제자백가의 인간에 대한 이야기를 하나하나 톺아보면 성악설이 압도적으로 많습니다.

성선설은 맹자 하나, 잘 쳐준다면 공자와 함께 둘뿐입니다. 공자와 맹자를 제외하고는 다 성악설이라고 보면 됩니다. 그런데 성선설은 어쨌든 인간을 긍정하는 것이다 보니 더 좋은 것으로 소개가 되었고, 또 유교 전통이 강한 나라다 보니 더 주류인 것으로 많이 소개되었지요. 하지만 실제 주류였던 인간론은 성선설이 아닙니다. 성악설이 훨씬 많았어요. 흔히 성악설하면 순자를 이야기하는데, 성악설은 순자 말고도 많지요. 양적으로 성선설을 압도합니다.

그런데도 성선설이 주류처럼 여겨지고 제자백가의 인성론과 관련한 학자들의 논문을 보면 지나칠 정도로 맹자에 치우쳐 있어 당대 사상사를 있는 그대로 보여주질 못했죠. 특히 당시 시대의 대세였던 법가와 병가의 인간관·인성론을 빼놓는 경우가 많았는데, 이는 유가와 맹자를 중심으로 이야기하다 보니 생긴 문제였습니다. 맹자를 먼저 말하고 거기에 순자를 끌어와 비교·대조하는 것으로 논의를 끝내다 보니 다른 성악설론자들의 이야기는 잘 다뤄지지 않은 것이죠. 그러면서 역으로 맹자의 인성론과 인간관의 고유한 특질도 제대로 보여주지 못하는 경우가 많았지요. 성악설 진영의 이야기도 살펴봐야 맹자 고유의 문제의식이 더욱 또렷이 드러나는데, 성악설에 대한 조명이 없다시피 하니 정작 맹자의 인간관도 협소하게 이해되는 것입니다.

한비자·상앙 같은 법가, 노자와 장자 같은 도가, 그리고 군사의 일을 담당했던 손자 등 정말 대부분이 성악설이었어요. 그들은 외재적 기준과 규범으로 인간을 다시 만들어가야 한다고 생각했고, 내버려두면 인간의 욕망과 이기심으로 집단과 사회가 혼란스러워질 것이라고 생각했습니다. 겸애兼愛를 이야기한 묵자도 가장 먼저 인간 일반에 대한 인성론을 전개하며 성악설을 주장했죠. 그러면서 정치권력의 기원과 도입을 말했습니다. 인간의 본성이 악하니 어떻게든 정치권력으로 혼란스러움을 다스려야 한다고요. 묵자의 성악설이 순자에게도 큰 영향을 주었습니다. 맹자와 치열하게 논쟁한 고자告子도 성악설이었죠.

이렇듯 성악설이 주류니, 당연히 당대의 인성론과 그들의 인간관인 성악설을 위주로 소개를 해야지요. 성악설이 주류가 된 이유, 성악설의 공통된 특징과 문제의식들, 성악설 안에서의 차이, 그 차이가 만들어주는 사상가들의 개성 등. 그래서 전 많은 부분 성악설에 대해 이야기하면서 성악설의 속살, 성악설의 장점과 단점을 보여줄 것입니다. 특히 오해된 부분을 불식하기 위해 성악설의 장점들을 분명히 보여드리지요.

먼저 성악설이 주류가 된 가장 큰 원인을 꼽아보자면 시대적 배경을 들 수 있습니다. 당대는 혼란스러운 시기였습니다. 종법宗法*과 예禮**로 통칭되는 서주시대***의 질서가 무너지고 춘추오패****로 상징되던 춘추시대의 질서마저도 무너지면서, 하루가 멀다 하고 여러 나라끼리 전쟁을 벌이는 전

---

* 종법제도는 주나라 상류 사회를 규정한 근본적인 제도입니다. 종족·혈족을 단위로 친소 관계에 있는 귀족사회 구성원의 상호 관계와 의무·권리를 제도화한 것으로서, 부계 중심의 사회 구성 방식에 모계제가 다소 혼합되어 있습니다. 적자와 서자, 적자의 가문 대종과 서자의 가문 소종으로 구분되며, 재산과 지위의 상속에서 적장자의 권리와 위상이 절대적입니다. 적장자와 그의 가문 대종을 중심으로 신분적 위계질서가 구축되고 국가와 사회는 그런 종법의 위계질서를 대원리로 해서 돌아가는데, 종법제도에서 구성원에게 부여되는 권리와 의무의 세부 내용이 바로 예입니다.

** 귀족, 그리고 귀족과 같이 성안에 살던 사士 계급인 국인國人 등 상류 사회 사람들이 지켜야 했던 규범·문화·관습을 말하던 것으로, 본디 제사·종교의식에서 기원했지만 점차 사회 전체의 규범으로 확대되어갔습니다.

*** 주나라는 서주시대와 동주시대로 나뉩니다. 유왕幽王 때 내정이 문란해지고 견융犬戎의 침입을 막지 못해 수도는 무너지고 유왕은 살해되었습니다. 유왕의 아들 평왕平王은 기원전 770년경 나라를 재건하기 위해 도읍을 동쪽으로 옮겨 낙양 근처에서 주왕조를 다시 일으켰습니다. 이러한 동쪽 천도를 기준으로 이전을 서주시대, 이후를 동주시대라고 하지요. 이때 견융과 맞서며 주왕실의 천도를 도운 세력이 바로 진秦인데, 그들이 드디어 역사에서 존재감을 드러내기 시작했습니다. 그 후 기원전 453년에 한韓·위魏·조趙가 진晉을 3등분해 분리 독립하면서 전국시대를 열었는데, 이러한 전국시대 이전의 동주시대를 춘추시대, 이후 진秦나라가 통일하기까지를 전국시대라고 합니다.

제자백가, 인간을 말하다

국시대戰國時代가 됐습니다. 밖에서만 싸운 것이 아니라 대내적으로도 권력 투쟁이 활발했고요. 기존의 질서들이 철저히 무너지고 대외적·대내적으로 투쟁이 빈번하니 성악설이 주류가 될 수밖에 없었습니다.

한 가지만 더 짧게 이야기하자면, 현대의 모든 사회과학과 법체계는 성악설을 바탕으로 하고 있습니다. 인간의 선의지를 키우고 발현하기보다는 인간의 악한 의지가 드러나지 않게 제어하는 데 중심을 두지요. 민주주의만 해도 그렇습니다. 철저히 권력의 분산과 상호 견제를 원리로 하는데, 이 또한 인간의 본성을 불신해서 그렇습니다. 서구로부터 시작해 동양에 이식된 여러 가지 사회과학과 그에 바탕을 둔 근대체계는 철저히 성악설에 바탕을 둔 것이지요.

어쩌면 결국 공자·맹자 중심의 유학이 사상적 패권을 휘둘러왔기에 동아시아의 근대가 늦은 것이 아닌가 싶기도 합니다. 종종 그런 생각이 들어요. 성악설에 기반을 둔 통치철학이 주류였다면 동양 역사가 달라지지 않았을까 하는 생각. 제자백가의 성악설 이야기를 듣다 보면 근현대 사회과학에 대한 이해의 지평도 넓어질 수 있다고 생각합니다. 사회과학과 동양철학 간에 의미 있는 만남의 물꼬도 틀 수 있고요. 정말 성악설이 뭔지 제대로 살펴봅시다.

혼란과 전쟁과 투쟁의 시대, 그것이 성악설의 이론적 배경이 되었다

**** 제齊 환공桓公, 진晉 문공文公, 초楚 장왕莊王, 오吳 합려闔廬, 월越 구천句踐 등의 다섯 군주를 춘추오패라고 하는데, 강한 군사력을 바탕으로 국제사회에서 큰형님으로 통하던 사람들입니다. 천자를 존중하고 명분에 입각해서 전쟁을 하는 등 그들 나름대로 국제사회의 질서를 잡으며 순기능도 하던 국제사회의 강자들이었습니다.

했는데, 사실 인성론 외에도 제자백가 시대의 담론은 춘추전국시대, 특히 전국시대의 혼란을 배경으로 한 경우가 많습니다. 기존 질서가 붕괴되고 그 질서를 설명했던 정치적 사상과 철학이 쓸모가 없어져 진공상태가 된 상황에서 '우리 이렇게 해보자, 내 이야기 좀 들어보렴, 내 생각이 대안이다' 하면서 여러 가지 사상이 활발하게 등장했지요. 제자백가 사상의 등장과 발전 뒤에는 그런 역사적 배경이 있는데, 앞으로도 이러한 역사적 배경과 함께 역동적인 논쟁과 담론의 현장을 보여드리지요.

인성론은 정치적 논쟁이다

> 사람의 정리는 둘이 아니므로 백성의 실정과 생각을 잘 파악하면 잘 다스릴 수 있다. 그들이 좋아하는 것과 싫어하는 것을 살피면 그 장점과 단점을 알 수 있으며, 그들의 교유 관계를 관찰하면 현명한지 그렇지 않은지를 알 수 있다. 이 두 가지를 잘 파악하면 백성을 잘 관리할 수 있다.[1] -《관자管子》〈권수權修편〉

두 번째로 말씀드리고 싶은 것은, 인성론 논쟁 뒤에 바로 이 정치권력과 정치적 수요가 있었다는 겁니다. 그러잖아도 관중이 위와 같이 말했네요. 백성의 실정을 잘 파악하면 잘 다스릴 수 있답니다. 사람이 무엇을 좋아하고 싫어하는지 봐야 한답니다. 백성을 다스리고 통제하고 보호하기 위해선 인간 성향에 대한 관찰을 잘해야 한다는 것입니다. 이른바 정치·통치·행정과 관련된 이야기 같은데요. 인성론의 등장에는 이렇게 정치권력이란 배경이 있었습니다. 그걸 놓치지 말아야 합니다. 인간에 대한 단순한 지적 호기심이나 심리학적 접근이 아니라, '어떻게 하면 부강한 나라를 만들까? 질서 잡힌 사회를 만들까? 국가 생산력을 높일 수 있을까?' 하는 질문을 던져보며 답을 고민하다가 나온 이야기라는 것입니다.

사실 요즘도 순수한 지적 호기심만으로 학문 연구와 논쟁이 시작되기보다는 정치적·사회적 압력과 수요 때문에 촉발하는 경우가 많습니다. 정치적·사회적 수요가 있으면 예산이 나오고 지원이 따르지요. 학자들도 먹고살아야 하다 보니 그런 쪽으로 많이 연구합니다. 특히 제자백가의 인성론 논쟁은 부국강병, 선군정치先軍政治, 광토중민廣土衆民, 천하의 통일 등 단순히 정치를 넘어 행정 영역의 발굴 문제와도 직결된 논쟁이었습니다. 어떤 이론과 논쟁이 특정한 정치적·사회적 수요와 압력으로 시작되었다면 그런 배경에 대한 이해가 있어야겠지요. 어떠한 국가적 수요와 위정자들의 욕구가 촉발되어 발전했는지를 알아야 각 주장과 이론에 대해 확실히 이해할 수 있기 때문입니다. 인성론 논쟁 뒤에 있었던 권력자들의 욕망, 정치적 변동 이야기들을 이 책에서 다룰 것입니다.

제자백가의 인성론 논쟁이 정치적 수요 때문에, 권력자의 욕망 때문에 시작되었다? 고대 그리스적 탐구와 논쟁, 순수한 지적 호기심과는 거리가 있어 보이지요? 현대 심리학적 접근과도 거리가 있어 보이고요. 물론 그들도 학자이다 보니 지적 호기심이 없을 수는 없으며, 그들의 이야기가 현대 심리학과 연관되는 부분도 적잖이 있는 것은 사실입니다. 그래도 먼저 그들의 이론은 철저히 위정자의 수요에 응하기 위해 연구하고 고민해서 만들어졌음을 알아야 합니다. 그래야 인성론이 제대로 보입니다. 맹자의 성선설만 해도 정치적 프로파간다이지요. 정치적 투쟁의식과 기득권 의식도 깔려 있고요. 이제 그런 배경들에 대해 이야기해보겠습니다. 개별 사상가들의 인성론을 살펴보기 전에 그 역사적·정치적·사회적 배경을 좀 이야기해보지요. 그리고 그 배경들이 인성론에 깔려 있는 문제의식과 어떻게 연결되는지 보여드리겠습니다.

인성론 형성의 배경

씨족공동체의 파괴

현대 학문의 인간에 대한 이야기도 마찬가지겠지만, 인성론은 일단 인간이 사회적 존재라는 것을 전제합니다. 타인에게 영향을 미치고 서로서로 무엇을 주고받는다는 것이죠. 로빈슨 크루소와 같은 고립된 인간, 진공 속의 인간을 상정하지 않습니다. 사회를 이루고 살며 타인에게 긍정적이든 부정적이든 서로 영향을 끼치며 사는, 사회적 존재로서의 인간을 전제합니다. 제자백가 시대의 인성론이 성립되던 시기는 인간을 둘러싼 사회라는 울타리가 크게 변화하던 시점이었습니다. 기존에는 인간이 씨족공동체 안에서 인간이라는 유적類的 존재로 살아갔는데, 그 씨족공동체가 파괴된 것입니다. 은나라 때부터 춘추시대 중반까지 사회 구성의 기본단위였던 씨족공동체가 춘추시대 말부터 급속히 해체되자 새롭게 사회의 질서와 규범을 만들어야 했고, 그러면서 인간에 대한 이야기가 쏟아져나온 것입니다.

씨족공동체는 혈연을 매개로 한 공동체입니다. 공동의 조상을 모시는 집단으로서 소규모 밴드 사회 내지 작은 규모의 취락공동체라고 할 수 있습니다. 은-주 그리고 춘추시대까지만 해도 사람들은 씨족공동체에서 생존을 영위했습니다. 인간은 씨족의 일원으로서만 존재했고 씨족집단이라는 울타리 안의 연대감과 일체감, 혈연적 친근함 속에서 살았죠. 같은 씨족들은 읍邑*이라는 공간에 거주하며 공동경작으로 생활을 영위해갔는데, 국가는 이런 여러 씨족공동체의 연합으로 이루어졌습니다. 사회 구성의 기본단위가 씨족이니 통치도 늘 씨족을 단위로 행해졌는데, 같은 국가 안에서 연합체를 이루며 사는 씨족 사이에 힘은 대등하지 않았습니다. 씨족공동체 사이에 지배와 피지배, 종속과 포섭의 관계가 존재했습니다.

여기서 질문 하나 해보지요. 당시에 사람들은 왜 씨족공동체를 이루며 살았을까요? 다른 것을 떠나 우선 생산력이 턱없이 낮아서 그랬습니다. 춘추시대 말에 가서야 철기가 도입되기 시작했는데 그전에는 석기로 농사를 지으며 살았습니다. 생산력이 낮으니 여럿이 공동경작해야만 겨우 생존을 이어나갈 수 있었지요. 그래서 혈연적 유대감을 가진 이들이 읍에 거주하면서 생산과 소비, 적의 방어를 공동으로 하며 겨우겨우 살아갔는데, 천자든 제후든 당시의 군주들은 읍에 사는 사람들을 직접 지배하지 못했고 간접 지

---

*   고대 중국에서 사람들이 집단으로 거주한 취락지를 가리키는 단어가 바로 읍입니다. 우리가 현재 쓰는 읍이라는 행정단위가 여기서 기원했습니다. 이르면 전국시대 초, 늦으면 전국시대 말까지 이 읍이라는 곳이 국가를 구성하는 행정의 단위였습니다. 성으로 둘러싸인 대규모의 귀족들 거주지와 성이 없는 소규모의 자연 형성 취락지를 모두 읍이라고 했는데 사람들은 모두 읍에 살았지요. 이 읍은 국國·도都·채采·비鄙 이렇게 넷으로 나뉘었는데, 같은 조상을 모시는 같은 씨족집단이 읍안에 거주하다 보니 모든 읍은 씨족공동체 원리로 돌아갔습니다.

배만 할 수 있었습니다. 왕은 사실 이런 씨족공동체 연합의 대표에 지나지 않기도 했고요. 하지만 춘추시대 말부터 갑자기 그 씨족집단이 해체되어갔습니다. 철기가 등장했기 때문이죠. 그러면서 생산력이 폭발적으로 늘자 씨족이란 울타리가 무너지기 시작한 것입니다.

철 보습과 쟁기가 등장했고 우경牛耕이 시작되었습니다. 쟁기를 끄는 소 한 마리가 열 사람의 몫을 해내며 폭발적으로 생산력이 늘자 이제 수많은 사람이 공동경작할 필요가 없어졌습니다. 과거엔 같은 조상을 모시는 친인척들이 내 생존의 근거였지만 이제는 땅을 두고 경쟁하거나 내가 생산한 것들을 축내는 존재가 되었으니 같이 부대끼며 살 이유가 없어졌지요. 학자들은 춘추시대 말부터 사회 구성의 단위가 종宗에서 가家로 바뀌었다고 하는데, 이는 같은 조상을 모시고 제사를 지내던 밴드 사회가 해체되고 5~6명으로 이루어진 가장 중심의 소가족이 많이 등장했다는 뜻입니다. 그 작은 소규모 가족으로도 생존할 수 있게 되었으니까요.

이렇게 씨족의 울타리가 무너지고 개체화된 존재로서의 인간이 등장했습니다. 근대적 개인은 아니지만 어쨌든 개체화된 인간이 등장했고, 그것이 사회 구성과 통치의 기본단위가 되어갔습니다. 이제는 씨족연합체로서의 국가와 사회, 씨족연맹체 수장으로서의 왕이 아니며, 왕은 자신의 씨족 밖의 백성을 그저 간접적으로 지배하지 않습니다. 국가는 단순한 씨족연합체가 아니라 어엿한 꼴을 갖춰가는 영토국가로 등장하기 시작했고, 왕은 단순한 상징적인 수장이 아니라 단독의 국가주권자가 되어갔습니다. 그리고 그 왕은 개체화된 사람들을 신민으로 직접 다스렸지요. 그러니 이제 인간은 누구인가, 어떤 존재인가, 무엇을 좋아하고 싫어하는가를 논해야 했던 것입니다.

옛날 백성이 원시생활을 해 지도자가 없었을 때 사람들은 저마다 의로움을 달리했다. 그래서 한 사람이면 한 가지 의로움이 있었고, 두 사람이면 두 가지 의로움이 있었으며, 열 사람이면 열 가지 의로움이 있었다. 사람이 많아지자 그들이 주장하는 의로움도 많아졌다. 이로써 사람들은 자기의 뜻은 옳다고 하면서 남의 뜻은 비난했으니, 그래서 사람들은 서로를 비난하게 되었다. 그리하여 가정 안에서는 부자나 형제들이 서로 원망하고 미워하면서 헤어졌고 서로 화합 공생하지 못했다. 천하의 백성은 모두 물과 불과 독약으로써 서로를 해쳤다. 남는 힘이 있다고 하더라도 서로 도와주지 않았으며, 남아 썩어빠지는 재물이 있어도 서로 나누어 갖지 않았으며, 훌륭한 도를 지닌 사람들은 숨어 다른 사람들에게 그것을 가르쳐주지 않았다. 이때 천하의 혼란은 마치 새나 짐승들이 뒤섞인 것과 같았다. 이렇게 천하가 어지러운 것은 지도자가 없어서다. 그래서 천하에서 현명하고 훌륭한 사람을 골라서 천자로 세워야 한다.[2] – 《묵자墨子》〈상동尙同 중편〉

이제 여러 사람이 나와서 주장합니다. 저마다 내 생각이 의롭다고 하면서 핏대 올리며 떠듭니다. 단순히 주장만 다른 것이 아니라 이해관계가 다르고, 그 이해관계가 첨예하게 부딪쳐서 혼란이 만들어집니다. 그러니 현명하고 유능한 지도자가 필요하다네요. 혼란을 말하면서 정치권력의 필요성을 역설하는 장면입니다. 한 사람이 있으면 한 사람의 의로움이, 열 사람이 있으면 열 사람의 의로움이 있답니다. 여기서 말하는 의로움(義)은 윤리와 도덕이 아니라 이익에 대한 주장, 내 몫에 대한 요구입니다.

여기서 묵자는 정치권력이 없을 때의 상황을 가정하고 사유 실험을 가장한 채 이야기하지만 실제로는 당대 현실을 이야기했습니다. 각자가 주장하고 각자가 이야기하고 각자가 요구하는 전국시대 초기의 모습입니다. 묵자가 살았던 시절에 대한 이야기죠. 각자가 이익 주장을 하다 보니 매우 혼란스럽고 서로가 서로를 해치는 상황이라고 했는데 그것 또한 전국시대의 상황입니다. 묵자가 활동했던 전국시대 초기는 씨족공동체가 철저히 파괴되었을 때인데* 그때 상황을 적나라하게 쓴 것이죠. 묵자는 '개체화된 개인이 각자 이익을 주장하며 치열하게 싸우니 너무 혼란스러워 정말 큰일이구나!'라고 생각했는데, 춘추시대가 종결되고 전국시대가 왔을 때의 상황이 실로 그러했습니다.**

혼란스럽습니다. 그 혼란스러운 상황이 인간 삶을 위협합니다. 이 문제를 해결하기 위해 묵자는 정치지도자가 있어야 한다고 역설하는 것입니다. 그리고 이제 전국시대에는 사람에 대해서도 어느 집안 사람인지, 어느 씨족 소속의 사람인지 묻지 않습니다. 그리고 보편적으로 모든 사람이 이렇다 혹

---

* 　전국시대 초기에 씨족공동체는 사라졌지만 사람들은 여전히 읍에 사는 경우가 많았습니다. 모든 나라가 전면적으로 행정구역과 단위를 재편해 중앙집권화하지는 않았기 때문입니다. 그에 비해 중앙집권화에 가장 박차를 가했던 진秦나라의 경우는 통일을 이루기 전부터 직접 지방관과 관리를 파견하기 시작했고, 읍이 아니라 군郡과 현縣으로 다스리기 시작했습니다.

** 　이렇게 각자가 주장하며 소리 높여 외치는 모습은 사실 여러 사상가가 뛰쳐나와 '내 이야기 좀 들어보렴' 하고 떠들어대던 당시 사상계의 모습을 말한 것일 수도 있습니다. 각자가 주장하는 의로움이 말 그대로 윤리와 규범, 옳음과 정당함이라면 그렇게 생각해보는 것이 맞겠지요. 그러나 그렇다고 해도 역시 전형적인 전국시대 상황에 대한 묘사입니다. 사실 《묵자》는 읽어볼수록 전국시대의 전형적인 풍경과 모습이 눈에 잘 들어오게 하는 고전입니다.

은 저렇다고 말합니다. 전국시대니까 가능했던 이야기인데 춘추시대 초기였다면 사정이 달랐을 겁니다. 그땐 사람들이 모두 씨족공동체에서 살았기에 인간을 보면 어느 씨족의 사람인지, 누굴 조상으로 하는지부터 일단 물었습니다. 사람은 철저히 씨족-혈연집단에 예속된 존재였기 때문입니다.

하지만 묵자는 열 사람이면 열 사람의 의로움, 백 사람이면 백 사람의 의로움을 말합니다. 놀랍게도 개체로서의 인간을 말하는 것입니다. 인성론이란 것은 이렇게 인간이 개체화되었기에 등장할 수 있었습니다. 개체화된 인간이 등장하고, 개체화된 인간에 대한 통치와 정치를 말해야 했으니 인성론이 촉발됐다는 말입니다.

고대 중국에서 인간은 춘추시대 말까지 공동경작하고 소비하는 씨족공동체에서 살았습니다. 그 시절 나보다 나이가 많으면 누구나 아버지·어머니이고 형·누나이며, 나보다 나이 어린 사람은 다 아들이고 딸이고 조카이고 동생이고 그랬습니다. 생산력 문제로 여럿이 힘을 합쳐야 겨우 생존을 이어나갈 수 있었기에 그저 인간은 씨족이란 울타리 안에 용해된 존재였지요. 그런 상황에서 보편적 인성론, 개체의식, 더 나아가 자의식이란 것이 있기나 했을까요? 공동경작해서 겨우겨우 근근이 먹고살던 때 그것이 가능했을까요? 생산력이 형편없다 보니 생산과 소비가 거의 동시에 이루어졌고, 소유는 늘 공동으로 했기에 내 것이란 것이 없었습니다. 그런데 인간이란 존재는 내 것이 생겨야 그것에 집착해 나란 존재에 눈을 뜨고 자의식이 생기며 개체의식이 확고해집니다. 씨족공동체 안에서 공동경작하며 먹고살던 시대에는 인간이 이렇다 저렇다 논할 수가 없는 상황이었습니다. 인간에 대한 이야기가 등장하기도 어려웠겠지만 설령 이야기한다고 해도 생뚱맞은 소리로 취급받았겠지요.

'네 말이 맞을 수도 있다고 치자. 그래서 뭐 어쩌라는 것이냐? 그것이 지금 우리의 일과 무슨 상관이 있냐?' 하는 반응이 왔을 것입니다. 춘추시대에는 사실 아무도 이해하지 못했을 겁니다.

그리고 춘추시대까지만 해도 씨족마다 위계질서가 있었습니다. 씨족마다 힘이 달랐고 관계가 대등하지 않았습니다. 누굴 조상으로 두었느냐, 씨족의 시조가 누구냐에 따라 씨족마다 정치적 지위와 위상이 달랐습니다. 그런 상황에서 인간의 보편성이나 인간 일반이 이렇다 저렇다 논하는 것은 위험한 일이었을 수도 있습니다. '저 씨족집단과 우리 씨족집단의 본성과 인성이 같다는 말인가?' 하는 반발이 나올 수 있습니다. 인성론에 대해 논하는 것이 심각한 도발이 될 수도 있는 일이었죠. 그러나 전국시대에 들어서며 씨족공동체가 무너져 사정이 달라졌으니 인성론에 대한 논의와 논쟁이 벌어진 것입니다.

제자백가의 인성론과 본성론은 철저하게 전국시대의 담론입니다. 앞서 성악설이 주류이며 대내적·대외적 투쟁이 성악설이 만들어지는 데 큰 영향을 주었다고 했는데, 전국시대가 바로 그런 전쟁과 투쟁의 시대입니다. 인성론을 비롯해 제자백가 자체가 전국시대의 산물이고 자식들입니다. 제자백가 하면 흔히 춘추전국시대 지식인들의 이야기라고 하지만 대부분이 전국시대에 태어나 활동하고 살았습니다. 공자와 손자도 춘추시대 말 전국시대의 여명이 밝아오는 시대의 사람이었고, 관중 정도가 춘추 중기 때 사람이며, 제자백가 다수가 전국시대 사람이죠. 전국시대에 열국이 치열하게 경쟁하고 국력 신장을 위해 힘을 기울이다 보니 지식인과 통치 및 행정의 전문가가 필요해졌고, 그렇게 지식인들의 시대가 오면서 제자백가가 탄생

했죠. 여기서 씨족공동체 관련해서 추가 설명을 좀 더 하겠습니다. 그만큼 중요한 문제라 그렇고, 그것을 이해해야 전국시대의 상황에 대한 이해도 분명해지기에 그렇습니다.

사회 구성의 양대 축

다시 묵자 이야기를 해보겠습니다. 개체화된 인간이 저마다의 이익을 주장해서 상황이 어지럽습니다. 엉망입니다. 서로 해칩니다. 그런 이야기를 하면서 묵자는 정치지도자를 요청하는데, 그 정치지도자는 천하 사람 각자의 뜻을 통일해야 한답니다. 천하의 뜻을 통일할 사람은 바로 천자입니다. 묵자의 주장을 보면 저마다 의를 주장하는 개인과 천자, 즉 개인과 전체로서의 사회 이렇게 양대 축으로 사유하는 것을 알 수 있습니다. 인간이 있고 그 위에 무엇이 있고 그 위에 다시 무엇이 있고 하는 것이 아닙니다. 개체화된 인간 → 천자, 이렇게 직접 바로 가는 것이지요.

여기서 중요한 것은 인간 각자를 사회라는 전체의 구성단위로 취급한다는 것입니다. 쉽게 말해 하나의 인간을 사회 구성의 기본단위로 본다는 것인데, 그것을 놓치지 말아야 합니다. 씨족공동체가 철저히 해체되었기에 가능한 일입니다. 소속을 묻지 않고, 소속과 신분에 따른 질적인 차이를 문제 삼지 않습니다. 모든 개인은 같습니다. 각자 자신의 몫을 주장할 수 있다는 점에서 똑같다고 전제한 채 이야기를 합니다. 그리고 천자라는, 전체사회를 끌고 가는 지도자는 그 하나하나 동일한 개인을 다스리며 질서를 부여해야 합니다.[*] 도식으로 보여드리자면 다음과 같습니다.

씨족 - 전체사회 → 개인 - 전체사회

씨족 - 제후국의 왕 - 천자 → 개인 - 왕 또는 천자

춘추시대에서 전국시대로 갈수록 세상은 빠른 속도로 위 도식의 전자에서 후자로 이행했습니다. 씨족 질서라는 칸막이가 완전히 무너진 상황에서 군주를 대표로 하는 국가권력이 수많은 사람을 직접 다스려야 하는 시대로 급격히 진입한 것이죠. 그러니 인간은 이렇다 저렇다 논해야 했고, 어떻게든 무엇이라도 알려고 애를 썼던 것입니다. 그런 정치권력의 수요에 지식인들이 응해서 논했고, '내가 생각하는 인간은 이러니 이렇게 저렇게 다스려보라' 말했습니다.

묵자의 동同과 상앙의 일壹이라는 정치노선도 그렇습니다. 묵자의 동은 '모두를 똑같이 다스려라, 모두를 똑같이 겸애로써 사랑하라'이고, 상앙의 일은 '모두를 똑같은 상과 벌로 다스려라'입니다. 신분이고 집안이고 묻지 않고 인간이 개체화되었으니 그런 주장을 할 수 있었던 겁니다. 춘추시대에는 감히 할 수 없었던 주장들입니다.

성인의 나라 다스림은 포상을 통일하고, 형벌을 통일하며, 교화를 통일해야

---

* 묵자가 사회의 기본 구성단위로 취급한 개인은 격리된 존재가 아닙니다. 격리된 개인, 고립된 개인이라면 혼란한 상황이 만들어질 이유가 없죠. 사회 안에서 각자의 이익을 주장하며 서로에게 영향을 주는 개인들을 전제합니다. 서로 무관한 존재가 아니라 사회적 존재인 개인이 각자의 이익을 주장하면서 다툼과 파괴적 갈등이 일어날 수 있다는 겁니다. 이렇게 복수의 인간이 서로 영향을 줄 수 있음을 전제합니다. 순자도 마찬가지입니다.

합니다. 포상을 통일하면 그들 군대에 대적할 자가 없어지고, 형벌을 통일하면 명령이 집행되며, 교화를 통일하면 아래 사람들은 군주의 말을 듣게 됩니다.[3] -《상군서商君書》〈상형賞刑편〉

상앙이 한 말인데 모두를 똑같이 다스리랍니다. 묵자든 순자든 법가든, 씨족공동체가 무너지고 개체화된 인간만이 남은 상황에서 새롭게 질서를 수립하려고 했고 그래서 동과 일이란 카드를 들고 나왔습니다. 모두를 같은 원리로 다스리려고 했고 그것을 왕 또는 천자에게 주문했습니다. 개체화된 인간 일반은 이러하니 모두 똑같이 다스리라는 것이지요.

그런데 양주와 장자는 달랐습니다. 양주와 장자도 개체화된 인간의 모습, 그런 상황에 대해 충분히 인지하고 있었지만 바로 정치의 장으로 달려가 왕에게 주문하지는 않았습니다. 씨족공동체라는 기존의 질서는 무너졌다지만 개인을 넘어선 전체로서의 사회를 유지하기 위한 질서에 집착한 묵자 및 순자와 달랐으며, 또 인민을 부국강병과 국가권력의 부속품으로 삼으려 한 법가와도 달랐습니다. 양주와 장자는 개체화된 인간을 그냥 있는 그대로 인정하고 그들 각자의 삶을 스스로 알아서 살 수 있게 해야 한다고 주장했습니다. 개체화된 인간을 새로운 사회규범에 옭아매거나 새로운 정치질서에 편입하려 억지 쓰지 말고 '각자가 그냥 알아서 저마다의 자유와 행복을 찾아가게 해라, 정치권력도 간섭하지 말라' 등의 주장을 했지요. 사실 묵자든 순자든 법가든 사람들을 새로운 질서와 체제로 관리해야 한다는 이야기만 한 것이 아니라 보호도 해야 한다는 이야기도 강하게 했는데, 양주와 장자는 그런 것도 거부했습니다. 그냥 있는 그대로 살 수 있게 내버려두라고 했지요. 질서에 집착하는 것 자체가 문제라고 했습니다.

어쨌든 씨족공동체는 무너진 상황입니다. 거기서 인성론과 인간에 대한 담론들이 나왔습니다. 사회를 구성하는 최소 단위인 개체화된 인간을 어떻게 다스릴 것인가, 어떻게 도덕적 주체 또는 경제적 주체 내지 법적 주체로 만들 것인가를 마구 물었고 그 질문들에 대한 답이 제자백가의 인간에 대한 이야기입니다. 사회의 기본 구성단위, 사회의 행위 주체로 등장한 개인을 '어떻게 도덕적 주체로 만들어볼까?' '어떻게 통치에 순응하는 성실한 병역·납세 의무의 실행자로 만들어볼까?' 또는 '개인이 도덕적 주체로 자리 잡을 수 있는 근거가 무엇이 있을까?' '개인이 법을 수용해 내면화할 수 있는 가능성이 인간 어디에 있을까?' 하는 질문에 대한 답을 찾으려 애쓰면서 인성론이 나온 것입니다. 그리고 그중 많은 부분이 국가 통치에 순응하게 할 방법, 충실히 조세와 병역 자원으로서 기능하게 할 정치적 장치와 틀을 만들어보자는 방향으로 기울어졌지요. 양주와 장자만을 제외하고요. 어떻습니까? 상당히 정치적이죠? 인성론은 정말 정치적인 논쟁입니다. 정치 질서에 대해 회의적으로 사고한 양주와 장자 또한 정치적이라고 할 수 있지요. 이렇듯 정치, 더 정확히 말해 통치와 행정의 문제가 인성론 뒤에 있습니다.

씨족공동체 파괴 이야기를 조금만 더 부연해보겠습니다. 기존에 자신이 살던 생태환경이 무너지면 새 삶의 터전으로 이주를 해야 합니다. 새로운 곳에 가면 낯선 이들을 만납니다. 그리고 씨족공동체의 파괴를 가져온 철기의 등장으로 생산력이 커지고, 그 결과 상업과 교역이 발달해 도시가 많이 만들어지면서 도시에 많은 이가 거주하게 되었습니다. 그리하여 도시에서도 낯선 이와 만나고 익명의 개인을 상대해야 합니다. 이들은 적대적인 타자인 경우가 많았을 것입니다. 또 도시는 상업적 공간이기에 소유의식이 강한 이들끼리 만나게 되는데, 자의식은 소유의식에 비례하는 법입니다. 이렇듯 소유의식을 가진 익명의 인간들이 도시에서 부대끼며 살아가다 보니 더욱 '인간이란 무엇인가'라는 질문을 하게 되지 않았을까요? 정치적 수요 외에도 소유의식, 상업, 도시도 제자백가의 인간 이야기에서 연관 검색어가 될 수 있지 않을까 싶습니다.

사실 제자백가 자체가 생산력과 도시를 빼놓으면 이야기가 되질 않습니다. 생산력이 신장되었으니 잉여 생산물이 많아졌고, 일하지 않아도 먹고 살며 학문을 연구할 수 있는 여유가 생긴 것이지요. 지식인들이 거주할 수 있는 도시라는 곳도 생깁니다. 이렇듯 제자백가는 생산력 신장과 도시 발달의 산물입니다.

이제 정리를 해보겠습니다. 인성론 등장의 가장 중요한 원인과 배경은 바로 씨족공동체의 파괴였습니다. 사회 구성의 기본단위가 씨족에서 개체화된 인간으로 바뀌고, 사회 구조도 씨족-전체사회에서 개인-전체사회로 전환되었습니다.* 그 개체화된 인간을 군주는 일원적으로 다스려야 했고,

---

* 사회 구성의 기본단위로 개체화된 인간, 즉 개인을 이야기했지만, 이것을 서구 근대사회의 개인과 혼동하면 안 됩니다. 물론 개체화된 인간에 대해 누구보다도 강력하게 주목하고 논의를 했던 묵가와 법가의 사상을 보면 서구 근대가 만들어낸 개인과 비슷한 면이 있는 것은 사실이지요. 사상이 조금만 더 발전하고 사회·경제적 변화가 거들었다면 서구적 근대와 같은 사회도 만들어낼 수 있지 않았을까 하는 생각도 드네요. 법 앞의 평등, 자유로운 신분 이동, 거래의 자유와 보호, 계약 관념을 역설하면서 개체화된 인간을 말하는 부분은 정말 서구 근대적 개인과 유사한 점이 있기는 합니다. 하지만 자유와 천부인권, 민주주의와 거리가 있기에 서구가 만들어낸 근대와 같다고 할 수는 없지요.

그런 정치적 수요가 인성론 뒤에 있었던 것입니다. 그러므로 인성론은 지극히 정치적인 논쟁입니다.

덕 관념의 지배력 상실

'이것을 지켜라, 저것을 준수해라, 이렇게 수양해라, 이런 자세를 가져라.'

씨족공동체가 무너지면서 사회 논의의 출발점이 된 개인을 어떻게 바라볼 것인가는 궁극적으로 '개인에게 어떤 덕목과 자세를 가지라고 할 것인가', 또 '무엇을 지키라고 주문할 것인가'라는 질문으로 이어질 수밖에 없었습니다. 씨족공동체에서 살던 시절, 그러니까 서주시대나 춘추시대에는 그냥 대충 덕德으로 말하면 되었습니다. 덕으로써 인간의 행위와 인격을 설명하고 평가했는데, 춘추시대 말기 이전에는 인성론은 없었고 덕만으로 말하면 되었지요. 겸애니 법이니 할 거 없이 덕으로써 통치를 말하고 인간의 바람직한 자세를 논했습니다. 덕의 유무만으로도 정치와 사회를 말할 수 있어 참 편했지요. 그러다 씨족공동체가 파괴되면서 덕이 가진 힘이 많이 사라졌습니다. 이제 그 덕 이야기를 좀 해보지요. 그래야 인성론이 등장한 배경을 더욱 확실하게 이해할 수 있으니 말입니다. 덕이 뭔지, 그리고 덕으로 인간을 설명하는 것이 왜 힘을 잃어갔고 폐기되었는지를 이야기해보겠습니다.

> **덕**은 외롭지 않다. 반드시 이웃이 있다.[4] -《논어》〈이인里仁편〉

> 정치는 **덕**으로 해야 한다. 비유하자면 북극성이 제자리에 있고 뭇별이 북극성을 중심으로 도는 것과 같은 것이다.[5] -《논어》〈위정爲政편〉

백성을 인도하기를 법으로 하고 다스리기를 형벌로 하면, 백성이 형벌을 면할 수는 있으나 부끄러움은 없을 것이다. 백성을 인도하기를 **덕**으로 하고 다스리기를 예로써 하면, 백성이 부끄러워함이 있고 또 절로 격을 갖출 것이다.[6] -《논어》〈위정편〉

《논어》를 읽다 보면 덕이 많이 등장합니다. 그 덕은 사실 오늘날에도 많이 쓰이는 말이고, 고대 중국 사회를 이해하는 데 중요한 핵심어입니다. 대체 그 덕이란 것이 무엇일까요? 보통 선한 사람들이 가진 마음, 그들이 풍기는 인간적 매력이라고 이야기할 수 있겠습니다.

일단 청 말에 태어난 문학자이자 역사학자인 왕국유王國維란 학자는 통치자가 가져야 할 자세는 백성을 어질게 대하는 것이라고 말했습니다. 왕국유는 특히 천자가 스스로 덕을 받아들이고 덕의 화신이 되어 백성이 그것을 본받게 해야 한다고 했는데, 반드시 도덕을 온몸에 주입해 도덕의 화신으로서 천하 백성의 모범이 되어야 진정한 유덕자라 할 수 있다고 했습니다. 그에 따르면 덕은 군주 및 지배층 극소수에 한정된 덕목이었습니다. 그런데 그가 말한 지배자·지배층의 도덕과 윤리라는 의미의 덕은 뒤늦게 형성된 것으로, 세라 앨런Sarah Allan과 류쩌화劉澤華는 좀 다른 해석을 했죠. 그들도 덕을 소수에게 한정된 의미로 보긴 했지만 도덕과 윤리를 말하진 않았습니다.

중국고대사를 전공한 미국의 중국학자 세라 앨런의 경우 덕을 가족·가문 안에서 대대로 전습되는 것으로 이야기했습니다. 앞서 계속 이야기했던 씨족공동체와 밀접한 개념이라고 할 수 있는데, 그 씨족공동체·혈연집단 내에서 전승·전습되는 특질이라는 것이죠. 그는 이를 식물의 종자에 비유했는데 그가 말하는 덕에는 유전적·세습적인 의미가 다분합니다. 유전자가 대대로 이어지듯이 덕도 혈연집단 내에서 이어지는데, 그것은 집단 안에서 인간의 외부적 특징을 결정하기도 하고 내재적 역량을 결정하기도 한답니다. 그렇기에 A라는 씨족집단과 B라는 씨족집단은 다른 집단입니다. 덕의 유무에 따라서 다른 것이죠. 덕을 어느 집단은 가질 수도 있고 어느 집단은 가지지 않을 수도 있고, 또 가진다고 해도 서로 덕이 다를 수 있는데, 이렇게 덕은 가족의 유전인자 같은 것으로서 특정 종족의 규정성입니다.

특히 특정 집권 세력의 우월한 유전자적 힘과 내재성, 그리고 우수함의 상징인 덕을 가진 집단이 천하를 소유하고 다른 씨족을 우월적 위치에서 다스리는 것이 당연했다고 합니다. 덕을 지닌 집단이 천명天命을 받습니다. 대표적으로 은을 무너뜨린 주의 지배집단이 있지요. 그들은 "하늘이 왜 우리 희성姬姓의 주周나라에 천명을 주어 천하를 다스리게 했는가? 그 이유는 우리의 희성종족이 뛰어난 덕을 소유했기 때문이다"라고 말했습니다. 그러니 주나라의 왕은 덕을 계속 계승하고 키워가고 발휘해야 합니다. 그래야 하늘의 명이 떠나가지 않아 우리 씨족의 기득권이 유지되니까요. 세라 앨런의 설명을 들어보면 덕이란 특정 집단이 지닌 정치적인 힘, 배타적인 정치적 역량이었는데, 왕국유가 말하는 덕처럼 역시나 많은 이를 배제하고 특정인들에게 요구하는 제한적 담론 같다는 느낌이 들죠.

다음으로 류쩌화의 설명을 봅시다. 그는 고대 중국의 정치사상을 연구한 대학자인데, 그도 덕을 말하면서 씨족공동체를 이야기했습니다. 그는 덕을 특정 집단의 어떤 행위라고 했습니다. 그런데 아무 행위가 아니라 씨족공동체의 중대 행사라고 했지요. 씨족공동체의 수장인 대표가 나서서 직접 챙기는 제사나 출정 전의 의식 같은 중대한 정치적 행위와 관련 있는 것이라고 했습니다. 덕은 조상의 제사를 지내고 주술적 행사를 벌이고 전쟁 전에 필승을 기도하면서 의식을 행하는 행위였는데, 점차 특정 씨족집단의 생존과 발전을 위해 유지해나가야 하는 규범·질서·관습으로 변했다고 합니다. 그의 설명을 들으면 덕은 종교적·주술적 의례 또는 군사와 관련한 의례에서 시작된 것 같은데 어쨌든 씨족공동체가 뒤에 있었습니다.

세라 앨런과 류쩌화의 이야기를 종합해보면 덕이란 것은 씨족집단과 관련되었고 특정 혈연집단이 소유한 정치적 권위이자 힘이었습니다. 그리고 특정인들만이 가지고 키워가야 하는 독점적인 신력·카리스마였죠. 그러던 것이 점차 의미가 변하고 덕이 포괄하는 사람의 범위가 넓어진 것입니다. 특히 공자의 등장이 결정적이었다고 생각하는데,* 공자 이전에는 덕이 지배력을 가진 특정 집단의 대표자들에게만 있는 종교적 신력 또는 정치적·군사적 실력이었지만 이것이 점차 도덕적 의미로 바뀌고, 많은 이가 수양을 통해 쌓을 수 있는 것으로 바뀌었습니다. 거기에 공자가 크게 기여를 했지요.

어쨌든 처음에 덕이란 것은 씨족공동체를 사회 구성의 기본단위로 전제했던 시절에 소수만이 가지고 키워가야 하는 것이었습니다. 그리고 씨족공동체의 조상과 수장이 가진 힘이 집단마다 다르기에, 덕을 가진 집단과

---

* 공자는 덕만이 아니라 인仁·사士·군자君子 등 적지 않은 개념에 새로운 의미를 부여해서 자신의 철학을 만들었습니다. 폭력과 주술의 의미를 제거하고 많은 사람이 노력해서 성취할 수 있는 뜻을 불어넣었죠. 이것이 바로 공자가 위대한 이유입니다. 영리한 사상적 전략이기도 했고요.

덕이 없는 집단, 덕이 큰 집단과 덕이 작은 집단과 같이 덕의 보유 여부와 크기도 씨족공동체의 정치적 힘에 따라 달랐습니다.

그런데 공자가 등장하기 이전부터도 덕은 점차 주술적 의례 또는 정치적·군사적 실력의 의미를 벗어던지고 시나브로 도덕의 의미로 변화했습니다. 춘추시대 들어서 덕은 일반적으로 관계를 형성하고 유지하는 힘이며 궁극적으로는 사회 전체를 통합하게 하는 힘이란 의미로 자리 잡았지요.[*]

이와 같다면 **덕**이 아니므로 백성들이 **화합**하지 않을 것이며 신들도 제사를 받지 않을 것이다.[7] -《좌전左傳》〈희공오년僖公五年편〉

덕이 없이 제후들과 다투기만 하면 어떻게 사람들을 **화합**하게 할 수 있단 말이오?[8] -《좌전》〈선공십이년宣公十二年편〉

굵게 표시한 덕과 화합(和) 보이시죠? 덕으로 정치해야 합니다. 그럼으로써 화합을 도모하고 단결을 일궈야 합니다. 그런데 좋은 관계를 형성하려면 어떻게 해야 할까요? 베풀어야죠, 상대에게 줘야 합니다. 이렇게 춘추시대의 덕은 베푸는 것, 시혜와 관대함이었는데, 그것은 씨족집단 내부에서는 일체감을, 그리고 씨족집단 사이에는 우호 관계를 만들어내는 힘이었지요.[**]

내가 베풉니다. 그러면 씨족집단 안에서 사람들이 정치적 동의와 존경

---

[*]   장원태,〈전국시대 인성론의 형성과 전개: 유가, 묵가, 법가를 중심으로〉, 서울대학교 박사학위 논문, 2005.

을 보냅니다. 다른 씨족집단도 지지를 보내면서 우호 관계가 만들어지고 유지됩니다. 이렇게 씨족집단 안팎에서 마음을 얻고 지지를 얻는 것, 그리고 그렇게 해서 만들어진 내 힘과 영향력·위상이 덕이었습니다. 물론 아무나 시혜를 할 수 없는 일이죠. 힘을 가진 특정 집단이나 가능한 일로, 힘이 강한 씨족집단과 그 씨족집단의 통치계층에 국한된 것이었습니다. 그들은 덕을 가져야 했습니다. 그래야 자기 씨족의 정치적 기득권이 계속될 수 있었으니까요.

덕이란 것이 안으로는 단결, 밖으로는 지지를 통해 형성되는 것이었기에 씨족의 정치적 상황과 운명에 큰 변수였습니다. 은나라만 해도 덕이 없어 망했다고 하지요. 그랬기에 은을 무너뜨린 주는 지속적으로 지도자들이 덕을 가져야 한다고 강조했는데, 주나라 초기부터 통치자 및 통치계층의 책임으로서 덕을 계속 힘주어 말했습니다. 나중에는 모든 제후국의 왕들에게도 덕이 강조되었습니다.

이러한 덕이 공자 때에 가면 이야기가 달라집니다. 덕을 가져야 할 책임을 가진 사람들의 범위가 공자 때에 이르러 크게 확대되었습니다. 단순히 특권층만이 아니라 예비 정치인인 지식인들도 가져야 할 덕목이자 책임이 되었는데, 공자가 일으킨 바람이었죠. 배움에 뜻이 있고 열심히 배우는 이라면 당장의 지위와 특권이 없어도 덕을 키우거나 가질 수 있다, 그런 사람

** 정치적 실력이라는 의미의 덕은 한비자와 노자에게 계승되었는데, 노자 같은 경우 군주만이 가지는 정치적·군사적 실력과 같은 맥락으로 쓰기도 합니다. 한비자는 덕을 군주가 신하에게 베푸는 상의 의미로 한정해 신하들을 잘 부리기 위한 인센티브의 맥락에서 썼습니다. 이러한 본디 의미의 덕은 꽤 길게 생명력을 이어갔는데, 우리의 언어관습에도 그런 것이 남아 있습니다. 내가 원하는 상황을 만들어갈 수 있는 힘으로서의 덕의 의미는 사실 완전히 사라진 적이 없습니다.

에게 지위를 줘야 한다고 공자는 다분히 혁명적인 주장을 했습니다.

공자는 늘 군자를 주장했는데, 군자가 무엇입니까? 말 그대로 군君의 자子 즉 임금의 아들로, 좋은 피를 타고난 특권계급을 일컫는 정치 신분적인 의미였습니다. 이들이 덕을 배타적으로 소유해왔지요. 그런데 공자란 사람이 등장해 누구든 공부 열심히 하고 예를 열심히 익혀 관계의 장에서 잘 수행하면 군자가 될 수 있다고 했습니다. 누구든 노력하면 덕의 주인공이 될 수 있다고 한 것이지요. 공자가 살던 춘추시대 말은 덕의 위상이 굳건해 그때만 해도 인간의 도덕, 정치적 자세와 통치의 원리를 논할 때 덕이면 충분했습니다.

덕이 있으면 씨족집단 내부에 일체감이 생기고 외부에서도 우호적 반응이 와서 조화로운 관계를 만들 수 있으며, 그 덕을 가진 집단은 계속 패권을 유지할 수 있는 등 그때는 덕으로 많은 것이 해결되는 시대였지요. 그리고 그때는 하늘도 거들었지요. 정확히 말해 사람들이 생각하는 하늘에 대한 관념이 덕의 토대였는데, 늘 하늘은 유덕자의 편이 되어준다, 덕을 키우고 베푸는 사람을 돕는다는 인식이 사람들에게 있었습니다. 그렇기에 덕이 가진 힘과 위상이 단단했던 것이지요. 하늘이 늘 덕을 가진 자에게 정치적 지위와 번영을 준다는 확신, 덕으로 정치하는 지도자에게 순종하지 않는 백성에게는 벌을 준다는 믿음이 있었습니다. 그래서 통치자가 덕이 없으면 하늘이 모든 것을 잃게 하니 덕을 키워야 한다는 신념을 다들 가졌습니다. 이렇게 덕 뒤에는 하늘이 든든히 버티고 있었습니다. 사실 공자만 해도 그런 생각을 가지고 있었죠.

하늘이 내게 덕을 주셨으니 환퇴 따위가 나에게 무슨 해를 끼칠 수 있으랴?[9]
-《논어》〈술이述而편〉

공자가 광 땅에서 재난을 당했다. 그때 말하길 "문왕文王이 돌아가신 이후 문왕이 만드신 문화가 내게 있지 아니하냐? 하늘이 장차 이 문화를 멸망하게 하려고 한다면 나를 이곳에서 죽게 해 후세 사람들이 문화가 무엇인지 알지 못하게 만들어버릴 것이다. 그러나 하늘이 이 문화를 보존하려고 한다면 광인들이 나를 어찌하지는 못할 것이다."[10] -《논어》〈자한子罕편〉

하늘이 내게 덕을 주었답니다. 그리고 주 문왕께서 남겨준 문화와 도덕을 지켜가려는 나를 뒤에서 도와주고 지켜줄 것이라네요. 공자가 산 시대가 춘추시대라서 그런지 도덕천道德天 관념이 보입니다. 하늘은 윤리적 인간, 덕을 쌓은 사람들의 편이라는 관념이죠. 그러나 이것도 사실 춘추시대까지의 이야기이고, 시간이 갈수록 천天의 권위가 상실되어갔습니다. 유덕자의 편? 덕을 가지고 베풀어도 등용되지 못하고 정치에서 실패하며 나라가 망하는 일이 숱하게 벌어졌고 사람들이 다 지켜보고 있었지요. 그러면서 갈수록 사람들은 하늘의 권능에 회의를 품었죠. 덕을 가진 자 뒤에 서지 않는 하늘, 유덕자를 외면하는 하늘, 유덕자가 횡액을 당하는데도 아무런 권능을 드러내지 않는 하늘. 그러니 갈수록 하늘의 위상에 금이 갈 수밖에요. 공자의 시대만 해도 아직 도덕천 관념이 남아 있기는 했지만 하늘의 위상이 아주 예전 같지는 않을 때였습니다.

하늘의 위상이 약해지면서 덕 관념 또한 약해졌는데 결정적으로 씨족

질서가 해체되어가면서죠. 덕이란 것이 씨족집단 내부에서 단결과 화합을 위해 필요한 것이었는데 베풀어야 할 1차 대상이 없어졌습니다. 혈연집단 내부에서 덕을 베풀어 일체감을 형성하자는 말은 이제 아무 소용이 없어졌죠. 혈연집단이 급격히 해체되면서 영토국가가 등장하고 있었는데, 넓은 땅과 많은 인민을 과거의 덕목인 덕으로 다스릴 수 있었을까요? 그리고 외부에 적대적인 영토국가가 등장했는데 내가 덕을 베푼다고 해서 그 나라가 나에게 우호적 반응을 보였을까요? 혈연집단 해체, 영토국가의 등장, 그 영토국가들끼리의 적대적 경쟁. 이제 덕은 효용과 쓸모가 사라졌습니다.

더는 덕으로 안 됩니다. 덕이 아니라 다른 것이 필요해졌죠. 덕이란 것의 범위를 공자가 넓혀놓았다고는 하지만 여전히 소수자의 덕목이었는데, 이제 개체화된 많은 인간에 대한 이해와 설명, 모든 개인이 준수해야 할 것들에 대해 생각해봐야 할 때가 되었습니다. 그저 위정자가 덕을 베풀면 되겠지? 안 됩니다. 인간 일반이 수양할 수 있는 근거와 가능성을 생각해봐야 할 때가 왔습니다. 백성이 무엇을 좋아하고 싫어하고 무서워하는지, 어떻게 설득해야 따르게 할 수 있는지 등을 생각해봐야 할 때가 되었죠. 그것으로 새로운 통치의 기준과 규범을 만들어야 했습니다. 이제 덕은 통치와 다스림에서 논해야 할 대상이 아니었습니다. 이와 같이 덕 관념의 추락도 인성 논쟁의 배경입니다.

새로운 사회규범의 필요성

씨족공동체가 사회 구성의 기본단위였을 때 사회규범의 중심은 예였습니다. 특히 귀족사회와 지배층 내부는 예로써 돌아갔죠. 예는 무엇일까요? 단순히 아랫사람이 윗사람에게 지켜야 할 존경과 공경의 표시일까요? 사실 예는 본디 제례의식에서 출발했습니다. 힘을 가진 씨족집단의 지도층이 모여서 제사 지내고 기도하는 의식에서 기원했죠. 철저히 귀족들의 제사·종교·주술 의식이었습니다. 그러다가 귀족 사이의 예의와 암묵적인 규칙이 되었는데, 결국 사회를 아우르는 사회규범이자 통치규범이 되어갔습니다.

예는 종법제도의 핵심이자 세부 내용입니다. 종법이란 종宗의 법法으로, 여기서 종은 앞서 말씀드린 씨족공동체입니다. 그런데 아무 씨족-혈연공동체를 종이라고 이야기하지 않았습니다. 어느 정도 행세하는 씨족공동체와 귀족들, 그리고 그 문화와 교육의 수혜자가 되는 상위층 사람들의 혈연공동체를 말합니다. 그 공동체 내부의 규범이 종법이고, 그 종법의 세부 내용들이 예죠. 즉 예라는 것은 혈연공동체 내부 각 구성원 사이의 의무와 권리를 명확히 또 자세히 규정한 규정 모음집이었습니다. 같은 조상을 모시는 집안에서 적장자가 가지는 권리, 종가가 되는 적장자의 직계 집안을 대할 때 다른 구성원들이 지켜야 할 의무, 또 촌수가 가깝고 먼 것을 기준으로 해서 달라지는 권리와 의무 등을 모아놓은 것이었는데, 점차 전 사회를 아우르는 규범의 근간이 되었지요.

그런데 모두가 지키고 존중해야 할 규범도 시간이 흐르며 씨족공동체가 파괴되면서 다 쓸데없어졌습니다. 전국시대가 되자 씨족공동체란 것이 사라졌고 서로 제사를 이유로 모이지도 않는데, 같은 조상의 후손이라고 해서 무슨 의미가 있겠습니까? 또 상류층일수록 집안 내 일족끼리 권력을 다투느라 피비린내 나게 싸우고 있었고, 종주국인 주나라의 위신도 추락해 왕실의 종가들이 권력을 잃고 신하들에게 나라까지 뺏기고 있었는데, 종법이고 뭐고 다 쓸데없는 것이 되어버렸죠. 종법과 예를 바탕으로 국가를 다스리자? 수많은 백성의 행동을 단속하자? 어림도 없는 시대가 되었습니다. 혈연집단 내에서 한두 다리 건너면 다 아는 사이, 교육을 받고 문화를 누리는 귀족사회에서나 통했던 예는 이제 버려두고, 개체화된 인간, 아주 많은 수의 인간을 빈틈없이 관리하고 복종하게 할 수 있는 다른 사회규범과 통치원리를 고민해야 할 때가 왔죠.

씨족집단 밖으로 튕겨져 나온 저 많은 개인들을 무엇으로 다스려야 할까, 무엇으로 사람들을 설득해야 할까, 무엇으로 사람들이 국가 통치에 순응하게 할까를 고민하게 되었는데, 그 통치원리나 규범은 인간에 대한 이해에 바탕을 두어야지요. 인간의 성질·속성들을 제대로 이해하고 그것에 기초해서 만들어내야 설득도 되고 수용도 될 것인데 인간에 대한 논의 없이는 불가능한 일입니다. 사상누각처럼 허구의 기초 위에 이론들을 세울 수는 없지 않습니까? 초등학교에서 규칙을 만들어도 학생들에 대한 이해를 바탕으로 해야 하는데 말입니다.

이렇게 종법제도·예 등 기존의 규범이 효용을 다하면서 새로운 통치규범을 고민해야 했기에 인간에 대한 논의가 무성해졌습니다. 인성론 성립에는 이런 정치적 배경이 있었다고 할 수 있는데, 구체적으로 말하자면 예를 대신하는 다른 규범들을 만들어야 하는 정치적 필요가 원인이 되었다는 말입니다. 그런데 예가 전면적으로 폐기되지는 않았습니다. 새롭게 의미를 부여하고 진화하게 해서 통치규범으로 쓰려는 사람이 있었죠. 대표적으로 공자와 순자가 있습니다. 특히 순자는 제법 성공적으로 예에 새로운 의미를 부여하고 효용을 만들어내 생명을 부여했는데, 뒤에 순자 이야기를 할 때 자세히 다루어보겠습니다.

광토중민: 영토는 넓게, 백성은 많게

인성론의 전개는 지극히 전국시대의 현상이라고 했습니다. 그런데 당시 전국시대에는 절대 과제가 있었습니다. 바로 부국강병이었지요. 나라를 부유하게! 군대를 강하게! 다들 부국강병을 꿈꾸었습니다. 표현이 좀 이상하게 들릴지 몰라도 다들 선군정치先軍政治를 하던 시절이었고 강성대국을 꿈꾸던 시절이었지요. 그런데 왜 부국강병을 해야 했을까요? 뭐 하나마나한 질문이지만 말입니다.

국제사회가 여러 나라로 갈라져 치열하게 경쟁을 하는 정글이었기 때문입니다. 씨족·부족국가의 때를 다 벗겨내고 영토국가로 등장한 여러 나라가 천하통일을 위해 살벌하게 경쟁했는데, 각국은 체급을 늘려 영토국가로 진화해야 했고 그런 뒤에는 다른 나라를 합병해 더욱 덩치를 키워야 했습니다. 그래야 천하를 거머쥘 수 있으니까요. 단순히 나라를 지키는 정도가 아니라 팽창을 했어야 했는데, 어떻게든 영토를 넓히고 다스리는 백성의 수가 많아지게 하는 것, 그것이 바로 광토중민입니다. 다시 말해 토지를 광廣하게, 인민을 중衆하게 만드는 것입니다. 부국강병을 통한 광토중민은 모든 나라의 지상과제였지요. 이렇게 팽창을 하기 위해서는 적극적으로 적국의 백성을 나의 백성으로 소화해야 할 필요가 있었습니다.

지혜로운 장군은 적에게서 식량을 구하니, 적의 식량 한 종을 먹는 것은 아군의 식량 스무 종에 해당하며, 적의 사료 한 섬은 아군의 사료 스무 섬에 해

당한다.[11] -《손자병법》〈작전作戰편〉

적국을 공략한 후에도 원칙이 있습니다. 성을 함락하고 나면 각 관청으로 들어가 관속들을 통제하고 모든 기물을 접수합니다. 군대가 주둔할 때는 함부로 양민들의 나무를 베거나 집을 훼손하지 않게 하며, 곡식을 약탈하거나 가축을 도살하거나 재산을 불태우지 않게 해서 백성에게 적의가 없다는 것을 보여주어야 합니다. 그리고 투항을 원하는 자가 있으면 이를 받아주고 아량을 베풀어야 하는 것입니다.[12] -《오자병법吳子兵法》〈응변應變편〉

위는《손자병법》, 아래는《오자병법》에 나온 말입니다. 손자는 춘추시대 말 사람이고, 오기는 전국시대 초기, 즉 묵자와 맹자 사이의 사람입니다. 둘은 같은 병법가이지만 서로 말이 다르지요. 손자는 전쟁이 벌어지면 보급이 너무 힘들고 국가 경제에 큰 부담을 주니 적국 백성에게서 빼앗으라고 말했습니다. 좋게 말하면 현지 조달, 나쁘게 말하면 약탈입니다. 하지만 오기는 약탈을 반대했습니다. 전쟁을 통해 적국을 무너뜨렸으면 적의 백성을 나의 백성으로 편입하게 해야 하는데, 점령 과정에서 약탈을 하고 민간인들을 상하게 하면 내 것으로 소화를 할 수가 없다는 것이죠.

춘추시대의 전쟁은 명분을 겨루는 경우가 많았고 일단 힘의 우열이 가려지면 서로 군대를 물렸습니다. 너 죽고 나 죽자가 아니라, 갈등과 분쟁의 해결에 그치는 경우가 많았습니다. 적국을 멸망하게 해 나의 영토로 만들고 나라의 덩치를 크게 한다는 것은 전국시대 때 이야기죠. 생산력과 경제력, 무기의 파괴력이 턱없이 낮았던 춘추시대에는 상상하기 힘들었습니다. 하지만 전국시대 때는 이야기가 달라집니다. 전국시대에는 어떻게든 땅 한 평이라도 더 늘리고 한 사람이라도 더 나의 백성으로 만들어야 했기 때문에, 춘추시대 전쟁 때는 약탈을 해도 되었을지 몰라도 전국시대 때는 그렇지 않았습니다.

인성론도 그런 맥락이 있습니다. 적의 백성도 나의 백성으로, 나의 통치에 순응하는 나의 신민으로 만들어야 합니다. 그렇기에 보편적 맥락에서 인간에 대해 무엇이라도 좀 알아야 했지요. 춘추시대에는 왕이라고 해도 특정 씨족공동체의 대표인 경우가 많았습니다. 지배자라기보다는 말 그대로 대표일 뿐 다스려야 할 사람의 범위도 협소했지요. 그러나 전국시대 때는 왕이 정말 왕다웠지요. 덩치가 큰 국가의 유일한 주권자가 되었고, 다스려야 할 범위의 사람 수 자체가 아주 많아졌습니다. 그런 데다가 적의 백성까지도 빠르게 나의 백성으로 편입시켜야 했으니 더더욱 인성론, 인간에 대한 담론의 수요가 정치권력에서 많았을 수밖에 없었을 겁니다. 이렇게 인성론은 정치적인 필요를 먹고 자랐습니다.

인성론? 민성론!!

사람들의 부귀에 대한 욕심은 하나같이 관 뚜껑을 덮은 뒤에야 그치니, 부귀의 문은 반드시 전투에서 나오게 해야 합니다.[13] -《상군서》〈상형편〉

인간은 부유해지고 귀해지고 싶은 욕망이 있고 이것은 죽을 때까지 계속됩니다. 그러니 상앙은 《상군서》에서 그 욕망을 이용해야 한다고 한 것입니다. 부유해지고 귀해질 수 있는 사회적 자원을 주거나 뺏을 수 있는 힘을 국가가 장악해서 사람들의 힘을 최대한 뽑아내 써먹어야 한다는 겁니다. 전투와 농사 등에 전력을 다할 때만 부유해지고 귀해질 수 있게 합니다. 다른 일을 해서는 부유해지고 귀해질 여지가 없습니다. 생산을 위한 노동과 병역, 국방의 일에 적극 나서면 국가가 부와 명예를 줌으로써 고된 농사와 위험한 군사의 일에 백성이 나서게 해야 한다는 것인데, 철저히 부국강병·광토중민을 위해 백성의 욕망을 보는 것입니다. 그 욕망을 이용해 그들의 힘을 짜내는 것인데, 이렇듯 인성론 뒤에는 생산력과 군사력의 진흥이란 문제가 있습니다.

특히 상앙과 같은 법가의 주장에 그런 이야기가 많죠. 생산력·군사력을 위해 어떻게 보상하고 고무해 유인할 것이며, 무엇을 가지고 감시하고 징벌할지를 논하는데, 그들은 기본적으로 인간을 자원으로 봅니다. 백성은 그저 부국강병을 위한 자원일 뿐입니다. 인간이 국가를 위한 자원이다? 그것을 아주 안 좋게 생각하시는 분도 많은데 교육인적자원부라는 말 들어보셨지요? 국민=자원, 이것은 현대 민주주의 사회에서도 부정하기 힘든 인식입니다. 왜 우리나라가 출산율 때문에 난리이고, 왜 유럽에서는 치안이나 종교적 갈등 같은 문제에도 불구하고 이민자를 받겠습니까? 노동하고 생산할 사람들이 필요해서 그렇지요. 바로 인간이 자원입니다. 그 힘을 활용하고 빼내야 합니다. 그렇기에 인간이 선하다 악하다 하는 것도 중요하지만 이런 욕망을 가졌다, 또 이걸 좋아하고 싫어한다, 이걸 두려워한다, 그러니 이렇게 해서 백성을 움직이고 그들의 힘을 이용해 국력을 극대화해보자는 맥락에서 이야기하는 경우가 많습니다.

사실 제자백가의 인간 담론을 보면 객체로서의 인간, 조세와 병역 자원으로서의 인간을 논하는 경우가 많은데, 어찌 보면 인성론이라기보다는 민성民性론이라고 할 수 있겠네요. 본디 인人과 민民은 다르죠. 당시에 인은 국인國人으로서 제후와 대부·귀족계층과 같이 성안에 사는 사람, 즉 교육과 문화의 수혜자이자 지배집단에 속한 사람들을 말합니다. 그리고 민은 성 밖에 사는 사람들, 육체노동에 종사했던 피지배층을 뜻합니다. 전국시대의 인성론은 피지배층인 민을 어떻게 다스려 그들의 힘을 뽑아내볼까 하는 고민 위에서 객체로서의 인간, 조세·생산·병역 등 국가 자원으로서의 인간 등의 맥락으로 논하는 경우가 많았으니, 정말 인성론이라는 말보다는 민성론이라는 말이 맞겠네요.

민들의 성향이란 길이를 재어보아 긴 것을 취하고, 무게를 달아보아 무거운 것을 가지려 하며, 저울로 달아보아 이익이 되는 것을 찾는다. 현명한 군주가 이 세 가지를 신중히 관찰하면 나라를 다스릴 원칙을 세울 수 있고, **민**의 힘을 능히 얻을 수 있다.[14] -《상군서》〈산지算地편〉

형벌로 다스리면 **민**들이 두려워하게 되고, **민**들이 두려워하면 간악한 짓이 사라질 것이며, 간악한 짓이 없어지면 **민**들은 자신들이 좋아하는 것에 편안함을 느끼게 된다. 그러나 의로써 가르치면 **민**들은 방종하게 되고, **민**들이 방자해지면 난이 일어나며, 난이 일어나면 결국 **민**들은 자신들이 싫어하는 바에 의해 상해를 당하게 된다.[15] -《상군서》〈개색開塞편〉

법이 **민**들의 실정을 살피지 않은 채 세워지면 성공을 거둘 수 없다.[16] -《상군서》〈일언壹言편〉

백성의 실정, 그들의 감정과 욕망, 그들이 정말 가지고 싶어 하거나 싫어하고 꺼리는 것들을 알아야 한다는 겁니다. 그래야 통치 질서가 잡히고 법이 통하며, 백성의 힘을 유기적으로 조직해낼 수 있으니 말입니다. 특히 법가가 저런 식의 이야기를 많이 전개했는데 좀 낯선 이야기일 수도 있을 겁니다. 인간 이야기를 하면서 본성이 착하다거나 악하다가 아니라, 인간들의 호오好惡로 제도를 짜서 그들의 힘을 조직해내자고 하니 말입니다. 사실 한국은 아직도 유가사상이 강한 나라입니다. 이런저런 관습과 문화·윤리의 영역만이 그런 것이 아니지요. 학문과 연구에서도 유가사상의 힘이 막강합니다. 그러다 보니 인성론을 이야기할 때도 유가사상가에 대한 연구가 주를 이루었고 법가의 인성론은 잘 다루어지지 않았죠.

하지만 당대에 인간에 대한 담론과 논쟁에서 군주와 정치인들에게 가장 환영받고 잘 팔렸던 것은 법가의 주장들이었습니다. 부국강병과 광토중민에 답을 주는 이야기들이었기 때문입니다. 늘 주체로서의 인간을 이야기하면서 누구나 수양을 거듭하면 다스림의 주체가 될 수도 있다고 말하는 유가 쪽 인성론은 당시 환영받지 못했죠. 특히 공자와 맹자의 이야기는 군주들이 좋아하지 않았습니다. 그럼에도 주체로서의 인간, 자기 삶의 주인으로서 살라는 그들의 메시지는 분명히 매력이 있지요. 장자와 양주도 객체로서의 인간을 부정해서 민성론의 영역에 뛰어들지 않았는데, 그래도 당대에는 인성론보다는 민성론이 대세였습니다. 인간을 통치의 객체로서 전제하고 이야기를 많이 했지요.

호오의 정치학

> 천하를 다스리는 일은 반드시 사람의 정서에 따라야만 한다. 사람의 정서
> 에는 좋아함과 싫어함이 있다. 그렇기 때문에 상과 벌을 사용할 수 있다. 상
> 과 벌을 사용할 수 있다면 금지와 명령이 확립되고 통치의 방법이 갖추어진
> 다.[17] -《한비자韓非子》〈팔경八經편〉

바로 앞에서 보셨다시피 민성론의 핵심은 '호오'지요. 무엇을 좋아하고
싫어하느냐를 알아야 한다는 것입니다. "범치천하凡治天下, 즉 천하를 다스
리려면 필인인정必因人情, 즉 인정人情에서 시작해야 한다". 인정에 기반을
두어야 한다는 것은 피지배층이 무엇을 좋아하고 싫어하는지 알아야 한다
는 겁니다. 그 실정實情을 알아야 백성을 다스릴 수 있으니, 통치원리와 사
회규범을 만들 때는 반드시 그것을 반영해야 합니다.

여기서 말하는 인정은 단순히 인간의 정이 아닙니다. 실정, 즉 실제 모습
이죠. 이 실정은 호오라는 핵심어로 압축해 말할 수 있는데, 이는 또 단순히
좋고 싫고의 문제가 아닙니다. 그러니까 단순히 취향의 문제가 아니라 인간
이 어떤 것에 반응하고 달려가는지, 또 무엇을 두려워하고 피하고 싶어 하는
지 알아야 한다는 것이죠. 즉 제도를 만들고 틀을 만들 때 고려해야 하는 인간
심리라고 할 수 있는데, 실질적인 인간 심리에 바탕을 두지 않은 모든 제도와
법은 소용이 없다는 것입니다. 선택과 반응을 결정하는 인간 심리를 모른 채

제도를 만들면 나라를 다스릴 수 없어지니 그것을 알아야 한다는 것이죠.

인간에게는 좋아하는 것이 있습니다. 원하고 취하고 얻으려고 하는 것이 있죠. 대표적으로 앞서 말한 부와 귀는 인간이 정말 좋아하는 것입니다. 단순히 좋아하는 것이 아니라 정말 관 뚜껑 덮을 때까지 추구하는 것인데, 인간은 이를 위해 수많은 희생을 감수하기도 합니다. 심지어 때론 가족도 버리지요. 그렇게 열망하고 원하는 것을 국가권력이 쥐고 있으면 백성의 힘을 통치자가 원하는 방향으로 활용할 수 있습니다.

피통치자들의 욕망을 이용해 국가가 원하는 것을 이뤄내는 것은 현대 민주주의 국가들에서도 일어나는 일입니다. 예로 이런저런 훈장, 국제대회 포상금과 연금 등을 들 수 있습니다. 또한 자본주의 시장경제에서 우리가 시장이라고 하는 곳도 사람들을 움직이고 사람들의 힘을 짜내는 통제력을 통해 사람들이 원하는 부와 귀를 줍니다.*

그런데 인간에게는 좋아하는 것만이 아니라 싫어하는 것도 있습니다. 그것으로도 백성을 부릴 수 있지요. 대표적으로 빈천이 있습니다. 한사코 피하고 싶고 혐오스럽고 두려운 것이지요.

수치·굴욕·힘듦·고통은 사람이라면 누구나 싫어하는 것이며, 존귀·영

---

* 행동경제학과 게임이론 등을 보면 알겠지만 현대 학문에서 경제학만큼 인간 심리와 본성을 파고드는 학문은 없을 겁니다. 인간의 선택 문제를 중심으로 고민을 많이 하니까 그런 듯싶습니다. 경제학에서 말하는 시장이 법가에서 말하는 신상필벌, 즉 상을 주기도 하고 벌을 주기도 하니, 경제학과 법가는 사실 적지 않게 비슷한 부분이 많습니다. 둘 다 인간의 심리 분석을 철저히 하려고 하고, 인간이 부유해지고 싶어 하는 사적 욕망을 전제한 채 논의를 펴지요. 애덤 스미스와 한비자는 놀라울 정도로 같은 이야기들을 하곤 합니다.

광·안일·즐거움은 사람으로서 누구나 얻고자 힘쓰는 것이다.[18] -《상군서》
〈산지편〉

수치와 굴욕, 고된 노동, 고통은 민지소오民之所惡라고 하네요. 오惡는
싫어하는 것입니다. 인간이 혐오하는 것들입니다. 무섭게도 생각하고요. 특
히 가난만큼 무서운 것이 없지요. 사실 인간이 혐오하는 대상은 인간이 좋
아하는 대상보다 인간을 더 강하게 움직이기 때문에, 제도를 만들고 운용하
는 통치자라면 인간이 좋아하는 것 못지않게 싫어하는 대상도 알아야 합니
다. 그래야 제도를 제대로 만들고 백성을 부릴 수 있으니까요.

사람은 태어나면서 호오를 가지고 있으므로 백성을 다스릴 수 있다. 군주는
그러한 호오를 잘 살피지 않으면 안 된다. 호오를 상벌의 근본으로 삼아야
하는데, 무릇 사람들의 정서란 작록爵祿은 좋아하고 형벌은 싫어하게 마련
이니, 군주는 이 두 가지를 설정해 백성의 뜻을 제어하고 그들이 하고자 하
는 바를 세워주어야 한다. 대체로 백성이 그들의 힘을 다 바쳤으면 작위가
그 뒤를 따라야 하고, 공이 세워졌으면 포상이 그 뒤를 따라야 한다. 임금으
로서 능히 백성이 이를 마치 해나 달처럼 믿게 한다면 군대는 대적할 자가
없게 될 것이다.[19] -《상군서》〈조법錯法편〉

호오가 상벌의 근본이라네요. 무엇을 좋아하고 싫어하는지, 무엇에 달
려가고 무엇을 두려워하는지를 알아 그것으로 상벌의 근본을 삼아야 한다는
말입니다. 그것이 법 제정의 바탕이라는 것이죠. 여기서 법은 단순히 법만이

아니라 제도와 국가 체제까지 가리키는데, 호오에 대한 파악이 법과 제도의 근본이라는 것은 현대의 법학이나 정치학, 사회과학에서는 당연한 이야기죠. 그런 것을 생각하면 법가가 참 근대적이고 합리적인 구석이 있습니다.

하지만 법가식의 민성론을 억압적인 통치와 연관해 이야기하는 학자가 많았습니다. 그저 백성을 쥐어짠다, 야만적이다 하는 어감으로 소개했고요. 하지만 제 생각은 그렇지 않습니다. 제도와 법 제정을 위한 인간의 호오에 대한 접근과 분석은 근대 시민사회나 현대 사회의 민주공화국이나 없을 수 없는 것이죠. 사법체제와 경찰체계만 봐도 알 수 있지 않나요? 징병제와 직업군인제에서도 볼 수 있고, 회사와 일반 조직에서도 상과 벌을 만들 때 기본 중의 기본이 구성원들의 호오입니다. 그래야 동기를 부여해서 성과를 내고 조직에 필요 없는 사람을 탈락하게 할 수 있으니까요. 우리가 공기처럼 매일 부대끼고 살아가는 시장경제도 인간의 호오를 바탕으로 틀과 체계가 짜여 있지요. 작은 사회든 큰 사회든 규칙과 틀을 만들려고 하면 호오를 바탕으로 하는 것은 기본입니다. 단 둘이 만나 가정을 꾸릴 때도 그것을 바탕으로 상호 원칙을 만들어야 하니, 인간의 호오를 철저히 알아내고자 했던 법가의 사유에 손가락질하기보다는 외려 경의를 표해야지요.

이렇게 제자백가의 인성론에서 호오란 것이 중요한데, 법가만이 아니라 다른 사상가들도 호오를 많이 이야기했습니다. 법가와 다르게 백성의 힘을 뽑아내기 위한 맥락이 아니라 인간 수양론을 논할 때 많이 이야기했지요. 어떤 사태와 일을 마주했을 때 희로애락 등으로 인간의 감정이 드러납니다. 좋아하고 싫어하고 분노하고 사랑하고 그렇게 드러나는데, 더 줄여서 호오라고 할 수 있지요. 이렇게 외부 대상과 마주하면 인간은 반응을 하고 호오라는 형태로 감정을 드러냅니다. 감정이 호의 양상으로 드러나면 그것을 향해 가려고 하고, 오의 양상으로 드러나면 그것을 밀쳐내려고 하는데, 이를 인간의 지각知覺이라고 합니다. 그 지각이란 것에 장자와 묵자·순자가 주목했고 특히 순자가 중시했는데, 어려운 것이 아니에요. 감정이 일고 그 감정을 내가 인지하는 겁니다. 무엇을 보니 사고 싶고 어떤 사태를 마주하니 화가 나서 한 대 쥐어박고 싶고 이렇게 생각과 감정이 일어나 행동으로 발전하기도 하는데, 그때 자신의 감정과 행위를 돌아보라고 순자가 말합니다. 나는 제대로 감정을 드러냈는가, 그것이 법도에 맞는가 맞지 않는가 따져보라고 합니다. 법도에 맞지 않으면 바로잡고, 맞으면 감정과 생각대로 행하라고 하지요.

고요한 상태에서 외부 사물이나 다른 사람이 다가와 자극이 일어나면 인간은 지각을 합니다. 외부의 자극 때문에 감정이 일고 그 감정을 스스로 인지하는데, 자극 → 나 → 반응 → 지각(호와 오) → 나의 반응에 대한 검토와 성찰을 하면서 자신의 행동을 바로잡아가라고 합니다. 그렇게 수양하라고 순자가 강조했지요. 이것이 순자 수양론의 핵심인데, 향후 신유학에서 호굉胡宏과 왕부지王夫之, 조선에서는 율곡학파가 이런 입장을 이어받았습니다. 이이李珥로 대표되는 서인의 신유학이 말하는 인간 수양론의 기본 전제가 그러하죠. 그래서 순자가 말하는 인간의 호오 문제를 잘 들여다보면 순자만이 아니라 조선 유학에 대한 이해가 깊어지기도 합니다.

> 희로애락의 감정이 아직 드러나지 않은 상태를 중中이라고 하고, 드러난 이후 모두 적절히 절도에 맞는 것을 화和라고 한다.[20] -《중용中庸》1장

전국시대 말에 나온《중용》서두에 나오는 이야기입니다. 희로애락이라는 감정이 드러났을 때 그것을 절도에 맞게 표현하는 것을 '화'라고 합니다. 그런 화를 이루기 위해서는 사전에 법도에 대해 공부하고 사후에 늘 지각의 과정에서 의식과 감정을 살피고 제어하는 노력을 해야겠지요. 그것이 바로 순자의 입장입니다. 법가처럼 국력 극대화를 위한 객체로서의 인간을 전제한 것이 아니라 수양론의 맥락에서 이야기를 했습니다. 인간 하나하나를 어떻게 하면 도덕적인 개인으로 거듭나게 해볼까? 그런 고민의 산물에서 나온 것이지요. 주체로서의 인간을 전제하고 한 이야기입니다.

이제 정리를 좀 해보겠습니다. 인성론 등장의 배경, 제자백가가 인간에 대한 이야기를 폭발적으로 풀어낸 배경에 대해 이야기했습니다. 씨족공동체의 파괴, 덕 개념의 위상 추락, 종법과 예라는 기존 규범의 무력화, 새로운 사회규범에 대한 고민, 광토중민이라는 시대 과제, 그리고 정치권력의 수요가 뒤에 있었습니다. 그리고 당대의 대세였던 법가의 경우 호오를 통해 인간을 많이 논했으며, 그들의 이야기는 인성론이라기보다는 민성론, 즉 피지배층으로서의 백성, 민중으로서의 인간에 대한 이야기였습니다. 그러면 이제 제자백가 인간 담론의 주류였던 성악설에 대해 알아보겠습니다.

성악설의 세계와 전개

'인간은 욕망을 가진 존재다. 특히 육체적·물질적 욕망을 가졌다. 그 욕망의 충족 여부가 여러 가지 감정을 만들어내는데, 대체로 그 감정을 잘 제어하지 못한다. 인간은 이익을 좋아하고 손해를 싫어하는데, 특히 인간을 움직이는 근본 동기는 이익을 주는 이윤 동기다. 그 이윤 동기와 손해를 싫어하는 인간의 성향이 사회 혼란을 일으킨다. 그리고 인간의 감정과 생각은 자신의 의지와 신념보단 상황에 좌우되는 경우가 많다. 그렇기에 인간 행동은 일관성보다는 이중성을 보이기 쉽다.'

이런 생각에 동의하십니까? 동의하신다면 당신은 성악설 입장에 선 사람입니다. 뭐 당연하지 않냐고요? 사람 욕심 끝이 없고 그러다 보니 못하는 짓이 없고 이런저런 혼란과 범죄와 무질서가 일어나니 결국 공권력과 법치로 틀어막아야 하는 것 아니냐고요. 이렇듯 성악설은 어쩌면 당연한 인간의 모습을 말하는 것이 아닐까 싶을 정도로 우리 모습에 대해 있는 그대로 이야기합니다. 지극히 현실적인 이야기죠. 성악설에 대해 본격적으로 이야기하기 전에 일단 악에 대한 개념부터 명확히 하고 들어가지요. 악에 대해 정확히 알아야 성악설에 대해서도 정확히 이해할 수 있습니다. 그간 악의 개념에 대한 오해가 많았거든요.

악에 대한 오해는 성악설의 악惡을 서구의 'evil'로 받아들이는 경우가 많아서 그렇습니다. 전지전능하고 진리 그 자체인 유일신과 맞서는 악마라는 개념과 연관해 많이 이해하는데, 그러면 제자백가의 성악론에 대해 제대로 이해할 수 없습니다. 서구 기독교에서 말하는 절대 선으로서의 유일신? 동양은 그런 것은 모릅니다.* 유일신과 맞서는 악마의 존재? 전통적인 동양

---

* 묵자가 유일신론자인 것은 사실이지만 그의 유일신이 중동 지역 종교들의 유일신과 같은 존재인지는 이론과 논쟁의 여지가 많습니다.

인의 정신세계에서 그런 것이 있나요? 동양에서의 악, 성악설론자들이 말하는 악은 그런 것이 아닙니다. 성악설에서 악은 심리적으로 거부감이 들게 하는 대상을 일컫는데, 그 대상은 어떤 실체라기보다는 현상인 경우가 많습니다. 과정과 작용 중에 나타나는 현상인데, 선善의 결여 내지 무질서한 상황이나 혼란함에 대한 부정적 인식에서 나왔습니다. 특히 그러한 사회의 모습을 일컫는 것이죠. 제자백가가 생각하는 악이란 것이 그렇습니다. 특정한 실체를 가리키는 존재론적 개념이 아니라, 당장 무질서해 보이는 사회의 현상을 보고 일컫는 뜻이 강합니다.

> 고금을 막론하고 천하가 일컫는 선은 올바르고 평화롭게 다스려지는 것이고, 악은 도리에 어긋나고 혼란한 것이다. 이것이 선악이 갈리는 지점이다.[21]
> ─《순자荀子》〈성악性惡편〉

혼란하고 어지러우며 무질서한 인간 집단과 사회의 모습이 악입니다. 누가 나쁘다, 구제불능이다, 태어날 때부터 인간의 모습은 틀려먹었다, 어떤 특정한 개체·실체·주체로서 악마가 있고 그 악마들의 속성이 있다 등이 아닙니다. 인간 사회와 세상에 대한 진단으로서 '참 지금 세상이 어지럽네', '사람들끼리 너무 다투는구나', '이거 어디 무서워서 살겠나'처럼 현상에 대한 판단입니다. 그리고 성악설은 그 부정적인 현상들을 만들어내는 원인에 대한 연구입니다. 즉 제자백가에서 말하는 성악설의 악은 사회적·사회학적인 개념이라고 알면 되겠습니다. 특히 사회적 맥락이란 것이 중요합니다. 그래서 대부분의 성악설론자들은 사회적 혼란에 관심이 많았고, 그 해결 방

안에 대해서도 많이 고민했습니다.

　사회적 맥락이라는 개념 외에 이것도 알아두세요. 성악설론자들이 생각하는 선과 악은 절대적으로 대립하는 것들이 아닙니다. 단순히 선 vs 악, 이렇게 보면 안 됩니다. 선과 악은 상대적인 것으로 양적인 계산의 대상이 될 수 있습니다. 악하다고 하더라도 사회화, 질서에 대한 수용, 교육의 정도에 따라 선해질 수 있는데, 선의 수치가 올라간다고나 할까요? 또한 선과 악은 얼마든지 변할 수 있습니다. 그래서 순자는 '아직'이라는 뜻의 미未라는 말을 많이 사용했죠. 배움을 통해 부족한 선을 내 안에 채워 넣으면 됩니다. 수련하듯이 익히면 선의 수치가 점점 올라가 군자가 될 수 있을 것이라고 했지요. 또 제자백가들은 악을 불선不善이라는 말로도 많이 이야기했는데, 이처럼 선과 악이 서로 대립되는 실체가 아님을 꼭 기억하시기 바랍니다.

현실을 보는 사람들의 이야기

성악설론자들이 말하는 악은 사회적인 맥락에서의 이야기라고 했습니다. 그리고 현실을 보는 사람들의 이야기라는 것도 중요합니다. 성선설 vs 성악설은 앞서 언급한 대로 대중적인 철학 담론이기에 종종 사람들에게 둘 중 어느 것을 지지하냐고 묻곤 합니다. 그럼 적지 않은 분이 성악설을 지지하시는데, 한 분 한 분 자세히 이야기를 들어보면 인간에게 치여본 경험이 많은 분은 성악설을 많이 지지했습니다. 그렇습니다. 현실을 중시하고 그것을 직시하면 성악설 쪽으로 기울기 쉽습니다. 제자백가 성악설은 대부분 현실을 직시한 자들의 이야기죠.

　묵자의 성악설은 하층민이 본 현실입니다. 죽어라 일하지만 아무것도 손에 쥐지 못하고 착취만 당하는 사람들의 현실이죠. 순자의 성악설은 지식인이 본 현실입니다. 사회적 혼란에 대해 어떻게든 답을 내보려 하는 중심부 지식인이 본 현실이지요. 장자의 성악설 역시 지식인이 본 현실인데, 정치권력과 거리가 먼 힘없는 주변부 지식인이 본 현실입니다. 중심부로 가려는 의욕이나 희망 자체가 없었던 그런 불우한 지식인이 본 현실입니다. 법가의 시조라고 하는 관중의 성악설은 관료가 본 현실, 특히 경제를 크게 중시하는 관료가 본 현실이고, 한비자의 성악설은 왕이 본 현실입니다. 노자의 성악설은 왕이 본 현실이거나, 왕을 중심으로 놓고 역사를 살핀 지식인이 본 현실입니다. 정치투쟁과 군사투쟁에 따른 열국의 흥망성쇠를 중심으로 역사를 살핀 지식인이 본 현실이죠. 역사학자가 본 현실이라고 해도 좋습니다. 손자의 성악설은 직접 전투 현장에서 군사를 부려본 장수가 본 현실입니다. 이렇게 성악설론자들은 다들 철저히 현실을 바탕으로 해서 인간을 논했습니다.

그런데 현실에 서서 인간을 논했다는 것도 중요하지만 각자가 어떤 위치와 계층·신분에서 현실을 바라보고 논했는지도 놓치지 말아야 할 부분입니다. 모두가 현실을 보았지만 각자 서 있는 위치와 입장에서 본 것이죠. 한비자 같은 경우 극단적인 성악설론자이고 인간을 때론 승냥이와 늑대에 비유하기도 했는데 왕이 본 현실이라 그렇습니다. 어떻게 하면 군주의 권력을 공고히 할까 고민한 한비자는 궁중 사회의 현실로 이야기했는데, 궁중 사회는 전쟁터보다 살벌한 곳이고 믿을 사람이 하나도 없는 곳이지요. 그러잖아도 한비자는 임금의 화는 사람을 믿는 데서 생긴다고 했습니다. 이처럼 누구의 입장에서 어떤 공간을 배경으로 현실을 논했는지를 생각해보면 각 성악설의 차이와 결에 대해서도 보일 겁니다. 장자 같은 경우 인간에 대한 기대가 가장 없었다고도 볼 수 있는데, 너무도 불우했던 주변부 지식인에게 현실은 정말 그렇게 보일 수밖에 없었겠지요.

사회의 혼란과 무질서

이렇게 성악설은 현실을 보는 사람들의 이야기라고 했는데, 이들은 현실 사회의 혼란과 무질서를 많이 이야기합니다. 앞서 말한 바처럼 인간 하나하나보다는 사회의 혼란과 어지러움을 악이라고 했죠.

> 무릇 다스리는 수단은 형벌이다. 그런데 지금은 사사로이 의로움을 행하는 자가 존경을 받는다. 사직이 존립하는 바탕이란 안정되고 평온한 것을 목표로 한다. 그런데 시끄럽고 음험하며 남을 헐뜯거나 아첨하는 자가 임용된다. 사방 영토 안이 잘 듣고 따르게 할 기반이란 신의와 은덕이다. 그러나 못된 지혜로 나라를 뒤집어엎을 자가 쓰인다.[22] -《한비자》〈궤사詭使편〉

> 분에 넘치는 상을 공도 없는 자에게 내리고, 나라의 창고를 텅 비게 하면서까지 수레와 말을 갖추고 갖옷과 보물을 갖추고, 자신이 부리는 사람들을 괴롭히면서까지 궁궐을 치장하고 오락을 즐기며 죽으면 관을 두텁게 장만하고 많은 수의와 침구를 마련한다. 살아서는 누각과 정자를 만드는데 죽어서도 무덤을 크게 만든다. 이 때문에 밖에서는 백성이 고생하고 안으로는 창고가 바닥난다. 위로는 싫증도 느끼지 못하는 쾌락에 빠져 있고 아래로는 감당하지 못하는 괴로움에 시달린다.[23] -《묵자》〈칠환七患편〉

백성이 굶주리는 것은 위에서 너무 많이 뜯어가기 때문이다. 그래서 굶주리는 것이다. 백성을 다스리기 힘든 것은 위에서 자꾸 쓸데없는 일을 벌이기 때문이다. 이래서는 다스려지지 않는다. 백성이 죽음을 무서워하지 않는 것은 윗사람들이 지나치게 욕심을 부리기 때문이다. 이래서 죽음을 무서워하지 않는 것이다.[24] -《노자》75장

사회의 혼란과 어지러움에 대해 지속적으로 이야기를 하며 강조합니다. 그리고 혼란과 무질서의 원인을 이야기하지요. 지배층의 탐욕과 무능, 지식인들의 위선, 험악한 국제질서, 인간의 사적 욕망과 감정 등등. 그리고 어떻게 하면 무질서를 질서로 전환할지, 무질서를 바로잡을 대안들을 이야기하죠. 한비자와 상앙은 법, 묵가는 하느님의 의지를 대행하는 법,* 순자는 예, 노자와 장자는 자연의 질서에서 발견되는 도道 등 각자 나름의 대안을 말합니다. 그 대안들이 각자의 사상 중심부에 있지요. 그들이 생각하는 혼란의 원인과 그 대책들에 대해 이해하다 보면 그들 사상의 어떤 윤곽을 잡을 수 있다고 생각합니다. 그런데 사회가 혼란하고 어지러우면 누가 가장 큰 피해를 입을까요? 두말할 것 없이 하층민일 것입니다. 역사를 보면 늘 그

---

* 묵가와 법가 모두 법치입니다. 법가가 내세우는 법의 제정과 운용을 묵가가 돕기도 했지요. 변법을 통해 진의 천하통일 기틀을 닦은 상앙은 자신의 뒤를 봐주던 진 효공孝公이 죽은 이후에 실각했는데, 상앙의 죽음 이후에도 진의 법치는 계속 발전해서 첨단을 달렸습니다. 그 뒤에 진묵秦墨이라고 진에서 활약한 묵가 무리가 있었습니다. 논리적 사고와 훈련을 받은 지식인 집단의 무리들이 아주 많은 법을 만들고 운용했는데, 법의 제정과 운용은 혼자서 할 수 있는 것이 아니죠. 묵가도 법치를 주장했지만 법철학에서 법가와 다릅니다. 묵가는 자연법사상, 법가는 실정법사상을 가졌습니다. 묵가의 법치는 당장의 필요와 쓸모가 아니라 하느님 의지를 대행하기 위한 것입니다.

래왔지요. 그래서 성악설론자들의 이야기를 들어보면 하층민에 대한 강한 연민도 보이는 것이 사실입니다. 혼란에 대한 문제의식만이 아니라요.

> 나라를 다스릴 적에는 명확한 법을 설정하고 엄격한 형벌을 제시해 그것으로 모든 사람의 혼란을 구하고 천하의 재앙을 물리쳐야 한다. 그래야 강자가 약자를 침해하지 않고 다수가 소수를 학대하지 않으며, 노인이 수명을 다 누리고 어린 고아가 성장하며, 변경이 침략당하지 않고 군신이 서로 친밀해지며, 부자父子가 서로 감싸주고 다투다가 사망하거나 붙잡히는 염려가 없어진다. 이것이 바로 최상의 공적이라고 하는 것이다.[25] -《한비자》〈간접시신 姦劫弑臣편〉

이렇듯 하층민에 대한 연민만이 아니라 그들을 위해 반드시 질서를 바로잡아야 한다는 어떤 절박함도 읽힙니다. 그래서인지 그들의 이야기를 들어보면 민본의식이랄까요, 민중과 백성을 중시한다는 느낌이 많이 듭니다. 실제 성선설론자보다 하층민 입장에서 많이 생각하는 것이 사실이었죠. 단순히 입 바른 소리, 이상적인 수사만 말하는 것이 아니라 그들 삶을 실질적으로 개선해주려 노력했다는 것이 그들의 글에서 보입니다. 그러한 사유의 흔적이 읽히지요.

욕망에 대한 직시

사람이 욕심을 가지면 사려가 흐트러지고, 사려가 흐트러지면 욕심이 더욱 심해지며, 욕심이 더욱 심해지면 사악한 마음이 강해지고, 사악한 마음이 강해지면 일에 경솔해지며, 일에 경솔해지면 재난이 생긴다. 이렇게 생각해보면 재난은 사악한 마음에서 생기고 사악한 마음은 욕심 부릴 만한 데에서 나오는 것이다. 욕심 부릴 만한 일이 점점 많아지면 양민을 간악하게 만들고, 그렇지 않더라도 착한 사람에게 화를 입힌다. 간악스러운 일이 생기면 위로 군주를 침해하고, 화가 닥치면 인민이 많이 다친다. 그렇다면 욕심 부릴 만한 일들은 위로 군주를 침해하고 아래로 인민을 다치게 하는 것이다. 대저 위로 군주를 침해하고 아래로 인민을 다치게 한다는 것은 큰 죄다.[26] -《한비자》〈해로解老편〉

그런데 혼란과 무질서는 왜 일어날까요? 간단합니다. 욕망 때문입니다. 그리고 욕망과 같이 움직이는 감정 때문이고요. 그래서 성악설론자들은 욕망과 감정을 화제의 중심으로 많이 이야기합니다.

천자처럼 귀해지고 싶고 온 세상을 차지할 만큼 부유해지고 싶은 것은 사람들의 성정으로서 다 같이 바라는 바이다. 그러니 사람들의 욕심을 따른다면 곧 형세는 그 욕심을 다 받아들일 수가 없고 물건은 충분할 수 없을 것이다.[27] -《순자》〈영욕榮辱편〉

사람들의 성정은 음식은 쇠고기나 돼지고기를 먹으려 하고, 옷은 무늬를 수놓은 비단을 입으려 하고, 길을 가는 데는 수레와 말을 타고자 하고, 또 모아 놓은 재산과 저축이 풍부해지기를 바란다. 그러나 오랜 세월을 보내면서 만

족할 줄 모르는 것도 바로 사람들의 성정이다.[28] -《순자》〈영욕편〉

부유해지고 싶고 귀해지고 싶고 오래 살고 싶고 누리고 싶은 것이 많습니다. 모든 인간이 욕망을 가지고 있습니다. 그 욕망과 욕구를 가진 사람들이 모여서 사회를 이루고 삽니다. 하지만 각자의 욕망을 충족하기에는 사회적 재화가 턱없이 부족합니다. 단순히 물질만 적은 것이 아니라 귀한 신분, 높은 명예 이런 것도 사람 수에 비해 너무 적지요. 그러니 싸우기 쉽고 혼란이 일어날 수밖에 없습니다. 그리고 욕망만이 아니라 감정도 있습니다. 욕망·욕구로 갖가지 감정도 생겨납니다. 먹고 싶은 것을 먹으면 기쁘고, 보고 싶은 것을 보면 기쁘고, 듣고 싶은 소리를 들으면 기쁩니다. 반대로 먹고 싶은 것을 못 먹고, 보고 싶은 것을 못 보고, 듣고 싶은 것을 못 들으면 화가 납니다. 그런 감정 또한 사회 혼란의 원인이 됩니다. 그리고 감정의 끝에는 허무란 것이 있습니다. 욕망을 충족하면 기쁘지만 그 기쁜 상태가 감정의 끝일까요? 기쁨 끝에 허무가 밀려옵니다. 이 허무를 잘 달래야 하는데, 허무의 감정이 지나치면 이 또한 개인을 괴롭히고 또 사회적 불안 요소가 될 수도 있습니다. 장자와 순자가 그 허무란 것을 지적했는데, 참 인간이란 것이 어렵습니다. 욕망을 충족해도 문제니까요. 욕망의 충족 끝에 허무가 찾아오고 그래서 더 크고 센 것을 찾는 인간의 속성을 기원전에 간파했다는 것이 대단해 보이기도 합니다.

이렇게 욕망과 감정과 허무가 혼란과 무질서를 일으킵니다. 그럼 어떻게 해야 할까요? 그것들을 제거해야 할까요? 아니면 무조건 절제해야 할까요? 성악설론자들은 그런 주장을 하지 않았습니다. 사실 그럴 수도 없지요.

인간의 욕망과 욕구를 없앨 수도, 무한 절제할 수도 없는 노릇이잖아요. 현실적인 성악설론자들이 그런 비현실적인 주장을 할 리가요? 그들은 외려 욕망과 감정을 인정하고 양성적으로 추구할 기회를 줌으로써 사회적 혼란을 방지하고, 더 나아가 국력을 극대화해보자 그런 주장을 했습니다.

　순자의 예, 묵자의 겸애 모두 욕망의 추구 및 충족과 연관됩니다. 묵자의 겸애는 하층민의 욕망도 충족해주자, 기본적 욕망의 충족에선 누구도 배제되어서는 안 된다는 것이며, 순자의 예는 차등적 질서에서 각자가 자기 분수껏 욕망을 추구해 사회적 질서를 담보하자는 것입니다. 둘 다 욕망의 충족을 말했습니다. 법가 같은 경우는 앞서 말한 대로 욕망을 인정하고 그것에서 국가가 개인을 통제하고 그들의 힘을 이용할 수 있는 가능성을 보았습니다. 욕망하는 대상을 국가가 독점해서 국가가 원하는 일을 했을 때 주어야 한다고 했는데, 사회적 재화와 물리력을 독점한 국가가 인간의 욕망을 이용해 부국강병을 이룩할 수 있다 자신했지요.

　노자와 장자를 제외한 모든 성악설론자들은 감정과 욕망, 특히 욕망에 대해서는 사실대로 인정했고요. 어떻게 하면 사회 구성원 사이에서 다툼과 갈등 없이 욕망을 누리게 해볼까를 고민했고, 사회적 자원을 무슨 기준으로 분배할까 하는 것까지 고민했지요. 이렇게 성악설론자들은 욕망을 충족할 사회적 자원의 분배 문제로 많은 고민을 했습니다. 그 문제를 절대 피하지 않았어요. 그러다 보니 철학이라기보다는 사회과학으로서의 성격을 띠었는데, 역시나 그들은 현실적입니다.

타고난 것에 대하여

그런데 욕망이라고 하면 무엇이 먼저 떠오르시나요? 음식남녀로 대표되는 성욕과 식욕이 떠오르실 겁니다. 그러잖아도 성악설 진영의 고자란 사람이 그렇게 말했지요.

> 고자가 말했다. "식색食色이 인간 본성이다."[29] -《맹자孟子》〈고자告子상편〉

식색이 인간 본성이라고 했는데, 성욕과 식욕은 타고난 것이므로 모든 인간이 가진 것입니다. 인간뿐만이 아니라 생명을 가진 모든 동물의 본능이죠.

> 모든 사람은 하나같이 배고프면 먹기를 바라고, 추우면 따뜻하기를 바라며, 피곤하면 쉬기를 바라고, 이익을 좋아하나 해가 되는 것을 싫어한다. 이것들은 사람들이 나면서부터 지닌다. 이것들은 다른 영향으로 되지 않으며 우임금이나 걸왕이 모두 같다.[30] -《순자》〈영욕편〉

성악설론자들은 타고난 것에 주목하지요. 그래서 인지생人之生이나 민지생民之生이란 말을 쓰면서 인간 일반에 대해 논하는데, 말 그대로 태어나자마자 지니는 것을 말합니다. 선천적인 특질과 특징, 배우지 않아도 저절로 보이는 경향이죠. 그러다 보니 성인聖人과 일반인, 군자와 소인의 차이보다는 공통점에 더 주목을 하고 때론 동물과 인간의 공통점에도 주목을 하는데, 순자는 사회화되기 전의 인간은 털 없는 원숭이에 지나지 않는다는 말도 했습니다.

> 인간은 나면서부터 본디 소인이다. 스승과 법도가 없다면 오직 이익만 눈에
> 들어온다. 인간은 나면서부터 본디 소인이다. 난세에 난잡한 풍속을 접하니
> 이는 적은 것에 적은 것을 겹치는 것이고 어지러움에 어지러움을 더하는 것
> 이다. 군자가 지위를 얻어 다스리지 않으면 마음을 열어 덕을 가르칠 길이
> 없다.[31] - 《순자》〈영욕편〉

성인들도 본디 소인이었습니다. 그러니 어찌해야겠습니까? 순자는 누구든 가르쳐서 사회화해야 한다고 보았습니다. 법도와 규범을 알고 지키는 인간으로 바꿔야 한다고 했지요.* 성악설론자들은 인간이 타고난 욕망을 추구할 때 일어날 혼란에 대해 경고를 많이 했는데 그래서 어떻게든 고치자, 바꾸자고 합니다. 외적 기준과 규범을 배우고 익혀 바꿔가자고 하지요. 그런데 노자와 장자는 의견을 달리합니다. 이들은 타고난 면을 부정적으로 보지 않습니다. 오히려 문명과 사회에 의해 변질된 인간의 모습에서 보이는 부정적인 면을 이야기하지요. 그러면서 본디 태어날 때 그대로의 모습으로 돌아가자는 말을 합니다. 변화를 말한다는 것은 똑같은데 방향은 정반대지요. 타고난 면이 부정적이니 사회의 규범을 배우고 사회화하자는 쪽은 순

---

* 가르쳐서 바꿔야 한다, 사회화해야 한다, 또는 가르쳐서 바꿔 사회화할 수 있다. 그것이 순자가 가진 확신에 가까운 신념이었는데, 사실 순자는 철학자·사상가이기 전에 천생 교육자였습니다. 그리고 교육자는 모두 순자이고 성악설론자라고 할 수 있지요. 가르쳐서 바꿀 수 있다, 사회화해야 한다는 생각이 바로 교육이니까요. 현대 교육학도 사실 성악설의 입장에 서 있다고 생각합니다.

제자백가, 인간을 말하다

자·묵자·법가이고, 반대로 타고난 면은 긍정적이나 사회에 의해 변질된 모습은 부정적이니 본디 타고난 면으로 돌아가자는 쪽은 노자와 장자입니다.

타고난 바탕만으로 살아라. 통나무처럼 살게 하고 그래서 사사로움을 버리고 욕심을 버려라.[32] -《노자》19장

덕을 두텁게 머금은 사람은 비유하자면 갓난아이와 같다. 벌이나 독충·독사도 물지 못하고 맹수도 덮치지 못하며 새들도 공격하지 못한다.[33] -《노자》55장

노자는 어린아이의 모습을 강조하고, 장자는 문명의 추악함을 고발하며 문명 이전의 삶을 찬양합니다. 또한 장자는 인간의 욕망과 감정은 타고나는 것이 아니라 문명과 사회가 주입한 것이라고 보았습니다.

예컨대 배 두 척이 나란히 바다를 건널 때 빈 배 하나가 내 배에 부딪힌다면 아무리 성급한 사람이라도 성내지 않을 것이다. 그러나 만일 그 배에 한 사람이라도 있다면 곧 그 사람을 불러서 배를 떨어지게 하거나 물러나게 만들 것이다. 그런데 한 번 불러서 듣지 않고 두 번 불러도 듣지 않는다면 그만 고함을 치며 욕설을 퍼부을 것이다. 지난번에는 성내지 않으면서 이번에 성내는 것은, 지난번에는 마음을 텅 비웠고 이번에는 채웠기 때문이다. 사람이 만일 자기를 텅 비워서 세상을 대한다면 그 누가 그를 해치겠는가?[34] -《장자》〈산목山木편〉

배가 비었다면 별 일이 없을 텐데 사람이 있어서 문제라네요. 마음을 텅 비웠으면 문제될 것이 없는데 채웠으니 문제랍니다. 장자는 사회와 문명이 주입한 쓸데없는 욕망과 자의식이 문제라고 생각했고, 그래서 대립과 투쟁, 중상과 모략, 걱정·한탄·변덕·집착·시기·질투가 생겨나고 그것들이 계속 커진다고 했습니다. 그러니 그런 것을 모두 덜어내고 태어났을 때의 모습으로 돌아가자고 했습니다. 타고난 본성대로 살던 그때로 말입니다.

그런데 노자와 장자가 인간의 타고난 본성을 긍정하는데 왜 성악설이냐, 이런 질문을 하실 수 있습니다. 네, 그런 반론 내지 질문이 나오는 것이 당연합니다. 태어났을 때 본성 자체가 긍정적인데 성악설이라니? 그런 의문이 들 수 있지요. 네, 정말이지 둘은 태어났을 때의 인간 모습 그 자체를 긍정합니다. 그럼에도 성악설입니다. 타고난 본성은 긍정적일지 몰라도 대부분의 사람은 본성대로 살지 못하고 오염된 모습으로 살 수밖에 없거든요. 그래서 인간 세상은 무한투쟁이 일어나고요. 성악과 성선을 말할 때 성性이라는 글자에 집착하면 안 됩니다. 태어날 때 성은 멀쩡하고 순선할지라도 그런 성을 잃어버리고 오염된 마음과 감정으로 살 수밖에 없는데, 그것이 대다수 인간의 경향이자 행위의 동력이라면 악하다고 볼 수밖에 없지요. 그런 인간들이 모인 사회는 참 혼란하다고 보는 점에서는 똑같기에 그들도 성악설론자들입니다.

맹자 같은 성선설론자는 타고난 모습에 주목하지 않습니다. 더 정확히 말하자면, 인간 및 모든 동물이 타고날 때 가지는 식욕과 성욕 같은 본능과 욕망을 애써 무시하지요. 그런 것보다는 오로지 인간만이 가진 특질, 본질로서의 모습에 주목하고 의미를 두는데, 뒤에서 자세히 설명하겠습니다. 지

금은 성악설을 이야기하고 있으니까요

법과 제도로 귀결

정치는 사람에 달려 있다.[35] ―《중용》20장

사람 다스리는 바를 알면 천하 국가를 다스리는 법을 안다.[36] ―《중용》21장

임금이 어질면 어질지 않을 자 없고, 임금이 의로우면 의롭지 않을 자 없으며, 임금이 올바르면 올바르지 않을 자 없다. 한 번 임금을 올바르게만 하면 곧 나라는 안정된다.[37] ―《맹자》〈이루離婁하편〉

성악설론자들은 인간을 부정적으로 보니 인치人治를 부인합니다. 인간의 인격과 주관으로 다스려야 한다? 웃기는 말입니다. 그들은 이를 철저히 반대했지요. 사회와 국가를 인간이 이끌어서는 안 됩니다. 욕망 때문에 이기적이기 쉽고, 감정 때문에 왔다 갔다 하는 존재인 인간이 사회를 이끌면 안 됩니다. 인간 아닌 다른 것이 사회를 이끌어야지요. 절대 맹자가 말하는 것처럼 인간의 마음 안에서 규범과 통치 원칙을 만들어내서는 안 됩니다.

상으로 장려하고 벌로 억누르려 하지 않고 권세를 잃고 법을 버린다면, 요와 순이 집집마다 찾아다니고 사람마다 설득해도 세 집을 채 다스리지 못할 것이다.[38] ―《한비자》〈난세難勢편〉

세상을 통치하는 자들이 주로 법을 버리고 사사로운 논의에 맡기니 나라가 혼란스러워진다. 선왕들이 무게를 재는 저울을 만들어 걸고 길이를 재는 자를 세워 지금에 이르도록 법으로 삼고 있어 구분이 뚜렷해진 것이다. 무릇 저울을 버리고 경중을 판단한다거나 자를 폐기하고 장단을 가늠한다면, 비록 잘 살핀다 해도 장사꾼조차도 이런 방법을 쓰지 않을 것이니, 그렇게 해서는 꼭 들어맞지 않기 때문이다. 그러므로 법이라는 것은 나라의 저울인 셈이다.[39] - 《상군서》〈수권修權편〉

인간 밖에 있는 것으로 다스려야 합니다. 또 이왕이면 객관적인 규범과 원리로 사회를 통치해야 합니다. 만일 인간의 사적 의지와 감정에 맡겨두면 혼란이 일 수밖에 없으니 인간 바깥에서 국가와 사회를 이끌 원동력을 찾아보자고 하지요. 앞서 언급한 순자의 예와 법가의 법은 국가와 사회가 정한 공식 규범입니다. 묵자가 말하는 하느님의 뜻, 즉 천지天志는 법으로 구체화해야 하는 것입니다. 이들 모두가 인간의 감정과 인격이 아닌 공식적인 객관 규범으로 다스리자고 했습니다.

　여기서 고사를 하나 이야기해보겠습니다. '여도지죄餘桃之罪'라는 유명한 고사 아시죠? 옛날 위衛나라에 미자하彌子瑕라는 미소년이 있었는데 임금의 총애를 받았습니다. 위나라 법에 임금의 수레를 몰래 타는 자는 발을 자르게 되어 있었죠. 그런데 어느 날 밤, 어머니가 병들었다는 소식에 미자하는 임금의 허락 없이 슬쩍 임금의 수레를 타고 나갔습니다. 한창 미자하를 총애하던 때라 임금은 이 일을 듣고도, 어머니를 위해 발 잘리는 벌도 잊었다며 그를 칭찬했지요. 또 어느 날은 미자하가 임금과 함께 정원에서 노닐다가 복숭아를 따서 먹었는데 맛이 아주 달아서 나머지 반쪽을 임금에게 먹으라고 주었습니다. 아니, 먹다 남은 것을 임금에게 주다니요. 하지만 임금은 자신을 사랑하기 때문에 주는 것이라며 미자하에 대한 칭찬을 아끼지 않았습니다. 그러나 세월이 흘러 미자하의 미색이 쇠하자 임금의 총애도 식었습니다. 한번은 미자하가 임금에게 죄를 지었는데 이때 임금은 "미자하는 본디 성품이 좋지 못한 녀석이다. 과인의 수레를 몰래 훔쳐 타기도 하고, 또 일찍이 먹던 복숭아를 과인에게 먹으라고 한 적도 있다"라고 말하며 벌을 내렸답니다.

인간의 마음이란 것이 그렇습니다. 변덕이 죽 끓듯 합니다. 그러니 인간의 마음과 감정으로 나라를 다스리면 되겠습니까? 이 고사는 《한비자》에 실린 이야기인데, 인간의 마음이 아니라 법으로 다스려야 한다는 것을 역설하기 위해서 한 이야기입니다. 또한 한비자는 다음과 같이 말했습니다.

법이란 것은 문서로 엮어내어 관청에 비치하고 백성에게 공포하는 것이다. …… 이런 까닭으로 현명한 군주가 법을 말하면 나라의 미천한 자까지 들어서 알지 못함이 없으니 오로지 당堂 안에 가득 찰 일만은 아니다.[40] -《한비자》〈난삼難三편〉

법이란 것은 내건 명령이 관청에 명시되고 형벌은 반드시 민의 마음속에 새겨지며, 상은 법을 삼가는 자에게 있고 벌은 명령을 어기는 자에게 가해지는 것이다.[41] -《한비자》〈정법定法편〉

객관적인 법과 규범이 중요합니다. 순자는 그 규범으로 예를 주장했고, 그것이 법가들의 법처럼 활자화·성문화되길 원했죠. 단순히 사회 관습과 문화가 아니라 명확히 확인되는 공식적 규범이 되길 원했는데, 그래서인지 그의 제자들은《예기禮記》라는 대경전을 만들어냈습니다. 인간 생활에서 지켜야 할 많은 규범을 명확히 활자화해 책으로 만든 그것은 동아시아 사회에서 19세기까지 구속력을 행사했지요.

이렇게 성악설론자들은 인간 밖의 규범으로 다스리자고 합니다. 인치를 부정합니다. 사람의 마음과 인격을 믿어서는 안 된다고 본 것이지요. 인간 마음과 인격에 호소해서는 세상을 다스리지 못한다는 말입니다. 이는 솔선수범을 부인하는 것입니다. 성악설론자들은 유가에서 좋아하는 솔선수범이 통치에 도움이 될 것이라고 보지 않았습니다. 외려 방해만 된다고 생각했지요. 특히 법가의 경우는 '위정자가 인격을 닦고 모범을 보이면 백성이 절로 교화되고 감화되어 통치의 안정성이 보장되고 정치공동체가 건강해진다'라는 관점을 아주 비웃었습니다.

임금이 되어 아랫사람을 금하지 못하면서 자신만을 금하는 것을 겁劫 즉 억지 부린다 하고, 아랫사람을 다스리지 못하면서 자신만을 다스리는 것을 난亂 즉 어지럽게 한다 하며, 아랫사람을 절약하게 하지 못하면서 자신만 절약하는 것을 빈貧 즉 궁상떠는 것이라고 한다. 밝은 임금은 사람을 부림에 사사로움이 없고 남을 속여 배를 채우는 것을 금하며, 힘을 다해 일하고 나라에 이로움을 더한 사람이 있는지 반드시 듣고 그러고 나서는 반드시 상을 내리며, 임금의 명을 더럽혀 사사로이 한 사람이 있는지 반드시 알아내고 그러고 나서는 반드시 벌을 준다. 이렇게 하면 충신은 나라를 위해 충성을 다할 것이고, 백성과 선비는 집안을 위해 힘을 다할 것이며, 모든 관리는 임금을 위해 정성을 다할 것이니, 경공景公보다 사치를 곱으로 한다 하더라도 나라의 환난은 되지 않는다.[42] -《한비자》〈난삼편〉

자신이 절제하고 절약하고 그릇된 행동을 보이지 않는다고 해서 아랫사람이 절로 절제하고 절약하고 바른 사람이 되는 것은 아니라고 말합니다. 무능한 것일 뿐이고 궁상떠는 것일 뿐이라네요. 정말로 윗사람들과 사회지도층 인사들이 모범을 보인다고 사람들이 절로 교화되고 감화되어 바른 사람이 될까요? 가정과 학교라면 모르겠지만 사람들이 모인 조직은 합리적인 인센티브가 갖춰져야 제대로 돌아가고 엉뚱한 짓을 하는 사람이 생기지 않는 법인데, 그저 조직의 수장과 윗사람들의 인품이 훌륭하다고 조직이 건강해질까요? 한비자는 그런 것을 생각한 것이죠.

유가는 윗사람이 솔선수범하면 절로 사람들이 착해지고 정치의 많은 문제가 해결될 것처럼 이야기하지만, 한비자 생각에는 솔선수범의 효과는 없고 신상필벌만이 답이었습니다. 무엇보다 유가는 군주에게 단순히 모범을 보이라는 수준에서 그치지 않고 성인 군주가 되라고 하는데, 사실 현실에서는 불가능한 일이죠. 윗사람이건 아랫사람이건 사람이라면 약점과 흠결이 있기 마련인데, 윗사람에게 늘 성인이 되길 당부하고 성인과 같은 도덕과 윤리의 화신이 되길 바라는 건 너무 많은 것을 바라는 것이고 지나치게 비현실적입니다. 설령 정말 성인이 된다고 해도 정치적 효과가 있을까 의심스러운데 그런 비현실적 과제를 부여하다니요? 또 그러면 자칫 정치와 통치가 챙겨야 할 근본적인 일들이 소홀히 될 수 있습니다. 상과 벌을 제대로 주고 사회적 자원의 분배를 합리적으로 해서 사회적 생산성을 높이는 과제들이 무시될 수 있지요.

야구에 그런 말이 있습니다. 사람이 좋으면 꼴찌라고요. 프로야구 감독이 인격만 좋아서 무엇하겠습니까? 성적을 내야지요. 마찬가지로 통치와 정치의 영역에 있는 사람은 그 고유한 업무 영역부터 먼저 잘 챙겨서 결과를 내야죠. 대통령과 각료들이 아무리 착하고 인격이 훌륭하다 해도 민생 문제를 해결하지 못하고 경제를 파탄으로 만들어버리면 지도자·각료의 자격이 있을까요? 사법체제 안에 있는 사람이 그저 무골호인이기만 하고 제대로 판결을 내리지 못해 법질서를 흐리면 나라가 뭐가 되겠습니까? 한비자가 말한 대로, 무한 절제하고 착한 사람이 되라고 입바른 소리만 해대면서 통치의 고유한 업무와 기능을 도외시하는 것은 소용없다 못해 공동체를 해치는 일일 뿐입니다. 그리고 정치를 하는 이의 인격과 덕에만 의존하면 담당자의 재량권이 무한히 늘어날 여지가 많은데, 그러면 정치와 행정의 명확한 기준과 제도가 자리 잡지 못해 결국 사회적 신뢰가 서지 못할 여지가 많지요.

유가의 인치 노선은 정치와 행정에서 합리성과 투명성을 담보하는 것이 어렵습니다. 외려 인간을 불신하는 성악설이 합리성과 투명성 제고에 더 애를 쓰는데, 성악설은 사람에게 많은 것을 바라지 않기 때문입니다. 명확한 제도와 법과 기준을 제시하고 누가 그 자리에서 정치를 담당하든 그 기준에 입각해 일을 처리하게끔 해야 한다고 합니다. 중요한 건 공식적이고 객관적인 제도·법·기준·규범이지요. 그것을 얼마나 잘 만들어내느냐가 중요합니다. 그런데 그 제도와 규범으로 사회를 이끄는 사람은 당시 누구였을까요. 바로 국가의 유일한 주권자 군주였습니다. 그래서 장자를 제외한 대부분의 성악설은 국가와 군주를 중심으로 이론을 내세웠지요. 그건 노자도 마찬가지입니다. 군주로 대표되는 국가권력이 법과 제도·규범을 쥐고 사회를 이끌어가기에, 성악설은 국가와 군주 중심의 사상체계로 귀결되기 쉽습니다. 상앙이나 한비자, 묵자, 순자 모두가 군주의 입장에 서 있죠.

옛날에는 사람들이 한곳에 모여 생활했는데, 무리지어 살면서 질서가 없고 혼란하자 자신들을 다스려줄 임금이 있기를 바랐다. 그렇기에 천하가 임금이 있는 것을 즐겁게 여긴 것은 앞으로 다스려지기를 위함이었다.[43] -《상군서》〈개색편〉

이처럼 상앙은 질서를 위해 임금이 있다고 했습니다. 혼란을 막기 위해 군주가 있어야 하고 국가권력이 있어야 한다고 말했습니다. 군주 중심의 사고는 장자를 제외한 성악설론자들의 공통된 특징인데, 순자도 많이 주장한 바입니다. 사실 유가는 군주가 아니라 신하 중심의 정치를 주장한, 권력에 대한 견제자·비판자 의식이 강한 사상인데요. 순자는 좀 달랐습니다. 그역시 성악설론자라 그렇습니다. 제도와 규범을 만들고 그것을 집행하고 사람을 관리·보호·통제하는 것은 국가권력만이 할 수 있는 일이기에 국가와 군주 중심으로 갈 수밖에 없죠.

임금이란 여러 사람이 모여 잘 살게 해주는 사람이다. 여럿이 모여 사는 방법이 합당하면 만물이 모두 그들에게 합당케 되고, 여러 가지 가축은 모두 나름대로 잘 자랄 것이며 여러 생물도 모두 그들의 목숨대로 살 것이다.[44]

– 《순자》〈왕제王制편〉

임금이 있어야 사회를 이루고 살고 있는 사람들이 잘 살 수 있다네요. 순자는 또 〈부국富國편〉에서 임금을 안정되게 하는 것이 천하의 근본을 안정되게 하는 것이라고 했고, 임금을 소중히 하는 것이 곧 천하의 근본을 소중히 하는 것이라고 했지요. 혼란에 대한 혐오, 질서에 대한 강한 희구가 국가권력과 임금에 대한 중시로 이어진 것인데 다른 대다수의 성악설론자도 모두 마찬가지입니다. 하지만 그렇다고 군주의 독재와 전제 왕권을 주장하지는 않았습니다. 각자 나름대로 확실하게 견제장치와 제어장치를 두려고 했지요. 임금도 사람인데 믿어보자? 안 될 말입니다. 큰일 날 소리입니다. 임금이라는 인간이 자의적인 의사와 감정대로 국가를 다스리게 해서는 안 됩니다. 인간에 대한 의심과 불신의 대상에는 군주도 포함됩니다.

변화 가능성에 대한 인정

인간의 부정적인 모습과 사회의 혼란한 모습을 직시합니다. 그에 대한 대안도 고민해서 말했고요. 명확한 규범과 외재적인 기준을 제시한 것은 문제가 해결될 수 있다고 본 것인데, 그들은 부정적인 인간과 사회의 모습이 변할 수 있다고 생각했습니다. 얼마든지 좋은 방향으로 바뀔 수 있다고 긍정했지요.

제자백가, 인간을 말하다

굽은 나무는 반드시 댈 나무를 쪄서 바로잡은 뒤에 곧아지며 무딘 쇠는 반드시 숫돌에 간 뒤에라야 날카로워지듯이, 지금 사람의 악한 본성은 반드시 스승과 법도의 가르침이 있은 뒤에야 다스려진다.[45] -《순자》〈성악편〉

본성이란 하늘에서 타고나므로 배워서 행할 수 없으며 노력으로 이루어질 수 없다. 예의란 성인이 만들어내므로 배우면 행할 수 있으며 노력하면 이루어질 수 있다.[46] -《순자》〈성악편〉

변화에 대해서는 순자가 참 많이도 이야기했습니다. 인간은 얼마든지 변화할 수 있다, 사회화될 수 있다, 그래서 누구든 성인이 될 수 있다고 했지요. 성악설 하면 사람들이 흔히 떠올리는 사람은 순자이지만 어찌 보면 순자는 인간을 믿고 인간의 긍정성을 확신한 사람이지 않을까 하는 생각이 들 때가 많습니다.

재성材性과 지능은 군자와 소인이 똑같다. 영예를 좋아하고 치욕을 싫어하며 이로움을 좋아하고 해로움을 싫어하는 것도 군자와 소인이 다 같다. 다만 추구하는 것이 다를 뿐이다.[47] -《순자》〈영욕편〉

태어날 때는 군자나 소인이나 똑같지만 추구하는 것에 따라 인간은 변화합니다. 공부하고 스승을 따르고 법도를 익혀 실천하면 군자가 될 수 있다고 순자가 말했는데, 순자도 천생 유가이지요. 유가는 인간을 믿습니다. 열심히 공부하면 더 나은 사람이 되고 더 나은 삶을 살 수 있다는 확신이 유가의 정체성이죠. 순자도 마찬가지입니다. 얼마든지 긍정적인 방향으로 변화할 수 있습니다. 그런데 인간의 변화에 대해서는 사실 묵자가 가장 먼저 말했습니다.

> 묵자는 실을 물들이는 사람을 보고 감탄하며 말했다. "파란 물감에 물들이면 파래지고 노란 물감에 물들이면 노래지니, 넣는 물감이 변하면 그 색깔도 변한다. 다섯 번 물통에 넣었다 뒤에 보니 오색五色이 되었구나. 그러니 물들이는 데에 신중하지 않을 수가 없구나."[48] —《묵자》〈소염所染편〉

파란 물감에 담그면 파랗게, 노란 물감에 담그면 노랗게, 묵자는 이렇게 염색의 과정으로 인간의 변화를 이야기했습니다. 물감의 색깔에 따라 변하니 잘 물들여야죠. 그래야 바람직한 방향으로 인간이 변화할 수 있을 터인데, 그러면서 묵자는 하느님을 말합니다. 하느님의 뜻에 물들라는 방향으로 귀결하지요. 인간 행위의 성향과 경향은 바뀔 수 있고, 이기적이고 사적 욕망만 추구하던 사람이 군자가 될 수도 있습니다. 한편 법가도 인간의 변화를 말했습니다. 유가와 묵가처럼 소인이 군자가 된다고 하면서 수양론을 말하지는 않았지만, 인간이 바람직한 방향으로 변할 수 있다는 것을 분명히 했지요.

> "오늘 법령을 마련한 뒤 내일 아침 천하의 관원과 백성이 모두 그 법령을 잘 이해하게 하고 집행이 하나같이 공평무사하게 하려면 어찌해야 하오." 상앙이 대답했다.

"먼저 법령을 제정하고 관원을 둡니다. 기본적인 자질이 법령에서 말하는 바를 잘 알고 천하를 향해 공평무사한 법 집행을 할 수 있는 인물이 있으면 천자에게 천거합니다. 천자는 그들에게 해당 법령을 주관하게 합니다. 이들 모두 궁궐의 섬돌 아래로 내려가 명을 받은 뒤 관리로 파견됩니다. …… 여러 관리와 백성이 법령을 주관하는 관리에게 법령에서 말하는 내용을 묻는 경우, 모두가 각자 그들이 본디 물어보고자 했던 법령으로 뚜렷하게 일러줍니다. 그리고 각각 1척 6촌 되는 부절을 만들어 연월일시와 물은 법령의 조문을 밝혀 기록하고 질문했던 관리나 백성에게 알려줍니다."[49] ─《상군서》〈정분定分 편〉

여기에서 상앙은 법 전문 관리를 파견해 법을 홍보하고 교육해야 한다고 말했습니다. 그러면 백성이 법을 잘 알고 이해해 법치형 인간으로 변할 수 있다고 했죠. 법가는 유가처럼 공부하면 군자가 될 수 있다는 이야기는 하지 않았지만, 얼마든지 법을 지키고 법에 순응하여 법을 내면화하는 법치형 인간이 될 수 있다고 자신했습니다. 법을 지켜보니 편안하고 거래에서 신용이 담보가 되며, 법이 내 재산을 보호해주고 법에서 규정한 의무를 열심히 수행하면 상을 주는 것이 확실하다는 믿음이 생기면 법대로 판단하고 움직이는 인간이 될 수 있다고 보았지요. 그렇게 인간의 내면에 법이란 것이 들어올 수 있다고 보았는데, 법가가 인간의 변화를 긍정한 것은 분명합니다.

변화의 중심 기제: 공포, 설득, 만족

불량한 자식이 있어 부모가 노해도 고치려 하지 않고, 마을 사람이 꾸짖어도 움직이지 않으며, 스승이나 어른이 가르쳐도 바뀌려 하지 않는다고 하자. 부모의 사랑이나 마을 사람의 지도, 스승과 어른의 지혜라는 세 가지 미덕이 가해져도 움직이지 않고 고치지 않다가, 지방관청의 관리가 관병을 이끌고 공법公法을 내세워 간악한 행동을 바로잡으려고 하면 그 연후에야 비로소 두려워하며 생각을 바꾸고 행동을 고친다. 그러므로 부모의 사랑도 자식 가르치기에는 부족하며 반드시 관청의 엄한 형벌을 기다려야 하는 이유는, 백성은 본디 사랑에는 기어오르고 위압에는 복종하기 때문이다. …… 그러므로 현명한 군주는 처벌을 분명하게 한다.[50] –《한비자》〈오두五蠹편〉

'변화할 수 있다고 하는데 어떻게 변화할 수 있느냐? 변화할 수 있는 인간의 가능성은 어디에 있고 어떤 수단으로 바꿀 것이냐?' 하는 것들에 대해서 성악설론자들은 논했습니다. 법가의 경우는 공권력의 힘과 위압으로 바꾸자고 말을 하죠. 부모가 타일러도 안 되고 마을 사람과 선생이 가르치고 꾸짖어도 소용없지만 공권력의 위압에는 굴복한다고 합니다. 이는 다소 억압적인 냄새를 풍기기는 하지만 사람들이 적잖이 공감하는 말입니다. 인간이라는 존재가 좋게 말하고 타일러서 잘 알아먹는 존재가 아니라고 생각하시는 분들이 많은데, 위에서처럼 한비자는 공포로써 바꾸자고 이야기했습니다.

그런데 법가는 공포만을 말하지는 않았습니다. 벌만이 아니라 상도 많이 제시합니다. 국가가 부과한 의무를 열심히 수행하면 누구든 후한 상을 준다, 아무리 신분이 한미해도 상을 주고 무엇보다 사유재산을 단단히 보호해서 각자 노력해서 일군 것들을 누구든 침해하지 못하게 하겠다고 약속을 하지요. 이처럼 법가는 감옥에 가둔다거나 노역을 시키는 등과 같은 엄한 형벌로 인한 공포 말고 상을 통한 동기부여도 많이 하는데, 앞서 말한 것처럼 사람들이 가진 욕망을 보는 겁니다. 부와 귀에 대한 욕망이 있기에 통치 체제에 순응하고 규범을 지키는 인간으로 변화할 것이라고 생각했지요. 긍정의 인센티브를 제시해서 인간의 변화를 이끌 수 있다고 낙관한 것입니다.

묵가는 하느님이라는 권위를 제시하고 인간을 법과 제도를 만드는 사회적 과정에 참여하게 하자고 주장했습니다. 종교적 권위가 사람들을 적잖이 변화시킬 수 있다는 것은 오늘날에도 적지 않은 사람들이 동감할 것입니다. 또 나라와 천하를 다스리는 큰 원칙과 기준을 만들 때 갑론을박의 토론장에 사람들을 참여하게 하면, 아무래도 결과적으로 만들어진 대원칙을 더 잘 존중하지 않겠냐는 생각을 한 것 같습니다. 그래도 묵자는 사후에도 설득이 필요하다고 본 것 같습니다. '합의된 원칙과 기준이 있는데 이것이 옳고 결과적으로 네게 이득이 될 것이니 따르려무나' 하는 설득이 필요하다고 보고, 이를 위해 여러 가지 고민을 한 듯합니다. 공동체를 다스리는 원칙과 기준이 만들어지는 과정에 참여하게 한다고 해도 사후에 설득이 필요 없는 것은 아니라고 생각한 것 같습니다. 사실 상식적인 생각이죠. 민주주의 사회인 지금도 사회 구성원의 여론 수렴으로 제도와 정책, 방향이 결정된다고 해도 그것으로 모든 게 끝이 아니지요. 나머지 사회 구성원들에게 알리고 설득하고 이해하게 해야 하죠. 묵자는 그런 설득을 중시했습니다.

토론을 하고 합의를 이끌어내고 이후에 설득을 하자? 좀 현대적인 것 같지요? 더 정확히 말하자면 서구적인 냄새가 날 텐데요. 사회계약, 사전 토론, 사후 설득을 말한 것을 보면 정말 동양사상이 맞나 싶기도 합니다.《묵자》후반부에는 후기 묵가가 만들었다는《묵경墨經》이 있는데,《묵경》을 보면 토론·합의·논리·논증·수사 등등 더욱 서구적인 냄새가 많이 납니다. 내 주장을 이해하게 하고, 개념을 명확하게 정의하며, 근거를 통해 의견을 분명하게 전개하고, 서로 같은 점을 찾아내는 소통의 기술과 설득의 방법들이 쓰여 있는데, 그것을 보면 묵자는 정말 토론과 설득을 통해 인간이 어떤 대원칙과 기준들을 잘 지키는 인간으로 변화할 수 있다고 본 것 같습니다.

순자도 공부와 스승의 교화를 통해 인간이 변화할 수 있다고 낙관했는데, 특히 '만족'이란 것에 주목했습니다. 유가적 예법을 배우고 지키면 얻는 사후 만족이 대단히 클 것이기에, 변화의 강한 동기부여가 된다는 것이죠. 특히 순자는 예라는 것이 인간의 욕망을 충족해주어야 하고, 감정을 적절히 풀어주고 발현되게 해주는 것이어야 한다고 주장했습니다. 인간이 예를 통해 욕망을 누리고 감정도 적절히 발산하면서 즐거움을 느껴야 변화할 수 있다고요. 예가 나에게 만족과 즐거움을 주니 지키고 싶고, 계속 내 것으로 하고 싶어진다는 것이지요. 특히 예의 준수와 실천을 통해 지속적으로 그러한 즐김과 만족의 과정을 거치면 얼마든지 변화할 수 있다고 했습니다. 순자가 말한 예는 단순히 엄격한 규칙이나 복종의 요구가 아닙니다. 물질적 만족, 예술적 감정의 고양까지 담고 있으며, 순자는 그런 예를 배우고 가르치면 인간이 얼마든지 변화하고 사회화되어서 사회의 질서가 유지되고 안정될 것이라고 보았지요. 예를 내 것으로 할 때의 만족과 즐거움 때문에 말입

제자백가, 인간을 말하다

니다.

　노자와 장자는 인간의 변화를 그다지 낙관하지 않았는데, 양생養生과 전생全生을 말하면서 인간의 변화를 이야기했습니다. 내가 말하는 것들이 당신 삶이 온전해지는 데 큰 도움이 된다(장자), 당신 삶이 오래가기 위한 조언이다(노자), 그러니 따르면 좋을 것이라고 말하지요. 노자는 궁중 안에서의 삶을, 장자는 궁중과는 상관없는 재야의 지식인들이 자유를 지키는 삶을 온전히 하고 싶으면 이렇게 저렇게 하는 것이 좋다고 이야기했습니다. 인간의 변화를 낙관하지는 않지만 양생과 전생을 말한 것을 보면, 그래도 자신들의 이야기를 누군가는 따라서 변화하겠지라는 생각은 한 것 같습니다. 일부 현자만이라도 자신들의 조언을 따라 변화해서 양생과 전생의 길로 가지 않을까, 그런 생각은 한 것 같습니다.

　그럼 이제 성악설의 이론적 기반에 대한 이야기는 접고, 제자백가 사상가 한 사람 한 사람의 이야기를 들어봅시다.

제 1 장

묵자,
인간은
변할 수 있다

힘만이 정의인 세상, 의는 이利다

묵자는 의가 이, 즉 의로움이 이익이라고 말했습니다. 다시 말해 누군가를 이롭게 해줄 수 있어야 진정한 의로움이고 옳음이며 도덕이고 윤리라는 말입니다. 사람을 이롭게 해줄 수 있어야 정의가 성립한다는 뜻입니다. 묵자의 무리인 묵가는 본디 공자의 학문을 배운 사람들입니다. 그런데 공자의 사상이 마음에 들지 않았나 봅니다. 공자가 주장하는 인仁에 회의를 느꼈나 봅니다. 묵자는 공자의 사상으로는 고통받는 하층민의 삶을 개선할 수 없다고 생각했고, 그래서 인이 아닌 겸애를 들고 나왔습니다. 묵자가 보기에 공자의 사상은 지나치게 낙관적이고 이상적이었나 봅니다.

이상주의자들의 특징이 있지요. 몇 가지 문제만 해결되면 세상이 아주 좋아질 것이라고 보는 근거 없는 낙관성이 이상주의자들의 공통된 특징인데, 공자와 공자의 사상을 보면 그런 모습이 많이 보입니다. 공자사상은 한

마디로 '바르게 살자, 착해지자, 도덕을 갖추자'입니다. 그러면 절로 좋은 세상이 온다는 것입니다. 특히 누가 바르게 살고 착해지고 도덕을 갖추어야 할까요? 바로 정치인들입니다. 궁중 사회 사람들과 벼슬살이를 하는 지식인들이 착해져야 한다고 부르짖었습니다. 이들이 도덕적으로 무장해 군자답게 처신하고 행동을 하면 좋은 세상이 절로 온다고 공자는 낙관했지요.

묵자는 이런 공자의 이상주의와 인간의 도덕에만 호소하고 물적 토대와 하층민의 비참한 모습을 보지 않는 비현실성에 학을 떼 새로운 사상을 들고 나왔습니다. 그것이 바로 겸애입니다. 겸애가 무엇일까요? 먹는 겁니다. 밥입니다. 모든 사람이 먹어야 한다는 것이고 모든 백성을 먹여줘야 한다는 것입니다. 밥의 보편성, 모든 사람이 밥으로 대변되는 기본 생활을 누릴 수 있게 해줘야 한다는 의미입니다. 최대 다수의 기본 생활을 보장하는 것이 바로 겸애인데, 이러한 묵자의 겸애를 예수님의 사랑, 부처님의 자비, 공자님의 어짊(仁)처럼 어떤 정신적인 것, 관념적인 것으로 생각하면 안 됩니다. 물질적인 이로움과 경제적 이익의 공유와 연대를 통해 최소한의 삶을 보장하는 것입니다.

껍데기는 가라! 밥과 무관한 허울뿐인 관념과 도덕·윤리를 철저히 거부했는데 그만큼 그들이 하층민을 대변하는 집단이라 그렇습니다. 늘 힘들게 육체노동을 하면서 지배층을 부양해야 하는 피지배층으로서 관념과 말뿐인 이념이 싫었을 수밖에요. 늘 수탈만 당하면서 아무것도 가질 수 없었던 하층민의 고통을 직시하고 그들 삶의 개선을 말한 데서 왜 묵자가 성악설을 말했는지 이해할 수 있습니다. 하층민의 입장을 대변하는 사람이 본 세계와 인간의 모습이 절대 긍정적일 수 없었겠지요.

옛날 삼대의 성왕들이 돌아가신 뒤로 천하는 의로움을 잃고 제후들은 힘으로 정치를 했다. 그리하여 사람들 관계에서 왕과 신하, 윗사람과 아랫사람 사이는 은혜롭지 않고 충성되지 않아졌으며, 아버지와 자식, 형과 아우 사이는 효성스럽지 않아졌고 공경하고 우애하는 마음이 없어졌다. 행정관료와 지도자들은 정사를 처리하는 데 힘쓰지 않고, 천하 사람들은 자신의 일에 힘써 노력하지 않았다. 백성이 난폭해 반란을 일삼고 도적질을 하며, 무기와 독약과 물과 불로써 크고 작은 길에서 죄 없는 사람들을 가로막고 남의 수레와 말과 옷가지를 약탈해 자기의 이익으로 삼으니, 이러한 일들이 한꺼번에 생겨난 것은 이로부터 비롯되었고 이러한 일들로 천하는 어지러워졌다.[51]

–《묵자》〈명귀明鬼 하편〉

묵자가 보았던 당대 현실입니다. 아랫사람들을 착취하고 가족끼리도 반목하며 힘의 논리만이 관철되는 세상, 의로움이 없고 위정자들은 힘으로만 정치하는 세상, 그래서 서로 뺏고 빼앗기며 죽고 죽이는 무한 쟁탈의 연속이었는데, 묵자가 본 현실이자 인간들의 모습이었습니다. 이런 무질서의 세상에서는 당연히 강자보단 약자의 삶이 위태로웠겠지요. 하층민의 삶은 지옥이었을 겁니다.

역정力政이 판치는 시대에 힘으로 다스리는 것은 어떻게 하는 것인가? 그것은 큰 나라가 작은 나라를 공격하고, 강한 자가 약한 자를 업신여기며, 수가 많은 자가 적은 자를 해치고, 꾀 많은 이가 어리석은 자를 속이며, 귀한 자가 천한 자에게 오만하게 대하고, 부유한 자가 가난한 자에게 교만하며, 젊은 사람이 노인의 것을 빼앗는 것이다. 그리하여 천하의 여러 나라는 널리 물과 불과 독약과 무기로써 서로를 해친다.[52] ―《묵자》〈천지天志하편〉

힘의 논리만이 관철되는 세상을 묵자는 '역정'이라고 했습니다. 전국시대 초기 묵자는 역정으로 시대상을 파악하고 고발했는데, 강한 나라가 약한 나라를 짓밟고 강한 자가 약한 자들을 겁박하며 신분이 높은 자가 낮은 자를, 배운 것이 많은 이가 못 배운 이를 억압하는 세상이었지요. 특히 문제였던 것이 강대국의 횡포였습니다. 전국시대가 열려 전쟁이 일상화되면서 강대국은 늘 약소국을 침탈했는데, 단순히 침입만 한 것이 아니라 합병까지 하려고 했지요. 그렇게 해서 더 강해지지 않으면 강대국도 다른 약소국처럼 합병당하는 운명에 처할 테니까요.

오늘날 큰 나라의 왕은 득의양양하게 말한다. "우리 대국의 입장에서 작은 나라를 침략하지 않으면 어떻게 대국이 될 수 있겠느냐?" 그래서 큰 나라는 날랜 군사를 뽑고 군사들을 배와 수레에 싣고서 죄 없는 나라를 공격해 들어가, 그 나라의 농작물과 나무를 마구 베어버리고 성을 파괴하며 성 밑의 못을 메우고 남의 선조의 사당에 불을 지르며 제사용 동물들을 도살한다. 반항하는 백성은 모두 죽여 없애고 반항하지 않는 사람은 포로로 끌고 가는데, 남자는 모두 노예나 마부·징역살이를 하게 하고 여자는 절구질이나 기타 잡일로 부려먹는다.[53] ―《묵자》〈천지하편〉

불의한 침략전쟁을 명분도 없이 당당히 밀어붙이고 민간인을 학살하는 기가 막힌 현실, 강대국은 어떻게든 약소국을 집어삼켜 체급을 키우려 했습니다. 그러는 와중에 성이 파괴되고 무수한 사람이 죽거나 노예가 되어 짐승만도 못한 처지에 떨어졌는데, 이런 모습을 불의 중의 불의라고 묵가는 판단했지요. 이를 당대의 가장 큰 문제라고 생각한 그들은 약소국에 들어가 강대국의 침입에 맞섰습니다. 그리고 스스로 천군天軍이라고 자부하며 의로운 방어전쟁에 나섰습니다. 천군은 '하늘의 군대'로, 하느님의 의지와 생각대로 움직이고 싸우는 군대입니다. 그들은 늘 그 하느님의 뜻대로 살려고 했고, 그들이 생각한 하느님의 나라를 건설하려고 했지요. 그들이 말한 겸애도 그 하느님의 뜻입니다.

최초의 인성론을 전개하다

묵자는 가장 먼저 인성론을 주장한 사람입니다. 단순히 인간이 이렇다 저렇다라고 한 것이 아니라 보편적 맥락에서 인간에 대해 이야기했습니다. 인간 행동의 성향과 경향, 동기와 성격과 심리를 일반화했습니다. 그리고 묵자는 인간을 일단 이익과 관련된 욕망을 충족해야 하는 존재로 정의했습니다. 이를 다음과 같이 정리할 수 있습니다.

① 인간은 누구나 자신의 이로움을 요구할 수 있다. 또는 모두가 이익의 주체이다.
② 각자의 이러한 이로움에 대한 요구에 무질서와 혼란의 소지가 많다.

인간은 사회적 존재입니다. 묵자는 격리된 인간을 상정하지 않습니다. 복수의 인간이 모여 살며 서로 영향을 주고받습니다. 그런 인간 사회는 이익 주체들로 이루어져 있고, 각자가 가져야 할 이로움을 주장합니다. 그러다 보니 서로 싸우면서 극단적인 갈등이 일어납니다. 이것이 바로 묵자의 인간관이고 성악설입니다.

묵자는 성악설을 주장했지만, 단순히 인간들이 추하다거나 나쁘다고만 하지 않고 인간이 변할 수 있다고 했습니다. 앞에서도 언급했듯이 그 변화를 물들임으로 설명했지요. 묵가는 본디 축성 기술자 출신들입니다. 그러다가 성을 지키는 방어 전문 무사 집단으로 변했죠. 성을 쌓고 나면 '네가 성의 여기를 만들었지? 그러니 네가 여기 지켜!' '너희가 이 성의 공정을 주도했지? 그러니까 너희가 책임지고 방어해'라고 하는 일이 많아지자 공인들이 슬슬 방어 전문 무사로 변한 것입니다. 그들이 전쟁의 참상을 고발하고 불의한 침략전쟁을 싫어했던 이면에는 이렇게 방어 전문 무사로서의 자의식이 있었기 때문입니다. 전쟁이 벌어지면 지키느라 희생당하고 죽고 하니 반전운동을 전개했습니다. 묵가는 공인조합이라고 해도 과언이 아닌데, 수공업자 출신이 많이 포진해 있어서 그런지 그들은 인간의 변화를 설명할 때도 제조·제작의 과정으로 설명하길 좋아합니다. 앞에서는 염색 과정을 끌어왔는데, 어떤 것에서 물드냐가 중요하다고 말하며 인간의 변화를 인정했습니다. 그러면서 역사적 사례를 듭니다. 잘 물들었던 사람들, 즉 긍정적으로 변화한 인물들을 이야기합니다.

실을 물들이는 일만이 아니라 나라를 운영함에도 물들임이 있다. 순임금은 허유와 백양에게서 물들었고, 우임금은 고요와 백익에게서 물들었으며, 탕왕은 이윤과 중훼에게서 물들었고, 무왕은 태공과 주공에게서 물들었다. 이 네 왕이 물든 것이 올바른 것이었으므로 천자가 되어 하늘과 땅을 뒤엎을 만한 공로와 명성을 이루었다. 그러니 천하에서 어질고 의로우며 명예로운 사람을 손에 꼽으려면 반드시 이 네 사람의 왕을 말하곤 한다.[54] -《묵자》〈소염편〉

잘 물든 사람, 올바르게 물들어서 훌륭한 군주가 된 사람들입니다. 즉 이상적으로 통치한 역사적 사례죠. 다음은 반대로 잘못 물들어서, 즉 변화의 방향이 잘못되어 본인도 망치고 나라도 망친 군주의 예도 열거했습니다.

하나라의 걸왕은 간신과 추치에게서 물들었고, 은나라 주왕은 숭후와 악래에게서 물들었으며, 여왕은 여공장보와 영이종에게서 물들었고, 유왕은 부공이와 채공곡에게서 물들었다. 이 네 왕은 올바르게 물들지 못했으므로 나라를 망치고 자신마저 죽게 했으며 천하의 죄인이 되었다. 그러니 천하에 의롭지 못하거나 치욕스러운 사람을 거론할 때마다 반드시 이 네 사람의 왕을 말하곤 한다.[55] -《묵자》〈소염편〉

이렇듯 잘 물든 왕이 있고 잘못 물든 왕도 있는데, 그 차이는 어디에 있을까요? 위에서 말하고 있지요. 명군들은 현명한 신하에게서 물들었고 암군들은 간신들에게서 물들었다고요. 여기서 묵가는 어질고 현명한 신하들을 곁에 두고 부려라, 그리고 모질고 무능한 신하들을 절대 옆에 두지 말라는 말을 하고 싶었던 것일까요? 그런데 착하고 유능한 신하를 곁에 두고 그들을 존중하라고 하면 유가사상과 다를 바 없지요. 군주보다는 신하가 중심이 되어 국정을 이끌고 가야 한다고 주장하는 유가는 늘 덕이 높은 신하들을 극진히 예우하고 때론 그들을 스승처럼 모시며 배워야 한다고 했으니까요. 하지만 묵자는 단순히 그런 말을 하고 싶은 것이 아닙니다. 단순히 어진선비를 옆에 두고 국정을 운영하라는 말을 하고자 한 것이 아닙니다.

> 왕들에게만 물들임이 있는 것이 아니라 선비들에게도 물들임이 있다. 그의 벗들이 모두 인의仁義를 좋아하고 순박하며 매사 삼가고 법령을 두려워하면, 집안은 날로 흥성하고 자신은 날로 편안해지며 명성은 날로 영화로워지고 벼슬자리에 있어도 그 도리에 맞게 일할 수 있게 된다.[56] ─《묵자》〈소염편〉

선비들도 잘 물들라고 했습니다. 그래야 신하가 되었을 때 왕을 긍정적인 방향으로 물들일 수 있다고요. 그래서 좋은 벗들을 사귀라고 합니다. 친구들에게서 잘 물들고, 그래서 궁중에 가면 임금을 잘 물들일 수 있게 말입니다. 결론은 좋은 친구를 사귀라는 것일까요? 그렇지도 않습니다. 갑이라는 사람은 을에게서 물들고, 을은 병에게서 물들었습니다. 그럼 병은 누구에게서 물들었을까요? 묵자가 〈소염편〉에서 한 말들을 보면 좋은 군주는 좋은 신하에게서 물들고, 좋은 신하는 좋은 친구에게서 물들었다고 하는데, 그 좋은 친구는 누구에게서 물들었을까요? 그렇게 무한 소급될 수밖에 없는데, 최초로 누군가를 물들인 주체, 혹은 최초의 물감을 만들어낸 주체 또는 물감이 된 대상은 누구일까요? 바로 하느님입니다.

하느님의 뜻에 물들어라

물든다는 것은 영향을 받는다는 것이고 본받는다는 것이며 넓게 보아 배우는 것일 텐데요. 대체 누구를 본받아야 할까요? 우리는 흔히 스승, 지도자, 부모나 가족에게서 많이 배우고 본받는다고 하는데, 묵자는 그것을 모두 거부합니다. 왜냐? 그들이 사람이기 때문입니다. 앞서 성악설은 인치를 부정한다고 했는데, 사람에게서 도덕규범이나 통치의 원칙을 뽑아내면 안 됩니다. 사람을 믿으면 안 되죠.

> 천하에서 일에 종사하는 사람에게 기준이 되는 법도가 없어서는 안 되니, 법도가 없으면서도 자신의 일을 성취하는 사람은 없다. 비록 장수나 재상이 될 선비라고 하더라도 모두 일정한 법도를 따라야 하며, 비록 여러 공인이 일을 한다 하더라도 모두 법도를 따라야 한다. 여러 공인은 굽은 자로 네모꼴을 만들고 그림쇠로써 원을 만들며, 먹줄로 곧게 만들고 추 달린 줄로 똑바르게 만들며 수평기로 평평하게 만든다. 기술이 뛰어난 공인이든 기술이 없는 공인이든 모두가 이 다섯 가지 공구를 법도로 삼는다. …… 지금 크게는 천하를 다스리고 그다음으로 큰 나라를 다스리는데, 그들에게 법도가 없다면 이것은 여러 공인이 하는 일만도 못하다.[57] ─《묵자》〈법의法儀편〉

공인답게 객관적인 기준과 법도를 이야기합니다. 줄자·컴퍼스·직각자 등 정확하게 치수를 재는 기구들처럼 천하를 다스리는 데도 명확한 기준이 있어야 하는데, 그 명확한 기준이 인간일까요? 인간의 감정과 마음에서 뽑아내고 연역했을까요? 아닙니다. 묵자는 대놓고 인간에게서 배우고 물들면 안 된다고 하면서 스승과 임금과 부모를 부인했지요. 통치의 기준에 어떤 인적 기준과 권위도 인정하지 않았습니다.

무엇을 천하와 나라를 다스리는 법도로 삼으면 좋을까? 만약 모두가 자기 부모만 본받는다면 어떻게 될까? 천하에 부모 노릇하는 자는 많지만 어진 자는 적다. 만약 저마다 자기 부모를 본받는다면 이것은 어질지 않음을 본받는 것이다. 어질지 않음을 본받는 것은 법도로 삼을 수 없다.[58] -《묵자》〈법의편〉

부모한테 배우지 말라네요. 앞서 묵자는 씨족공동체가 무너진 상황을 가장 먼저 직시하고 논의를 폈다고 했지요. 그래서인지 묵자는 혈연 질서를 그다지 좋아하지 않습니다. 무엇보다 묵가가 혈연을 매개로 만들어진 집단이 아닙니다. 조합과 같은 공인들의 모임이고, 방어 전문 무사 집단입니다. 정치사상적 결사체이고요.

만약 모두가 자기 스승만을 본받는다면 어떻게 될까? 천하에 스승 노릇하는 사람은 많지만 어진 사람은 드물다. 만약 모두가 자기 스승을 본받는다면 이것은 어질지 않음을 본받는 것이다. 어질지 않음을 본받는 것은 법도로 삼을 수 없다.[59] -《묵자》〈법의편〉

스승도 부인합니다. 스승 또한 사람인데 스승의 뜻과 마음을 기준으로 세상을 다스릴 수는 없지요. 그리고 묵자는 임금도 부정합니다.

> 만약 모두가 자기 왕만을 본받는다면 어떻게 될까? 천하에 왕 노릇하는 자는 많지만 어진 사람은 적다. 만일 모두가 자기 왕을 본받는다면 이는 어질지 않음을 본받는 것이다. 어질지 않음을 본받는 것은 법도로 삼을 수 없다. 그러므로 부모와 스승과 왕은 나라를 다스리는 법도로 삼을 수 없다.[60] -《묵자》〈법의편〉

임금도 믿지 못한답니다. 그 사람의 판단과 감정대로 나라와 사회를 이끌어가게 해서는 안 된다는 것이죠. 임금·스승·부모 모두 안 된다고 했는데, 이것은 정확히 유가를 겨냥한 것입니다. 군사부일체와 유가식 인치를 철저히 부정하는 것이지요. 윗사람·지배층·군자라고 해서 정치와 행정을 그들의 재량에만 맡겨두어서는 안 된다는 선언입니다. 유가라면 반발하겠지만 법가라면 동의할 수밖에 없는 일이지요. 여기서 묵자는 하느님을 말합니다.

> 그렇다면 무엇을 나라를 다스리는 법도로 삼아야 하는가? 내가 생각하기에 하늘을 법도로 삼는 것보다 더 좋은 것은 없다. 하늘의 운행은 광대하면서도 사사로움이 없고, 그 베푸는 은혜는 두터우면서도 공덕으로 내세우지 않으며, 그 밝음은 오래가면서도 사그라들지 않는다. 그러므로 성왕聖王께서는 이것을 법도로 삼았던 것이다.[61] -《묵자》〈법의편〉

이렇게 묵자는 하느님을 말했습니다. 하느님에게 물들라는 것입니다. 인간도 사회도 모두 하느님의 뜻에 물들어야 한다고 했지요. 성악설론자인 묵자는 인간 밖에서 어떤 기준을 찾고 그 기준으로 인간을 바꾸고 사회를 개조하여 다스려가고자 했는데, 늘 하느님을 말했습니다. 그런데 사회과학의 성격이 짙은 묵자의 철학이 갑자기 신학으로 도망가는 것일까요? 그러나 동양에서 몇 되지 않는, 거의 유일한 유일신론자인 묵자의 철학을 신학이라고 보기는 어렵습니다. 유일신론을 말하지만 그는 신학자는 아닙니다.

하느님 앞에서 모두가 평등

천하에 강하고 약하고를 막론하고 모두 하늘의 도시이며, 나이가 많고 적고 귀하고 천하고를 막론하고 모두 하늘의 신하이다.[62] – 《묵자》〈법의편〉

앞에서도 계속 나왔듯이 여기서 하느님은 묵자의 천天을 번역한 것입니다. 그런데 묵자의 천은 단순히 하늘이라고 번역하는 것보다, 의지와 감정을 모두 가지고 있으니 인격신인 하느님으로 번역해야 한다고 봅니다. 이하느님 앞에서는 모든 것이 상대화되고, 신분·지역·국적 등이 다 동등하게설 수 있는 평등한 존재가 됩니다.

하늘은 무엇을 바라고 무엇을 싫어하는가? 하늘은 의로움을 좋아하고 불의를 싫어한다.[63] – 《묵자》〈천지상편〉

오늘날 하늘은 온 천하의 백성을 사랑하기에 만물을 잘 길러 백성에게 이익을 준다. 사람들에게 필요한 물건은 아무리 작은 것이라도 하늘이 만들지 않은 것은 없다. 사람들은 누구나 이것을 얻어 편리하게 살아가니 하늘의 사랑은 참으로 두텁다고 할 수 있다.[64] -《묵자》〈천지중편〉

지금 하늘은 자식을 지극히 사랑하는 한 어버이처럼 온 세상 사람을 똑같이 사랑하고 만물을 길러 이익을 준다. 하늘은 인간에게 필요한 물건이라면 아무리 작은 것이라도 다 만들어 인간 생활에 큰 이익을 준다. 정말 인간이 받은 하늘의 은혜는 두텁기 그지없다.[65] -《묵자》〈천지중편〉

이렇게 의로움을 좋아하고 사람들에게 이로움을 주며 길러주고 먹여주고 모든 사람을 사랑하는 하느님을 말하는데, 사실 묵자가 말한 하느님을 누가 보았겠습니까? 누가 증언할 수 있고요? 핍박받던 하층민의 의지가 투영되어 만들어진 하느님이죠. 죽도록 일하지만 아무것도 누리지 못하고 끊임없이 빼앗기기만 하고, 잔인한 육형에 시달려 장애를 가지며, 전쟁에 끌려가서 죽지만 누구한테 하소연 한번 할 수 없었던 하층민의 피눈물이 형상화되어 만들어진 하느님입니다.

그런데 묵자가 말한 하느님이 아주 족보가 없는 것은 아닙니다. 묵자가 난데없이 누구도 듣지도 보지도 못했던 하느님을 끌고 온 것이 아니라 그 나름대로 사상적 전통이 있었습니다. 《시경詩經》과 《서경書經》이란 경전이 있습니다. 유가와 공유하는 공통의 원전이고 당대에 지배력을 갖던 경전인데, 그 《시경》과 《서경》에 나오는 천天을 하층민의 입장에 맞게 재해석하고 재정의한 것입니다. 특히 천이 가진 공공성과 정의성을 극단화해 만들어 낸 하느님의 의지대로 세상을 다시 만들어가보자고 했습니다.

묵자가 말한 하느님의 뜻, 즉 천지天志는 민지民志이자 묵지墨志입니다. 백성의 뜻이고 묵가의 뜻이죠. 하느님의 의지와 감정, 절대자의 뜻은 사실 그것을 말하는 집단의 의지와 소망일 수밖에 없습니다. 그런데 하느님의 뜻이 단순히 하층민의 뜻과 의사와 같지는 않습니다.《묵자》를 보면 갑론을박과 토론, 의견수렴, 합의에 대한 이야기가 많이 나옵니다. 〈상동편〉과 〈비명非命편〉에서 특히 많이 이야기되고 후기 묵가에서도 다루지요. 최대한 많은 사람이 참여해서 이야기를 나누고 수렴의 과정을 통해 공동체를 다스릴 원칙·원리·기준을 도출해보자고 말합니다. 그래서 나온 것이 무엇일까요? 그것이 바로 천지입니다. 수렴되어 만들어진 인민의 의지, 그 천지대로 세상을 다스려가보자고 말합니다.

그런데 사람을 믿을 수 없다면서 어떻게 사람들의 의견을 수렴하자는 것일까요? 그래도 최대한 많은 사람이 모여서 토론을 벌이고 합의를 하고 의견을 도출한다면 군주나 귀족 등 소수 지배층의 마음과 변덕에 맡기는 것보다 훨씬 낫지 않겠습니까. 철저히 권력을 분립하고 그 안에서 서로 견제하게 하는 민주주의라는 정치제도도, 사실 인간에 대한 불신을 그 밑바탕에 깔고 있지만 구성원의 여론을 근거로 나라를 다스리자고 하잖아요. 인간에 대한 불신과 최대한 많은 사람의 의견을 수렴해서 통치의 원칙을 만들어가자는 것은 절대 모순되지 않습니다. 외려 그렇게 갈 수밖에 없는 귀결이라고 볼 수도 있지요. 묵자가 말하는 천지는 하층민의 뜻이기도 하고 묵가의 뜻이기도 하지만, 이렇게 많은 인민의 뜻이 모여 수렴된 정치적 의사 내지 방향이라고 할 수도 있습니다.

그렇게 수렴된 천하 만민의 뜻으로 천하를 다스릴 수 있는 능력자가 선출되어 군주가 되어야 한다는 것이 묵자의 생각입니다. 그러나 그는 세습을 말하지는 않았습니다. 세습의 논리에 반대했지요. 피가 아니라 능력을 말했습니다. "천하의 현명한 이 중에 가한 이를 골라 천자로 세운다."(選天下之賢可者 立以爲天子) 이것이 묵자의 원칙입니다. 묵자가 말한 능력자는 다음과 같은 일을 해야 합니다.

천자가 이미 섰으나 그의 귀와 눈만 가지고는 보고 듣는 데 한계가 있어 혼자서는 천하의 뜻을 하나로 모을 수 없었다. 그러므로 천하에서 현명하고 능력 있고 성스럽고 지혜롭고 말 잘하는 사람을 골라 그들을 삼공의 자리에 앉혀 함께 천하의 뜻을 하나로 하는 데 종사케 하였다. 천자와 삼공이 이미 자리에 앉았으나 천하는 넓고 커서 산림 속이나 먼 고장에 있는 백성을 통일시킬 수 없었다. 그러므로 천하를 여러 개의 제후국으로 나누어 제후국에 왕들을 두고 그 나라의 뜻을 하나로 이루게 하는 일에 종사케 하였다. 제후국의 왕들이 이미 섰으나 그들의 귀와 눈이 실제로 듣고 보는 데 한계가 있어서 그 나라의 뜻을 하나로 모을 수 없었다. 그래서 그 나라의 현명한 사람들을 골라서 공公·경卿·대부大夫의 자리에 앉히고 멀리는 향·리에 이르기까지 우두머리를 두어서 그들과 함께 그 나라의 뜻을 하나로 만드는 일에 종사케 하였다.[66] ―《묵자》〈상동중편〉

천자와 제후국의 왕들과 백성들의 우두머리가 이미 선출된 다음, 천자는 정령을 발표하고 다음과 같이 말한다. "선善을 보고 들어도 반드시 위에 고하고, 불선不善을 보고 들어도 반드시 위에 고하라."[67] – 《묵자》〈상동상편〉

한 이里에서 어진 자가 그 이의 장이 되는데 그 이장이 이의 백성에게 정치 명령을 내려 말하기를 "선이나 불선을 들으면 반드시 그 향장에게 고하라."[68] – 《묵자》〈상동상편〉

한 향鄕에서 어진 자가 그 향의 장이 되는데 그 향장이 향의 백성에게 정치 명령을 내려 말하기를 "선이나 불선을 들으면 반드시 임금에게 고하라."[69] – 《묵자》〈상동상편〉

한 나라에서 어진 자가 그 나라의 군주가 되는데 그 군주가 나라의 백성에게 정치 명령을 내려 말하기를 "선이나 불선을 들으면 반드시 임금에게 고하라."[70] – 《묵자》〈상동상편〉

이와 향과 나라라는 각 정치 단위에서 장이 하는 일이 있습니다. 위에서 보았듯이 샅샅이 의견을 수렴하고 모으는 겁니다. 천자는 밑에 삼공과 제후, 그 밑에 공·경·대부, 그 밑에 향장과 이장을 두어 온 천하의 의견을 수렴하고 모읍니다. 먼저 천자가 널리 의견을 수렴한다고 크게 선포합니다. 그런 다음 바로 제일선 정치 단위의 수장인 이장이 이 내의 의견을 모두 모아 향장에게 전달합니다. 그리고 향장은 향의 모든 의견을 모아 제후에게 전달하고 제후는 각 나라에서 모아진 의견을 다시 천자에 전달합니다.

제자백가, 인간을 말하다

그리고 '선'과 '불선'을 모으고 수렴하는 겁니다. 선과 불선은 쉽게 말해 좋은 것과 나쁜 것이라고 할 수 있는데, 그럼 무엇이 좋은 것이고 무엇이 나쁜 것일까요? 반드시 위에 고해야 할 선과 불선이 무엇일까요? 많은 사람의 의견을 모을 때 사안마다 의견을 수렴한다든가 복잡한 것에 대해 일일이 의견을 모아 합의를 할 수는 없습니다. 그래서 간단히 선과 불선이라고 했는데, 백성이 생각하기에 국가가 보장해줘야 할 삶의 기본적인 것들, 최소한의 것들이 선입니다. 앞서 겸애를 밥으로 대변되는 기본적인 생활의 보장이라고 했는데 이해가 가실 겁니다. 그리고 불선은 나쁜 것들, '우리 최소한 이것만은 하지 말아요, 사회에서 없게 해주세요' 하는 것들입니다. 약자를 핍박하고 착취하고 타인을 해치고 타인의 것을 빼앗고 공공의 이익을 훼손하는 그런 것들입니다. 그런 것도 국가 행정력으로 의견을 모으고 합의를 해서 사회에 없게 해줘야죠. 이렇게 '우리 이것만은 보장해줘요, 이것만은 지킵시다, 이것만은 하지 말고 없애요' 하는 최소한의 것들에 대해 의견을 수렴하고, 그것을 공동체를 다스리는 기본적인 준칙으로 삼자는 것이 묵자가 하고 싶었던 말입니다.

또한 묵자는 상과 벌도 이야기합니다. 수렴과 합의를 통해 도출된 대원칙으로 정치공동체를 다스리는 데 상과 벌을 수단으로 삼아야 한다고 생각했지요. 최소한의 것들을 국가가 보장해주며, 최대한 많은 이가 누리게 해야 합니다. 그 누림의 과정에 도움을 주거나 능력을 발휘하는 이들에게는 상을 내립니다. 생산을 늘리고 지식과 재화를 나눠주고 공적 행정의 영역에서 탁월한 능력을 발휘하는 이들에게는 상을 줘야죠. 반대로 누림의 확산과 과정에서 그것을 방해하거나, 하지 말기로 약속한 최소한의 것들을 어기면 벌을 내려야 합니다. 그렇게 상과 벌로 사회를 바꿔가다 보면 합의된 대원칙을 전 사회에 확대할 수 있다고 생각했습니다. 수단으로서 상과 벌이 탁월한 효과도 있지만, 응분의 상과 벌이 내려져야 묵자가 생각하는 하느님의 뜻과 정의에도 맞다고 생각했지요. 그래서 법가 못지않게 상과 벌을 많이 이야기했습니다.

대대적으로 의견을 수렴해 대원칙을 만드는 데 참여하게 하고, 또 상과 벌을 수단으로 해서 그 대원칙이 전 사회에 확대되게 하면 사회를 바꿔갈 수 있지 않을까요? 최소한 공동체의 혼란만큼은 바로잡을 수 있지 않을까요? 규범과 원칙과 기준을 만드는 데 직접 참여하면 더 지키고 싶다는 마음이 들 것이며, 그렇게 해서 만들어진 것들이 내 삶을 개선해줄 수 있다는 확신이 서면 더욱 애착이 가겠지요. 인민의 고통이 최소화되어 좀 더 많은 사람이 인간답게 살 수 있을 것이고요. 이와 같이 묵자는 인간과 사회가 변할 수 있다고 보았습니다. 그리고 토론과 합의·설득, 종교적 권위, 상과 벌, 그리고 인간의 계산적 이성과 계몽된 이기심 등이 인간의 변화를 낙관할 수 있는 요소입니다. 다음에서 묵자가 생각하는 정치권력 이야기를 잠깐 하고, 계산적 이성과 계몽된 이기심에 대해 이야기해보겠습니다.

정치권력에 대한 호소

이쯤 되어서 눈치를 좀 채셨을 텐데요, 묵자는 통치 권력에 호소합니다. 통치 권력을 통해 문제를 해결하고자 하죠. 묵자는 요·순·우 임금, 탕왕·문왕·

왕이를 이야기하면서, 이들이 하느님의 뜻에 순종해 겸애의 정치를 했기에 하느님의 상을 받았다고 합니다. 반대로 하느님의 뜻을 거스르다가 벌을 받은 걸·주·여·유 왕의 사례도 열거합니다. 여기서 묵자가 정말 하고 싶은 말, 정말 원하는 것은 통치 권력의 변화입니다. 하느님의 뜻을 국가가 철저히 대행하라는 것입니다. 즉 정치권력은 천지의 대행자여야 한다는 거죠. 천지의 대행자가 되면 요·순·우 임금처럼 하늘의 상을 받고, 반대로 대행하기는커녕 거스르면 걸·주·여·유 왕처럼 하늘의 벌을 받는다고 하면서 통치 권력의 변화를 말한 겁니다.

> 하늘의 뜻을 따르는 것이 겸兼이며, 하늘의 뜻에 반하는 것이 별別이다. 모두를 아우르는 정치의 길은 의롭게 다스리는 것이며, 별로써 다스리는 것은 역정力政이다.[71] ─《묵자》〈천지하편〉

묵자가 생각한 당시의 시대 상황과 모순은 '별'이라는 한마디로 정의할 수 있습니다. 강자가 약자를 억압하고 서로 쟁탈하며 다른 사람을 이익 주체로 생각하지 않는 사회적 혼란이 바로 별인데, 별은 하늘의 뜻에 반하는 것으로서 하느님이 싫어하는 것입니다. 반대로 서로 이익 주체로 긍정하고 다른 사람도 이익을 누리게 배려해주는 것이 '겸'이고 하느님의 뜻입니다. 그 뜻에 순응해서 별에서 겸으로 가야 하고, 겸의 정치를 해야 합니다. 그것이 바로 겸애이고, 그 겸애의 주체가 바로 군주입니다. 군주가 하늘의 뜻을 어기고 별로써 정치를 하는 것은 힘의 정치 즉 역정力政이며, 하늘의 뜻에 순응해 겸으로써 정치하는 것은 의로운 정치 즉 의정義政입니다. 그러므로 묵자 철학의 핵심은 순천順天하는 겸군兼君에 의한 의정이라고 할 수 있습니다. 현실에서는 역천逆天하는 별군別君에 의한 역정이 판을 치고 있었기에 그 방향을 바꿔야 한다고 주문했지요.

세상이 바뀌려면 순천하는 겸군이 주가 되어야 합니다. 하느님 뜻에 모두가 물들어야 하지만 먼저 임금이 물들어야 합니다. 새로운 세상 만들기는 군주가 중심입니다. 그 군주는 하느님 뜻을 구체적으로 펼치는 데 상과 벌로 다스려가야 합니다. 이렇듯 성악설은 인치 부정과 함께 군주와 제도 중심으로 가기 쉽습니다.

인간 밖에서 — 천지
군주 중심 — 겸군
제도 중심 — 상과 벌, 법

이 세 가지 특징은 다른 성악설론자들에게서도 두드러집니다. 처음으로 인성론을 편 묵가는 진에서도 활약했는데, 진묵秦墨이라고 불렸죠. 진묵은 정말 많은 법을 만들어냈습니다. 그들이 만든 〈진율秦律30〉이라는 법이 출토된 죽간과 목간에서 발견됐는데, 놀라움을 금치 못할 정도로 다양한 분야를 망라하고 있었습니다. 진의 체제가 최첨단을 달리고 있었고 그 첨단의 체제를 묵자가 만들어냈음을 알 수 있지요. 이렇듯 성악설은 제도 중심, 법 중심으로 갑니다.

제자백가, 인간을 말하다

계산하는 인간

묵자는 사람들이 쉽게 받아들이고 설득될 것이라 보고 겸애의 정치와 세상을 자신했습니다. 그리고 묵자는 기본적으로 인간이 저울질하는 존재라고 여겼기 때문에, 겸애의 정치가 자신에게 이로우니 겸애의 세상 만들기에 동참할 거라고 보았습니다.

> 묵자가 말했다. "말과 행동이 하늘과 귀신 그리고 백성에게 이로우면 실천한다. 말과 행동이 하늘과 귀신과 백성에게 해로우면 버린다."[72] - 《묵자》〈귀의貴義편〉

이익 주체이니 계산할 줄 압니다. 저울질할 줄 압니다. 이로우면 취하고 아니면 버리고, 그것이 인간입니다. 그래서 묵자는 이야기를 할 때 '이것이 옳기도 하지만 이롭기도 하다'면서 설득합니다. '내 말대로 이렇게 하는 것이 옳다. 그런데 옳기만 한 것이 아니라 이롭기도 하다. 너에게 득이 될 것이니 따르려무나'라고 설득하는데, 인간의 '계산하는 이성'을 신뢰했기 때문입니다. 득이 되는지 아닌지를 제대로 따질 줄 안다고 보았던 거죠. 그러다 보니 묵자는 "만약······"이라고 하면서 이야기하고 설득할 때가 많았습니다.

오려가 묵자에게 말했다.

"의로움이면 다 되는 것입니다. 의로움이 제일인데 어찌 유세를 하면서 다닐 필요가 있겠습니까?"

묵자가 말했다.

"만약 천하 사람이 농사지을 줄 모른다고 가정합시다. 그때 사람들에게 농사 짓는 방법을 가르쳐주는 것과, 사람들에게 농사짓는 방법을 가르쳐주지 않고 홀로 농사짓는 것, 이렇게 두 가지 방법이 있으면 어느 방법의 공로가 더 크겠습니까?"[73] ─《묵자》〈노문魯問편〉

이 이야기는 열렬한 구세주 묵자가 온 천하를 돌아다니며 겸애의 정치, 하느님의 뜻, 의로움을 설파하자 '뭐 그렇게까지 할 필요가 있느냐'는 질문에 답한 것입니다. 혼자 의로움을 행하는 것보다 사람들을 설득해 더 많은 사람이 의로움을 실천하게 하는 것이 천하에 이로울 것이라고 말입니다.

묵자: 어버이가 백 리 밖에서 난을 당했다고 합시다. 그날 안에 그곳까지 가 닿으면 어버이가 살고 그렇지 않으면 죽는 위급한 경우를 당할 것이라고 합시다. 그런데 여기에는 단단한 수레와 천리마가 있는가 하면, 둔한 말에 네모바퀴의 수레가 있습니다. 이 두 가지 가운데서 어느 것이든 마음대로 골라 타고 가라면 당신은 어떤 것을 택하겠습니까?

팽경생자: 말할 것도 없이 천리마와 단단한 수레를 타고 가면 빨리 갈 수가 있겠지요.[74] ─《묵자》〈노문편〉

여기서 천리마와 튼튼한 수레는 묵자가 생각하는 의로운 정치인데, 당연히 둔한 말과 네모바퀴 수레보다는 천리마가 이끄는 수레를 택하듯이 사람들이 의로운 정치를 택하리라고 보는 것입니다.

잠시 두 가지 예를 들어보자. 여기 두 선비가 있다. 한 선비는 별애를 주장하고, 다른 한 선비는 겸애를 주장한다. 별애의 선비가 말하길, "내가 어찌 내 친구의 몸 위하기를 내 몸 위하는 것과 같이 하고, 내 친구의 어버이를 위하기를 나의 어버이를 위하는 것과 같이 할 수 있겠는가?" …… 겸애하는 선비의 말은 그렇지 아니하고 행동 또한 그렇지 않다. "내가 들건대 천하에서 높은 선비가 된 사람은 반드시 그의 친구를 위하기를 자신의 몸을 위하는 것과 같이 하고, 친구의 어버이를 위하기를 그의 어버이 위하는 것과 같이 하는데, 그러한 뒤에야 천하의 높은 선비가 될 수 있다." …… 두 선비의 말은 이처럼 모두 다르고 행동 또한 모두 반대가 되는데…….[75] -《묵자》〈겸애兼愛 하편〉

이렇게 나만 생각하는 선비와 두루 사랑하고 챙겨주는 선비가 있다고 두 가지 선택지를 제시합니다. 그러고는 이렇게 묻습니다.

감히 물어보겠다. 지금 여기 평평한 들과 넓은 벌판이 있는데, 갑옷을 입고 투구를 쓰고 전쟁을 하러 가지만 죽을지 살지 알 수조차 없다. 또한 왕의 대부가 되어 멀리 파나라나 월나라·제나라·초나라 같은 나라에 사신으로 가게 되었는데, 무사히 돌아올 수 있을지 어떨지 알 수가 없다. 그러면 감히 물어보겠다. 장차 어떤 것을 따르겠는가? 집안의 부모님을 받들어 모시고 처자들을 이끌어다가 그들을 기탁하려 할 때, 겸애를 하는 사람에게 맡기겠는

가? 차별하는 친구에게 맡기겠는가?[76] – 《묵자》〈겸애하편〉

여기서 묵자는 누구든 겸애하는 사람에게 가족을 맡길 것이라고 생각했는데, 묵자는 이렇게 선택지를 던져놓고 이야기하는 것을 참 좋아했습니다. 다음과 같이 질문하기도 했습니다.

잠시 두 가지 예, 즉 두 왕을 설정해놓고 이야기해보자. 한 왕은 겸애하는 방법을 유지하고 다른 한 왕은 별애의 방법을 견지하는 사람이다. 별애하는 왕은 "내 어찌 만백성의 몸을 내 몸과 같이 여길 수 있겠는가……"라고 할 것이다. 따라서 그의 만백성을 되돌아보면 굶주리는 자는 먹지 못하고 헐벗은 자는 옷을 구하지 못하며, 병이 난 사람은 시중들고 부양해주는 사람이 없고 사람이 죽어도 제대로 장사도 지내지 못하는 실정이다. 별애하는 왕의 말은 이러하고 행동도 이러하다.
겸애하는 왕의 말은 그렇지 않으며 행동도 그렇지 않다. "내가 듣건대 천하의 훌륭한 왕이 되려면 반드시 만백성의 몸을 먼저 생각하고 난 다음에 자기 몸을 생각해야 한다고 했다. 그래야만 천하의 훌륭한 왕이 될 수 있다"라고 말한다. 그러므로 그의 만백성을 되돌아볼 때 굶주리면 먹여주고 헐벗으면 입혀주며, 병이 나면 시중들고 부양해주고 사람이 죽으면 잘 장사지내준다. 겸애하는 왕의 말은 이러하고 행동도 이러하다.[77] – 《묵자》〈겸애하편〉

여기서 묵자는 단순히 어느 군주가 더 훌륭하냐고 묻지 않고 어느 임금의 나라에서 살고 싶냐고 묻습니다. 즉 어떤 체제의 백성으로 살고 싶냐

제자백가, 인간을 말하다

는 것이죠. 사람을 차별하는 군주, 힘으로 백성을 다스리는 군주의 나라는 지금의 현실과 같고, 겸애하는 군주의 나라는 자신들이 만들어갈 체제 내지 세상입니다. 둘 중 어느 체제, 어떤 세상에서 살고 싶은지 택해보라는 것입니다. 묵자는 사람들이 겸애의 체제를 택할 것이라고 확신합니다. 천하의 어리석은 사람이라도 그런 선택을 할 것이라고 생각했지요. 인간의 계산하는 이성을 신뢰한 묵자는 다음과 같이 말하기도 했습니다.

> 반드시 여섯 가지 치우친 감정을 제거해야 한다. 그리고 침묵할 때는 항상 사색하고, 말할 때는 항상 가르치며, 움직일 때는 항상 일을 하는 이 세 가지를 잠시도 쉬지 않고 번갈아 행할 수 있다면 틀림없이 성인이 된다. 반드시 기쁨·노여움·즐거움·슬픔·사랑이라는 감정을 제거하고 인의를 실천한다. 손·발·입·코·귀 등 모든 감각기관을 오로지 의로움에 종사하게 할 수 있다면 틀림없이 성인이 된다.[78] -《묵자》〈귀의편〉

묵자는 계산하는 이성을 잘 발휘하기 위해서는 감정에 끌려다니지 말고 오직 의로움으로 따지라고 했습니다. 앞서 의는 이利라고 말했습니다. 인간 생활을 물질적으로 개선해주는 것이 의로움이니, 의로움으로 판단하라는 것은 계산을 잘하라는 말입니다. 그래야 더 나은 삶을 살 수 있으니까요. 계산을 잘하면 사회가 편안해질 수 있습니다. 토론과 합의가 쉬워지고 규범과 법을 잘 지킵니다. 그 계산을 잘하기 위해 감정들에 끌려다니지 말라는 거죠. 그렇지 않으면 답을 쉽게 찾을 수 없으니 말입니다.

묵자가 말하는 계산하는 이성과 능력은 어쩌면 '계몽된 이기심'일지도 모르겠습니다. 여러 선택지 중 자신에게 가장 이로운 것을 선택하는 인간은 이익 주체로서 이익에 민감하게 반응하는 존재이다 보니 서로 싸우고 치고 받기도 하지만, 그 이기심을 잘 충족하기 위해 좋은 체제 및 정책과 제도를 만들고 택합니다. 단기적으로는 힘이 들지 몰라도 장기적으로는 나에게 많은 득을 주는 환경을 감내할 수 있습니다. 이러한 이기심은 단순한 이기심이 아니라 발전되고 진화한 이기심이기에, 인간은 계산하고 저울질하면서 궁극적으로 변화할 수 있습니다. 그런 계몽된 이기심과 계산하는 이성이 있기에 겸애의 의로운 정치를 택해서, 규칙과 규범을 준수하고 살 수 있습니다. 그렇게 해야 자기에게 득이 된다는 것을 아니까요. 계몽되고 진화한 이기심이 인간을 변화하게 하고 좋은 세상을 만듭니다.

인간의 자유의지

그런데 정말 인간이 하느님의 뜻을 꼭 따를까요? 하느님의 뜻에 늘 순응하는 존재일까요? 묵자는 전혀 그렇게 보지 않았습니다. 하느님의 뜻과 말을 언제든 듣지 않을 수 있는 존재라고 보았죠. 공자와 맹자는 천명天命을 말합니다. 묵자는 천지天志 또는 천의天意를 말합니다. '천의 명'과 '천의 뜻'은 어감이 많이 다른데, 아무리 절대자라지만 하느님의 뜻은 명령이라기보다는 의지일 뿐이죠. 그리고 인간의 의지는 따로 있습니다. 사실 유일신론에서 인간과 절대자의 관계를 말할 때 서로 붙어 있지 않고 단절돼 있다고 하는데, 그 단절된 인간은 자유의지를 가졌기 때문에 언제든 하느님의 뜻을 따르지 않을 수 있답니다. 이런 이야기는 사실 서구 기독교 사상에서는 너무도 당연한 이야기입니다. 아담이 하느님 뜻을 거스르고 사과를 따먹지 않습니까? 자유의지를 가졌기 때문이죠. 즉 따르고 안 따르고는 인간의 마음입니다. 그런데 따르면 신이 상을 주고, 어기면 벌을 줍니다. 상과 벌은 선택에 따른 결과인데, 그 선택과 결과 모두 자유의지를 가진 인간의 몫이죠.

> 옛날 삼대 성왕인 우임금·탕왕·문왕·무왕은 하늘의 뜻을 좇아서 상을 받았고, 옛날 삼대 폭군인 걸왕·주왕·유왕·여왕은 하늘의 뜻을 반해 벌을 받았다.[79] -《묵자》〈천지상편〉

성군인 우임금·탕왕·문왕·무왕은 순천順天했습니다. 그리고 상을 얻었지요. 반면 암군인 걸왕·주왕·유왕·여왕은 반천反天했습니다. 그래서 벌을 받았지요. 모두 자기 책임입니다. 앞서 정부가 천지의 대행자가 되어야 한다고 했는데, 그러한 정부의 통치에 순응할지 말지도 자유의지를 가진 인간의 책임입니다. 또 천지를 대행하는 정부를 따르면 상을 주고 어기면 벌을 준다고 했는데, 이에 대한 선택도 자유의지를 가진 개인의 책임이겠죠. 계산하는 이성과 자유의지 또한 묵자가 생각하는 인간의 모습입니다. 자유의지를 가진 인간을 따르게 하려면 단순한 교화나 가르침 가지고는 안 될 테니, 그래서 토론과 설득을 강조하는 것이 아닐까 싶습니다. 정치권력의 기원과 성립을 말할 때 흔히 사회계약을 이야기하는데 그것도 인간의 자유의지와 연관됩니다. 계약이라는 것은 어디까지나 자유의지를 바탕으로 성립하기 때문입니다. 이렇게 보면 묵자도 법가만큼이나 근대적인 구석이 많기는 합니다.

이제 묵자의 사상을 정리해보지요. 묵자는 최초로 인성론을 전개했습니다. 보편적 맥락에서 인간 일반에 대해 이야기하고 정의했으며, 성악설을 펼쳤습니다. 인간은 계산하는 이성과 자유의지를 가진 이익 주체로서 자기 이익을 주장하는 존재이므로 사회적 혼란과 파괴적 갈등의 원인입니다. 그러므로 인간을 설득해 천지에 물들게 함으로써 인간을 바꾸어야 한다고 했습니다. 인간은 실제 얼마든지 바뀔 수 있다고 생각했습니다. 여기서 천지는 하층민들의 뜻이며, 인민의 의사가 수렴되어 만들어집니다. 그리고 통치 체계는 천지의 대행자여야 합니다. 또한 인간은 계산하는 이성과 자유의지를 가지고 있기에, 설득을 통해 인간이 겸애의 세상, 겸애의 체제를 택하고, 겸애의 원리로 정치하는 정부의 통치에 순응할 것이라고 낙관했습니다.

제 2 장

상앙,
인간은
자원이다

신념으로 가득 찬 객관주의자

상앙은 아주 신념에 가득 찬 국가주의자였습니다. 어떻게든 백성의 힘을 짜내어 나라의 힘을 극대화하려 했고, 그것에 자신 있었습니다. 그리고 상앙을 포함한 법가는 인간의 성정만을 있는 그대로 보는 것이 아니라, 현실의 추세와 조건까지 읽어내는 눈이 탁월한 사람들이었습니다.

앞서 말씀드린 대로 당시는 씨족공동체가 무너지던 시기였습니다. 그러면서 독립된 개체로서의 인민이 많아지고 국가의 통치영역이 넓어졌습니다. 이에 따라 국가조직이 복잡해져야 했는데 이는 덕으로는 이루어지기 어려웠습니다. 통치자의 덕에 기반을 둔 인치人治로는 어림없었죠. 그리고 수많은 익명의 사람이 부대끼며 사는 사회였기에 예치禮治도 어림없었습니다. 성문화된 법이 등장해서 인민들을 통제·보호하고 관료들을 관리해야 했는데, 이런 시대 상황에 정확히 대응한 사람들이 바로 법가입니다. 기존

상앙, 인간은 자원이다

의 정치를 관할하던 수단과 방법이 쓸모없어지면서 새로운 정치의 방법과 기술이 필요해지고, 귀족사회에서 군주사회로 군권이 집중됐습니다. 단순한 정치만이 아니라 행정으로도 진화해야 했던 시기였죠. 이때 법가가 등장했는데, 법가는 군주들을 도와 시대에 맞는 개혁 방향을 제시해 밀어붙이고 국가 행정을 총괄했습니다. 그래서 법가를 다른 말로 법술지사法術之士라고 불렀지요. 법가는 귀족의 기득권을 타파하고 백성의 힘을 유기적으로 조직해 부국강병의 지름길을 찾으려고 했습니다. 그중 상앙을 먼저 살펴보겠습니다.

법가에는 관중도 있고 오기*도 있고 한비자와 정자산鄭子産과 이극李克도 있지만, 처음으로 법치를 체계적으로 논하고 사회공학 프로그램으로 완성해서 만들어낸 인물은 상앙입니다. 정말 지독한 신념으로 가득 찬 사람이고, 찔러도 피 한 방울 안 나올 것 같은 사람이죠. 이 상앙이란 사람은 통일 제국 진秦의 아버지인 셈인데, 중화인민공화국에서 최초로 사회과학원장을 지낸 궈모뤄郭沫若는 상앙과 관련해서 다음과 같이 말했습니다.

"진효공이 역사상 가장 '대공무사'한 정사를 펼칠 수 있었던 것은 법가인 상앙을 전폭 신임했기 때문이다. 그의 상앙에 대한 신임과 지지는 춘추시대 관중에 대한 제환공의 신임, 사국시대 제갈량에 대한 유비의 신임, 북송 대 왕안석에 대한 신종의 신임 등 그 어느 것과 비교할 수 없을 정도로 높았다."**

---

* 병법가 오기는 병가로 분류되기도 하고 법가로 분류되기도 합니다. 한비자는 오기를 자신의 선배인 법가로 인식했습니다.
** 궈모뤄,《십비판서十批判書》(《중국고대사상사》, 까치, 1991).

효공이 등장하기 전에 진나라는 위나라 오기의 침입에 시달리며 많은 땅을 빼앗기고 왕실의 내분 때문에 휘청거렸는데, 효공이 집권하고는 외부 세계의 인재들을 적극 등용해 국력을 일신했습니다. 그때 주인공이 바로 상앙입니다. 상앙은 두 차례의 변법을 통해 진이란 사회를 개조했는데, 진의 법률이 나중에 한나라의 법률이 되고 다시 당의 법률로 대부분 흡수되었습니다. 상앙이 만든 국가의 기본 틀은 신해혁명과 을사늑약으로 청과 조선이 망할 때까지 동아시아에서 계속 유지가 되었지요. 그런데 상앙과 그가 건설한 진에 대해 지나친 악평과 오해가 많았습니다. 그와 진의 법치를 반인륜적인 연좌제, 언론과 예술의 탄압, 군주 전제 독재정치, 형벌 만능주의, 군국주의 또는 제국주의 등으로 많이 이야기했지요. 그리고 전국시대와 같은 전시 동원 체제에서나 통하지 안정된 시기에 장기간 국가를 이끌고 가기에는 한계가 있는 사상으로 평가되었습니다.

진을 무너뜨리고 건국된 한나라가 진에 대해 지나치게 왜곡과 폄하를 일삼았기에 그런 한나라의 평가가 진에 대한 좋지 않은 이미지를 많이 만들어낸 것 같습니다. 가장 대표적인 이미지가 단명한 국가라는 것입니다. 진이 천하를 통일한 이후 얼마 가지 않았다고 말하지만, 진은 그 나름대로 역사가 오래된 나라입니다. 서주시대 개막과 함께 등장했고, 또 상앙이 입국해서 개혁을 일으켜 나라를 다시 개조한 이후에도 150년 가까이 법치라는 국정 기조로 성장한 나라입니다. 장시간 힘을 키워가던 과정 자체는 애써 무시된 채 단명한 국가다, 단명의 원인은 법치다 등으로 가혹하게 평가됩니다. 애초에 사실과 거리가 먼 평가입니다. 최근에 죽간과 목간 등 발굴되는 자료와 일본 쪽의 진나라 연구를 보면 우리가 너무 진에 대한 편견이 많았음을 새삼 느낄 수 있습니다. 진이 있었기에 통일된 천하가 만들어지고, 나라가 분열되어도 다시 하나의 중국으로 돌아가야 한다는 관념과 신념이 생겼으며, 진이 만든 틀이 2000년 넘게 동아시아 국가들의 기본 틀이 되었는데 진에 대해 좀 바로 볼 필요가 있습니다.

> 대체로 군주들은 혼란을 조장하는 방법으로 나라를 다스리지 않는 자가 없으니, 그 때문에 작게 다스리면 나라가 작게, 혼란스럽고 크게 다스리면 크게 혼란스러워지는 것입니다. …… 무릇 현명하고 능력 있는 자를 임용하는 것을 세상을 다스리는 방법으로 여기지만 이러한 통치방법이 바로 혼란스럽게 하는 원인입니다. 세상에서 이른바 현명하다고 하는 자는 정의를 말하는 자이고 정의를 말하는 것은 당파를 지음입니다.[80] -《상군서》〈신법慎法편〉

능력 있다, 착하다, 바르다고 칭찬이 자자해 등용했는데 사실은 같은 부류의 세력가들이 짬짜미로 카르텔 식으로 밀어주는 사람입니다. 등용하면 궁중에 파벌이 생겨서 임금의 이익보다 그들의 이익을 더 챙기므로 인품에 대한 칭찬을 기준으로 사람을 쓰면 안 되지요. 유가는 늘 그렇게 사람들의 평을 근거로 사람을 쓰라고 했지만 상앙은 그것을 반대했습니다. 사람들이 평하는 인품을 근거로 등용하고 그 사람에게 통치를 맡긴다? 말도 안 됩니다. 상앙이 생각하기에 그러한 인치는 혼란의 원인 그 자체입니다. 이렇게 혼란의 원인으로 사람에 의한 다스림을 말하는 상앙은 분명히 성악설론자이죠. 인간을 믿지 않았고, 정치에서 인간 내면의 마음과 감정에 의존하면 혼란이 커진다고 하며 철저히 주관주의를 거부했습니다. 객관주의만이

제자백가, 인간을 말하다

국가와 군주가 살길이라고 생각했습니다. 도덕과 윤리가 아니라, 명문화된 규범과 법만이 답이라고 했습니다.

> 어진 사람은 남에게 어질게 대할 수는 있지만 남이 어질게 할 수는 없고, 의로운 사람은 남에게 사랑을 베풀 수는 있지만 남이 사랑을 베풀게 할 수는 없다. 성인은 이로써 인의로는 세상을 다스리기에 부족하다는 이치를 안다.[81] -《상군서》〈획책畫策편〉

상앙은 도덕과 윤리로 사람들을 설득하고 자발적인 복종을 이끌어내어 사회적 혼란을 막을 수 있다고 전혀 생각지 않았죠. 사회질서 수립, 공동체의 생존과 부강의 문제를 인간의 마음과 감정으로는 절대 해결할 수 없다고 보았습니다. 그래서 사람을 궁중에 불러들여 쓰는 인사행정의 문제부터 모든 국가 운영의 원칙에 이르기까지 철저히 객관에 붙들어 매야 한다고 생각했습니다. 객관이 아닌 인간의 마음에서 나온 감정과 덕목은 비록 도덕과 윤리의 이름을 하고 있더라도 사적인 논의에 지나지 않으니 세상을 다스리는 데 아무 소용이 없다고 했습니다. 때론 그것이 나라를 망치기도 하니 인간의 감정이나 인간 내면의 무언가에 의지해서는 절대 안 된다고 했습니다.

법도를 위배하고서 사적인 의논을 따르는 것은 모두 일의 유추를 알지 못하는 것이다. 법에 의하지 않고서도 사람들의 지혜, 능력, 현명함, 현명치 못함을 평가할 수 있는 사람은 오직 요임금뿐이다. 그렇지만 세상 사람이 다 요임금은

상앙, 인간은 자원이다

아니다. 이러한 까닭에 고대의 제왕들은 자의自議나 예사譽私를 믿기 어렵다는 것을 알아 법을 세우고 분계를 명확히 했다.[82] -《상군서》〈수권편〉

상앙이 생각하는 사적 논의에는 자의와 예사가 있는데, 자의는 검증되지 않은 비현실적이고 주관적인 논의와 주장·담론 등을 말하고, 예사는 끼리끼리 하는 칭찬입니다. 사적인 칭찬이고 천거인 예사를 따르면 위험합니다. 그러면 정치적 힘과 경제적·문화적 권력을 가진 귀족들과 기득권층이 권력을 독과점해 국정농단이 일어나므로 비현실적인 자의와 예사 모두 배제해야 합니다. 객관적 기준만이 답이죠. 상앙이 사의私議를 반대한 것은 언론 탄압과 지식인 탄압이 아니라 객관주의가 확보되지 않기 때문입니다. 상앙은 법과 사의는 대립되는 것이라고 정의했습니다.《상군서》〈수권편〉을 보면 정말 시퍼렇게 날이 선 채 대립하고 있음을 알 수 있는데, 추상적 명분과 주관적 논의로는 구체적 현실을 제어해나갈 수 없고 명확한 결과를 필연적으로 담보할 수 없습니다. 그러니 객관적인 기준으로 사람을 쓰고 업무와 책임의 영역을 명시해 어떤 기준으로 상과 벌을 준다는 것을 분명히 해야죠. 그래야 일관성 있는 국가행정, 결과를 산출해내는 정치, 혼란을 방지하는 국가질서라는 것이 만들어지기 때문입니다.

상앙은 이렇게나 철저한 객관주의자입니다. 그가 〈수권편〉에서 법을 저울과 자로 비유한 것은 성악설의 선배 묵자의 영향을 받았기 때문인데, 묵자도 도량형과 공작 도구의 비유를 통해 객관적인 기준으로 나라를 다스려야 한다고 했습니다. 그러니 구태여 성인을 생각하고 기다릴 필요가 없습니다. 그래서 상앙은 "요임금은 요임금일 뿐이다"라고 했습니다. 요임금과 같은 예외적·초월적 존재가 다시 세상에 나타나길 기다려보자거나 성군이 등장해서 그 덕으로 세상을 이끌어갔으면 좋겠다는 생각은 비현실적입니다. 유가는 왕과 신하들에게 요임금 같은 인격자가 되라고 주문하고 성인과 군주의 함양된 덕으로 나라를 끌고 가자고 하지만, 상앙의 생각엔 그런 주관주의가 혼란을 잡기는커녕 오려 조장하니 나라를 망치는 길인 것이죠.

국가의 자원, 인민

혼란을 바로잡아야 합니다. 더 나아가 부국강병을 해야 합니다. 상앙과 같은 철저한 객관주의자이자 국가주의자들의 이야기를 들으면 사실 성악 vs 성선의 문제 이전에 백성을 철저히 자원으로 봤다는 생각이 듭니다. 그것이 상앙의 인간 담론의 핵심입니다.

> 백성의 호구를 등록하되 살아 있는 사람은 기록해두고 죽은 사람은 삭제해야 한다. 그러면 백성은 납세의 의무를 회피하지 않을 것이며 들판에는 황무지가 없어질 것이다. 그렇게 되면 나라가 부유해질 것이며 나라가 부유해지면 강해진다.[83] -《상군서》〈거강去强편〉

> 국경 안에 있는 남자와 여자는 모두 장부에 이름을 기록해두는데, 태어나는 사람은 죽간에 기록해두고 죽은 자는 죽간의 해당 부분을 깎아낸다.[84] -《상

군서》〈경내境內편〉

인민은 국가의 자원입니다. 그러니 어떻게 해야겠습니까? 일단 어디에 얼마나 사는지를 알아야지요. 단순히 총인구만이 아니라 행정단위별로 그 수를 파악해야 합니다. 수치로 파악하는 것이 중요합니다. 자원이니 수치로 환산될수록 좋겠지요.

강한 나라는 다음 열세 가지 숫자를 알아야 한다. 국경 안의 곡식 창고와 인구 수, 건장한 남자와 여자의 수, 늙은이와 허약한 자의 수, 관리와 선비의 수, 언설로써 밥을 먹는 사람의 수, 유용한 백성의 수, 말과 소의 수와 꼴의 수. 강국이 되고자 하면서 나라 안의 이 열세 가지 숫자를 모른다면 땅이 비옥하고 인구가 많다 하더라도 나라는 점점 쇠약해져 영토가 깎여나감에 이른다.[85] −《상군서》〈거강편〉

사람을 말과 소 같은 중요한 가축과 함께 취급하는 것 같아 기분 나쁠 수도 있지만, 나라의 재산이고 자원이니 그 숫자를 철저히 파악하고 있어야 합니다. 단순히 땅이 넓고 비옥하고 인구가 많다고 될 일이 아닙니다. 어디에 사는지 알아야 하며, 건강한지 쇠약한지 즉 자원의 질이 어떠한지, 자원이 얼마나 생산력을 발휘할 수 있는지 알아야 합니다. 인간을 포함한 모든 자원은 생산력의 요소가 되고 국력의 바탕이니 철저히 파악하고 또 관리해 나가며 키우라고 했지요. 지금이야 어쩌면 상앙이 하는 말이 당연하게 들릴지 모르겠지만, 기원전 400년쯤에 국가라는 것이 갓 탄생했을 시기에는 하나 마나 한 말이 절대 아니었을 겁니다. 군주들에게는 정말 어떤 복음처럼 들렸을 거예요. 군주에게 정말 필요한 말을 해주는 사람들, 상앙으로 대표되는 법술지사 같은 사회공학자들은 정말 유능한 사람들이었죠.

국가주의자 상앙은 인구 유치를 말하기도 했습니다.

지금 진나라는 면적이 사방 1000리인 영토가 5개입니다. 그러나 농작물을 재배하는 토지가 10의 2가 못 되고, 경전의 수가 100만에 미치지 못합니다. 거기에 있는 늪과 호수, 계곡, 큰 산과 하천의 자원과 재화도 다 이용되지 못하고 있습니다. 이는 인구가, 넓은 땅과 균형을 이루지 못했다 할 수 있습니다.[86] -《상군서》〈내민徠民편〉

상앙이 말했다시피 진나라는 국토에 비해 인구가 적었나 봅니다. 사람이 국가 힘의 근원이자 자원이니 인구를 어떻게든 늘려야 하는데, 출산을 통해 당장 늘리기는 힘든 일이죠. 그래서 상앙은 인구를 외부에서 데려와 채워야 한다고 했습니다. 특히 상앙은 바로 옆의 한·위·조 삼진은 땅에 비해 사람 수가 너무 많아 문제이니 삼진 사람들을 불러오자고 했습니다. 전답과 주택이 없는 사람, 이름을 등록도 못한 사람, 산의 음지와 양지에 굴을 파고 살거나 호숫가의 제방에 굴을 파서 겨우 사는 사람이 많은데, 이들을 데려와 인구를 늘리고 토지를 개간하게 해 국가 생산력을 크게 일으키자고 했지요.

외국의 백성을 데려와 인구를 늘리면 국력이 신장되기에 이로운 일인데, 그것이 다가 아닙니다. 그 외국은 인구가 줄어드니 국력도 약해집니다.

나와 싸워야 할 적국의 인구가 줄어드니 이렇게 두 배의 이익이 있다고 할 수 있습니다. 그래서 상앙은 이주하는 백성에게 은혜를 펴겠다는 약속을 확실히 하라 했습니다. 삼대 동안 세금과 부역을 면제해주고 전투에도 동원하지 않겠다고 말입니다. 그것을 아예 법률로 정하라고 했는데, 그러면 족히 100만 명의 농부를 불러 진나라에 정착하게 할 수 있다고 했지요.

> 백성의 정서를 생각해보면 그들이 바라는 것은 전답과 주택입니다. 그런데 삼진은 그렇게 해줄 수 없음이 확실하고 우리 진나라는 그렇게 해줄 여유가 있음이 분명합니다. …… 지금 전답과 주택을 이익으로 주고 삼대에 걸쳐 세금과 부역을 면제해준다면, 이는 틀림없이 그들이 바라는 바를 제공해주는 것이며 그들이 싫어하는 바를 시키지 않는 것이 됩니다. 그렇게 되면 산동의 백성으로서 서쪽 우리 진나라로 향하지 않을 자가 없게 될 것입니다.[87] -《상군서》〈내민편〉

상앙은 인간을 움직이는 보상과 미끼를 잘 알아 그들이 바라는 것을 분명히 보여주고 약속하라고 했습니다. 땅을 주어 살게 하고 조세와 부역을 면제해주고 더 나아가 군역도 당분간 면제해주어 국가의 자원의 양을 어떻게든 늘려야 한다고 했습니다. 인구 유치와 토지 개간에 대해 이야기하는데 더 큰 틀에서 말하자면 국가의 자원을 최대화하기 위한 방책들입니다.

사실 상앙만이 아니라 제자백가는 토지와 인민, 유능한 관료 등 권력자원 확보에 대한 이야기를 많이 했습니다. 토지를 늘려라, 적극 개간해라, 절기를 준수해 토지를 효율적으로 사용하고 관개·수리 시설을 만들어라,

제자백가, 인간을 말하다

인적자원을 늘리고 양성해라 등등. 거기에 재화를 효율적으로 유통해 생산성을 제고하고 통치전문가와 관료 집단을 양성하라고 했습니다. 제자백가는 다양한 관점에서 국가의 자원 확보를 위한 대안들을 마련했는데, 특히 상앙은 인구의 증가에 초점을 두고 인간이 원하는 것들을 이야기했습니다.

그런데 상앙은 인구와 국토 같은 인적자원·물적자원을 늘리라고만 하지는 않았습니다. 국가 힘의 근원인 인적자원과 물적자원은 먼저 균형이 맞아야 합니다. 인구가 적은데 국토가 넓으면 무엇하나요. 진나라는 국토라는 물적자원에 비해 인구라는 인적자원이 적어서 노는 땅이 많았습니다. 반대로 삼진처럼 인구는 많지만 땅이 부족하면 노는 사람이 많아져, 치러야 할 사회적 비용이 늘어나지요. 따라서 국토라는 물적자원과 인구라는 인적자원은 서로 균형을 이루어야 합니다.

인구와 국토 말고도 관료기구와 군대, 교통과 통신의 문제도 있습니다. 국토가 넓고 인구가 많으면 이를 관리하는 공무원 수가 늘어나야 하고, 교통이나 통신 같은 공공재의 확충도 필요합니다. 그것도 인적자원과 물적자원이지요. 국토가 늘면 방어를 위해 군인의 수도 증가해야 하는데 그 또한 인적자원이고요.

또 인적자원과 물적자원은 이익을 주기도 하지만 비용이 들어간다는 이중성의 문제도 있습니다. 땅이 넓으면 생산력이 커지지만 관리 비용이 커지기도 합니다. 관료기구가 커지면 국가행정이 발전하지만 재정이 낭비될 수도 있고, 군주의 권력에 위협이 되기도 합니다. 그러므로 토지와 인구, 병력의 수와 관료의 수, 그리고 공공재의 건설 같은 것들이 균형을 이루어 발전해야 합니다. 상앙은 인적자원과 물적자원의 균형과 병렬적 확충을 전제했습니다.

농사와 전쟁, 백성의 힘을 짜내라

나라의 흥망은 농업과 전쟁에 달려 있다.[88] -《상군서》〈농전農戰편〉

나라가 농업과 전쟁을 우대하면 안전하고, 군주가 농업과 전쟁을 우대하면 존경을 받는다. …… 정치의 근본이 제대로 기능하면서 인민들이 농업과 전쟁에 힘쓰면 나라가 부유해지고 잘 다스려지는데 이것이 왕도의 길이다.[89] -《상군서》〈농전편〉

백성이 많아야 합니다. 인구가 많아야 합니다. 그것이 왜 중요하겠습니까? 생산을 하고 나라를 지키는 자원이 되기 때문이지요. 백성이 많아야 노는 토지가 없을 것이며, 노는 토지가 없어야 생산이 늘고 조세수입이 늘어날 것입니다. 또 그래야 관료기구를 유지할 수 있고 군대를 크게 키울 수 있습니다. 그런데 문제가 있습니다. 인구가 많다고 해서 절로 생산이 늘고 군사력이 강해지지는 않는다는 것이지요.

백성의 국내 일로는 농사보다 고생스러운 것이 없다.[90] -《상군서》〈외내外內편〉

백성의 바깥 일로는 전투보다 어려운 것이 없다.[91] -《상군서》〈외내편〉

농사와 전쟁은 고되고 힘듭니다. 그리고 인간은 누구든 다치거나 죽기를 싫어합니다. 그것이 인간 본성이죠. 그렇기에 인구가 많다고 농업생산력과 국방력이 절로 강화되지 않습니다. 냉철하게 현실을 보는 상앙이 그것을 모를 리 없습니다. 농사는 힘듭니다. 전쟁은 무섭습니다. 하지만 국력을 위해선 백성이 하게 해야 합니다. 어떻게 해야 할까요?

먼저 상앙은 말을 잘하는 지식인들이 세 치 혀를 자본으로 삼아 돌아다니면서 백성 앞에서 떠들어대지 못하게 했습니다.

> 나라의 대신과 여러 대부는 널리 배우고 듣는 것, 말 잘하고 지혜를 뿌리는 것, 떠돌아다니면서 거주하는 것 등의 일은 일체 할 수 없게 해야 한다. 특히 어떤 고을에도 떠돌면서 거주하지 못하게 하면 농민들은 세상의 온갖 변화나 다른 학설을 들을 수도 볼 수도 없을 것이다. 농민들이 변괴의 일이나 다른 학설을 들을 수도 볼 수도 없게 되면, 지혜로운 농민은 옛날부터 연고된 농업을 떠나지 않을 것이요, 어리석은 농민은 지식이나 학문을 좋아하지 않게 될 것이다. 어리석은 농민이 지식이나 학문을 좋아하지 않게 되면 온 힘을 다해 농사일에 힘쓸 것이요, 지혜로운 농민이 자신의 농업을 떠나지 않으면 황무지는 틀림없이 개간될 것이다.[92] -《상군서》〈간령墾令편〉

백성들이 불필요한 자의식을 가지지 못하게끔 유세꾼과 떠돌이 지식인들의 활동을 금했습니다. 지식인 탄압 및 우민정책이라는 비판을 받기 십상이지요. 하지만 자신은 죽어라 땅을 파서 먹고사는데 남들은 공부해서 쉽게 벼슬자리 얻어 잘사는 모습을 보면 농사지을 생각이 없어져, 결국 농사지을 사람이 없을 거라고 보았던 겁니다. 전쟁에 나가 싸울 마음도 뚝 떨어지고요. 춘추전국시대에는 통치전문가와 꾀주머니들이 필요해서 지식자영업자들이 전성했는데, 그들이 활동하지 못하게 하라고 했습니다.

관시의 세금을 무겁게 하면 농민들은 장사하는 것을 싫어하고 상인들은 장사하는 것을 망설이거나 게을리하는 마음을 가진다. 농민들이 장사하는 것을 싫어하고 상인들이 장사하는 것을 망설이거나 게을리하면 황무지는 반드시 개간될 것이다.[93] -《상군서》〈간령편〉

상인의 식구 수대로 상인에게 부역을 하게 해 그 집안의 장작 패는 자, 수레 모는 자, 부역하는 자, 종노릇 하는 자의 이름을 반드시 관청에 올려 각기 부역을 하게 한다. 그러면 농민들은 편안해지고 상인은 고달파진다.[94] -《상군서》〈간령편〉

지식자영업자들만이 아니라 상인들도 억압하라고 했습니다. 농사짓고 전쟁에 동원되는 백성이 보기에, 장사하는 사람들이 그들보다 일에 기울이는 수고는 적은데 훨씬 많은 이득을 얻으면 누가 농사짓거나 싸우고 싶겠습니까? 그래서 상앙은 술과 고기의 값도 올리고 그에 대한 세금도 무겁게 부과하라고 했습니다. 그렇게 지식유통의 금지와 상업의 억압, 더 정확히 말하자면 비곡물 재화의 생산과 유통을 억압했습니다. 농사를 지어 오로지 곡물만 생산하라는 것입니다. 아니면 국방이라는 공공재화를 만들라고 했지요.

또 상앙은 귀족의 자녀도 일하게 만들었습니다. 본부인에게서 난 장남을 제외하고는 모두 서민과 똑같이 부역하게 하는 법령을 내려서 일을 하게 했습니다. 부역을 면제해주는 조건을 강화하고 일하지 않으면 벼슬살이를 못하게 했을 뿐 아니라, 게을러서 농사를 짓지 않거나 병역을 거부하면 무거운 벌을 내리라고 했습니다. 귀족의 자녀라고 봐주는 것이 없었습니다.

그런데 이런 금지와 억압 같은 부정적인 유인책만 있지는 않았습니다. 상앙을 비롯한 법가는 단순히 법으로 강제하거나 겁만 주자는 사람들이 아닙니다. 이익으로 유인하자는 이야기도 많이 하지요. 좋아하는 것들을 줘서 동기를 부여하자고도 많이 이야기했습니다.

호오, 좋아함과 싫어함

앞서도 언급했듯이 백성의 호오를 잘 살피면 백성의 행동을 통제할 수 있습니다. 백성이 싫어하는 것을 내걸어서 통치자가 싫어하는 것을 금지하고, 좋아하는 것을 수단으로 유인하고 권하면 됩니다. 상앙에게 인간은 호오 덩어리 그 자체입니다. 상앙은 백성의 호오를 아주 철저히 활용해서 백성을 모두 농사와 전투로 몰아갔습니다.

백성이 바라는 대상은 수만 가지이지만 이득(작위와 봉록)이 나오는 곳은 다 하나의 일(농업과 전쟁)일 뿐이다. 백성은 그 단 하나를 통하지 않고서는 욕망을 충족할 수가 없다. 그렇기 때문에 백성은 그 단 하나의 일에 복무하게 된다. 백성이 그 단 하나의 일에 복무하면 힘이 모이고, 힘이 모이면 나라는 강

해진다.[95] -《상군서》〈설민說民편〉

인간이 좋아하고 달려드는 것에는 부와 귀가 있는데, 그것들을 오직 농사와 전투를 통해서만 얻을 수 있게 했습니다. 인간이 바라고 좋아하는 것을 소유할 수 있는 권리와 길을 국가가 독점하고 장악해야 한다는 얘기입니다. 그래야 백성의 힘이 농사와 전쟁에 집중될 수 있다는 겁니다.

이익이 한 구멍에서 나오면 그러한 나라는 대적할 자가 없어질 것이다. 이익이 두 구멍에서 나오면 그러한 나라는 쓸 만한 병사가 반으로 줄어들고, 이익이 열두 구멍에서 나오면 그러한 나라는 지켜낼 수 없어진다.[96] -《상군서》〈근령斬令편〉

국가가 아니고도 백성이 원하는 것을 줄 수 있는 대상이 존재한다면 국가의 말을 잘 듣지 않겠죠. 국가가 원하는 농사와 전쟁에 나서지 않을 것입니다. 가뜩이나 고되고 다치고 죽을 위험도 많은데 말입니다. 하지만 국가 외에 백성이 원하는 것을 줄 수 있는 대상이 존재하지 않는다면 국가의 말을 듣지 않을 도리가 없습니다. 그것을 법으로 확실히 하자고 했지요. 그럼으로써 백성이 통치에 순응하고 법을 지키게 하며 국가가 부여하는 의무에 충실하도록 바꿀 수 있다고 했습니다. 어쩌면 제자백가 중에 상앙이 인간의 변화를 가장 확신한 사람이 아닌가 싶습니다. 피통치자로서 백성 전체의 변화를 가장 자신한 사람이라 할 수 있습니다.

제자백가, 인간을 말하다

욕망의 개방

상앙은 백성을 농사와 전쟁에 참여하게 할 자신이 있었습니다. 상을 주고 이익을 주고 부와 귀를 내리면 됩니다. 그렇게 해서 국력을 극대화할 수 있다는 확신이 있었던 것입니다. 국가가 부과하는 임무와 의무를 성실히 수행하면 원하는 것을 충분히 가지게 했는데, 신분이 천미해도 상을 주고 부귀를 내리는 데 예외가 되지 않게 했습니다. 특히 전쟁에 나가서 큰 공을 세우면 벼락출세할 수 있도록 법과 제도를 만들어놓았지요. 이를 통해 진에서는 전쟁에 나가 벼락출세한 백성도 적지 않았고, 부사관·장교·명문가 출신이 아니라 이름 없는 병사로 시작해 어엿한 일국의 장수가 된 백성도 많았다고 합니다. 이렇게 진은 기회를 많이 주는 사회였습니다.

> 이른바 상을 통일한다는 것은 이로움과 관작이 오로지 전투의 공로에서만 나오며 그 밖에 달리 시행되는 경우란 없어야 함을 말합니다. 무릇 지우智愚·귀천貴賤·용겁勇怯·현불초賢不肖에 관계없이 모두 자신의 가슴속에 있는 지혜를 다 짜내고 팔다리의 힘을 모두 다해 목숨을 내놓고 윗사람을 위해 쓰이게 해야 합니다.[97] ─《상군서》〈상형편〉

상앙은 일상壹賞을 말했습니다. 상을 똑같이 주라는 것입니다. 그것을 국법으로 정해 분명히 하라고 했지요. 위에서 말한 대로 공을 세웠으면 배운 것이 있건 없건, 신분이 높건 낮건, 용기가 있건 없건, 현명하건 어리석건, 지혜를 다 짜내고 죽을힘을 다했으면 보상으로 상을 주라는 것이죠. 예외가 있을 수 없습니다. 진나라 하면 그저 무서운 형법과 형벌의 나라로만 생각하는데, 상도 많이 주고 인센티브도 제시해 이끌었던 나라입니다. 법이 가혹하긴 했지요. 하지만 예외가 없었습니다. 공정했습니다. 죄를 지으면 누구든 벌을 받아야 했습니다. 장군·대부·귀족·토호 모두 예외가 없었습니다. 상에도 예외가 없었죠. 누구든 벼락출세할 수 있었고, 일과 전쟁에 부여된 동기와 욕망이 넘치던 사회가 바로 진이었습니다. 진은 욕망을 개방했어요. 진은 누구든 노력하고 능력을 발휘하면 부와 귀를 얻을 수 있다는 확신을 주어 강인한 국가로 거듭나 천하를 거머쥘 수 있었습니다.

> 한 마리의 토끼가 달려가는데 백 사람이 뒤를 쫓는 것은 토끼를 나누어서 백 사람 몫으로 만들 수 있어서가 아니라, 누구의 것이라는 명분이 아직 정해지지 않았기 때문입니다. 무릇 토끼를 파는 사람들이 시장에 가득 차 있는데도 도적이 감히 그것을 훔치지 못하는 것은 토끼가 누구의 것이라는 명분이 이미 정해져 있기 때문입니다. …… 그러므로 성인은 반드시 법령을 위해서 법관과 관리를 두어 천하의 스승이 되게 했으니, 이것은 명분을 확정하기 위한 것이었습니다. 명분이 확정되면 큰 사기꾼들도 곧아지고 믿음을 지키며, 백성은 누구나 성실해져서 저마다 자기 자신을 다스리게 됩니다.[98] -《상군서》 〈정분편〉

명분이 정해지면 남의 물건에 탐을 내지 못한답니다. 여기서 명분이라는 말은 재산권을 뜻합니다. 임자를 말하는 거죠. 임자가 정해지면 누구든 넘보지 않는다는 것은 바로 사유재산에 대한 권리를 말하는 것입니다. 상앙은 토호·유지·권력자 그 누구라도 백성의 사유재산을 뺏지 못하게 사유재산의 보호를 말했습니다. 애써 벌어 축적한 것을 절대 건드리지 못하게 법으로 엄금해 백성을 보호했습니다. 욕망을 보장하고 개방하는 데 각자의 사유재산을 보호해주는 것만큼 강력한 것이 어디 있겠습니까? 또한 상앙은 전투에 나가 잘 싸운 사람에게 토지나 작위를 주는 것 말고도 그들이 죽으면 고향 가묘에 그들의 이름을 기록해두라고도 했는데, 이것은 명예에 대한 인간의 욕망을 활용한 것입니다. 그러면 진지를 굳게 지킬 것이라고 생각했지요.

진나라는 상앙의 말대로 모두에게 욕망을 열어놓았고, 체제는 그 개방된 욕망을 지원했습니다. 이런 체제에서 사람들은 국가의 통치를 따르고 법을 지키는 인간으로 변화하지 않을 수 없었을 겁니다. 법으로 명분을 정해주면 사기꾼들도 착해지고 신뢰를 어기려 하지 않으며 백성도 누구나 착실해져서, 자치自治 즉 각자 자기를 단속하고 제어하고 알아서 하게 된다고 보았습니다. 다시 말해 욕망의 개방으로 인간 스스로 긍정적으로 변화할 수 있다고 상앙은 생각했습니다. 얼마든지 법치형 인간이 될 수 있다고 보았죠. 법을 지키고 존중하면 법이 자신을 이롭게 한다는 것을 아는 사람으로 거듭날 수 있습니다.

법을 시행하면 백성의 사악함이 없어진다는 것은, 법이 분명해 백성이 법대로 하는 것을 이롭게 여기기 때문이다.[99] -《상군서》〈조법편〉

법이 욕망을 개방하고 욕망의 충족을 보호합니다. 그럼 인간이 얼마든지 착해질 수 있답니다. 법이 날 이롭게 한다는 확신이 서면 인간이 얼마든지 긍정적인 방향으로 변할 수 있다는 것입니다.

교육을 통한 사회화

사람을 바꾸는 데 교육만 한 것이 없습니다. 앞서 교육학은 성악설이고 교육자는 성악설론자라고 했는데 상앙은 교육도 중시했습니다.

> 천자는 법관 세 명을 둡니다. 궁전 안에 한 명, 감찰을 맡은 어사대에 법관 한 명과 부속 관원, 숭상부에 법관 한 명을 둡니다. 제후국과 군과 현에 각각 법관 한 명과 부속 관원을 둡니다. 이들은 모두 조정에 있는 법관의 명을 따릅니다. 각 군과 현과 제후국은 일단 조정에서 보낸 법령을 접수하면 그 법령을 학습해야 합니다.[100] –《상군서》〈정분편〉

법 전문 관리를 황제가 직접 임명해 지방으로 보냅니다. 이들이 백성의 법 선생이 되어 새로운 법이 만들어지면 홍보를 합니다. 몰라서 어기고 불이익을 받는 일을 없애는 겁니다. 법을 어겨서 벌을 받고 불이익을 당하면 개인으로서도 큰 손해이지만 국가도 사회적 비용이 많이 들어 손해이기 때문입니다.

관원과 백성 가운데 법령을 알고 싶은 자는 모두 법관에게 문의할 수 있습니다. 천하의 관원과 백성 가운데 법령을 모르는 자가 없는 이유입니다. 관원과 백성 모두 법령을 숙지하고 있다는 사실을 아는 까닭에 감히 불법적인 수단으로 백성을 대할 수 없습니다.[101] -《상군서》〈정분편〉

단순히 몰라서 법을 어기는 일이 없게 하는 정도가 아니라 법을 명확히 알아 자기의 권리를 주장하게 하기 위해서도 교육을 해야 한다고 보았습니다. 법을 가르쳐서 토호·유지·권력자가 백성을 함부로 괴롭히지 못하게 하고 관리도 횡포를 저지르지 못하게 했습니다. 법이라는 것이 강자의 이익을 대변하고 지배층의 의사를 바탕으로 만들어진다고 하지만 강자에게만 유리한 것이 법일까요? 법이 꼭 강자들 편만 드는 것일까요? 준법투쟁이란 말이 괜히 있는 것이 아닐 것입니다. 법이란 것은 약자들이 자신을 지키는 무기가 되기도 합니다. 법을 명확히 알면 정말 억울한 일을 당하지 않을 수 있고 당당하게 공동체의 일원으로 살아갈 수 있으니 이렇게 법의 교육을 중시했습니다.

성인이 법령을 제정하면 반드시 백성에게 분명하게 보이고 알기 쉽게 하며 명분을 정확하게 한다. 어리석거나 똑똑한 사람 모두 법규를 이해할 수 있다. 법관을 두고 법을 주관하는 관리를 두어서 그들이 천하 사람의 스승 역할을 하게 해 만민이 무지로 인해 위험한 상황에 빠지지 않게 했다. 따라서 성인이 천하를 맡으면 백성이 처벌을 받아 죽는 경우가 없는데, 이것은 사형을 집행하지 않아서 그런 것이 결코 아니다. 성인은 법령을 실행할 때 분명하게 하고 알기 쉽게 하며, 또 법관과 법리를 두어서 인민의 스승 역할을 하게 해 법령을 숙지하게 안내하기 때문이다. 만민은 모두 무엇을 피해야 하고

어떻게 행복을 얻는지 숙지하고 있으므로 하나같이 알아서 독자적으로 처리한다.[102] -《상군서》〈정분편〉

이처럼 인간의 사회화라는 문제에서 법을 알고 이해하는 것만큼 중요한 것이 없습니다. 그래서 상앙은 법에 대한 교육을 강조했습니다. 인간의 변화에 대한 믿음이 있었기에 교육에 신경을 썼습니다.

법에 대한 교육을 중시한 것을 보면 왜 일찍 진이 망했는지 알 수 있습니다. 진의 법치와 체제는 건설 초기에 비용이 많이 들어갑니다. 체제 설치가 완성되어 돌아가면 그때부터는 설치 비용을 훨씬 능가하는 이득을 얻을 수 있지만 초기 설치 비용은 만만치 않습니다. 진이 천하를 통일한 이후 도량형을 통일했다고 하는데, 어느 날 갑자기 여러 가지 기준을 통일한 것이 아닙니다. 진 내부에서 통일이 되어 있던 도량형과 기준을 통일 이후 전 중국에 확대한 것입니다. 그리고 단순히 도량형만이 아니라 진나라식의 체제를 전 중국에 확대하려고 한 것이죠. 그러다 보니 너무 많은 비용이 들어가 부도가 난 것이 아닌가 생각합니다. 법관 문제만 해도 그렇습니다. 진만이 아니라 전 중국에 법관을 보내서 백성을 교육해야 하는데 그 비용이 얼마나 많이 들었겠습니까? 비용이 많이 들면 증세가 되어 대지주와 상인과 호족이 반발하는데, 그들의 반발이 체제의 위협을 부채질한 것이 아닌가 싶습니다. 진의 멸망 이유에는 망해버린 열국의 왕족과 귀족, 대상인과 지주같이 기득권을 가진 자들의 반발도 있겠지만, 저는 경제 문제로 인한 부도가 아닐까 생각합니다. 사실 원인을 따지고 보면 진시황이 통일 이후 오래 살지 못한 것이 가장 치명적이었다는 말이 많습니다. 진시황이 오래 살았더라면 진의 체제에서 교육을 받아 법을 내면화한 사람이 많이 생겼을 것이고, 그렇다면 진이 그리 허무하게 일찍 무너지지 않았을 테니 말입니다.

　이제 정리해보지요. 상앙은 인치를 부정했고, 주관적 감정과 인격이 아니라 객관주의를 말했으며, 백성을 국가의 자원으로 보아 그 자원의 힘을 짜내기 위해 호오를 말했습니다. 상앙은 그 싫어하고 좋아하는 것을 강제할 수 있는 통로를 국가가 장악하고 통제하면 얼마든지 백성의 힘을 활용할 수 있다고 보았습니다. 싫어하는 것을 강제하는 벌만이 아니라 좋아하는 것을 주는 상 또한 강조했으며, 욕망을 긍정하고 보장해줌으로써 부국강병을 이루려 했습니다. 또한 그 욕망을 보장하는 법치를 통해 백성과 인간이 변화할 수 있다고 자신했고, 교육을 통해 백성이 법을 알고 따르며 스스로 법으로 판단하는 법치형 인간이 될 수 있다고 믿었습니다.

제 3 장

한비자,
인간은 세勢에
굴복할
뿐이다

고난의 땅이 낳은 우국지사

한비자는 칠웅 중에 가장 약소국에서 태어나 기울어져가는 나라를 살리기 위해 애쓴 우국지사입니다. 춘추전국시대에는 선비·지식인을, 정해진 주인이 없다는 뜻의 사무정주士無定主라고도 했습니다. 자기의 재능을 더 높이 사줄 군주와 나라를 찾아 철로 된 바퀴의 수레를 타고 온 천하를 돌아다니는 철륜천하鐵輪天下 지식인들의 모습이었는데, 한비자는 예외적인 인물이었습니다. 다른 지식인과 달리 조국이 있었고, 그 조국에 목숨도 던지며 충성한 사람입니다. 한나라 왕실의 방계 공자였다고 하는 말도 있습니다.

　　한비자를 말하는 데 가장 중요한 것은 그가 살았던 한나라의 지정학적 환경입니다. 한나라는 중원으로서 중국 땅의 한가운데에서 일찍이 문명이 발전했으며, 그 땅은 선망의 대상이었습니다. 그런 만큼 고난의 땅이기도 했습니다. 누구든 힘을 가지면 중원을 도모했는데, 전국시대에는 북방의 진

쯥과 남방의 초나라가 늘 중원에서 힘을 겨루고는 했습니다. 이 고난의 땅이 한비자를 만들었지요. 한비자는 약소국인 조국을 어떻게든 생존하게 하고 단단하게 만들어보려 노력했습니다. 고난의 땅이 낳은 우국지사 한비자는 성악설에 속하는 사람입니다.

> 대저 엄한 형벌은 백성이 싫어하는 것이다. 따라서 성인은 두려워하는 것을 제시함으로써 사람의 사심을 끊고, 싫어하는 것을 갖춤으로써 사람의 간악을 막는다. 이런 까닭에 나라가 안정되고 난폭한 일이 일어나지 않는다. 나는 이로써 인의와 애정과 은혜가 유용하게 쓰기에 부족하다 말하는 것이다.[103] -《한비자》〈간겁시신편〉

인의와 애정, 은혜로는 백성이 선해지지 않는다고 합니다. 이 말만 봐도 그가 무엇을 말하는지 알 것 같은데, 분명히 성악설이지요. 그는 혼란과 악, 무질서에 대한 이야기를 많이 했는데, 어떻게 하면 그것들을 바로잡아볼까 늘 고민했습니다. 그런데 한비자는 사실 인간 본성이 고정되어 있지 않고 환경이 만든다고 보았습니다. 먼저 한비자가 성악이냐 성선이냐를 말하기 전에, 성악과 성선에 대해 분명히 하기 위해 이야기를 좀 하겠습니다.

옛날에는 남자가 농사짓지 않아도 초목의 열매가 먹기에 넉넉했고, 여자가 베를 짜지 않아도 짐승의 가죽이 옷을 해 입기에 넉넉했다. 힘들여 일하지 않아도 생활이 넉넉하며 사람 수가 적고 물자가 남아 백성이 다투지 않았다. 이런 까닭으로 후한 상을 내리지 않고 중벌을 쓰지 않아도 백성이 저절로 다스려졌다. 지금은 한 사람에게 다섯 자식이 있어도 많지 않지만, 그 자식도 다섯 자식을 낳아 조부가 아직 죽지 않으면 스물다섯 명의 손주가 된다. 이런 까닭으로 사람 수는 많아지고 재화는 적어지며 힘써 일해도 생활이 야박하므로 백성이 다투게 되었다. 비록 상을 배로 하고 벌을 다하더라도 혼란에서 면하지 못하는 것이다.[104] -《한비자》〈오두편〉

인류학자들이 말하길 대빙하기가 끝나고 초원이 우거지면서 한때 인류가 수렵과 채집만으로도 풍요로운 생활을 누렸던 시절이 있었다고 합니다. 인구에 비해 먹을 것이 많고 손쉽게 구할 수 있었던 때가 말입니다. 유가 사상이나 장자사상을 보면 옛날에 대한 강한 그리움이 드러나는 것만 봐도 그렇고, 한비자나 상앙이나 먹을 게 흔했던 상고 시절 이야기를 하는 걸 봐도 그런 때가 정말 있지 않았나 싶습니다. 제자백가 문헌만이 아니라 다른 문명권에서도 그렇게 전승되는 이야기가 많지요. 하지만 한비자 생각에 그때는 그때고 지금은 지금일 뿐입니다. 갈수록 인구는 늘어나고 인구에 비해 재화는 적어지니, 소유권 분쟁이 빈번해지면서 이렇게 이익을 두고 쟁탈하는 사회가 왔고, 그게 지금이라고 한비자는 보았습니다. 인구가 늘어나니 토마스 맬서스가 말한 문제도 심했던 거 같고요.* 그래서 한비자는 옛날과 지금의 인간 성정이 다르다고 했습니다. 인구가 많아진 데 비해 사회적 재화의 양은 부족하니, 넉넉했던 과거와 인간 행동의 성향이 달라져 지금은

---

* 영국의 고전파 경제학자 맬서스는 생산력이 인구의 성장을 따라잡지 못해 기아와 혼란, 질병, 전쟁 등으로 사회가 큰 위기에 빠지게 된다고 했습니다.

한비자, 인간은 세勢에 굴복할 뿐이다

인간 성정이 악해졌다고 보았습니다. 그래서 인의나 은혜, 인정으로 다스리면 안 된다는 것이죠.

> 흉년이 든 봄에는 음식을 아끼느라 어린 아우에게도 주지 않고, 풍년의 가을에는 평소에 알지 못하는 사람에게도 배부르게 음식을 나누어준다. 이것은 같은 권속을 소홀히 하고 지나가는 나그네를 존중하기 때문이 아니다. 그것은 한편에서는 식량이 부족하고, 다른 한편에서는 식량이 넉넉하다는 실정의 차가 있기 때문이다. 이러한 점으로 볼 때 고대에 일반적으로 물자를 경시했던 것은 인정이 많았기 때문이 아니라 물자가 많았기 때문이며, 지금에 와서 싸움이 일어나는 것은 몰인정하기 때문이 아니라 물자가 부족하기 때문이다.[105] ―《한비자》〈오두편〉

본성이라고 하면 흔히 고정되거나 결정된 인간의 성향·성격이라고 생각하기 쉬운데, 엄밀히 말해 한비자는 그런 의미의 본성은 없다고 보았습니다. 정말 정해진 인간의 성격은 없습니다. 풍년이 들어 식량이 넉넉하면 지나가는 나그네도 배불리 먹일 수 있지만, 흉년이 들어 식량이 부족하면 형제에게도 쌀 한 톨 나눠주기 싫은 것이 인간의 마음입니다. 정해져 있거나 바꿀 수 없는 인간 본성은 없습니다. 그저 인간을 둘러싼 상황이 있을 뿐입니다.

문왕은 인의를 행해 천하의 왕이 되었으며, 언왕偃王은 인의를 행해 나라를 잃었다. 이는 인의가 옛날에는 쓰였으나 지금은 쓰이지 못한다는 것이다. 그러므로 '시대가 다르면 일도 다르다'라고 한다. …… 이는 무무武舞가 옛날에는 쓰였으나 지금은 쓰이지 못한다는 것이다. 그러므로 말하기를 '일이 다르면 대비도 변한다'라고 한다. 상고에는 도덕을 다루고 중세에는 지를 겨루었으나 오늘날에는 기력을 다툰다.[106] - 《한비자》〈오두편〉

한비자는 당시 상황을 기력을 다투는 시대라고 했습니다. 한때는 어진 자를 존중하고 지혜로운 자의 말을 들었으나 지금은 힘 있는 자가 최고인 시대입니다. 그래서 한비자는 옛날처럼 하지 말자고 했습니다. 과거 성인들이 다스렸던 방법인 예치나 덕치 등을 생각지도 말라고 했습니다. 지금은 안으로도 싸우고 밖으로도 싸우는 시대니까요. 당시는 안으로는 임금과 신하가 권력투쟁을, 밖으로는 나라 간 전쟁을 한 시대였습니다. 그리하여 인간은 시대 상황에 맞게 악하게 변했다는 것이지요.

시대마다 다른 인간 본성

세상의 학자는 군주에게 자기 의견을 말할 때, 권력의 위세를 사용해 간사한 신하를 혼내주라고 하지 않고 모두 인의라든지 은혜나 사랑을 강조하곤 한다. 또한 세상의 군주는 인의라는 명분에 이끌려 현실을 직시하려 하지 않는다. 이런 까닭에 심하면 나라를 망치고 자신도 죽으며, 그렇게 되지 않은 경우에는 영토가 깎이고 임금이 비천해진다.[107] - 《한비자》〈간겁시신편〉

한비자, 인간은 세勢에 굴복할 뿐이다

한비자가 보기에 많은 지식인들이 사람을 쓰고 부리는 법과 그들의 정치 대안이 참 한심했나 봅니다. 인간은 본디 세勢에 굴복하기 마련인데 세로써 압박하지 말고 어짊과 의로움으로 교화하고 설득하고 사랑으로 감싸주라니, 그러면 나라를 망치고 군주도 모든 것을 잃을 텐데 말입니다. 어짊이니 사랑이니는 안 된다고 생각한 한비자는 세를 말했습니다. 세란 무엇입니까? 상황과 조건입니다. 인간을 둘러싼 상황과 조건으로서, 인간을 반드시 어느 방향으로 움직이게 합니다. 추운 날씨는 인간이 긴소매를 입게 하고, 더운 날씨는 반소매를 입게 합니다. 심판의 존재와 엄정한 판정은 반칙을 자제하게 하고, 풍랑이 이는 바다는 선원들이 힘을 합치게 합니다.

이렇듯 세란 사람을 반드시 특정한 방향으로 움직이게 하고 또 강제하는 상황과 조건입니다. 타이르고 달래고 지도자가 솔선수범하고 어질게 대한다고 해서 사람이 내 뜻대로 따르거나 행동을 바르게 하지는 않는다는 것입니다. 내 말을 듣지 않을 수 없게, 나쁜 짓을 할 수 없게, 바람직한 행동을 하지 않을 수 없게 상황과 조건을 만들어서 인간을 끌고 가야 한다는 것인데, 그 상황과 조건이 바로 세입니다. 그리고 그 세라는 것은 상과 벌을 토대로 합니다.

현명한 군주가 신하를 제어하기 위해 의존할 것은 두 개의 권병權柄뿐이다. 두 개의 권병이란 형刑과 덕이다. 무엇을 일컬어 형과 덕이라 하는가? 처벌해 죽이는 것을 형이라 하고, 칭찬해 상 주는 일을 덕이라 한다. 신하된 자는 처벌을 두려워하고 상 받는 것을 이득으로 여긴다. 그러므로 군주가 직접 형을 집행하고 덕을 베푼다면 신하들은 그 위세를 두려워해 이득을 얻는 쪽으

로 돌아올 것이다.[108] -《한비자》〈이병二柄편〉

좋게 타이르고 임금이 모범을 보인다고 해서 신하가 군주를 존중하는
것은 아니니 다른 수단이 필요합니다. 권병 즉 형과 덕은 임금이 신하를 제
어할 수 있는 수단입니다. 상으로 유인하고 벌로써 겁을 주면 신하가 군주
와 국가를 위해 일한다 했습니다. 형 즉 벌은 부연할 필요 없이 다 아는 바이
고, 덕은 앞서 언급했듯이 본디 '힘'의 의미가 있습니다. 덕은 지도자가 안으
로는 단결을, 밖으로는 우호적인 관계를 만들어내는 시혜의 힘으로, 한비자
는 덕을 군주가 신하에게 주는 상 즉 반대급부에 한정했습니다. 신하를 다
룰 때 벌만으로 강제할 수 없으니 상으로도 유인하고 동기를 부여해야 하는
데, 그것이 바로 덕입니다. 한비자는 덕을 결과를 산출한 신하에게 주는 이
익에 한정하며, 교화·인정·인의로는 인간을 절대 바꿀 수 없다고 단정했습
니다. 그러니 덕과 형으로 따르지 않을 수 없도록 상황과 조건을 만들어서
압박해야 한다고 했습니다. 그것이 바로 기력을 다투는 시대에 사람을 다루
는 가장 합당한 길이었습니다.

어머니의 자식 사랑은 아버지의 갑절이나 되지만, 아버지의 명령이 자식에
게 행해지는 것은 어머니의 열 배나 된다. 관리가 백성에게 애정은 없지만
명령이 백성에게 행해지는 것은 아버지의 만 배나 된다. 어머니가 사랑을 쌓
더라도 명령이 잘 통하지 않지만, 관리는 위엄을 부리므로 백성이 따른다.[109]
-《한비자》〈육반六反편〉

어머니의 인자함과 타이름은 소용없습니다. 무서운 아버지가 나서야 합니다. 아버지가 나서도 안 되면 관리가 나서야지요. 백성을 움직이기 위해 서는 공권력, 즉 국가가 독점한 폭력의 힘이 가장 효과적이라고 보았습니다.

대저 어린아이가 서로 장난치며 놀 적에 흙을 밥이라 하고 진흙을 국이라 하 며 나무를 고기라 한다. 그러나 저녁때가 되면 반드시 집에 돌아가 밥을 먹 는 것은, 흙 밥과 진흙 국을 가지고 놀 수는 있어도 먹을 수는 없기 때문이다. 대저 오랜 옛날의 전설과 기리는 말을 외는 것은 말뿐으로 정성이 담기지 않 았으며, 선왕의 인의를 말하더라도 나라를 바로잡지 못하는 것은 이 또한 놀 이가 될 수는 있어도 그것으로 통치할 수는 없었기 때문이다.[110] – 《한비자》 〈외저설外儲說좌상편〉

어짊과 의로움 등은 과거 성인 군주의 덕이고 그들이 전해준 교훈이며 바른 말이자 듣기 좋은 소리이지만, 그것들로 궁중 사회를 이끌어가고 넓은 국토와 많은 백성을 다스릴 수는 없습니다. 상과 벌로 만들어진 세로써 강 제해야 합니다. 한비자는 성악설이 확실합니다. 한비자는 자발성에 대한 기 대가 없었고 도덕의 정치로 인간을 바꿀 수 없다고 생각했으며, 인간 사회 의 혼란 특히 궁중 사회의 혼란과 관료가 저지르는 이기적인 행동과 사익 추구 행위에 대해 살벌할 정도로 비판했습니다.

궁중 사회, 주인과 대리인

신하를 부하게 하지 마라. 그러하지 않으면 군주와 겨루려고 할 것이다. 신하를 귀하게 하지 마라. 그러하지 않으면 군주와 맞먹으려고 할 것이다. 오로지 한 사람만을 신임하지 마라. 그러하지 않으면 도성과 나라를 잃을 것이다. 장딴지가 허벅다리보다 굵으면 빨리 달리기 어렵다. 군주가 신 같은 권위를 잃으면 호랑이 같은 악신惡臣이 그 뒤를 노린다. 군주가 알아차리지 못하면 호랑이는 장차 소신小臣인 개를 모아들일 것이다. 군주가 빨리 그것을 막지 못하면 개의 수가 점점 늘어 끝이 없을 것이다. 호랑이가 한 무리를 이루면 그 어미인 군주를 죽일 것이다.[111] ―《한비자》〈양권揚權편〉

《한비자》를 보면 인간에 대한 불신을 말하는 장면이 많은데, 한비자가 성악설론자 중에서도 가장 극단적이지 않을까 싶을 정도로 인간의 어둡고 사악한 면을 말한 부분이 많습니다. 특히 신하를 이야기하면서 그럴 때가 많은데, 신하들이 왕위를 찬탈해 왕이 지위를 잃고 죽음을 당한 사례가 정말 지겨울 정도로 열거됩니다. 공포 마케팅이 아닌가 싶을 정도로, '내가 말하는 통치술에 귀 기울이지 않으면 역사적 사례의 누구누구처럼 비참한 꼴을 당할 것'이라고 이야기하지요. 한비자는 기본적으로 신하와 임금을 권력을 두고 경쟁하는 사이라고 봤습니다.

실제로 당시 신하는 단순한 신하가 아니었습니다. 영지를 따로 가지고 가신을 두고 군사를 부리기도 하는 등 나라 안의 실력자였습니다. 언제든 권좌에 도전할 수 있는 호랑이 같은 대신이 전국시대 때 아주 많았습니다.

한비자, 인간은 세勢에 굴복할 뿐이다

강태공의 후손이 키우고 만들어온 강姜 씨의 제나라는 전田 씨 대부에게 나라를 빼앗겼고, 춘추시대 남방의 초나라와 더불어 질서를 이끌었던 북방의 패자 진晉은 한 씨, 위 씨, 조 씨 대부 등에 의해 나라가 삼등분되었지요. 신하가 주인을 죽이고 나라를 차지해서 나누는 살벌한 정치투쟁이 벌어졌습니다.

대저 만승의 큰 나라 군주나 천승의 나라 군주의 후비와 부인에게 적자로서 태자가 될 수 있는 아들이 있다면 간혹 군주가 일찍 죽기를 바라는 자가 있을 수 있다. 무엇으로 그렇다고 아는가? 부부라는 것은 골육의 은애는 있지 않았다. 애정이 있는 동안은 친해지고 애정이 없어지면 소원해진다. 속담에 "그 어머니가 사랑스러우면 그 자식도 안아준다"라고 했다. 그렇다면 반대로 뒤집을 경우 그 어머니가 미우면 그 자식도 버린다는 것이다. 장부는 나이 오십이 되어도 아직 호색함이 줄지 않지만 부인은 나이 삼십이 되면 미모가 쇠한다. 미모가 쇠한 부인으로 호색하는 장부를 섬기면 자신이 소외되고 천시되지는 않을까 의심하고 내 자식이 후계하지 못할까 의심한다. 이것이 후비와 부인이 군주가 죽기를 바라는 이유다. 일단 어머니가 태후가 되고 자식이 군주가 되면 명령이 행해지지 않는 데가 없고, 금하면 그치지 않는 것이 없으며, 남녀 간의 즐거움도 선군 생전보다 줄지 않았는데 만승의 큰 나라를 마음대로 하여 서슴지 않게 된다. 이것이 독살과 교살 방법이 쓰이는 까닭이다. 그러므로 《도좌춘추桃佐春秋》에서 "군주가 병으로 죽는 경우가 그 반을 차지하지 못한다"라고 했다. 군주가 이를 알지 못하고 지낸다면 난이 일어날 빌미가 많아진다.[112] -《한비자》〈비내備內편〉

제자백가, 인간을 말하다

신하만이 아닙니다. 친자식과 부인도 문제입니다. 그들도 권력을 두고 경쟁하고 다투는 사이가 될 수 있습니다. 그러잖아도 수많은 권력자가 장자長子의 손에 죽었지요. 그래서 늘 그들도 감시해야 합니다. 믿으면 안 됩니다.

군주의 화는 다른 사람을 믿는 데서 생긴다. 다른 사람을 믿으면 그 사람에게 제압을 받는다.[113] -《한비자》〈비내편〉

대저 처만큼 가까운 사이와 자식만큼 친밀한 사이도 오히려 믿지 못하니 그 나머지는 믿을 만한 자가 있을 수 없다.[114] -《한비자》〈비내편〉

자식과 부인뿐만이 아니라 외척, 국정을 처리하는 신하, 바로 옆에서 보좌를 하고 시중을 드는 측근도 믿지 말라고 했습니다. 한비자는 왜 이렇게 극단적으로 인간을 불신했을까요? 때론 인간을 승냥이에 비유할 정도였는데, 보시다시피 궁중 사회를 무대로 권력의 문제를 이야기했기 때문입니다. 궁중 사회라는 곳이 얼마나 살벌한 곳입니까? 전쟁터보다 무서운 공간입니다. 지면 모든 것을 잃습니다. 목숨도 잃습니다. 늘 모략과 암투가 벌어지고, 신하는 충성을 말하지만 돌아서면 바로 다른 생각을 합니다. 그런 호랑이 같은 신하들에게 휩싸인 존재가 군주입니다. 가족도 언제 내 목에 칼을 들이밀지 모르고요. 앞서 한비자는 정해진 인간 본성이 아니라 인간을 둘러싼 환경을 본다고 했는데, 이런 궁중 사회를 배경으로 사유했으니 성악설을 전개하지 않을 수 있었겠습니까.

그런데 한비자가 지나쳐 보일 정도로 성악설을 주장한 것이 단순히 궁중 사회라는 권력투쟁의 장을 배경으로 사유했기 때문만은 아닙니다. 그는 주인과 대리인의 관계도 사유했습니다. 주인-대리인 이론은 경제학에서 만들어졌지만, 경제 현상만이 아니라 정치·사회 문제를 설명하는 데도 탁월한 이론입니다. 한비자가 말하는 군주와 신하의 문제, 관료 통솔과 관리의 문제를 보면 이 사람이 현대 경제학을 배운 것이 아닌가 싶을 정도로 뛰어난 통찰을 보입니다. 군주가 주인이고 신하가 대리인이어서 둘 사이에 많은 문제가 생긴다고 봤는데, 그러한 인식이 그의 인성론에 영향을 준 것이 틀림없어 보입니다. 그러면 주인-대리인 문제란 무엇일까요?

주인이 모든 일을 직접 수행할 수는 없습니다. 그렇기 때문에 사람을 불러와 일을 맡기고 시킵니다. 유능해 보이는 대리인에게 권한을 위임해 일을 대신하게 하지요. 주인은 대리인을 고용할 때 대리인의 행위가 자신의 이익에 부합하기를 기대하지만, 꼭 그렇게 되지는 않습니다. 주인의 기대가 배반을 당하는 경우가 많지요. 대리인은 주인의 이익보다 자신의 이익을 추구하는 경우가 많기 때문입니다. 그때 많은 문제가 발생합니다. 심지어는 주인이 망할 수도 있는데, 이를 '대리인의 딜레마'라고도 합니다.

더 쉽게 이야기해볼까요? 월급 도둑이란 말 들어보셨을 겁니다. 일을 제대로 열심히 하지 않으면서 월급만 꼬박꼬박 챙겨가는 노동자를 보고 하는 말입니다. 경영자·사주 입장에서는 그런 직원이 많아지면 회사의 이익이 저하되니 얄밉겠지요. 경영자는 회사가 이윤을 내고 커지길 바라는데 직원들은 그렇지 않을 수 있습니다. 다시 말해 회사 경영자와 직원의 이익이 일치하지 않는 문제가 있을 수 있고, 회사를 위해 일해달라고 월급을 주고 일을 맡기지만 늘 딴생각을 하고 딴짓을 할 수 있습니다. 이런 주인-대리인 문제는 주권자인 국민과 국회의원 사이에서, 또 국민과 공무원 사이에서도 벌어질 수 있습니다. 국회의원이 국민을 위해 일합니까? 아닌 것 같은데 말이죠. 국민을 위해 일하겠다고 약속을 해서 금배지를 달게 합니다만, 사익을 위해 일하는 경우가 많습니다. 공무원도 그렇습니다. 국가 전체의 이익보다는 관료 집단의 논리에 충실한 경우가 많지요. 한비자가 보기에 신하는 늘 나쁜 대리인일 수 있다는 데 문제가 있었고, 이는 두 가지 구조적 문제로 극대화되었습니다.

첫 번째 문제는 파당의 논리입니다. 국가와 군주의 이익을 생각하지 않고 자기 파벌의 이익을 챙깁니다. 특히 자신을 밀어주고 벼슬길로 이끌어주며 이해관계를 같이하는 파당의 이익을 먼저 생각합니다. 백성이고 군주고 안중에 없고 자기 세력만 생각하는 것입니다. 법을 어기고 사익을 위해 공익을 희생하고, 때론 자기 세력의 실력자를 위해 군주에게 위해를 가하고 반란 행위에 가담하기도 합니다. 대리인 문제 중 파당으로 부채질되는 가장 심각한 문제는, 나쁜 대리인이 유능하고 충성스러운 대리인이 될 수 있는 사람을 공격하고 배척하는 것입니다. 같은 파당의 사람을 좋은 자리에 앉혀야 하고 자기 기득권을 해할 수 있는 사람은 어떻게든 쳐내야 하니, 국가와 군주와 백성을 위해 일할 사심 없는 신하를 늘 중상모략합니다. 공적 수단과 사적 수단 등 방법을 가리지 않고 공격합니다.

두 번째 문제는 열국 경쟁체제입니다. 힘이 대등한 여러 나라가 경쟁하고 있으니 한 나라가 망해도 갈 곳이 있습니다. 한 나라에서 일하면서 다른 나라와 유착해, 다른 나라의 왕과 실력자에 선을 대거나 내통하는 경우

한비자, 인간은 세勢에 굴복할 뿐이다

가 많았습니다. A회사에 일하는데 B회사의 중역, 간부와 친하다? 그럼 회사와 경영자를 위해 일을 제대로 할까요? 그렇지 않겠지요. 이렇게 파당 문제와 열국 경쟁체제라는 구조 때문에 대리인의 딜레마는 극대화될 수밖에 없었습니다. 궁중 사회 특유의 살벌함과 대리인 문제는 한비자의 인간 불신을 이해하게 해줍니다. 방법은 오로지 상과 벌, 그리고 그것으로 만들어진 세를 통해 압박하고 강제할 수밖에 없었습니다.

인간은 이익이다, 이윤 동기와 사회 발전

사실 한비자가 궁중 사회 밖의 인간, 즉 인간 일반을 보는 시각은 상식적입니다. 외려 현대 경제학자나 사회과학자가 환영할 만한 이야기를 많이 했지요. 우선 한비자는 인간을 경제 문제에 민감하게 반응하는 존재로 보고 이익으로 인간을 이야기했습니다.

> 대저 안전하고 유리한 쪽으로 나아가며, 위험하고 손해 보는 쪽을 피하는 것이 바로 사람의 정이다.[115] –《한비자》〈간겁시신편〉

> 이익을 좋아하고 해를 싫어함은 모든 사람의 성향이다.[116] –《한비자》〈난이難二편〉

> 이익이 있는 곳에 백성이 모여들고, 명성이 드러나는 곳에서 선비가 목숨을

버린다.[117] ‒《한비자》〈외저설좌상편〉

장어는 뱀을 닮고 누에는 큰 벌레를 닮았다. 사람은 뱀을 보면 깜짝 놀라고 큰 벌레를 보면 소름이 끼친다. 그렇지만 아낙네가 누에를 손으로 줍고 어부는 장어를 움켜쥔다. 이득이 있는 곳에서는 싫어하는 것도 잊어버리고, 모두 맹분이나 전저 같은 장수처럼 용감해진다.[118] ‒《한비자》〈설림說林하편〉

이렇듯 인간이란 이익을 위해 위험과 고됨도 감수하려 드는 존재입니다. 특히 한비자가 살았던 시대의 인간의 지배적 성향은 더 그러했으니, 법이든 제도든 정책이든 어떤 것도 이익을 추구하는 인간의 성정에 기초해야 한다고 했습니다. 사람이 이익을 추구하다 보면 혼란이 일어날 여지가 많습니다. 앞서 말한 대로 궁중 사회 권력투쟁도 이익 때문입니다. 권력을 잡으면 누릴 수 있는 이익이 엄청 많기 때문에 심하게 싸우며 잔인한 모습을 보이기도 합니다. 그리고 국가 간의 전쟁에도 이익이 있습니다. 그러나 한비자는 이익을 추구하는 인간의 성정을 나쁘게만 보진 않았습니다.

왕량이 말을 사랑하고 월왕 구천이 백성을 사랑한 것은 그들을 전쟁에 내몰고 말을 빨리 달리게 하기 위해서였다. 의원이 다른 사람의 종기를 빨거나 그 나쁜 피를 입에 머금는 것은 골육의 친애 때문이 아니라 이득을 얻기 때문이다. 그래서 가마를 만드는 사람은 가마를 만들면서 사람들이 부귀해지기를 바라고, 관을 만드는 사람은 관을 만들면서 사람들이 요절하기를 바란다. 가마 만드는 사람이 어질고 관 짜는 사람이 잔혹해서가 아니다. 사람이 귀해지지 않으면 가마가 팔리지 않고, 사람이 죽지 않으면 관이 안 팔린다. 정말 사람을 미워해서가 아니라 사람이 죽는 데서 이득을 볼 수 있기 때문이다.[119] -《한비자》〈비내편〉

왕량은 전설의 수레몰이꾼으로 말을 무척 아꼈습니다. 말이 튼튼해야 수레를 잘 몰 수 있기 때문입니다. 월왕 구천은 원수인 오나라 부차를 꺾고 오나라를 무너뜨렸는데, 그는 국력을 높여 원수를 갚기 위해 백성을 많이 아끼고 백성을 위한 정책을 많이 베풀었습니다. 수레를 몰 말을 아꼈던 왕량이나, 생산의 주체이자 병역자원이 될 백성을 아낀 구천은 자신의 이익을 위해 행동한 것입니다. 인간은 누구든 자신의 이익을 위해 달립니다. 그것이 인간의 본성입니다. 의원이 다른 사람의 종기를 빼는 것도 자기 이익을 위해서죠. 관을 만드는 장인이 다른 사람이 일찍 죽기를 바라는 것이 나쁜 일일까요? 가마 만드는 장인이 다른 사람이 귀해지기 바라는 것처럼 당연한 겁니다. 그래야 먹고사니까요. 본디 사람은 다 그렇게 자신의 이익을 위해서 살고, 그런 사람이 모인 것이 사회지요. 또 그렇게 각자 자신을 위하는 이기심 때문에 사회가 정교한 분업체계를 이루어 발전하기도 합니다. 그런데 맹자도 이와 비슷한 이야기를 했습니다. 하지만 한비자와는 상반된 생각과 직업관이 드러나는 말을 했지요.

화살 만드는 사람이 어찌 갑옷 만드는 사람보다 어질지 못할까마는, 화살 만드는 사람은 오직 사람을 다치지 못하게 할까 두려워하고, 갑옷 만드는 사람은 오직 사람을 다치게 할까 두려워한다. 무당과 관 짜는 사람도 그러하다.

제자백가, 인간을 말하다

그러므로 직업을 택하는 데에는 조심하지 않을 수 없다.[120] -《맹자》〈공손추
公孫丑 상편〉

위의 맹자의 말에서는 직업에 대한 편견이 보이지 않습니까? 화살을
만들면 사람이 다치기를 바라는 사람이 되기 쉽고, 무당이 되면 치성을 위
한 비즈니스 건수가 들어오길 바라는 마음에서 사람들이 병들기를 바라기
쉬우며, 관 만드는 이는 많은 사람이 죽기를 바라는 사람이 되기 쉽다? 그
러니 신중히 직업을 택해야 한다는데, 듣다 보면 저런 일에 종사하지 말라
는 말 같지요? 하지만 국방을 위해선 활 만드는 사람이 있어야 하고, 또 누
군가는 관을 만들어야 합니다. 또 당시 무당은 일종의 의사였는데 의사가
사회에 없어야 하나요? 사회는 분업을 이룬 채 돌아가야 하고, 그렇게 분업
이 이루어진 상태에서 각자가 자신의 이윤을 위해 자기 업에 충실해야 유
지되는 게 인간 사회 아닐까요? 사람이 이익을 향해 움직이고 직업인들이
이윤 동기를 가지고 일하는 것 자체가 나쁜 것일 수는 없습니다. 오히려 사
회가 구성되고 유지되는 데 필수인데요. 마침 한비자가 다음과 같은 말을
했습니다.

주인이 가산을 축내가면서 좋은 음식을 먹이고 많은 품삯을 주는 것은 밖에
서 데려온 머슴을 사랑해서가 아니다. 그렇게 해야 머슴이 밭을 깊이 갈고
김을 알뜰하게 매기 때문이다. 머슴이 힘을 다해 열심히 김을 매고 공을 들
여 고르게 밭갈이를 하는 것은 주인을 사랑해서가 아니다. 그렇게 해야 좋은
음식을 대접받고 넉넉한 품삯을 받기 때문이다. 이렇게 서로 공을 들임이 부

자 사이와 같으니 두루 이와 같이 하는 것은 각자 자신을 위하는 마음으로 하기 때문이다. 그러므로 사람이 세상일을 함에 이롭게 하려는 마음을 가지면 멀리 월나라 사람과도 쉽게 친해질 수 있고, 해롭게 하려는 마음을 가지면 부자 사이도 멀어지고 원망하게 된다.[121] -《한비자》〈외저설좌상편〉

주인은 고용한 사람이 예뻐서 맛난 음식을 대접하는 것이 아닙니다. 일 잘하라고 주는 겁니다. 일꾼은 주인이 존경스러워서 열심히 일하는 것이 아닙니다. 후한 보상을 받기 위해서입니다. 둘 다 자신의 이익을 위해 일하면서 만족스러운 결과를 얻을 수 있으니 아름다운 풍경이지요. 한비자의 생각은 인간 각자가 이익 욕망에 충실히 한다면 그것으로 사회의 부가 증가하고 발전할 수 있다는 것입니다. 마치 애덤 스미스가 한 말 같지요? 사실 놀랍게도 한비자는 고전적 자유주의자와 비슷한 말을 합니다. 앞서 말한 주인-대리인 문제도 그렇고 정부 실패 문제도 그렇습니다. 무엇보다 이타심이 아니라 이기적 욕망이 모두를 이롭게 한다고 말했는데, 중요한 건 법과 제도로 체제를 만드는 것입니다.

사유재산을 지켜주고 서로 신뢰가 싹트게 해 거래 비용을 줄여주면서 순조롭게 이윤을 추구할 수 있는 환경·상황을 만들어주면 됩니다. 각자의 이기적 욕망 자체가 나쁜 것이 아닙니다. 이익을 탐하는 마음 자체가 그릇된 것은 절대 아닙니다. 사람들 각자가 가진 이익 추구의 마음이 잘 발휘되면 국력이 강해질 수 있는데, 각자의 욕망 추구가 국가의 이익과 일치하게 법과 제도를 잘 만들면 됩니다. 백성이 열심히 생산하고 의무에 충실하면 국가에 이로우니, 열심히 일하고 의무를 준수한 사람에게 이익을 주는 것을 법으로 정하면 국력이 얼마든지 발전할 수 있습니다.

그리고 신하가 군주와 나라의 이익을 위해서 일할 때에만 이득을 얻고 손해를 끼치면 벌을 받도록 법제만 잘 정비하면, 신하의 이욕지심利慾之心을 이용해 얼마든지 군주와 국가를 위해 능력을 발휘하게 할 수 있습니다. 주인-대리인 문제가 없도록 제도와 인센티브를 잘 만들면 되는데, 조직과 구성원의 이익의 방향을 일치하게 하는 문제는 요새도 경영학과 조직학에서 애쓰는 것입니다. 그래서 성과연봉제도를 도입하거나 파격 승진을 시키기도 하고 또 주식을 주기도 합니다. 이렇게 한비자의 통찰이 놀랍습니다. 괜히 경영에서 《한비자》란 고전이 참고되는 것이 아닙니다.

> 닭이 울면 일어나 꾸준히 선을 추구하는 것은 순임금의 무리이고, 닭이 울면 일어나 이익을 추구하는 것은 도적의 무리이다.[122] ─《맹자》〈진심盡心 상편〉

이익을 추구하는 이를 도적의 무리라고 표현한 맹자의 말을 한비자가 듣는다면 어떻게 반응했을까요? 실현 가능성을 떠나 모든 구성원이 군자가 되고 성인이 될 필요가 있을까요? 한비자의 입장에서는 모든 사람이 의식적으로 이타적 행위와 선을 추구할 필요가 없습니다. 각자 자신의 이윤 동기와 욕망에 충실하면 됩니다. 그래야 진정한 공공선이 커지고 사회가 발전할 수 있습니다. 애초에 이윤 동기가 인간의 본성인데 그것을 없앨 수는 없는 일이니까요. 사실 선을 추구한다는 무리도 그런 마음이 없을까요? 겉으로는 도덕이니 윤리니 명분이니 하지만, 속으로는 분명 자신과 가족의 이익을 생각하는 마음이 있을 겁니다. 그렇지 않은 사람은 극소수겠지요.

한비자, 인간은 세勢에 굴복할 뿐이다

이욕지심을 인정하지 않고 윤리 과잉의 사회가 되면 위선의 문제가 생기고 자원 분배의 왜곡이 일어나 사회 발전이 정체됩니다. 조선시대를 생각해보면 되겠습니다. 군이 한비자 입장에 서지 않는다고 해도 맹자의 주장은 설득력이 없다고 생각합니다. 현대 사회과학자들과 경제학자들이 보면 모두 코웃음을 칠 것이고요.

상과 벌, 사익을 공익으로

백성이 노력하면 부를 얻고 나라를 위해 일하면 귀하게 되며 잘못하면 죄를 얻고 공을 세우면 상을 받게 할 뿐, 은혜로운 하사품을 생각하지 않게 하는 것이 제왕의 정치다.[123] ―《한비자》〈육반편〉

상앙도 인간의 이윤 동기를 인정했고 한비자도 이렇게 이윤 동기를 긍정했는데, 법가는 인간의 이기심과 사욕 추구가 공익에 큰 도움이 된다는 점에서 자유주의경제학과 내면적으로 완전히 포개집니다. 신분 불문하고 국가와 사회에 이로운 일을 하고 사회적 재화를 생산하며 공공재의 건설과 유지에 기여하면 부유하고 귀해지게 만들면 됩니다. 반대로 사회에 해로운 일을 벌이고 국가가 원하는 의무를 하지 않거나 공공재에 무임승차하면 강한 벌을 내리면 됩니다. 사람들이 싫어하는 불이익과 손해, 인신의 구속, 신분하강 등의 벌이 있습니다. 이렇듯 상벌로써 사익을 추구하는 마음을 얼마든지 공익으로 바꿀 수 있습니다. 문제가 있다면 상과 벌이 잘못 시행되는 것이지, 인간이 이익을 추구하는 마음 자체는 문제가 될 수 없습니다. 그것을 인정해야 합니다.

> 오늘날 세상 학자로서 정치를 담론하는 자가 흔히 "빈궁한 이에게 토지를 주어 없는 자산을 채우게 하라"고 한다. 무릇 다른 사람과 같은 처지에서 풍년이 들지도 않았고 부수입이 있지도 않은데 홀로 넉넉하다면 노력이 아니면 검소 때문이다. 다른 사람과 같은 처지에서 기근이 들지도 않았고 질병·재난·형벌과 같은 불행을 겪지도 않았는데 홀로 가난하다면 사치가 아니면 게으름 탓이다. 사치하고 게으른 자는 가난하고, 노력하고 검소한 자는 넉넉하다. 지금 임금이 넉넉한 사람에게서 거두어 가난한 사람에게 나눠주어 베풀고 있으니, 이는 노력하고 검소한 자에게서 빼앗아 사치하고 게으른 자에게 나눠주는 것이다. 이래서는 민중이 부지런히 일하고 절약할 것을 바란다고 하더라도 되지 않을 것이다.[124] -《한비자》〈현학顯學편〉

이윤 동기에 충실해 부지런 떠는 이들을 더 잘살게 해야 하고, 반면에 게으르고 노력하지 않아서 가난한 자는 국가가 신경 쓸 것 없다는 뜻입니다. 안 그러면 백성의 건강한 정신이 사라진답니다. 노력하지 않고 성실하게 일하지 않았는데도 가난을 벗어날 수 있다면 누가 열심히 일하겠냐는 말이지요. 프리드먼이나 하이에크 같은 우파 경제학자의 주장과 비슷하지 않나요? 한비자는 결과적 평등의 요소를 너무도 싫어하는 것 같기도 합니다. 요새 한비자가 등장했다면 시장의 선택을 받지 못한 부실한 좀비기업 퇴출을 빠르게 하고 저성과자 해고를 쉽게 하며, 구직자와 노동자 모두 평등한

한비자, 인간은 세勢에 굴복할 뿐이다

조건에서 경쟁하게 하고 시장의 상벌 기능을 활용해 경제를 살리며, 한 나라의 경제 체질을 건강하게 하자고 주장할 것도 같습니다.

국가는 무조건 백성의 이윤 욕망을 채울 기회를 줘야 합니다. 적극적으로 멍석을 깔아줘야 합니다. 그래야 국가도 잘됩니다. 반면에 노력하지 않는 이는 누리는 것이 없게 해야 합니다. 이것은 사실 게으른 빈민을 억압하기보다는 하는 일 없이 누리는 귀족의 특권을 제한해야 한다는 것인데, 할 일 없이 놀면서 부와 귀를 누리면 일할 생각이 없어질 것입니다. 그리고 사회적 재화는 한정적이라 누군가 많이 가지면 누군가는 적게 가져야 하니 애초에 한계가 있습니다. 공을 세우지 않고 능력을 발휘하지 못하는 이가 재화를 많이 가지면, 단순히 일할 생각이 없어지는 정도가 아니라 자기 계발과 성장의 욕망 자체가 거세되고 사회의 욕망이 닫혀버려 국가는 성장할 수 없습니다.

> 세상에서 힘써 일하지 않고 입고 먹는 사람을 능력 있다 하고, 싸움터에서 공을 세우지 않고 벼슬살이하는 사람을 현명하다 한다. 이런 식으로 현명하고 능력 있는 이가 많아지면 군대는 약해지고 땅은 거칠어진다.[125] - 《한비자》〈오두편〉

이윤 동기를 위해 능력을 보이고 일을 열심히 해 결과를 낸 이가 상을 받고 진정 유능하고 현명한 사람으로 대접받으며 잘살아야 합니다. 그렇지 않으면 군대는 약해지고 땅은 거칠어져 국력은 쇠약해질 뿐입니다. 무능하고 게으른 이가 현명하다, 유능하다는 소리를 듣고 대접받으면 안 됩니다.

국가의 보상체제가 망가지면 사회가 병듭니다. 시장의 보상체제가 고장 나면 경제도 추락하듯 말입니다.

저절로 곧은 화살대는 없다

반드시 저절로 곧은 화살대를 기대한다면 백년이 되어도 화살이 없으며, 저절로 둥근 나무를 기대한다면 천년이 되어도 바퀴가 없다. 저절로 곧은 화살대나 저절로 둥근 나무란 백년에 하나도 없다. 그런데도 세상이 모두 수레를 타고 새와 짐승을 쏘는 것은 어째서 그런가? 도지개를 쓰기 때문이다. 설령 도지개를 쓰지 않고 저절로 곧은 화살대나 저절로 둥근 나무가 있다 해도 훌륭한 장인은 이를 귀하게 여기지 않는다. 왜냐하면 타는 자가 한 사람이 아니고, 쏘는 것이 한 발이 아니기 때문이다.[126] - 《한비자》 〈현학편〉

저절로 곧은 화살대는 없고 저절로 둥근 나무는 없답니다. 그러니 화살대와 수레바퀴를 백 개를 만들든 천 개를 만들든 모두 인위적으로 만들어야 합니다. 여기서 도지개(은괄)는 뒤틀린 활을 바로잡는 기구로, 은괄의 도道란 세상사에서 사람을 올바른 길로 이끄는 법과 규칙을 뜻합니다. 다시 말해 법과 상과 벌을 통해 인간을 곧고 둥글게 만들 수 있다는 의미입니다. 그리고 나라에는 백성이 한 사람만 있지 않으니 위정자는 스스로 법과 질서를 지키는 극소수의 백성보다 대부분의 백성을 다스리기 위해 법과 규칙, 상과 벌을 잘 활용하라는 말입니다. 이는 현대의 경제학에서 시장의 상벌

기능과 유인체계로 사람이 시장 친화적 인간으로 변할 수 있다고 하는 관점과 비슷합니다.

> 무릇 못된 짓을 하는 것이 반드시 알려진다면 조심할 것이고, 반드시 처벌된다면 그칠 것이다. 그러나 못된 짓을 해도 알지 못하면 방자해질 것이고, 처벌이 없다면 저지를 것이다. 하찮은 물건이라도 안 보이는 곳에 두면 증자나 사어 같은 군자도 의심을 받으며, 백 냥이나 되는 큰돈이라도 눈이 많은 저잣거리에 걸어두면 큰 도둑도 가져가지 않는다. 남이 모른다면 증자나 사어도 안 보이는 곳에서는 의심을 받고, 반드시 알려진다면 큰 도둑도 저잣거리에 걸린 돈을 가져가지 않는다. 그러므로 밝은 임금이 나라를 다스릴 때에는 지키는 눈을 많이 두고 죄를 무겁게 해 민중을 법으로 금할 뿐 염치에 호소해 그치게 하지 않는다.[127] -《한비자》〈육반편〉

예를 들어 부패를 저지른 공무원이 있습니다. 그는 과연 도덕적 지탄의 대상일까요? 법원 판결과 단죄 이전에 사람들은 손가락질하고 도덕성을 비난할 텐데, 한비자는 그런 움직임에 시큰둥할 겁니다. 한비자는 손가락질을 하기 전에 왜 저 사람이 부패를 저질렀는가 생각해볼 텐데요. 더 정확히 말하자면 그 사람의 인격과 인성이 어떠했을지를 생각하기보다는 혹시 법과 제도에 문제가 없었을까 하고 생각해본다는 것입니다. 한비자는 부정부패를 저질렀을 때 반드시 적발이 되고 큰 불이익을 받는다는 것을 분명히 알았더라면, 그리고 정직하게 일했을 때 반드시 더 많은 이득을 얻게 하는 제도가 설계되어 있고 그것을 믿었더라면 부정부패를 저지르지 않았을 것이라고 생각했을 겁니다. 감시·통제체계에 구멍은 없었는지, 공적 보상체계에서 배제되고 소외되지는 않았는지 그 체제를 먼저 살피려고 하겠지요.

한비자에게는 무채색의 인간들이 있을 뿐입니다. 각자의 인격과 도덕성은 그에게 고려 대상이 아닙니다. 공익을 어기지 않도록 법과 제도를 빈틈없이 만들어 유도 내지 강제를 해야 할 문제죠. 즉 부정부패는 시스템의 문제일 뿐 어느 한 개인의 인간성에서 비롯된다고 생각하지 않았습니다.

> 대저 산간에 살면서 골짜기 물을 긷는 자는 섣달 제사 때 물을 서로 보내주지만, 늪지대에 살면서 물로 고통받는 자는 품을 사서 개천을 튼다.[128] –《한비자》〈오두편〉

공익을 침해하지 않게, 공익과 어긋나는 사익을 추구하지 않게, 공익의 범위 안에서도 얼마든지 사익을 추구할 수 있게 인간 밖의 환경인 법과 제도가 합리적이라면 인간은 얼마든지 공익의 범위 안에서 활동할 수 있는 존재입니다. 그리고 한비자와 상앙 모두 연대책임제도를 이야기했습니다. 즉 같은 동네, 같은 소단위 사회에서 범죄를 저지른 자를 고발하게끔 강제했는데, 이것이 연좌제라는 악평이 많았고 그들이 비난받는 원인이 되었습니다. 그러나 제가 보기에 이것은 일종의 공익제보자·내부고발자 제도입니다. 공익을 위해 내부의 비리·부정을 신고하는 사람을 보호하기 위한 제도죠. 사람이 내부고발을 못하는 것이 단순히 비겁하고 소심해서일까요? 아닙니다. 고발을 했을 때 불이익이 크니까 못하는 것입니다. 그런데 고발을 했을 경우에 얻는 것이 많거나, 잠자코 있을 때 훨씬 큰 불이익을 감수해야 한다면,

그렇게 법과 제도로 강제한다면 용기 내어 내부고발을 감행할 이가 많을 것입니다.

한비자와 상앙이 말하는 내부고발이 옳다 그르다의 문제를 떠나서, 부패와 부정이 심한 것은 내부고발이 없어서인데 사람들이 정직하지 못하다거나 인격이 강직하지 못해서라고 하면 안 된다는 말입니다. 법과 제도로써 쉽게 공익제보(내부고발)를 하게끔 해야 합니다. 상앙과 한비자는 사회의 문제를 인간의 인격과 덕성 문제로 환원하는 것을 반대합니다. 정직한 사람을 기다리면 안 됩니다. 정직하게 살 수 있게, 정직한 사람이 이익을 누릴 수 있게 제도와 법으로 상황을 만들어야지, 막연히 그런 부하나 지도자를 기다리면 안 됩니다. 신뢰를 지켜야만 이득을 볼 수 있는 환경을 건설해야 합니다. 한비자는 인간을 불신하다 보니 철저하게 신뢰할 수 있는 영역만을 만들려고 했고, 고신뢰 사회를 위한 고민을 많이 했습니다.

성인 살해

만일 세의 자리를 폐기하고 법을 어기면서 요순을 기다려 요순이 나타나면 이내 다스려지지만, 이는 천 년 어지러웠다가 한 번 다스리는 것이 된다. 법을 지키고 세의 자리에 있으면서 걸주를 기다려 걸주가 나타나면 이내 어지러워지지만 이는 천 년 다스려졌다가 한 번 어지러워지는 것이 된다. …… 대저 세가 족히 유용하다는 것은 분명하다. 그런데도 반드시 현자를 기다려야 한다고 말하는데 이 또한 그렇지 않다.[129] -《한비자》〈난세편〉

저절로 곧은 나무가 없듯이, 저절로 정치 잘하는 군주나 성군이 나올 수 없습니다. 그러니 성인을 하염없이 기다릴 수 없습니다. 맹자는 성인주기론에서 오백 년마다 성인이 나와 위대한 다스림을 편다고 했습니다. 그런데 당장 인간 사회가 아수라장이고 투쟁으로 얼룩져 있는데 성인 군주가 나오길 기다리는 것은 무책임한 일입니다. 유가에서 말하는 과거의 선군들이 정말 실존했는지도 모를뿐더러 당장 혼란과 무질서를 잠재우는 데는 아무런 실익이 없습니다.

그래서 한비자는 성인이 필요 없다고 했습니다. 중요한 것은 지도자의 인격과 덕성이 아니라며 성인이라는 존재를 없앴습니다. 건강한 조직은 단적으로 말하자면 지도자가 바뀌어도 계속해서 성과를 내고 감독이 바뀌어도 좋은 성적을 내는 팀일 텐데, 장삼이사가 수장이 되어도 망가지지 않는 조직이 튼튼한 조직일 것입니다. 그렇게 하려면 시스템을 잘 구축하고 지침을 잘 만들어놓으면 됩니다. 한비자는 궁극적으로 인치人治에서 시스템으로의 이행을 말하고 싶었던 것입니다. 단순히 인치를 부정한 것이 아니라 아예 성인을 살해했습니다. 성인을 기다리거나 바라지 말자고 했지요. 성인이란 존재를 머리 안에서 지우자고 했습니다.

도대체 백 일 동안 먹지 않고 좋은 쌀과 맛있는 고기를 기다린다면 굶은 자가 살지 못한다. 만약 요순 같은 현자를 기다려서 지금 세상의 백성을 다스리려 한다면 이는 마치 좋은 쌀과 맛있는 고기를 기다려 굶주림을 구한다는 말이다. 대저 '좋은 말과 단단한 수레라도 노예가 그것을 부리면 남의 웃음거리가 되지만 왕량이 그것을 부리면 하루에 천 리를 달린다'고 했으나, 나는 그렇게 생각하지 않는다. 월나라 사람 중에 헤엄 잘 치는 자를 기다려서 중국의 물에 빠진 사람을 구한다면, 월나라 사람이 헤엄을 잘 친다고 하더라도 물에 빠진 자를 구제하지 못할 것이다.[130] -《한비자》〈난세편〉

요순과 같은 현자를 기다리면 당장 백성은 굶어죽거나 물에 빠져 죽고, 왕량 같은 이가 올 때까지 그저 기다리기만 하면 수레는 무용지물이 된다는 뜻입니다.

항해하는 사람이 앉아서 월나라에 도착할 수 있는 것은 배가 있기 때문이다. 육로로 가는 사람이 서 있어도 진나라에 갈 수 있는 것은 마차가 있기 때문이다. 진과 월은 거리가 매우 멀지만 편하게 앉아 도달할 수 있는 것은 바로 도구가 있기 때문이다.[131] -《신자愼子》〈일문逸文편〉

수십 수백 근의 물건을 놓아두고 하나라 우임금과 같은 성현에게 이를 계산하게 하면 그 중량이 얼마인지 알 수가 없다. 하지만 저울을 사용해 양을 측정하면 틀림이 없다. 우임금 같은 성인의 지혜를 기다리지 않아도 가능한 것으로, 지력이 보통인 사람이면 분명히 알 수 있다.[132] -《신자》〈일문편〉

위 인용문은 모두 한비자의 이야기를 비유한 것입니다. 국가의 시스템을 잘 마련해놓으면 요순이나 우임금이 없어도 백성을 잘 다스리고 구제할 수 있으며, 왕량이 오지 않아도 백성이 생활하는 데 문제가 없다는 거죠. 그러니 성인에 미련 두지 말고 국가 틀을 잘 닦아두어야 한다는 것입니다. 누가 와도 정치가 정상적으로 굴러갈 수 있게 말입니다.

한비자는 임금도 인간인 만큼 믿지 않아 임금에 대한 제도도 마련해야 한다고 했습니다. 그리고 군주의 사적 의지와 감정을 배제해야 한다는 뜻에서 무위無爲를 말하기도 했습니다.* 한비자가 말한 무위는 군주가 제도에 용해되어야 한다는 뜻입니다. 다시 말해 제도에 구속되고 기준과 규범을 철저히 따라야 한다는 말입니다. 하지만 한비자는 임금의 욕망 자체를 없애라고는 하지 않습니다. 임금이 공적 기준과 규범을 잘 지키면 임금의 욕망대로 나라가 부강해지고 영속할 것이고, 그러지 않으면 신하들에게 죽음을 당하고 외적의 침입에 나라가 망할 것이라고 설득했습니다.

이제 정리해보지요. 한비자는 인간 자체를 믿지 않습니다. 그렇다고 인간의 욕망과 이윤 동기를 부정하지도 않습니다. 외려 그것을 인정하고 공익을 위한 제도적 틀에서 추구하게 합니다. 법과 제도를 준수했을 때 나의 이익이 늘 것이라는 신뢰가 생기면 대부분의 인간은 체제와 제도를 존중하고 잘 지키는 인간으로 변할 수 있다고 보았습니다. 인간을 불신하지만 있는 그대로 실정을 살핀 한비자는 인간의 욕망과 이윤 동기를 잘 활용해 국력을 신장하고 생산성을 높이며 결과를 내는 집단을 만들어보자고 생각합니다. 그렇게 될 수 있다고 자신하고요.

저는 한비자와 법가의 인간과 경제에 대한 통찰에 대단한 구석이 있다고 생각합니다. 아쉬운 것은 백성의 재산권을 이야기만 했을 뿐, 그것을 신

---

* '무위'는 노자와 장자의 전유물이 아닙니다. 유가와 법가도 공용하는 개념으로서, 저마다의 맥락과 의미로 '무위'를 규정하고 자신들의 사상에서 쏠쏠히 써먹었습니다. 에드워드 슬링거랜드 Edward Slingerland가 쓴 《애쓰지 않기 위해 노력하기》(고반, 2018)라는 책을 참고하시면 좋습니다.

성한 개인의 권리로서 못박아두지 못해 개인주의 같은 철학이 등장할 수 있는 불씨를 지피지 못한 것입니다. 재산권과 인간 각자의 권리, 개인주의 이런 것들을 더 분명히 하거나 사상의 근본 토대로 삼았으면 좋지 않았을까 생각합니다. 그러잖아도 근대의 서구 사회과학과 접점이 많은데 그렇게 더 진화하지 못한 것이 아쉽습니다. 그리고 더 아쉬운 것은 유가를 대신해서, 합리성이 많고 사회과학적 시야가 탁월했던 법가가 이론적·철학적 발전을 거듭해 동양사회의 주류가 되지 못한 것입니다. 역사에 만약이란 것은 없다지만, 그랬더라면 우리 동아시아가 다른 운명의 길을 걷지 않았을까 싶네요.

제자백가, 인간을 말하다

제 4 장

노자,
세상은 속이고
빼앗는 인간으로
가득 찬
곳이다

구름 낀 계곡의 철학

이제 노자와 장자 및 도가의 인간 이야기를 하겠습니다. 사실 저는 유가·묵가·법가 이렇게 가家로 사상가를 묶어서 이야기하는 것을 별로 좋아하지 않습니다.《제자백가, 공동체를 말하다》에서도 말했듯이 한 사람 한 사람의 문제의식과 사상의 색채와 결이 다르기 때문입니다. 노자와 장자도 흔히 도가라고 묶여서 이야기되지만 큰 차이가 있습니다. 노자의 사상 수요자는 주로 군주 아니면 장군이고, 장자의 사상 수요자는 궁중 사회 밖의 지식인입니다. 쉽게 말해 노자는 왕에게 이렇게 처신해라 하는 이야기이고, 장자는 지식인에게 이렇게 살아라 하는 이야기지요. 상품도 예상수요자가 다르면 완전히 다른 물건이 나오는데 사상과 철학도 마찬가지입니다. 수요자가 다르기에 노자와 장자는 공통점보다 차이가 훨씬 크기는 하지만 그래도 인간과 세상을 보는 기본 관점은 비슷합니다. 은나라 역사에 대한 반성과 연관

노자, 세상은 속이고 빼앗는 인간으로 가득 찬 곳이다

되는 노자와 장자의 철학은 구름 낀 계곡의 사상이라 할 수 있는데, 인간과 세상에 대한 낙관과 기대가 없습니다. 노자와 장자가 적지 않게 다르지만 인간에 대한 기대가 가장 낮고 세상은 늘 투쟁의 공간이라고 생각한 점이 큰 공통점입니다. 특히 인간을 보는 관점이 비슷합니다. 또 다른 성악설론자인 노자와 장자를 이야기해보겠습니다.

할아버지 역사가의 세상과 인간 이야기

사마천의 《사기史記》〈노장신한열전老莊申韓列傳〉에 따르면, 노자는 주나라의 나이 많은 도서관장이었다고 합니다. 그런데 여기서 도서관은 단순한 도서관이라기보다 국가 기밀문서가 많이 쌓여 있는 국가기록보관소 같은 곳으로 보는 것이 좋습니다. 그곳의 총책임자였다는 사마천의 서술은 노자가 역사학자였다는 것을 암시하는 것 같은데, 사실 중국에서는 노자를 역사학자와 많이 연관 지어 이야기합니다. 주나라는 여러 가지 문화의 전적前績과 소프트파워의 축적물이 모여 있는 곳인데 그 주나라에서 도서관장을 했답니다. 당시 세계에서 가장 책이 많고 진귀한 도서가 있는 곳에 근무하면서 보지 않은 책이 없는 나이 많은 역사학자가 바로 노자라 생각하면 되겠습니다. 그 역사학자는 흥망성쇠를 중심으로 여러 나라의 역사를 공부했고, 흥망성쇠의 중심 원인이 된 정치투쟁과 군사투쟁에 주목해서 역사를 살폈습니다. 그리고 흥망성쇠를 결정한 궁중투쟁과 국가 간의 전쟁, 그 투쟁을 만들어낸 인간에 대해 이야기를 하는데, 부정적인 내용이 많고 때론 환멸에 가까운 어조도 눈에 띕니다.

천하에 도가 있으면 잘 뛰는 말이 농지에서 거름을 나르나, 천하에 도가 없으면 전마가 전쟁터에서 새끼를 낳는다. 화는 만족을 모르는 것보다 큰 것이 없고, 재앙은 욕심을 채우려고 안달하는 것보다 더 큰 것이 없다. 그러므로 족함이 족함이 되는 것을 알면 항상 족할 수 있는 법인저.[133] -《노자》46장

만족을 몰라 화를 자초하고 욕심을 채우려고 안달해 재앙을 불러일으키며, 말로 밭을 갈지 않고 전쟁터에 데리고 나가 새끼를 낳게 하는 등 노자가 보는 세상이 이랬나 봅니다. 이렇게 노자는 전쟁 이야기를 많이 했습니다.

스스로 나서서 보려고 하면 제대로 볼 수 없고, 스스로 옳다고 여기는 사람은 드러나지 못하며, 스스로 자랑하는 사람은 공을 세울 수 없고, 스스로 뽐내는 자는 오래 갈 수 없다.[134] -《노자》24장

쟁탈의 공간에서 이익을 두고 여럿이 다툽니다. 그러니 함부로 힘자랑하면 안 되고, 힘이 있어도 없는 척해야 합니다. 다른 이의 경계대상이 되지 않도록 함부로 의사를 표시하거나 패를 보여서도 안 되고, 늘 숨기고 기회가 올 때를 기다려야 합니다.

하늘은 너무 맑으면 장차 찢어질까 두려워하고, 땅은 너무 편안하면 장차 혼

들릴까 두려워한다. 신은 너무 신령스러우면 장차 신령스러움을 잃을까 두려워하고, 계곡은 너무 가득 찼으면 마를까 두려워한다. 만물은 너무 왕성하면 장차 사라질까 두려워하며, 왕은 너무 귀하고 높으면 장차 지위를 잃을까 두려워한다. 그러므로 귀해지려면 반드시 천함을 근본으로 삼을 줄 알아야 하고, 높아지려면 낮음을 바탕으로 할 줄 알아야 한다. 그렇기에 왕은 스스로 외로운 자(孤), 덕이 부족한 자(寡), 선하지 않은 자(不穀)라 한다. 이것이 천함을 근본으로 삼는 것, 즉 도를 따르는 것 아니겠는가? 그렇지 않은가? 그러므로 영예로움을 노골적으로 추구하면 영예로움을 얻을 수 없다. 굳이 영롱한 옥과 같이 되려고 할 것 없으니 거무튀튀한 돌처럼 되어야 한다.[135]

- 《노자》 39장

노자는 나아가려면 물러날 줄 아는 이퇴위진以退爲進, 천함을 근본으로 삼는 이천위본以賤爲本, 낮음을 바탕으로 하는 이하위기以下爲基를 말했습니다. 세상은 모두가 높아지고 귀해지려 하는 투쟁의 공간이니, 높아지고 귀해졌더라도 언제든 높음과 귀함이 사라질 수 있음을 알고 두려워해야 하며, 높아지고 귀해지기 위해서는 낮음과 천함에서 비롯해야 한다는 말입니다.

이름과 몸 가운데 무엇이 더 가까운가? 몸과 재물 가운데 무엇을 더 중히 여겨야 하는가? 얻음과 잃음 가운데 무엇이 더 근심거리인가? 이런 까닭에 이름과 재물에 너무 집착하면 반드시 크게 손해를 보고, 많이 쌓아두면 반드시 크게 잃는다. 족함을 알아야 치욕이 없고 멈출 줄 알아야 위태롭지 않으니,

제자백가, 인간을 말하다

그것을 알아야 장구하게 오래 살 수 있다.[136] -《노자》44장

여기서 노자의 삶의 목적이 나타납니다. 다시 말해 장구하기 위한 방법으로 만족을 아는 지족知足과 멈춤을 아는 지지知止를 말했습니다.

이렇게 노자는 두려움으로 가득 찼습니다. 그래서 함부로 나서지 마라, 적을 만들지 마라, 날 숨기고 내 앞에 회색 장막을 치라고 했습니다. 군사투쟁과 궁중투쟁으로 역사를 살핀 역사학자의 눈에는 세상과 사람들이 무섭게 보였나 봅니다.

세상에 대한 두려움, 경쟁이냐 투쟁이냐

현명한 이를 높이 사지 마라. 현명함을 숭상하지 않으면 백성이 다투지 않는다. 얻기 어려운 재화를 귀하게 여기지 마라. 얻기 어려운 재물을 귀히 여기지 않으면 백성이 도둑이 되지 않는다. 욕심낼 만한 것을 보이지 마라. 욕심낼 만한 것을 보이지 않으면 백성의 마음이 어지러워지지 않는다. 그렇기에 성인의 다스림은 백성의 마음을 비우게 하고 그들의 배를 채우며, 그들의 뜻을 약하게 하고 그들의 뼈를 강하게 해야 한다. 이렇게 항상 백성이 아는 것이 없게 하고 욕심이 없게 만들어야 한다. 무릇 지혜롭다는 자가 감히 백성 앞에서 경거망동하지 않아야 한다. 그리하면 통치자가 무위해도 언제든 백성이 다스려지지 않음이 없다.[137] -《노자》3장

노자, 세상은 속이고 빼앗는 인간으로 가득 찬 곳이다

노자의 세계관과 인간관이 잘 드러납니다. 백성은 나라가 정해놓은 틀과 기준을 맞추기 위해, 재화를 쟁취하기 위해 다투고 경쟁합니다. 그렇기 때문에 백성이 악해진다고 했습니다. 이를 방지하기 위해 내놓은 방법이 바로 무위無爲입니다. 이렇게 말을 했지만 노자는 정말 상황이 좋아질 것이라고 낙관했을까요? 아니면 비관했을까요? 정치권력의 불간섭 또는 최소 간섭을 말한 노자, 정말 간섭하지 않고 백성의 삶을 있는 그대로 내버려 두면 사람들이 무지무욕해서 싸우지 않고 순박하게 살 것이라고 보았을까요? 말은 그렇게 했지만 크게 기대하지는 않았습니다. 바랐을 수는 있어도 비현실적이라고 보았습니다.

세상은 늘 쟁탈의 공간이고 투쟁의 공간일 수밖에 없습니다. 투쟁의 공간에 사는 인간은 욕망과 욕심에 가득 차 있고 그 욕망을 충족하기 위해 갖은 꾀를 궁리하는데, 욕망도 세상을 어지럽히지만 욕망을 위한 꾀도 세상을 어지럽게 한다고 보았습니다. 현명한 자는 꾀가 많고 계산적 이성이 발달한 사람인데, 그런 사람을 높이 사면 다른 사람도 꾀가 많아져 세상이 더욱 어지러워져 불상현不尙賢이라고 했습니다. 여기서 같은 성악설론자이지만 순자·묵자·한비자·상앙 등과 노자의 차이가 보입니다. 순자·묵자·한비자·상앙은 인간에게 욕망이 있고 그 욕망 때문에 혼란과 무질서가 오지만, 인간에게는 계산하고 따지는 이성도 있기에 선해지거나 규범을 받아들일 수 있다고 보았습니다. 하지만 노자는 저들과 달리 욕망에서 파생된 이성이 인간 세상을 더 어지럽힌다고 보았습니다.

민음직스러운 말은 아름답지 않고 번지르르한 말은 민음직스럽지 않다. 선

한 사람은 말을 잘하지 못하고 말을 잘하는 사람은 선하지 않다.[138] -《노자》
81장

노자가 본 세상은 협잡과 기만이 흔했던 곳 같습니다. 그 협잡과 기만
은 계산적 이성이 발달한 사람의 주특기로, 세상은 속이고 빼앗는 사람으로
가득 찬 공간이었습니다. 그리고 세상의 어두움을 철저히 인정하고 그런 세
상에서 어떻게 살아남을 것인지 처세술과 기만책도 알려줬습니다.

상대를 오므라들게 하려면 반드시 먼저 펴줘야 하고, 상대를 약하게 하려거
든 반드시 먼저 강하게 만들어줘야 하며, 상대를 없애고자 하면 반드시 먼저
흥하게 해주고, 상대의 것을 빼앗으려고 하면 반드시 먼저 내 것을 줘야 한
다. 이것을 미명微明, 은미한 지혜라고 하는데, 부드러운 것이 굳세고 강한
것을 이기는 법이다. 물고기가 연못을 벗어나면 안 되듯 나라의 이기利器는
다른 이에게 보여선 안 된다.[139] -《노자》36장

내가 얻으려면 내가 먼저 내려놓고 다른 사람이 얻게 한 후에야 쉽게
얻을 수 있다고 했습니다. 그리고 연못에서 물고기가 잘 살려면 물 밖으로
나오면 안 되듯이, 국가는 백성에게 국가의 이기를 보이지 말고 백성이 무
위하게 하라고 합니다.

백성이 굶주리는 것은 위에서 너무 많이 뜯어가기 때문이다. 그래서 굶주린
다. 백성을 다스리기 힘든 것은 위에서 자꾸 쓸데없는 일을 벌이기 때문이

다. 그렇기에 다스리기 어렵다. 백성이 죽음을 무서워하지 않는 것은 위에서 지나치게 자신의 삶만을 추구하기 때문이다. 이래서 죽음을 무서워하지 않는다.[140] - 《노자》 75장

이처럼 노자는 세상을 착취의 공간으로도 보았습니다. 협잡과 기만, 투쟁과 착취. 노자가 세상과 인간을 보는 관점이 너무 비관적인가요? 그렇게 비관했기에 사마천이 말한 대로 주나라를 떠나 이민족의 세계로 간 것인지도 모르겠습니다.

도덕에 대한 부정

무릇 예란 충신忠信이 박약한 데서 나온 것으로 혼란의 시작이다.[141] - 《노자》 38장

큰 도가 없어지니 인의가 있고, 지혜가 나오니 큰 거짓이 있었다. 육친六親이 불화하니 효와 자慈가 있고, 나라가 혼란하니 충신忠臣이 있었다.[142]
- 《노자》 18장

백성과 병사들에게 성인을 들먹이지 말고 지식을 가지지 못하게 하라. 그러면 나라의 이익이 백 배가 될 것이다. 백성이 인을 끊고 의를 버리게 하라. 그러면 백성이 다시 효성스럽고 자애로워질 것이다. 백성이 기교를 부리지 못

하게 하고 이익을 추구하지 못하게 하라. 그러면 도적이 사라질 것이다.[143]

-《노자》19장

노자는 도덕과 윤리를 별로 좋아하지 않았습니다. 도덕과 윤리가 혼란과 투쟁의 세상에서 반대급부로 약이 되기는커녕 불을 지르는 결과가 될 수 있다고 보았기 때문입니다. 노자는 "천하는 모두 아름다움이 아름다운 줄만 알고 그것이 추함을 동반함을 알지 못하며, 선이 선함만 알고 그것이 불선을 동반함을 알지 못한다"(天下皆知美之爲美, 惡已. 皆知善, 斯不善矣)라고 했습니다. 다시 말하면 대립되는 것이 공존해 한쪽을 강조하면 반대쪽도 강해지고, 다시 한쪽을 더 강조하면 반대쪽도 더 강해지는 악순환이 일어나 예나 인의, 충효, 지혜 등의 강조가 오히려 세상을 더 어지럽힌다는 뜻입니다. 그러니 노자는 윤리와 도덕을 강조하지 말고 무위할 것을 말했습니다.

그리고 노자는 윤리와 도덕 그 자체도 문제라고 보았습니다. 윤리와 도덕이 사회의 혼란과 무질서를 극복하기 위한 도구가 아니라, 권력자의 이익과 욕망을 실현하기 위한 도구로 사용된다는 사실에 주목했습니다. 그렇기에 도덕과 윤리가 강조될수록 세상은 더욱 혼란해지고 무질서해진다는 것이지요.

솔 앨린스키Saul Alinsky라는 학자도 노자와 비슷한 말을 했습니다. 앨린스키는 '있는 그대로의 세상'이라고 해서 인간의 민낯, 세상의 민낯에 대해 말했는데, 있는 그대로의 세상에서 옳은 일은 나쁜 이유 때문에 행해지고 나쁜 일은 좋은 이유 때문에 행해진다고 했습니다. 또한 반대되는 것들끼리의 공존, 그리고 서로가 서로를 낳아주고 만들어주며 강화해주는 '상승

노자, 세상은 속이고 빼앗는 인간으로 가득 찬 곳이다

적 악순환'과 '상생적 악화 현상'을 말했는데, 역시 노자의 생각과 흡사하죠. 그뿐이 아닙니다. '있는 그대로의 세상에서 도덕성은 대부분 특정 시점의 권력 관계에서 자신이 점하고 있는 위치의 합리화에 지나지 않는다. 윤리니 도덕이니 이런 것들은 다 기득권과 이익을 더욱 늘리고 유지하기 위한 수단에 지나지 않는다'고 했습니다. 그리고 그런 것들이 더욱 세상을 비윤리적, 비도덕적으로 만들 가능성이 높다고 했지요. 이를 보면 앨린스키는 노자의 현대적 환생이 아닌가 싶기도 해요.

또한 앨린스키는 우리가 버려야 할 인습적 사고가 있다고 말합니다. 좋게만 보든가 나쁘게만 보든가 하는 식으로 한쪽만 바라보는 것이랍니다. 그는 '사물, 사태의 양면성을 분리해 모두 파악할 수 있어야 한다', '우리는 주변의 모든 것을 빛과 어둠, 선과 악, 생과 사와 같이 결코 분리할 수 없는 반대개념의 짝으로 바라보아야 한다'라고 역설했건만, 사람은 늘 양면성을 보지 못합니다. 반대되는 것들끼리 얽혀 있거나 붙어 있다는 생각 자체를 못하고, 한 면만 옳다거나 한쪽 이념만 답이라며 핏대 올리고, 이기심을 위해 윤리와 도덕을 팔아먹는 인간들이 득세하는 것이 세상입니다.

앨린스키나 노자의 이야기를 들어보면 우울할 정도입니다. 세상의 진실, 인간의 민낯이라는 것이 그렇다는데, 인간을 보는 시각이 참 어둡죠. 간단히 말해 '도덕은 개한테나 줘라, 도덕 팔아먹는 인간들이 제일 문제이고 반도덕적이며, 적지 않은 인간이 도덕을 그렇게 수단화한다'는 것입니다.

자연처럼, 도의 원리대로?

노자는 도덕과 윤리가 인간과 사회를 바람직한 방향으로 바꿀 것이라고 보지 않았지만 인간의 변화 자체를 부정하지는 않았습니다. 그는 자연을 말했습니다. 자연에서 보이는 원리, 자연에서 관찰되는 어떤 대자연의 균형을 인간이 깨달아서 변화하면 됩니다.

> 말을 줄이고 자연에서 관찰되는 도의 모습대로 산다. 회오리바람도 한나절을 넘기지 못하고 소나기도 종일 지속되지 않으니 누가 이렇게 했겠는가? 자연 스스로 이치가 그러할 뿐이다.[144] -《노자》23장

> 덕을 두텁게 머금은 사람은 비유하자면 갓난아이와 같다. 벌이나 전갈, 독사도 물지 못하고 맹수도 덮치지 못하며 새들도 공격하지 못한다. 뼈는 약하고 근육은 부드러우나 잡는 힘이 세고, 남녀의 교합에 대해 알지 못하나 고추가 발기하는데 몸의 정기가 지극하기 때문이며, 종일 울어도 목이 쉬지 않는 것은 조화로움이 지극하기 때문이다. 그 조화로움을 알아야 상도常道를 안다고 할 수 있고, 상도를 알아야 진정 지혜로운 사람이라고 할 수 있다. 아기와 다르게 억지로 목숨을 더하려고 하면 재앙에 이르고, 마음이 기를 인위적으로 다스리려고 하면 몸이 뻣뻣해진다. 만물은 너무 강성하면 점차 쇠락하게 되니 도에 어긋나기 때문이다. 도를 따르지 않으면 일찍 죽을 뿐이다.[145] -《노자》55장

이렇게 노자는 자연을 말하면서 변화에 대해 이야기했지만 인간이 선

해지는 방향으로의 변화는 아닙니다. 그 변화는 도덕과 아무런 상관이 없습니다. 그리고 변화의 대상은 99퍼센트의 사람은 제외되고 오로지 왕공대인으로 한정됩니다. 앞서 말했듯이 노자의 사상은 왕과 그 주변 사람을 수요자로 합니다. 그러므로 노자가 말한 변화는 그들이 바라는 것으로, 자연에서 발견되는 도道라는 추상적 원리는 아무나 깨달을 수 없으며 소수에게만 허락되는 진리의 문입니다. 그리고 그 자연의 원리를 깨닫고 자연을 닮으라고 한 것은 어디까지나 투쟁의 공간인 세상에서 이기기 위함입니다.

> 강과 바다가 모든 골짜기의 왕이 될 수 있는 이유는 아래로 잘 처하기 때문이다. 그래서 모든 골짜기의 왕이 되는 것이다. 이 때문에 성인은 백성 위에 서고자 하면 반드시 그 말을 낮춘다. 백성 앞에 서려고 하면 반드시 그 몸을 백성 뒤로 물릴 줄 안다. 그러므로 위에 있더라도 백성이 두려워하지 않고 앞에 있다고 하더라도 백성은 해롭다고 여기지 않는다. 그래서 천하가 즐겨 추대해 싫어하지 않으니 모두 그가 어떤 사람과도 다투려 하지 않기 때문이다. 그러므로 온 천하가 그와 다툴 수 없는 것이다.[146] –《노자》66장

자연을 보고 배우며 철저히 자연처럼 살아야 하고, 그래야 앞서 말한 대로 이천위본·이하위기·이퇴위진할 수 있다는 뜻입니다. 왜 강과 바다처럼 밑으로 가는 것을 기꺼이 하며, 천함을 감수하고 물러날 줄 알아야 할까요? 귀해지고 앞으로 나아가기 위해서, 그리고 궁극적으로 내가 가장 위에 서야 하기 때문입니다. 결국 왕이 되어 천하를 거머쥐기 위해 자연에서 깨닫고 그 깨달은 원리대로 살아야 한다는 겁니다.

천지불인, 하늘과 땅에 동정심 따위란 없다

마지막으로 노자의 천지불인天地不仁을 이야기하겠습니다. 천지불인은《노자》5장에 나오는데, 노자 인간관의 기초이자 장자사상의 전제입니다. 이 부분이 특히 중요한 것은 유가를 겨냥한 듯한 장이기 때문입니다.《노자》5장을 붙잡고 사유해보면 노자와 유가의 사상이 극명하게 대조가 됩니다.

> 천지는 불인하다. 만물을 짚으로 만든 강아지로 볼 뿐이다. 성인도 불인하다. 백성을 짚으로 만든 강아지처럼 여길 뿐이다. 하늘과 땅 사이는 텅 비어 있어 마치 풀무와 같은데, 텅 비어 있기에 다함이 없고 움직일수록 더 많은 사물을 만들어낸다. 말이 많으면 궁해지는 법이다. 가운데에 자리 잡아 고요히 있는 것만 못하다.[147] ‒《노자》5장

이처럼 노자는 투쟁의 공간인 세상에서 사는 법을 알려주고 전략적 처세법도 제시했습니다. 여기서 천지불인은 하늘과 자연에 도덕과 윤리는 없다는 뜻으로, 유가에서 말한 도덕천을 부정했습니다. 이는 유가사상의 기초인 성선설의 중심점을 타격한 것으로 노자가 성악설론자라는 것을 알 수 있게 합니다. 사실 도덕천과 거리가 먼 하늘과 자연은 바로 다음에 살펴볼 장자가 가장 먼저 선포했습니다.* 이제 장자의 인간 이야기로 넘어가보겠습니다.

---

* 노자라는 사람이 워낙에 베일에 가린 부분이 많은 사람인지라 정확한 생몰연대에 대해서는 학자마다 설이 분분한데,《노자》는《장자》보다 뒤늦게 형성되었습니다.

제 5 장

장자,
두 개의 본성과
지옥 같은
마음들

문명 고발의 서, 장자

춘추전국시대에 말을 감정하는 상마가相馬家 백락伯樂이라는 사람이 있었습니다. 그의 안목이 특출해 그가 고르는 말은 백이면 백 다 명마였다고 합니다. 말의 감정에 관해선 이 사람을 따라올 사람이 없었다고 하지요. 특히 전국시대에는 국가가 한참 힘을 팽창해가야 했고 말이 정말 중요한 국가의 재산이었기에, 백락은 날로 추앙받아 성인 대접을 받은 듯합니다. 그런데 장자는 백락을 싫어한 것 같습니다.《장자》에서만 백락이 나쁘게 등장하거든요. 〈마제馬蹄편〉에 다음과 같은 이야기가 나옵니다.

말에게는 발굽이 있어 서리나 눈을 밟을 수 있고 털이 있어 바람과 추위를 막을 수 있다. 말은 마음껏 풀을 뜯고 물을 마시고 발을 높이 들고 내달린다. 이것이 말의 본성이다. 멋진 누대나 화려한 궁전도 말에겐 소용없다. 그런데 백락이 "내가 말을 잘 본다" 하면서, 털을 지지고 깎고 발굽을 깎아 인두로 지지며 굴레를 씌우고 다리를 묶어 마구간에 줄줄이 매어놓는다. 이렇게 해서 말 열 마리 가운데 두세 마리를 죽게 만든다. 그는 먹을 것, 마실 것도 주지 않고 내달리게 해 말을 길들인다. 입에 재갈을 물리고 가슴받이를 매달고는 뒤에서 채찍질을 한다. 이렇게 해서 또 말 절반을 죽게 만든다.[148] -《장자》〈마제편〉

여기서 백락은 자연 속에서 신나게 뛰어다니며 노는 말을 억지로 잡아다가 못살게 굴고 죽게 만드는 사람으로 나오는데, 백락을 통해 장자는 문명을 고발한 것입니다. 문명 이전에 자연 속에서 타고난 본성에 맞게 자족하며 살던 사람을 문명과 사회가 옥죄고 사회화하면서, 결국 인간의 본성을 파괴하고 나쁜 생각들을 주입해 싸우게 한다고 말입니다.

세상을 잘 돌본다는 것이 이런 것은 아니라고 생각한다. 사람에게는 누구나 한결같은 본성이 있다. 옷감을 짜서 지어 입고 땅을 갈아 먹고사는 것, 이것을 누구나 갖춘 본디 모습(同德)이라고 한다. 모두 갖추고 있지만 억지로 꾸며 만든 것이 아니다. 그래서 이것을 자연이 해주는 것이라고 한다. 순수한 모습 그대로인 세상(至德之世)에서는 사람의 걸음걸이가 느긋하고 여유로웠으며 눈매는 밝고 환했다. 이런 시대에는 산에 길이 없고 못에 배도 다리도 없었다. 모두 함께 모여 살고 마을도 이어져 있었다. 새와 짐승도 무리를 지어 살았고 초목도 마음껏 자랐다. 사람은 새와 짐승을 끈을 묶어 노는가 하면 까막까치의 둥지 가까이 다가가 안을 들여다보기도 했다. 순수한 모습 그

제자백가, 인간을 말하다

대로인 세상에서는 사람이 새나 짐승과 함께 살아간다. 사람은 모두 모여 서로 도우며 살아간다. 그러니 누가 군자이고 누가 소인인 줄 알았을까. 아무도 모른다. 본디 모습대로 아무도 욕심이 없다. 이것을 소박하다고 말한다. 소박하니 사람들의 타고난 본성 그대로다.[149] -《장자》〈마제편〉

장자가 보기에 인간은 이렇게 자연 그대로의 모습으로 살았는데 문명과 사회가 발전하면서 인간이 삐뚤어졌습니다. 이와 같이 장자는 신랄하게 문명과 사회를 비판하고 고발했습니다. 특히 전국시대의 참상에 대한 고발과 폭로가 생생합니다.

장자가 초나라로 가는 길에 길바닥에서 바짝 마른 채 모양만 남아 있는 해골을 보고 말채찍으로 해골을 치면서 물었다. "그대는 살려고 하다 도리를 잃어 이 꼴이 되었는가? 나라가 망해 처형되어 이 지경이 되었는가? 좋지 못한 행실로 부모와 처자에게 치욕을 남겨 자살했는가? 춥고 굶주려 죽었는가? 아니면 늙어 죽었는가?" 그러고는 해골을 끌어다 베고 누웠다.[150] -《장자》〈지락至樂편〉

한밤중에 해골이 꿈에 나타나 장자에게 말을 걸었다. "당신이 말하는 것이 꼭 변사 같구려. 한데 그대의 말을 들어보니 모두 살아 있는 사람이 하는 걱정이더이다. 죽고 나면 그런 걱정이 없소이다. 그대! 죽음에 대해 들어보시겠소?" 장자가 그때 그러자고 하니 장자의 대답에 해골이 말했다. "죽으면 위에 군주도 없고 아래에 신하도 없소이다. 사철 변화도 없소이다. 자연스레 천지를 봄가을로 삼으니 제왕의 즐거움이 이만하겠소이까?" 장자는 믿을 수 없었다. 그래서 해골에 물었다. "내가 생명을 관장하는 신에게 부탁해 그대의 몸을 살아나게 하고 뼈와 살과 피부를 만들어달라고 해 그대를 부모와 처자, 고향 친지에게 돌아가게 해준다면 돌아가시겠소?" 그러자 해골이 눈살을 찌푸리며 대답했다. "내가 왜 제왕의 즐거움을 버리고 다시 고달픈 인간 세상으로 돌아간단 말이요?"[151] ─《장자》〈지락편〉

장자가 살던 시대는 전국시대가 중기로 넘어가던 시점으로 전쟁이 일상화되고 국가의 착취는 극심했습니다. 위의 내용처럼 장자가 본 전국시대의 현실은 산 사람이 죽은 사람을 부러워하는 시대였습니다. 특히 전쟁으로 끔찍하고 잔인한 일이 많은 시대였습니다. 춘추시대의 전쟁은 겨우 1만에서 많으면 3만 명 정도 동원해서 짧은 시간에 힘을 겨루었고 약속된 시간과 장소에서만 싸웠습니다. 또 명분 때문에 시작하는 경우가 많았지요. 하지만 전국시대로 넘어오면서는 몇 십만 명을 동원해서 전쟁이 몇 달을 넘기기도 했고 적군을 몰살하는 경우도 있었으며 명분 없이 싸우기도 했습니다.

지금의 세상은 어떠한가? 처형된 사람은 서로 포개어 나란히 누워 있고, 형구를 짊어진 사람은 비좁아 서로 밀치고 있으며, 매를 맞아 죽은 사람은 서로 마주보고 있다.[152] ─《장자》〈재유在宥편〉

형벌로 발뒤꿈치를 잘린 사람은 신발을 소중히 여기지 않는데 그것은 모두 근본이 없기 때문이다.[153] ─《장자》〈덕충부德充符편〉

이 시기 나라 밖은 전쟁으로 사람이 무수히 죽어나갔고, 나라 안에서는 잔인한 형벌로 사람이 죽어나갔습니다. 이러한 현실 뒤에는 극단적인 국력 경쟁을 벌이던 국가권력이 있었습니다. 〈인간세人間世편〉에서 장자는 안회의 입을 빌려 이렇게 말했지요.

안회가 말하길, "제가 듣기에 위나라 임금은 젊은 나이에 독단적인 행실로 함부로 정치를 하지만 잘못을 깨닫지 못한다고 합니다. 백성을 함부로 사지에 몰아넣어 죽은 사람이 연못의 무성한 풀과 같이 넘칠 정도라고 합니다. 백성은 이를 어찌하지도 못합니다"라고 하였다.[154] -《장자》〈인간세편〉

권력을 쟁취하기 위한 경쟁이 사람의 눈과 귀를 멀게 하고 피비린내 나는 싸움으로 유도하는 현실에서 장자는 인간에 대한 기대가 조금도 없었습니다. 인간에 대한 기대가 없다는 점에서 노자와 똑같고, 이따금 싸늘한 연민이《장자》에 보일 뿐입니다.

한번 사람으로서 형체가 이뤄지면 손상하지 말고 그 형체가 다할 때까지 기다릴 것이다. 그러나 외물外物과 더불어 서로 다투고 손상을 입히면서 말달리듯 나아가 그치지를 못하니 또한 슬프지 아니한가? 일생을 수고롭게 돌아다녀도 그 공을 이룸을 볼 수 없고, 고달프고 지쳐도 그 돌아갈 바를 알지 못하니 애처롭지 않은가? 사람들은 죽지 않았다고 말하지만 그런다고 무슨 보탬이 있겠는가? 그 형체가 변화해감에 따라 마음도 함께 변화하니 참으로 슬프다고 하지 않을 수 있겠는가?[155] -《장자》〈제물론齊物論편〉

장자, 두 개의 본성과 지옥 같은 마음들

늘 마음은 밖으로 나다닙니다. 분주하게 뭔가를 자꾸 욕심내고 탐내서 쫓아가며 잠시도 쉬지 못한 채 나무 위의 원숭이나 고삐 풀린 말처럼 움직이지만, 어떤 성공도 보지 못하고 일평생 마음의 평안을 누리지 못한 채 황천길로 갑니다. 가진 것 없이 몸은 늘어가도 마음을 온전히 하면 생명을 제대로 누릴 수 있지만, 욕심에 그저 우리 밖으로만 나다녀 늘 저 모양인 것이 인간입니다. 저런 인간들이 부대끼는 곳이 사회이고, 혼란과 무질서와 분쟁과 투쟁의 장이 바로 인간 세계지요. 장자는 성악설론자입니다. 그의 눈에 비친 인간은 늘 욕심에 눈이 먼 인간, 싸우고 투쟁하는 인간, 위선으로 가득 찬 인간이었습니다. 그런데 장자가 보기에 인간 본성, 즉 인간이 본디 타고난 성격이 나빠서 그렇게 악다구니를 쓰고 사는 것은 아니었습니다. 그는 사실 성악설론자이지만 인간 본성은 긍정했지요. 아니, 그에겐 어쩌면 두 개의 인간 본성이 보였던 것이 아닌가 싶습니다.

자연적 본성과 사회적 본성

목마른 두더지가 물가에 와서 물을 마시고 가지만 배터지게 마시는 일이 없습니다. 새가 나뭇가지를 물어가지만 집을 지을 정도만 가져갑니다. 인간 세계와 달리 자연 세계는 만물이 욕심 부리지 않고 자족적 삶을 살며 자기 생애를 마칩니다.* 동물과 달리 인간 세계는 투쟁과 불안과 공포로 얼룩져 있습니다. 그런데 인간도 본디 욕심 없는 두더지나 새 같은 존재였습니다. 자연적 본성이 있습니다. 식욕과 성욕 등은 개체의 생명 유지를 위해 충

제자백가, 인간을 말하다

족되어야 하는 것들로 절대 나쁜 것이 아닙니다. 문명이 없으면 그러한 자연적 본성을 적절히 채우면서 유유자적 살 수 있습니다. 반면에 인간에게는 사회적 본성도 있습니다. 후천적으로 인간 세계에서 형성된 본성이며, 국가권력이 주입한 이념과 가치로 만들어진 본성입니다.

장자는 자연적 본성을 성性·재材·덕德으로 표현하고, 사회적 본성을 심心(헛된 바람이 들어간 찌든 마음)과 그것에서 발생한 이利(이익추구 욕망)·명名(권력욕과 명예욕)으로 나누는데, 엄밀히 말하면 전자만이 본성이겠죠. 타고났으니까요. 하지만 인간은 타고난 자연적 본성대로 살지 못하고 비자연적·사회적 본성대로 산다고 장자는 생각했습니다. 그리고 자연적 본성을 잃어버리고 늘 사회적 본성으로 사는 인간들이 서로 부딪치기에 세상은 아비규환인 것입니다.

물가에 와서 배 아플 때까지 물을 마시는 두더지가 있겠습니까? 장자가 보기에 본디 인간은 그렇게 스스로 필요한 것을 필요한 만큼만 구하며 자족하면서 살 수 있는 존재입니다. 이것이 자연적 본성의 인간입니다. 하지만 사회와 문명과 제도가 인간을 그렇게 살게 내버려두지 않고 늘 비자연적 본성으로 살게 한답니다. 그래서 배터지게, 아니 배가 찢어지게 먹는다는데 제발 그렇게 부추기지 말라고 외치는 겁니다. 그냥 타고난 본인의 순

---

* 　노자는 자연 세계도 인간 세계처럼 투쟁의 공간으로 봅니다. 다큐멘터리 방송에서 자연 세계는 정말 투쟁의 세계로 보이지요. 하지만 장자는 자연 세계를 개체 간의 조화를 찾아가는 공간으로 본 듯합니다. 그럼에도 노자와 장자 둘 다 '자연을 닮아라, 자연에서 배워라'라고 합니다. 노자는 자연의 원리를 배워 투쟁의 공간에서 지지 말고 살아남으라는 뜻이고, 장자는 자연처럼 욕심 없이 살며 외부의 사물이나 사태와 크게 부대끼지 말고 살라는 의미입니다. 이렇게 자연을 보고 배우라는 것은 같지만 자연을 보는 시각은 같지 않습니다.

장자, 두 개의 본성과 지옥 같은 마음들

선한 본성대로 살게 말입니다. 하지만 인간은 사회적 본성대로 살기 마련입니다. 국가와 사회가 계속해서 사람들의 허파에 바람을 넣다 보니 욕심과 욕망으로 가득 차게 되고, 그렇게 만들어진 사회적 본성대로 사는 인간은 마음이 병들어 늘 어지럽기 마련이랍니다.

돈이나 재물이 쌓이지 않으면 욕심 많은 사람은 걱정하고, 권세가 남보다 많지 않으면 허세 부리고 싶은 사람은 슬퍼한다. 또한 부귀에 붙어서 공적을 이루려는 사람은 사건 사고를 즐기기에 언제나 조용히 지낼 수 없다. …… 그 몸체와 본성을 끊임없이 닦달하며 바깥일을 추구하면서 죽음에 이를 때까지 돌이킬 줄 모르니 참으로 슬픈 일이 아닐 수 없구나.[156] -《장자》〈서무귀徐無鬼편〉

재물욕·권력욕·허세·공명심 등등 인간 마음의 현실이 그런가 봅니다. 중생을 보는 부처보다 더 안타까움을 가진 듯한데, 장자는 다음과 같은 말도 했죠.

현인을 등용하면 백성들이 서로 다투고, 지혜로운 자를 임용하면 백성들이 서로 도적질을 하게 된다.[157] -《장자》〈경상초庚桑楚편〉

현인을 등용하면 알력이 생겨 서로 삐그덕거린답니다. 적대적 경쟁이 벌어진다는 거죠. 지혜로운 이를 임용하면 도적이 된답니다. 서로 뺏고 겁탈한다는 거죠. 왜 이렇게 인간 마음이 재물욕·권력욕·공명심으로 가득 차

제자백가, 인간을 말하다

서 갈등하고 싸우고 도적질하게 될까요? 정치권력과 사회 때문입니다. 사회가 자꾸 현명해져라, 지혜를 갖춰라 하고 강요해서 그렇습니다. 뭔가를 갖춰라, 가져라, 쟁취해라, 높은 자리에 올라가라 주문하며 경쟁하게 하니 인간 마음이 지옥이 됐답니다. 타고난 본성대로 살면 그만인데, 자꾸 문명이 한정된 재화를 가지고 다투게 해서 망가졌다고 합니다. 제1 본성인 자연적 본성은 좋은데 제2 본성인 사회적 본성은 좋지 못합니다. 제2 본성을 이루는 욕망이 마음에 가득 차서 그렇습니다.

> 장藏과 곡穀, 두 종이 양을 치다 모두 양을 잃어버렸다. 장에게 어쩌다 그리되었냐고 묻자 책을 읽고 있었다고 대답했다. 곡에게 어쩌다가 그리되었냐고 묻자 주사위 노름을 하고 있었다고 대답했다. 두 사람이 한 일은 다르지만 똑같이 양을 잃었다. 백이는 수양산 아래서 명예를 위해 죽고, 도척은 동릉산 위에서 이익을 탐하다 죽었다. 두 사람이 죽은 곳은 다르지만 목숨을 버리고 타고난 본성을 해친 것은 마찬가지다. 그런데 백이는 옳고 도척은 그르다고 할 수 있을까?[158] –《장자》〈변무騈拇편〉

양을 돌보는 두 하인이 하나는 공부하다가, 하나는 노름하다가 양을 잃어버렸습니다. 공부하다가 양을 잃어버린 하인의 죄가 노름하다가 양을 잃어버린 하인의 죄보다 가벼울까요? 장자가 보기에는 아닙니다. 양을 잃어버렸다는 점에서 똑같습니다. 여기서 잃어버린 양은 잃어버린 본성을 뜻하고 양을 치는 하인들은 인간을 뜻하는데, 저마다 이유가 다를 뿐 자연적 본성을 잃어버린 것은 똑같습니다. 장자가 보기에 사람은 모두 생명을 돌보

장자, 두 개의 본성과 지옥 같은 마음들

지 않고 자기 본성을 잃어가면서 살아가기 때문입니다. 그런데 명예를 욕심내고 사랑과 정의에 목숨을 걸면 군자라 하고, 돈과 재물에 목숨을 걸면 소인이라고 하는 것이 웃기답니다. 둘 다 욕망 때문에 목숨을 걸어 본성을 잃어버리는 것은 마찬가지인데, 거기에 군자가 있고 소인이 따로 있다니요? 목숨을 버리고 타고난 본성을 해치는 것은 도척 같은 도적놈이나 성인이라 불리는 백이나 마찬가지입니다. 그러니 어찌 누구는 군자이고 누구는 소인이라고 나눌 수 있을까요?

침대와 식탁이 가장 무섭구나, 욕망의 재구성

사람으로서 가장 두렵게 여길 것은 잠자리 위와 음식 사이에 있다.[159] - 《장자》〈달생達生편〉

사람이 가장 경계해야 할 것이 잠자리와 음식에 있다고 하는데 무슨 뜻일까요? 식욕과 성욕을 말하는 겁니다. 개체 보존과 종족 번식은 자연스러운 인간 욕망이지만 사회적 본성으로 부풀려지면 이야기가 달라집니다. 그 욕망들이 인간을 잡아먹습니다. 더 좋은 것을 먹고 싶고 더 매력적인 상대와 잠자리를 함께하고 싶은 인간 마음은 지옥이 되지요. 식욕과 성욕만이 아니라 인간에게는 물욕도 있고 권력욕과 명예욕도 있는데, 식욕이 충족되면 성욕, 성욕이 충족되면 물욕, 물욕이 충족되면 명예욕과 권력욕 이렇게 계속 나아가지요.

세상 사람은 부귀와 장수와 명예를 추구한다. 편안한 몸과 맛있는 음식, 좋은 옷, 예쁜 여자, 아름다운 음악을 즐긴다. 세상 사람은 빈천과 단명과 악평을 싫어한다. 몸이 편치 않은 것과 맛있는 음식을 못 먹는 것, 좋은 옷을 못 입는 것, 예쁜 여자를 못 얻는 것, 아름다운 음악을 못 듣는 것을 괴로워한다. 이런 것들을 즐기지 못할까봐 지나치게 걱정하고 두려워한다. 이런 식으로 사는 것이 얼마나 어리석은가?[160] - 《장자》〈지락편〉

사회적 본성은 이렇게 무한히 커지고 강해집니다. 작아지고 약해지는 경우는 없지요. 식욕과 성욕이 강해지고 거기에 물욕·명예욕·권력욕으로 확장되며 계속 더 강해지는데, 부자들은 다 쓰지도 못할 돈을 버느라 고생하고 그렇게 번 돈을 쌓아두며 그저 전전긍긍합니다. 명예를 추구하는 이들은 열사라는 이름과 훌륭하다는 칭송을 받고 싶어 달려가다가 목숨을 잃기도 하는데, 훌륭하다는 이름을 얻을지 몰라도 그가 정말 훌륭한 사람인지는 모르겠답니다. 남들을 살리는 것도 아니고 자신을 살리는 것도 아니니 말입니다. 오자서伍子胥는 간언을 하다가 비참하게 죽고 말았는데, 명예 때문에 남들과 다투다 화를 입어 열사의 이름을 얻으면 무엇할까요? 그래봤자 돈과 재물 욕심 때문에 달려가는 사람들과 다를 바 없고, 때론 그렇게 드러내놓고 물욕을 추구하는 사람들보다 정의와 명예를 추구하는 사람들이 타인과 사회에 더 큰 폐를 끼치기도 하지요. 이렇게 명예욕도 위험하긴 마찬가지입니다.

장자는 욕망을 얻기 위해 달려가는 삶이 진정 즐겁느냐고 묻습니다. 자신은 그런 일이 조금도 즐겁지 않다고 했지요. 다른 사람들도 그런 삶이 즐겁지 않다는 것을 알았으면 좋겠는데, 욕망 때문에 가짜 즐거움을 추구하면서 몸과 마음을 망치고 있어 그럴 가능성은 없어 보이니 안타까워했습니다. 장자는 지락무락至樂無樂이라고, 진짜 즐거움은 즐거움을 추구하지 않는 데에서 나온다고 했습니다. 장자 생각에 진짜 즐거움은 사회가 주입한 욕망이 주는 즐거움에 목매지 않아야만 느낄 수 있습니다. 사람들이 그것을 알아야만 합니다. 하지만 인간들은 모릅니다.

> 백성은 갈수록 자기의 이익을 구하기 때문에 결국 아들이 아비를 죽이고 신하가 임금을 죽일 것이며, 또한 대낮에 도둑질을 하거나 해가 중천에 뜬 시간에 남의 담장에 구멍을 뚫을 것이다. …… 천년 뒤에는 반드시 사람과 사람이 서로 잡아먹을 것이다.[161] - 《장자》〈경상초편〉

마음의 세 모습: 감정, 의지, 이성

장자는 사회적 본성을 욕망으로 말할 때가 많지만 마음으로도 많이 이야기합니다. 장자에게 마음은 감정, 의지, 꾀(계산적 이성)로 나뉩니다. 그런데 모두 욕망에서 시작하고 욕망과 붙어 다니는 거죠. 그러다 보니 경쟁심과 쟁탈심으로 많이 드러나는데 그 마음이란 게 참 위험합니다.*

---

* 하지만 장자가 마음을 한사코 부정적으로 보지만은 않았습니다. 그 마음을 통해서 본성대로 갈 수 있다고 했지요. 물론 마음을 비워야 한다는 조건을 달았습니다. 탁해지고 찌든 마음이 문제일 뿐입니다. 대다수 인간이 그 찌든 마음으로 살기에 인간 일반의 모습과 행위 성향을 부정적으로 보는 것이죠.

무릇 사람의 마음은 산천보다도 험악하고 하늘보다 알기 어렵다. 하늘은 그래도 봄, 여름, 가을, 겨울의 사계절과 밤낮의 구별을 드러내지만, 사람은 꾸민 얼굴과 숨겨진 마음을 가졌기 때문이다. 그러므로 그 얼굴을 삼가면서 그 마음은 교만한 사람이 있고, 겉은 어른다운 듯하면서 속은 잘못된 사람이 있으며, 겉은 조급한 듯하면서 속은 부드러운 사람이 있고, 겉은 느긋하면서 속은 급한 사람이 있다. 그러므로 정의로 나아갈 때 목마른 듯한 사람은 그 정의를 저버릴 때도 열이 식는 듯하다.[162] -《장자》〈열어구列御寇편〉

변덕이 너무 심합니다. 어제는 모두를 위한 사회를 말하면서 구세의 열정으로 가득 찼는데 오늘은 그 마음이 모두 식어버립니다. 사라져버립니다. 그리고 내 사적 이익만 탐하는 마음이 대신 들어서는데, 모두와 우리를 말하던 사람의 자아는 어디 갔을까요? 정의를 말하고 거창한 명분을 말하지만 언제 그랬냐는 듯이 돌아서서 나만을 생각합니다. 남들에게 나쁜 짓 하면서까지 극단적인 사익 추구에 골몰합니다. 장자가 생각하기엔 구세와 정의의 구호를 내세우는 사람을 조심해야 합니다. 인간 마음은 단순히 냄비 정도가 아니니까요. 빨리 식는 정도가 아니라 급변합니다. 마음이 180도 변해서 구세를 말하던 이들이 어느 순간 영달을 위해 못하는 짓이 없기도 합니다. 그렇게 마음이 불안정합니다.

《장자》의 〈인간세편〉을 보면 장자도 한때 구세의 열정을 품었던 사람이 틀림없는데, 구세를 말하던 자들의 변절을 보았거나 자기 마음의 좌절과 굴절을 성찰하면서 인간 마음의 극단적 변화를 본 것이 아닌가 싶습니다. 구세를 말하고 타인과 공동체를 말하는 이들의 변덕과 변절을 본 것이 틀림

장자, 두 개의 본성과 지옥 같은 마음들

없습니다.

사람의 마음이란 누르면 가라앉고 부추기면 떠오르니 그렇게 오르내리면서 스스로를 얽어맨다. 부드럽게 움직일 때는 강한 것도 부드럽게 하지만 각박할 때는 날카로움으로 파고 쪼며, 뜨거울 때는 타오르는 불길과 같고 차가울 때는 얼어붙은 얼음덩이와 같다. 그 재빠름으로 말한다면 고개를 한 번 숙였다 드는 사이에 사해四海의 밖을 두 번이나 휘두를 수 있다. 멈춰 있을 때는 연못처럼 고요하고 움직일 때는 훌쩍 하늘까지 치달린다. 그러니 마구 치달려서 붙들어 매어놓을 수 없는 것, 그것은 오직 사람의 마음이 아니겠는가.[163] -《장자》〈재유편〉

인간 마음과 심리를 이해하려야 할 수가 없습니다. 남들의 마음만이 아니라 내 마음도 말입니다. 강약, 따스함과 차가움, 가라앉고 뜨고 수시로 변하는 데다가 갖은 과대망상에 무지몽매, 인간의 마음이 이렇게 지옥입니다. 특히 감정으로서의 마음이 이렇게도 어둡고 탁한데 인간이 정말 이성적 동물일까요? 인간 하면 자꾸 이성을 말하고 이성적 동물 운운하는데 그것은 그만큼 인간이 비이성적·반이성적 동물이라는 말 아닐까요? 미래에 대한 두려움과 과거에 대한 회한 또는 선택에 대한 망설임, 근거 없는 소망적 사고와 내일에 대한 낙관, 자신에 대한 과대평가와 자기혐오 이렇게 왔다 갔다 합니다.

산림이나 평원이 나를 혼연히 즐겁게 하는가? 그러나 그 즐거움이 아직 끝나기도 전에 슬픔이 다시 그것을 이어받을 것이다. 슬픔이나 즐거움이 다가와도 그것을 막을 수가 없고 그것이 떠나가도 붙잡을 수가 없으니 슬프다. 세상 사람은 마치 슬픔과 즐거움이 지나가는 여관일 뿐이다.[164] -《장자》〈지북유知北遊편〉

장자가 생각하는 인간 마음의 기쁨과 즐거움은 언제든 바로 슬픔과 비애로 변할 수 있는 것입니다. 커다란 즐거움 뒤에 슬픔이 밀려옵니다. 허무의 감정이 찾아옵니다. 자신에 대한 혐오와 환멸마저도 다가옵니다. 장자의 즐거움은 그래서 죽음의 기운마저도 풍길 때가 있습니다. 욕망 때문에 감정이 생깁니다. 욕망을 채우지 못하면 화가 나고 슬픕니다. 욕망을 채우면 신나고 기쁜 감정이 드는데 그래도 문제입니다. 단순히 욕심이 한이 없어 더 채우려 움직인다는 것이 아닙니다. 기쁨과 즐거움의 감정을 누리면 시나브로 강한 허무와 비애의 감정이 다가오니, 즐거워도 문제입니다.

눈이 그 기능을 원활하게 발휘하는 것을 명明이라고 하고, 귀가 그 기능을 원활하게 발휘하는 것을 총聰이라고 하며, 코가 그 기능을 원활하게 발휘하는 것을 철顫이라고 하고, 입이 그 기능을 원활하게 발휘하는 것을 감甘이라고 하며, 마음이 그 기능을 원활하게 발휘하는 것을 지知라고 한다.[165] -《장자》〈외물外物편〉

눈과 귀, 미각과 후각을 이야기하기도 하는데, 제자백가 문헌을 보면 이렇게 인간과 인간의 마음을 감각기관으로 말하는 경우가 있습니다. 특히 후기 묵가와 순자가 그러했지요. 인간의 오관이 외부 대상과 마주합니다. 그것을 인지하고 반응을 내어놓습니다. 그것이 바로 지각입니다. 쉽게 말하면 이런 것입니다. 예를 들어 설명해보지요. 코가 냄새를 맡습니다. 눈이 아름다운 것을 봅니다. 그때 단순히 외부 사물을 인지하고 마는 것이 아니라 어떤 반응이 나올 것인데, 좋은 냄새면 끌리고 아름다운 것이면 자꾸 보고 싶고 음악이 나오면 귀가 향할 것입니다. 그런 감정과 반응이 일어나는 것이 바로 지각이라고 보시면 됩니다.

장자는 이 지각으로 마음을 설명하는데, 흔히 하는 말로 견물생심이라고 하면 이해가 쉬울 겁니다. 외부 대상과 마주했을 때 좋고 싫고 기쁘고 짜증나고 화나고 즐겁고 그런 감정들을 간단히 표현하면 호오입니다. 좋아함과 싫어함, 그렇게 인간의 감정이 좋고 싫음으로 드러나는데, 위의 말처럼 제대로 명·총·철·감·지 하기가 쉽지 않죠. 제대로 보고 듣고 느끼며 정확히 파악하는 것이 쉽지 않습니다. 왜냐하면 감각기관들에 장애가 있어서가 아니라, 성심成心이란 것 때문입니다. 다시 말해 눈이나 귀가 문제가 아니라 마음이 문제인 겁니다. 심란하니 보아도 제대로 보이지 않고, 들어도 제대로 들리지 않는다는 것입니다.

만물 가운데 지각능력을 가진 생물은 모두 숨을 쉬며 살아간다. 숨을 제대로 쉬지 못하는 것은 자연의 죄가 아니다. 자연은 밤낮으로 구멍을 뚫어 숨을 쉬게 해준다. 그런데 사람이 그 구멍을 막아버린다. 부엌에는 문이 여러 개 뚫려 있듯이 마음에 자연이 준 유유자적함이 있다. 방 안에 빈 공간이 없으면 고부간에 싸우듯이, 마음에 자연이 준 유유자적함이 없으면 눈·귀·코·

입·마음·앎 여섯 개의 구멍이 서로 다툰다.[166] –《장자》〈외물편〉

방 안에 빈 공간이 없으면 고부간에 다툰다는데, 집에 빈 공간이 있고 창문과 문도 여닫을 수 있어야 사람이 살 수 있습니다. 그렇지 않으면 숨도 못 쉴 것이고 아예 살 수가 없을 것입니다. 외부와 통하는 통로가 없고 빈 공간이 없다면 그 안에서 사람이 말라죽어가듯이, 마음 안에 잡것이 많고 무겁고 탁한 것이 가로막아 빈 곳이 없고 외부와 통하질 않는다면 마음도 죽습니다. 마음 안의 생기도 영혼도 사라지겠지요. 이렇듯 꽉 막힌 방 같은 마음을 장자는 성심이라고 했습니다.

창과 문과 공기도 없는 방 같은 마음, 그 성심 때문에 인간은 제대로 외부 사물과 마주할 수 없습니다. 눈이 멀었는데 무엇이 보이겠습니까? 귀가 멀었는데 무엇이 제대로 들리겠습니까? 마음이 어지러운 사람은 어떤 외부 대상과 마주하면 제대로 보고 듣고 판단하고 감정을 적절히 드러내기는커녕 마음이 더욱 어지러워지는데 바로 성심 때문입니다. 마음이 굳은 것입니다. 특히 욕망 때문에 딱딱하게 굳어져버린 마음입니다. 이건 좋다, 이건 나쁘다, 이것만을 추구해야 한다는 고정된 마음은 욕망과 욕심 때문에 생겨난 것으로, 그것 때문에 제대로 외부 사물과 마주해서 보고 느끼고 할 수가 없습니다.

어쨌든 인간은 외부 사물과 마주하면 어떤 반응이 나옵니다. 눈으로 보든 코로 맡든 좋고 싫고 끌리고 밀치고 싶은 그럼 감정이 나타나는데, 그것이 바로 지각으로서의 마음입니다. 호오라는 감정으로 압축해 말할 수 있는 지각으로서의 마음인데, 그 지각으로서의 마음은 불안하기 짝이 없습니

장자, 두 개의 본성과 지옥 같은 마음들

다. 성심 때문에 마음이 늘 어지럽고 제대로 기능하지 못하는데, 특히 어떤 좋지 못한 의지를 불러일으킬 가능성이 있기 때문입니다. 그것이 더욱 인간 자신을 옮아매지요.

호오로 드러나는 지각으로서의 마음 말고 의지로서의 마음도 있습니다. 지각과 의지는 밀접한 관련이 있지요. 예를 들어 꽃이 내 눈에 들어왔습니다. 보기에 아름답습니다. 향기가 나서 코도 즐겁습니다. 기분이 좋습니다. 호감이 입니다. 꽃을 마주해서 기분 좋고 호감이 이는 것은 지각으로서의 마음이 생긴 것인데 거기서 끝이 아니죠. 그때 꽃을 꺾어서 집에 가져가 꽃병에 꽂고자 하는 의지가 생깁니다. 이렇게 호오라는 지각을 불러일으킨 대상을 향해 활동을 전개하려는 뜻이 생기는 것이 의지인데, 그 의지로서의 마음도 문제가 될 수 있습니다. 분란의 소지가 있지요. 내 안에서의 분란, 사회 안에서의 분란을 일으킬 수 있습니다. 남의 집 꽃밭의 꽃인데 보기 좋다고 꺾어서 집에 가져간다면 어떻게 될까요? 배고픈 상황에서 음식을 보고 먹고 싶은 기분이 들었는데 그대로 실행한다면 문제가 되겠지요. 이렇듯 장자가 보는 인간 마음이란 것은 늘 문제네요. 늘 문제이기 쉬운 마음이 늘 인간을 움직이고 지배한다는데, 역시나 장자는 성악설론자입니다. 지각으로서의 마음이든 의지로서의 마음이든 늘 인간의 내면을 어지럽히고 악의 소지로 발전할 수 있습니다.

지각·감정으로서의 마음과 의지로서의 마음 말고 계산하는 이성으로서의 마음도 있습니다. 장자는 그것을 그냥 잔꾀라고 생각한 것 같습니다. 욕망하는 대상을 보면 그것을 가지려고 하는 의지가 일어나는데 그러다 보니 꾀를 부린답니다. 머리를 굴린답니다. 그러한 계산적 이성이 인간의 쓸데없는 욕망, 즉 사회적 본성의 어두운 면을 더 키워냅니다.

이렇듯 지각으로서의 마음이든 의지로서의 마음이든 계산하는 이성으로서의 마음이든, 모두 불안정하기 짝이 없습니다. 나쁜 사회적 본성의 결과물입니다. 그리고 그 마음들 때문에 인간은 타고난 본성과 더욱 멀어집니다. 자연스러운 본성대로 살면 되는데 말이죠.

지력과 욕망과 마음의 악순환

외부 대상을 보고 마음이 동하고 의지가 생기고 그것을 향해 나아가면서 어떤 꾀가 생긴다고 했습니다. 이를 계산적 이성이라고 했는데, 그것이 바로 지력智力일 것입니다. 꾀를 내고 주판을 두들겨보는 지력이라는 것은 욕망과 함께 가는 것인데, 쉽게 말해 무언가를 얻기 위해 머리를 팽팽 굴리는 거죠. 그렇게 머리를 쓰다 보면 욕심과 욕망이 커지고, 결정적으로 지식이란 것을 만들기에 더욱 나쁘다고 했습니다. 지력, 즉 계산적 이성은 지식을 낳기에 더욱 위험합니다.

> 지식이 풍부한 사람은 자신이 알고 있는 것으로 자신이 모르는 것을 확장한다. 그는 천수를 다하도록 중도에 그런 작업을 그만두지 못한다.[167] –《장자》〈대종사大宗師편〉

욕망에 지배당한 채로 살다 보니 지력을 끊임없이 쓰고 발전하게 합니다. 욕망은 지력을 낳고 지력은 지식을 낳습니다. 지력으로 사는 인간은 정말 위태롭습니다. 지력으로 갖게 된 지식으로 끊임없이 외부 사물과 사태를 재단하려고 하거든요. 구분 짓고 등급화합니다. 자식 다섯 명이 있으면 있는 그대로 볼 수 있어야 하는데 공부 잘하는 자식과 못하는 자식으로 구별 짓고 차별하는 것처럼, 지력이 낳은 지식은 외부를 있는 그대로 보지 못하게 합니다.

미추美醜·선악善惡·정사正邪·시비是非, 인과 불인, 의와 불의 이렇게 쪼갭니다. 이것은 아름다워, 이것은 추해, 이것은 옳아, 이것은 글러, 이것은 내 욕망의 달성에 도움이 안 돼, 이것은 내가 신분이 오르고 명성이 알려지는 데 방해가 돼 하는 식으로 외부 사물과 사태를 구분 짓고 우열을 부여합니다. 단순히 인식의 문제에서 끝나지 않고 때론 뭔가를 억압하고 없애려고도 하는데, 지력 때문에 인간 마음은 더욱 어두워지고 지력의 크기에 비례해서 인간 세상의 투쟁과 대립은 격화됩니다.

그런데 지력 때문에 거칠어진 대립과 투쟁에서 이기려다 보니 지력은 더욱 발전하고, 지력의 발전은 얕은 지식을 낳아 다시 또 구분하고 배제하고 차별하고 싸웁니다. 악순환이죠. 지력과 지식 때문에 악순환이 계속됩니다. 노자와 장자는 인간이 이런 악순환에서 빠져나오기 어렵다고 봤는데, 인간은 욕망 추구를 위해 수단과 방법을 가리지 않기 때문입니다. 욕망하는 것을 얻기 위해 별 생각을 다하는 과정에서 지력은 더욱 커지고, 그것이 욕망을 더욱 강화하여 마음이 굳어지게 만들지요. 인간 마음이 돌덩어리가 되어 100퍼센트의 성심이 됩니다. 인간은 정말 위태로운 존재네요.

성심이여, 굳어버린 나의 마음이여

어느 날 어떤 왕이 등장해 '이것'이 절대적으로 옳다고 합니다. 그러니 너희도 '이것'을 절대적으로 옳다고 여기며 추구해야 한다고 명령을 내립니다. 왕의 명령에 나는 '이것'을 절대적으로 옳다고 여기기 시작합니다. 그러면서 '이것'에 해당하지 않는 것을 배제하고 멀리합니다.

그런데 왕이 바뀌었습니다. 그 사이 찬탈·시해가 일어났거든요. 새로운 왕은 '이것'이 아닌 '저것'을 말합니다. '이것'은 그르고 '저것'이 도덕적이고 옳답니다. '저것'을 추구하래요. 남을 잡아먹고 그 자리에 선 놈이 옳고 그름을 따지고 도덕을 말하는 것도 우습지만, 어쨌거나 왕이 그렇다면 그런 줄 알아야죠. 새로운 왕의 명령을 듣고 나는 어제까지 추구하던 '이것'을 버리고 '저것'을 절대적으로 추구합니다. '저것'과 상관없는 것들은 무조건 버리고요. 그렇게 절대적으로 새로운 '저것'을 추구하지만, 아무리 발버둥을 쳐도 '저것'을 얻지 못하고 다른 사람들에게 뺏기면서 욕망하는 것들을 얻지 못하게 됩니다. 그러다 보니 원통하고 나 자신이 원망스럽습니다. 다른 사람들에게 증오심까지 가지게 되고요. 평생을 그러고 삽니다.

그런데 내 안에 들어와 주인처럼 나를 부리는 관념·이념·생각·기준은 본디 내 것이 아니고 내 스스로 취한 것이 아닙니다. 사랑이니 정의니 하는 가치나 예법, 또 지식이니 믿음이니 하는 것은 밖에서 주입한 것입니다. 그래서 언제든지 바뀌고 쓸모없는 것이 될 수 있습니다. 허망한 것이죠. 그러니 집착하지 말아야 합니다. 금방 변하고 바뀔 수 있는 세속적인 추세에 목을 맬 이유가 있나요? 언어와 문자라는 한계에 매몰되어 왜곡된 가치, 편견과 혐오가 내재된 관념과 가치를 머리에 이고 갈 필요가 있을까요? 집착할 것 없습니다. 왜 그런 것들을 마음속에서 스승으로 모시고 사나요? 내려놓아야 합니다. 특히 정치권력과 사회의 주류세력이 강요하는 이념과 윤리 등은 내 마음 안에서 절대화할 필요가 없습니다.

> 허리띠 걸쇠를 훔치는 자는 사형되고 나라를 훔치는 자는 왕이 된다. 그리고 이 왕의 가문에 새로운 어짊과 새로운 정의가 있게 된다. 그러니 이는 훌륭한 어짊과 훌륭한 지혜까지도 훔친 셈이 되지 않는가?[168] -《장자》〈거협胠篋편〉

도둑질도 크게 해야 합니다. 좀도둑질하면 잡범으로 몰려 사형당하지만 크게 나라를 훔치면 왕이 됩니다. 그런데 왕이 되면 훔친 나라의 새 주인이 되는 것으로 끝나지 않습니다. 여기서 장자는 훌륭한 어짊과 지혜도 훔친 것이라고 했는데 새로운 이념과 도덕의 주인이 된다는 것입니다. 〈거협편〉에서 장자는 전성자田成子라는 사람이 임금을 죽이고 나라를 도둑질했는데 성인의 이름도 도둑질했다고 했습니다. 나라를 삼킨 후 이것을 따라라, 이렇게 살아라, 이렇게 살면 부해지고 귀하게 해주겠다고 선포를 합니다. 그런 이념들을 성인의 이름으로 백성에게 강요하면서 백성의 마음은 성심이 되어갑니다. 국가권력이 내거는 이념을 내 안에 넣어 주인으로 섬기며 살아갑니다.

그런데 권불십년이라지 않습니까? 권력의 주인은 바뀌기 마련이죠. 또 다른 사람이 권력을 잡고 새로운 이념과 도덕을 강요합니다. 어제까지 절대적인 줄만 알았던 기준이 쓰레기통으로 향하는데, 이렇게 허망한 것에 내가 목을 매면 되겠습니까? 남들이 주입한 것이 내 안에서 날 종으로 부리는데 웃기지 않습니까? 짜장면이 최고라고 누가 내 안에 주입했는데 그렇다고 짜장면만 먹고 살아야겠습니까? 짬뽕과 가락국수는 버리고요? 다른 맛있는 것도 많은데 볶음밥 먹는 사람에게 가서 시비를 걸거나 서로 짜장면 먹겠다고 주먹다짐하고 칼부림해야 하나요? 안 됩니다.

누가 주입한 기준으로 굳어진 성심은 내 삶의 질곡이 되고 다른 사람의 삶도 해칩니다. 내 마음의 절대 기준을 없애버립시다. 다양한 가치, 다양한 삶의 상황을 모두 긍정합시다. 짬뽕도 맛있고 가락국수도 맛있고 울면도 맛있고 유산슬과 팔보채도 있습니다. 사회와 국가가 강제하는 메뉴는 무시하고 다양한 메뉴를 긍정합시다. 남들의 가치관·선택·사고도 긍정하며 살자고요. 성심만 없으면 됩니다. 성심이라는 병든 마음을 고치면 됩니다.

허심, 거짓자아 죽이기

장자에게 답은 쉽습니다. 성심으로 가득 찬 마음을 허심虛心으로 돌리면 됩니다. 비워내고 덜어내면 되지요. 허심, 말 그대로 마음을 허하게 만드는 겁니다. 억지로 주입된 것들을 모두 버리면 사회적 본성에서 자연적 본성으로 돌아갈 수 있다고 보았습니다. 마음을 비워야 합니다. 장자는 허심을 오상아吾喪我·심제心齊·좌망坐忘으로 말했는데, 쉽게 말하면 거짓자아 죽이기입니다. 남들이 만들어놓은 사회적 본성을 지우는 거지요. 그러면 마음을 비울 수 있는데 마음이 허해지면 본성을 회복할 수 있다고 합니다.

남곽자기가 책상에 기대앉아 하늘을 바라보며 숨을 내쉬고 있었는데 멍하니 마치 자기의 짝을 잃은 것 같았다. 안성자유가 앞에서 모시고 서 있다가 물었다. "어찌된 일입니까? 형체는 진실로 마른 나무처럼 될 수 있고 마음은 진실로 불 꺼진 재처럼 될 수 있는 것입니까? 지금 책상에 기대어 있는 분은 전에 책상에 기대어 있던 분이 아닙니다." 남곽자기가 말했다. "안성자유야 훌륭하구나, 네가 그런 질문을 하다니. 지금 나는 나를 잃었다."[169] -《장자》〈제물론편〉

남곽자기가 제자 안성자유에게 '나를 잃었다'고 말합니다. 오상아 즉 거짓자아를 죽여서 완전히 다른 사람이 된 것입니다. 남곽자기는 마음을 허하게 만들어내 이루었는데, 오상아 즉 나를 죽이는 것은 무엇일까요?

장자는 무無를 말합니다. 바로 무명無名·무공無功·무기無己입니다. 내 이름을 무하게 하고 내가 세운 공을 무하게 하는 것으로, 기己 즉 나를 무하게 하는 것입니다. 성취욕·명예욕·권력욕 등의 욕심과 그것들이 빚어낸 허위적 자의식을 없애라는 말입니다. 무를 통해 거짓자아를 죽이고 마음을 허하게 만들 수 있습니다.

너의 의지를 하나로 모이게 하라. 귀로 듣지 말고 마음으로 듣게 하고, 마음으로 듣지 말고 기氣로 듣게 하라. 귀는 소리를 듣는 데 그칠 뿐이고, 마음은 표상된 관념(성심)에 맞추어 볼 뿐이다. 기라는 것은 허하여 물을 기다리는 것이다. 오직 도는 허한 상태에 모인다. 허의 상태를 유지하는 것이 심제心齊이다.[170] -《장자》〈인간세편〉

제자백가, 인간을 말하다

의지를 하나로 모으라는 것은 욕망을 위해 달려가는 의지 작용을 일단 멈추라는 것입니다. 욕망으로 생긴 충동적인 의지를 끄라는 것이죠. 귀로 듣지 말라는 것은 귀를 비롯한 오감, 즉 모든 감각기관을 멈추라는 것입니다. 앞서 감각기관이 외부 사물과 만나면 여러 가지 감정이 나오는데 그 감정들이란 것이 욕망의 지배를 받아 어지럽기 그지없고 사람을 잡는다고 이야기했습니다. 그러니 감각기관의 작용을 멈추고 마음으로 들어야 합니다. 그런데 마음이 감각기관보다 낫기는 하지만 그 또한 굳어진 마음으로 판단할 뿐입니다. 그래서 마음이 아닌 기氣로써 들으라는 것이죠. 욕심에 가득 찬 충동·지각·성심이 아니라 기로써 만나라는 것입니다.

나를 날것으로 만들어서 편견 없이 있는 그대로 사물·사태와 마주하라는 것입니다. 나도 기의 자식이고 우주 만물도 기의 자식이니, 서로 있는 그대로 만나라는 것이죠. 어차피 너와 나, 나와 만물은 기의 취산聚散으로 만들어진 산물이니, 허심의 상태에서는 그렇게 만나고 교감할 수 있습니다. 그렇게 기로써 외부 사물·사태와 조우하려면 내가 허해야 하고, 허하면 도가 모인답니다. 그렇게 도가 모이게 하는 것이 심제입니다. 마음 굶기기, 마음 다이어트라 할 수 있지요. 마음 안의 쓸데없는 것을 모두 버리면 기가 따라오고, 기와 함께하는 도라는 것이 내 안에 깃들어 자연적 본성을 다시 찾을 수 있습니다.

사지와 몸을 허물어버리고, 일체의 감각기능을 배제해 형체를 버리고 지식을 버려라. 그렇게 하여 위대한 도와 하나가 되니 이를 좌망坐忘이라고 한다.[171] -《장자》〈대종사편〉

앉아서 잊는 겁니다. 밖으로만 나다니는 자아를 주저앉힌 다음 쓸데없는 것들을 잊게 하는 것이죠. 욕망과 그것을 추구하기 위해 만들어낸 얕은 지식들과 그로써 생긴 헛된 자의식들을 잊는 것인데, 그래야 동어대통同於大通이라는 도와 같아져서 도의 세계 안에 들어갈 수 있답니다. 끌 것 모두 끄고 삭제할 것 모조리 삭제하면 위대한 도의 세계에 접속할 수 있답니다. 그러므로 마음 비우기, 거짓자아 죽이기는 궁극적 목적이 아닙니다. 도의 세계에 접속하기 위한 수단입니다. 도의 세계에 접속함, 그것은 자연적 본성의 회복이고요.

빈방에 빛이 깃든다

〈인간세편〉에서 장자는 공자를 통해 허심을 말합니다. 공자가 제자 안회에게 설명하는 형식을 빌려서 이야기하죠. 거기에 아무것도 없는 빈방에 빛이 깃든다는 말이 나옵니다. 마음이 허실虛室이 되면 그 빈방에 눈부신 빛이 비쳐 훤하게 밝아진 모습을 말했습니다. 즉 마음을 비우면 뭔가가 환하게 들어차 빛이 난다는 것이죠. 그러면서 행복도 이 호젓하고 텅 빈 마음에 모이는 것이라고 했습니다. 빈방에 빛이 모인다는 것은 텅 빈 마음 안에 도가 논다는 것인데, 도가 무엇일까요? 이제 장자가 말하는 도에 대해 알아볼 텐데, 먼저 장자의 도와 유가의 도를 헷갈리면 안 된다는 이야기를 하고 싶네요.

유가의 도는 인간이 따라야 할 길로서 인간이라는 유적 존재에 한정되는 것입니다. 당위나 규범으로서 인간관계라는 장에서 지켜야 할 것들이지요. 주로 예라는 형식으로 우리 앞에 주어집니다. 그에 비해 장자의 도는 삼라만상과 우주의 변화를 통해 이루어지는, 항상 존재하는 형평의 질서라고 할 수 있습니다. 세계 전체의 모습을 제대로 관찰해보면 세계를 구성하는 사태의 다양성과 변화를 통해 드러나는 항상적인 질서를 볼 수 있지요. 그 것이 도입니다. 중요한 것은 그 도는 형평적인 질서이면서 또한 늘 과정 안에 있는 역동적인 것이라는 사실입니다. 세계 내 존재와 사태들의 운동과 변화, 생멸을 통해 달성되는 균형 상태이며, 그 균형 상태는 고정적일 수 없습니다. 조화와 균형이라는 이 말이 아주 중요합니다. 지금 도에 대한 설명이 좀 어렵게 느껴지실 텐데 조화와 균형만 기억하시면 됩니다. 도는 조화와 균형이지요. 이를 반反이라는 개념으로 좀 더 설명하겠습니다.

커졌다가 나중에는 쪼그라듭니다. 태어났다가 언젠가는 죽습니다. 확장하고 수축하고 생하고 멸하며 세계의 운동 자체가 반이라는 역동적 관계를 형성해냅니다. 반이라는 것은 어느 순간에 이르면 돌아갑니다. 반대 방향으로 움직인다는 겁니다. 사람이 죽었을 때 흔히 돌아가셨다고 하는데, 그 말을 생각해보면 되겠네요. 태어난 것은 죽고, 커진 것은 작아집니다. 세계 내의 모든 존재와 사태는 자신의 고유한 존재 원리에 의해 자신의 존재 조건을 최대화하는 방향으로 각각 전개되지요. 인간의 성장 과정만 봐도 그렇습니다. 태어나서 성장하다 언젠가는 성장을 멈추고 노화를 맞이하여 죽음을 눈앞에 둡니다. 한참 자신의 존재 가능성이 양적으로 팽창하다가 어느 순간이 되면 선회합니다. 존재 가능성이 최소화되는 방향으로 선회할 수밖에 없는데, 이것이 바로 반하는 것입니다. 일정 시점이 되면 돌아가기 시작하고, 그 결과 사태 자체가 소멸됩니다. 이는 다른 생명체도 마찬가지인데 모두가 반의 결과이지요.

존재 가능성이 팽창하는 것을 운동의 양적 확장성이라고 하고, 그 반대를 음적 수축성이라고 해봅시다. 음양조화든 상호교차운동이든, 이렇게 커졌다가 쪼그라들고 생겨났다가 소멸되면서 우주는 질서와 조화를 찾아갑니다. 이 두 가지 경향성의 조화와 상쇄 작용으로 우주는 늘 질서를 유지합니다. 재밌는 것은 한 개체와 사태 안에서만 그런 일들이 일어나지는 않는다는 것입니다.[*]

반이라는 것은 도입니다. 반의 작용 원리를 통해 도라는 것을 이해할 수 있는데, 도는 반이라고 말할 수 있는 세계의 운동과정을 통해 보이고 드러나는 질서일 뿐입니다. 자연과 사물에 선재하는 실체이거나 과정을 규정하는 당위적인 질서 같은 것이 절대 아닙니다. 유가가 말한, 모두가 따라야 하는 규범과 명문화된 예는 노장의 도가 아닙니다. 노장의 도는 우주에서 보이는 균형과 조화의 원리, 질서이지요. 우주 사물은 모두 도 안에서 살고 죽고 놀고 소멸하는데, 장자가 말한 본성의 회복이 그것입니다. 우주의 품안으로 다시 가자는 거죠. 우주의 자식인 다른 자연의 존재들과 같아지자고 하는 겁니다. 바로 허심을 통해서요. 마음을 비워 도를 내 안에 놀게 하자는 것이 바로 장자의 수양론입니다.

장자가 말하는 도란 실체가 있거나, 도와 합일하자가 아닙니다. 자신

---

[*] 그래서 앞에서 말한 대로 노자는 이념과 주의에 목을 매는 것을 부정적으로 본 것입니다. 효도가 집안의 분란을 만들고, 충신이 나라를 어지럽히며, 정직이 거짓을, 인이 불인을, 정의가 불의를 만들어낸다고 보았죠.

안에서 도로 대변되는 조화와 균형의 질서를 유지하고 그것이 놀게 하자는 것이죠. 그럼 우리는 덕이라고 하는 어떤 생명의 힘을 가지게 되는데, 그러려면 본디 모습대로 돌아가면 됩니다. 성심에서 허심으로, 굳은 마음에서 유연한 마음으로, 꽉 찬 마음에서 빈 마음으로 가면 되는 겁니다.

성심에서 허심으로, 중요한 건 생명뿐

나의 삶은 끝이 있지만 지식에 대한 욕망은 끝이 없다. 끝이 있는 것으로 끝이 없는 것을 좇는 것은 위험하다. 위험한데도 지식을 추구하는 것은 더욱 위험하다. 선행을 하더라도 명성이 나게 해서는 안 되고, 악행을 하더라도 형벌을 받을 정도가 되어서는 안 된다. 도를 따르는 것을 원칙으로 삼는다면 생명을 온전히 보존할 수 있고 부모를 모실 수 있으며 천수를 누릴 수 있을 것이다.[172] -《장자》〈양생주養生主편〉

장자는 모든 사회적 혼란과 파괴의 원인이 성심에 있다고 했습니다. 그 성심이라는 거짓자아는 욕망으로 가득 차 있는데, 욕망의 추구는 지식을 만들어내고 그 지식은 차별을 특징으로 하는 인간의 의식을 강화합니다. 그렇게 거짓자아가 만든 찌꺼기인 지식이 다시 거짓자아를 확장하고, 욕망을 구조화하고 키워서 내 안이 더욱 혼란스러워집니다. 그러면서 인간은 밖으로 나다니며 타인과 부딪쳐 세상이 더욱 혼란스러워집니다.

위에서 장자는 지식에 대한 욕망은 끝이 없다고 말합니다. 이는 쉽게 말해 인간 욕심이 한이 없다는 뜻입니다. 한이 없기에 무한히 밖으로 나다니며 싸우고 갈등함으로써 인간 자신의 자연스러운 생명을 스스로 해치고 타인의 생명마저도 해치지요. 지식과 지식에 대한 욕망이 이렇게 위험한데, 특히 언어를 매개로 한다는 점에서 더욱 위험합니다.

언어를 매개로 하다 보니 세계를 구분 짓고 차등적인 질서를 부여해 항상 아전인수식으로 세상을 해석하게 합니다. 언어를 매개로 하는 지식이 세계를 나의 마음속에서 제멋대로 재배치하다 보니, 사태와 사물과 마주하면 지나친 감정 기복이 생겨나 스스로 망치고 타인과 싸우고 갈등하지요. 더 좋지 않은 것은 그 지식이 아집과 고집으로 계속 커져서 내 목에 스스로 씌운 올무가 된다는 것입니다. 그러니 지식을 추구하는 삶을 버려야겠지요. 세상을 차별적으로 대하게 하고 내 안의 고집과 아집이 생기게 하는 지식 대신에 우리는 도를 추구해야 합니다. 그래야 생명을 온전히 보존할 수 있다네요.

위에서 인용한 부분은 《장자》 〈양생주편〉 서두입니다. 왜 장자가 저런 말을 했고 제가 그것을 가져왔냐면 중요한 것은 생명이기 때문입니다. 장자의 철학은 생명의 추구를 목적으로 하는데, 사회적 본성에서 자연적 본성으로 가자는 것도 생명이 가장 중하기 때문입니다. 그런데도 욕심 많은 인간은 생명이 아니라 지식을 중히 여깁니다. 그렇기에 양생이 주제인 〈양생주편〉 시작부터 지식이란 것을 마구 비판하는 것이죠. 욕심 때문에 지식을 좇는 인간의 어리석음을 비판하는 것입니다. 지식은 인간이 도와 멀어지게 하고, 도를 보지 못하게 하지요. 살아 있는 혼돈 속의 조화와 균형에서 멀어지게 합니다. 특히 언어를 매개로 하기에 지식은 이념과 고집과 아집을 강화하고, 성심을 무기로 해 인간이 더욱 욕망을 향해 달려가게 하며 싸우게 만듭니다. 생명에서 멀어지게 하고, 도와 내가 단절하게 합니다.

장자의 생각은 그것입니다. 욕심을 위한 지식은 위험합니다. 중요한 건 생명이지요. 사물과 사태의 다양성을 있는 그대로 긍정하면서 어떤 것과도 다투지 않고 마음 편히 사는 것, 그것을 목표로 해야 합니다. 그래야 본인도, 인간이 모인 사회도 편안해질 것입니다. 각자가 지식을 버리고 욕망을 버려 거짓자아를 죽인 다음 허심을 통해 도의 세계에서 놀면, 모두가 도와 함께하며 온전히 생명을 누릴 수 있을 것입니다. 장자는 비운 마음에 와서 깃든 도를 덕이라는 말로 표현했고, 그렇게 내 안에 덕이 차야 생명의 힘이 가득한 것으로 말했지요. 그에게 덕은 생명입니다. 빈방에 빛이 깃들듯 빈 마음에 도가 와서 놀게 되는데, 이렇게 내 안에 들어온 도, 내가 생명을 온전히 누리게 해주는 도를 덕이라고 할 수 있습니다.

생명과 생명의 힘을 덕으로 말하는 장자. 왠지 덕이 가진 원초적 의미가 생각나기도 합니다. 앞서 덕을 정치적 영향력(권력)과 힘 또는 종족이 가진 것으로 유전되는 특질이나 힘으로 말했는데, 사실 장자가 말하는 덕에는 도덕·윤리 등 유가의 덕과는 다르게 본디 덕의 의미가 다분합니다. 노자의 덕 개념이 더 노골적으로 정치적 권력과 힘이란 의미를 가졌기에 본디 덕의 의미를 더 잘 보존하고 있지만, 장자의 덕도 덕의 함의가 남아 있지요.

욕망과 지식이 아니라 생명을 추구하는 인간, 마음 안에 도를 받아들이는 인간, 그러한 인간에게서 보이는 모습, 인간 안에 가득 찬 에너지, 때론 아우라Aura처럼 보이는 것이 바로 덕입니다. 덕은 개체에 내재화된 도가 유지·보존되어 드러날 때 보이는 모습이고, 그것이 바로 장자의 덕입니다.

결정적으로 중요한 것은, 장자는 덕이 드러나고 덕이 가득 찬 모습을 자연적 본성을 회복한 인간의 모습으로 보았다는 것이죠.

앞서 언급했듯이 장자가 과거 인간과 짐승이 함께 살아갈 때의 모습, 인간의 본성대로 살던 시대의 모습을 지덕지세至德之世라고 했는데, 본성이 덕입니다. 본성이 살아 있고 활성화된 모습이 덕이죠. 본성으로 돌아가 생명의 기운이 넘치면 덕이 있다고 할 수 있습니다. 도덕과 상관없습니다. 생명의 힘일 뿐입니다. 유가의 덕은 마음을 인仁에 살게 하고 예를 수행하는 과정에서 몸을 만들고 커지게 하는데, 장자에게 덕은 인이나 예와 아무런 상관이 없습니다. 장자의 덕은 내가 비운 마음의 공간에 들어선 광명의 세계이고, 그 세계가 빛이 나면 나는 생명의 기운을 가집니다.

또 장자는 성수반덕性修反德이라는 것을 말했습니다. 번역서들을 보면 '성을 닦아 덕으로 돌아간다, 본성대로 살면 본디 모습으로 돌아간다'라고 돼 있는데, 저는 '성을 회복해서 덕으로 가득 찬 삶을 산다'라고 해석해보고 싶습니다. 허심을 통해 도가 내 안에 들어오고 내 안의 도가 덕이 되어야 인간이 오롯하게 자기 생명을 누리며 살 수 있다고 말한 장자의 생각에 맞게 해석해본 겁니다. 그리고 본성의 회복과 덕의 가득 참을 위해서는 마음을 비워야 합니다. 이렇듯 마음을 통한 자기 구원을 이룩해낸 이상적 인간을 지인至人·진인眞人이라고 했지요. 지인과 진인은 참 자유로운 사람입니다. 마음의 자유를 누리며 늘 생명을 온전히 하는 사람입니다.

제자백가, 인간을 말하다

장자의 거대자아

거짓자아가 가진 자기 존재에 대한 열망과 그에 대한 집착 모두 잊어야 합니다. 도외시度外視하고 무無하게 해야죠. 무한한 유적 경향성, 양적 확장성에 매몰되어 세계의 존재 상태인 도에서 이탈되어 살지 말고, 자아를 도에 합치하게 해야지요. 그러려면 철저히 성심에서 허심으로 가야 합니다. 어려운 거 아닙니다. 비우면서 돌아가면 됩니다. 회복하면 됩니다. 애초에 우리는 도의 아들딸입니다. 가짜 나를 죽여 자연적 본성을 되찾고 진짜 내가 된 사람이 바로 지인·진인입니다. 장자는 이상적 인간으로 특히 진인을 말하죠. 진인이 된 그는 편견이 없습니다. 사물과 사태를 있는 그대로 봅니다. 미추·선악·부귀·빈천으로 나누지 않고 세상을 차별적으로 보질 않습니다.

> 인위적인 것으로 자연적인 것을 파괴하지 말고, 의식적 행위로써 자연의 명命을 저버리지 말며, 명성을 위해 타고난 본성을 희생하지 말라는 것이다. 자연(天) 덕의 상태를 잘 유지해 잃지 않는 것을 자연 상태(본디 모습)로 돌아가는 것이라고 말한다.[173] -《장자》〈추수秋水편〉

진인이 되려면 세 가지를 하지 말아야 한답니다. 진인의 조건을 하나씩 볼까요? 첫째, 인위적인 것으로 자연적인 것을 파괴하지 말라고 합니다. 인간의 얕은 주관으로 판단해 함부로 뭔가를 만지고 고치며 일을 벌이지 말라는 겁니다. 자신에게도, 다른 존재에게도 도움이 안 되고 해만 되니까요. 새장 속의 새가 좋다고 해서 인간의 음식을 주거나 음악을 들려주는 행동을

장자, 두 개의 본성과 지옥 같은 마음들

한다든가, 원숭이에게 비단옷을 입힌다든가, 학의 다리가 길다고 잘라내서 오리의 짧은 다리에 이어준다든가 그런 행동을 하지 말라는 것이죠. 그런 행동을 하게끔 하는 인식을 버려야 하는데, 자연 사물을 있는 그대로 긍정하면 됩니다. 있는 그대로 볼 수 있게 마음을 만들면 됩니다.

둘째, 의식적 행위로 자연의 명을 해치지 말라고 합니다. 명이 뭘까요? 여기서 명은 단순히 우리가 이야기하는 운명이 아니라, 한 개인의 마음대로 할 수 없는 외부적 사태를 가리킵니다. 내가 어찌할 수 없는 것으로 나에게 닥쳐온 것들이지요. 장자는 주로 부귀와 빈천, 요수天壽, 국가의 형벌 등을 명으로 이야기했지요. 그는 부귀든 빈천이든 요수든 나와 맞닥뜨리는 모든 외부 사태와 결과를 있는 그대로 긍정하라고 했습니다. 명이니까요. 내가 어쩔 수 없는 것이니 받아들이는 수밖에요.

명이라는 것은 도와 연관되는 것입니다. 도는 혼란스러워 보이고 카오스처럼 보이지만 조화와 균형이라는 우주·대자연의 질서이자 원리라고 했습니다. 당장 내가 병이 들 수도 있고 요절할 수도 있고 형벌을 받을 수도 있지만 그것은 모두 명입니다. 무심하게 도의 원칙대로 돌아가는 자연이 내리는 명이니 거부할 수 없지요. 누군가는 태어나고 누군가는 죽고 그러면서 세계는 균형과 조화를 찾아가는데, 그것이 도라는 자연의 원리입니다. 그 원리대로 돌아가는 세계의 명령을 인간이 거부할 수 있을까요? 거부해선 안 됩니다. 할 수도 없고요. 진인이 되려면 이를 긍정해야 합니다.

부가 다가오든 가난이 다가오든, 태어나든 죽든, 도의 모습이 드러난 것이니 도의 명령이라고 생각해 거부하지 말고 긍정해야 합니다. 그것을 안명安命이라고 장자가 말했지요. 명을 편안히 여기는 겁니다. 그래야 인간 마음이 괴롭지 않을 수 있고 삶을 온전히 할 수 있습니다. 문제는 역시나 마음 비우기입니다. 무조건 부유해야, 무조건 오래 살아야, 무조건 귀한 사람이 되어야 한다고 생각하는 거짓자아의 욕심과 집착만 없으면 됩니다. 허심하면 명이라는 도에 순응할 수 있습니다.

셋째, 명성을 위해 타고난 본성을 해치지 말라고 합니다. 이건 앞에서도 많이 이야기했지요. 명예욕을 위해 자연적 본성인 본디 덕을 해치지 말라는 것인데, 더 나아가 단순히 명예가 아니라 인의와 도덕·정의 같은 것에 너무 목매지 말라는 것입니다. 명예를 얻기 위해 사회가 부여한 규범과 이념의 종이 되지 말아야 한다는 말이죠.

이 세 가지가 진인이 지켜야 할 것입니다. 늘 마음의 평정 상태에서 사는 자유로운 사람, 커다란 자아가 되기 위해 명심해야 할 사항입니다.

옛날의 진인은 살아 있는 것을 즐거워하지도 않았고 죽는 것을 싫어하지도 않았다. 세상에 태어나 살아가는 것을 기뻐하지도 않았고 죽음으로 되돌아가는 것을 거부하지도 않았다. 재빠르게 갔다가 재빠르게 올 뿐이다. 자기의 생명이 비롯된 곳을 잊지도 않고 마치는 곳을 알려고 추구하지도 않는다. 생명을 받으면 그 자체를 기뻐하고, 생명이 다하면 그것을 되돌려줄 뿐이다. 이것을 인간의 의식으로써 자연의 질서를 손상하지 않는 것이라 하며, 인위로써 자연의 일에 간섭하지 않는 것이라고도 한다. 이런 사람을 진인이라고 한다.[174] -《장자》〈대종사편〉

장자는 장수를 추구하는 것을 별로 좋아하지 않습니다. 생명을 온전히 누리자고 했지 무한정 오래 살자고 하지 않았죠. 사는 동안 노심초사 쓸데 없는 것에 마음을 속박하지 말고 온전히 일상을 살아가자고 했지 억지 장수 를 추구하지 않았습니다.

　장자 하면 그저 신선 같은 이미지가 떠오르고 장수·불로장생을 추구할 것 같지만 전혀 그렇지 않습니다. 세상에 태어나는 것도, 죽는 것도 모두 명 입니다. 도의 원리대로 돌아가는 것이 자연의 명이니, 자연의 명으로 내게 죽음이 닥치면 그것을 편안히 받아들이는 것이 도의 아들딸답게 사는 것이 지요. 갓 태어나면 자연적 본성대로 사는 것처럼요. 장수를 추구하는 것은 부귀를 추구하는 것과 마찬가지로 마음을 성심으로 만들어 속박하고, 인간 의 생명을 짓누를 뿐입니다. 오래 살기 위해 스스로 마음을 괴롭히며 오늘 의 생을 짓누를 필요가 없지요.

　장자는 노자와 같은 도가이자 성악설론자이며 구름 낀 계곡에서 세상을 본다는 점에서 인간 세상에 대한 환멸스러운 분위기가 비슷하지만, 억지로 장 수를 추구하지 않는 것이 노자와 구분되는 측면입니다. 죽음과 장수에 대한 시각에서는 완전히 다릅니다. 노자는 죽음을 최대한 늦추고 장수를 추구하지 만, 장자는 장수든 요절이든 내게 닥치는 대로 순응하자고 합니다. 죽음을 피 할 것 없습니다. 명이니 편안히 받아들여야지요. 안명해야 합니다. 외부 사태 가 어떻게 다가오든 편안히 받아들이고 순응하는 것이 허심을 통해 이룩한 진인의 경지입니다. 늘 어떠한 사태와 마주하든 마음 졸이고 걱정하느라 스스 로를 괴롭히지 않게 됩니다. 그러면서 자기 생명을 온전히 누릴 수 있습니다.

　'가짜 나를 죽이고 허심을 통해 덕이 가득 차게 하자, 지금은 도의 질서 에서 벗어났지만 본디 도 안에 있던 시절로 돌아가자, 그래야 진인이 된다.'

이것이 장자가 생각한 이상적인 인간으로 돌아가기 위한 방향이고 방법인데, 사실 윤리와 도덕이라는 맥락이 없기에 수양론이라고 할 수 있을지는 잘 모르겠습니다. 수양은 어디까지나 도덕적 인간을 지향하는데 장자는 그런 것을 중시하지 않으니까요. 그리고 장자는 99퍼센트의 인간은 이런 방향으로 가지 못한다고 본 듯한데, 대다수 인간이 달성하기 힘든 목표를 제시했기에 역시나 수양론이라 하기에는 찜찜합니다.

여기서 맹자 이야기를 잠깐 해보겠습니다. 장자를 이야기하다가 왜 뜬금없이 맹자 이야기냐고 할지 모르겠지만 둘이 많이 닮았거든요. 전 장자를 맹자의 히키코모리 버전이라고 생각합니다. 히키코모리는 은둔형 외톨이, 집에만 처박힌 채 사회와 단절된 사람을 이르는 말입니다. 제후들과 어울리면서 따르는 제자도 많고 명예직이지만 벼슬도 했던 주류 사회 지식인 맹자가, 취직도 안 되고 알아주는 인간과 시대를 만나지 못해 방구석에만 있으면 장자 같은 사람이 되지 않을까 하는 생각에서입니다. 정말 그만큼 둘이 많이 비슷합니다.

먼저 이들은 노자나 순자처럼 왕을 사상적 주 수요자로 하기보다는 지식인을 대상으로 설정했습니다. 강고해지는 국가권력의 힘 앞에 어떻게 지식인 개인의 자존심과 정신적 자유를 지켜갈까 고민했다는 것이지요. 또 물物*로 대변되는 외부 사물·사태와 자아를 늘 긴장 상태에 두고 사고한다는

---

* 장자가 말한 물·외물을 인간 밖의 사물, 외부 사물이라고 많이 이야기하는데, 외부 사물로만 한정하면 안 되고 외부 사태까지 포괄해야 합니다. 사람에게 상처받거나 배신당하고, 갑자기 사고를 당하고, 무고한데도 끌려가 처벌을 당하고, 가진 것을 잃고 등등 인간이 살면서 겪어야 하는 외부 사태와 인간 실존이 감내해야 하는 사건·사고가 모두 외물입니다.

장자, 두 개의 본성과 지옥 같은 마음들

점, 비록 일상의 나는 비루하고 자잘해도 초월과 상승을 이룰 수 있다고 말한 점, 거대자아를 지향하는 점이 같습니다. 또한 둘 다 부동심不動心, 즉 거대해진 자아가 가지는 흔들리지 않는 커다란 마음을 이야기했습니다.

그리고 내가 어쩔 수 없는 사태·결과, 세상 일의 전개를 명命이라고 인식하고 그 명에 어떻게 대처할 것인지도 많이 사고했지요. 맹자는 부귀·빈천·위무를, 장자는 거기에 더해 추한 용모, 낮은 지력, 장애·형벌·죽음까지 명의 범주에 넣어 사고했는데, 인간 삶을 제약하고 겁박하는 요소는 무엇이며 그것을 어떻게 극복할 것인가 참 많이 고민했다는 점에서 같습니다. 그리고 정치 질서보다는 인간 실존과 개인을 바라볼 때가 많았다는 점에서 다른 제자백가와 대조됩니다.

최근 출판·문화 영역을 보면 '자존감'이 대세입니다. 소외당하고 자존심에 상처받으며 살아간다고 느끼는 현대 한국인에게 자존감이란 것이 화두가 된 것 같습니다. 그래서인지 제 눈에는 요새 제자백가 중에 맹자와 장자가 많이 보입니다. 개인의 실존, 개인의 자존을 이야기한 두 사상가가 현대에 소환되어 많이 이야기되어야 할 것 같아요. 한쪽은 노자와 같은 편인 도가, 나머지 한쪽은 공자·순자와 같은 편인 유가, 이렇게 보지 않고, 국가나 개인이냐의 틀 중에서 개인의 틀로 세상을 바라본 장자와 맹자의 공통점을 매개로 현대인의 고민에 다가가봤으면 합니다. 철학이란 것은, 그리고 고전의 독해는 지금 당장 우리의 문제에 응하고 접목할 수 있어야 하는 것이니까요.

인간을 회의적으로 바라본 장자는 무력하지만 욕심 많은 인간이 모인 세상을 늘 아귀다툼 판이라고 했습니다. 그래도 마음을 통해 거대자아가 될 수 있다고도 말한 장자의 다음 이야기는 언제나 속이 후련합니다.

> 북쪽 검푸른 바다에 곤이라는 물고기가 살았다. 얼마나 컸던지 그 크기가 몇천 리나 되는지 알 수 없었다. 이 물고기가 어느 날 갑자기 붕이라는 새가 되었다. 붕의 등도 몇천 리나 되는지 알 수 없었는데, 붕이 힘차게 하늘로 날아오르자 날개가 하늘을 뒤덮는 구름과도 같았다. 붕은 바다가 움직이면 남쪽 검푸른 바다로 날아갔는데 남쪽 바다는 자연의 연못, 천지이다. 이 붕이라는 새는 남쪽 바다로 갈 때 파도를 삼천 리 바깥까지 일으키며 회오리바람을 타고 구만 리 상공까지 오르고 여섯 달을 날고 나서야 한 번 크게 숨을 내쉬는데…….[175] ─《장자》〈소요유逍遙遊편〉

하늘 끝까지 날아 우주까지 오른 대붕이 바로 장자가 생각한 거대자아입니다. 거짓자아를 죽여서 진짜 본성을 찾으려 애쓰는 고된 여정의 종점이지요. 물론 이렇게 될 수 있는 사람이 거의 없다고 보았지만, 그래도 비행의 상승과 거대자아라는 꿈은 늘 우리 가슴을 뛰게 합니다.

이제 마지막 이야기를 좀 해보겠습니다. 장자를 보통 도가라 해서 노자와 묶어서 많이 이야기하지만, 사실 전근대에는 공자와 같이 이야기하는 경우도 많았습니다. 실제로 《장자》를 보면 장자사상의 대변자로 공자가 나와 발언하는 경우가 많지요. 그래서 장자사상의 뿌리를 말할 때 공자를 언급하는 경우가 적지 않았습니다.

장자는 세상을 구하는 것(救世)보다는 자신의 생명을 온전히 누림(全生)을 말했고, 그러기 위해서는 마음을 허심으로 만들어야 한다고 했습니다. 겉으로는 구세를 부정했고 구세를 위한 개인 생명의 손상과 마음의 부서짐을 슬퍼한 것은 사실입니다. 하지만 무엇인가 미련은 있어 보이죠. 구세에 아주 관심이 없다거나 한때 구세의 이상을 품지 않았더라면, 구세로 달려가는 것이 왜 그렇게 위험하고 쓸데없는 짓인지 구구절절 논할 수 있었을까요? 구세라는 이상이 과연 이루어질 수 있는지, 또 정말 그것이 진실로 가치가 있는지 스스로 정말 고민을 많이 한 것 같고, 그런 고통스러운 고민의 흔적이 《장자》에 보입니다. 구세의 이상을 가슴에 품고 달려가는 지식인들에게 이런저런 조언과 당부를 해주는 것을 보면 그도 한때는 구세의 꿈을 가진 선비가 아니었나 싶은데, 그것만 봐도 왜 공자와 장자를 같이 이야기했는지 이해가 좀 갈 것입니다.

한때는 공자의 학문을 배우며 공자처럼 세상을 구하겠다는 열정으로 가득 찼던 장자는 어느 순간 공자의 길을 버리고, 개인의 온전한 삶과 생명의 누림을 목표로 한 양주의 노선으로 갈아탔습니다. 하지만 공자를 전부 지우진 못했습니다. 공자를 공부한 흔적을 버리진 못했기에 '자신'을 말했고 '자아'를 말했던 것 같아요. 남들이 강요하는 길과 이념과 쓸모가 아니라 스스로 자기 삶의 방향과 쓸모를 찾아 주체적으로 살라고 말한 것 또한 주체로서의 인간을 말한 공자의 흔적이 남은 것 같습니다. 구세라는 이상은 포기했을지라도 타자에 지배당하지 않는 개체, 권력이라는 외부적 조건에 굴하지 않는 인간의 자아는 부여잡았습니다. 그랬기에 성심으로 대변되는 거짓자아를 죽이자고 했죠. 공자가 발견한 주체로서의 인간은 맹자만이 아니라 장자도 계승한 것이 틀림없습니다.

제 6 장

순자,
춘추전국시대의
성공학
전도사

공자의 제자, 욕망을 인정하다

호모 사피엔스 사피엔스가 다른 종을 제압하고 지구의 주인이 될 수 있었던 비밀은 무엇일까요? 바로 협동과 소통 능력이 아닐까요. 인류의 많은 제도와 문화가 협동과 협동을 위한 소통을 위해 만들어졌다고 하는데, 정말 인류가 다른 종보다 '협동을 이끌어낼 수 있는 소통 능력'이 강했기에 지구의 지배자가 되었을까요? 지금 이야기하고자 하는 이 사람은 협동이라는 것을 어쩌면 인간의 본능으로 보지 않았나 싶을 정도인데, 특히 '계몽된 이성'을 말했습니다. 묵자의 계몽된 이기심과 비슷하지만 그것보다 좀 더 발전한 것이라고 할 수 있는데, 지력이자 계산하는 능력으로 이를 통해 인간이 착해질 수 있다고 보았습니다. 이렇게 협동과 계몽된 이성을 주장한 사람은 바로 철학자 순자입니다. 다른 것을 떠나 순자를 말할 때에는 먼저 그가 유학자 공자의 사상적 제자라는 것을 분명히 한 채 시작해야 합니다.

유학이 무엇이고 유학자가 지향하는 목표는 무엇일까요? 한마디로 군자가 되는 것이 유학의 목표인데, 쉽게 말해 도덕적으로, 더 쉽게 말해 착하게 살자는 겁니다. 유학이라는 것은 착하게 살기 위한 가르침의 묶음이고요. 유학이 다른 학문 전통, 다른 철학과 구분되는 특징은 언제나 도덕과 윤리를 지향한다는 점이죠. 공자든 맹자든 모두 인간이 착하게 살아야 한다고 주장하고 또 착하게 살 수 있다고 긍정하는데 순자도 예외가 아닙니다.

성악설과 성선설, 두 인성론의 상징적 학자인 순자와 맹자는 체계적인 이론 틀로 각자의 인간관을 적극적으로 말했습니다. 인간의 본성은 무엇인지, 왜 착한지 또는 악한지, 본성을 어떻게 키워서 성인됨을 달성할 것인지를 말했습니다. 분명한 건 순자도 인간이 착해져야 한다, 또 착해질 수 있다고 말했다는 것이고, 그러니 학문적으로 확실한 공자의 제자라는 것입니다. 맹자와 인간관이 다르고 수양의 방향과 방법이 다르지만 누가 뭐래도 공자의 제자죠. 그는 인정했습니다. 확신했고요. 성악설을 주장했지만 인간의 가능성을 인정했고, 인간이 군자가 될 수 있다는 것을 믿었습니다. 그런데 순자는 인간의 욕망을 적극 긍정한 사람이기도 합니다. 인간의 욕망 때문에 쟁탈과 파괴적 혼란이 벌어질 수도 있지만 섣불리 욕망의 억제를 말하지 않았고, 오히려 욕망을 키워주고 충족하게 해주자고도 했습니다. 공자의 제자 순자는 인간의 가능성을 믿고 욕망을 인정한 사람이라는 것을 알고 가면 되겠습니다.

순자의 욕망은 맹자와 참 대조적입니다. 서로 인간관 자체도 다르지만 욕망을 보는 관점에서 특히 심하게 다릅니다. 순자는 생산력을 중시한 시장주의자였습니다.* 분업과 교환이 인간을 잘살게 해주고 후생을 늘린

제자백가, 인간을 말하다

다고 확신했으며, 생산 활동과 경제적 자유와 성장을 중시하는 사람이었습니다. 그러니 욕망을 긍정할 수밖에 없었지요. 욕망의 추구를 통해 생산 활동을 장려하고 경제적 분업과 교환을 적극 확대해야 한다고 생각했습니다. 더 나아가 욕망이 있기에 인간이 선해질 수 있다고 생각했지요. 이런 점에서 욕망이 그저 인간 타락과 사회 혼란의 원인이라고 본 장자와도 크게 대조됩니다.

성악설의 아이콘

사람의 성이 악하니 그것이 선하다고 하는 것은 거짓이다. 지금 사람의 성은 태어날 때부터 이익을 좋아하는데, 이를 그대로 따르기 때문에 쟁탈이 생기고 사양하는 태도가 사라진다. 사람이 태어난 채로 그대로 살면 질투하고 미워하기 쉬운데, 이를 그대로 따르니 남을 해치는 마음이 생기고 진실한 마음과 신의가 사라진다. 사람은 나면서부터 귀와 눈의 욕망이 있어 아름다운 소리와 빛깔을 좋아하는데, 이를 따르기 때문에 지나친 혼란이 생기고 예의와 아름다운 의식이 사라진다. 그러니 사람의 성을 따르고 사람의 감정을 따른다면 반드시 서로 빼앗으려 하고 분수를 어기고 이치를 어지럽게 하여 세상

---

* 순자가 살았던 시대는 전국시대 말이었고 통일 제국의 등장이 이미 정해진 일이었습니다. 더 넓은 공간에서 분업과 교환이 이루어지고 경제권과 시장이 커지면 더 많은 사람이 잘살게 될 것이라고 기대와 흥분을 감추지 않았습니다. 시장이 커지고 분업·교환이 활발해질수록 인간이 잘살 수 있다고 낙관했지요.

이 혼란에 빠진다. 그러므로 스승의 교화와 예의가 있어야 하고, 그런 뒤에야 서로 사양하게 되고 아름다운 의식을 가져 다스림으로 귀결될 것이다. 이로써 본다면 사람의 성은 악한 것이 분명하며 그것이 선하다는 것은 거짓이다.[176] -《순자》〈성악편〉

이것이 순자의 성악설입니다. 좀 극단적으로 보일 수도 있는데, 사실 《순자》에서 〈성악편〉을 제외하고서는 이렇게 극단적으로 말한 편은 없습니다. 인간의 욕망을 모두 충족해주기에는 사회의 재화가 부족해 다툼의 소지가 있다고 했지 대놓고 인간 본성이 악하다고 하진 않았습니다. 하지만 보시다시피 〈성악편〉에서는 인간 본성이 악하다고 했지요. 성선설을 주장한 맹자를 겨냥해 날을 세워 공격한 것도 사실이고요.

정말 순자 하면 성악설이고 성악설 하면 순자이지만, 지금까지 쭉 보셨다시피 성악설은 순자 혼자가 아니죠. 묵자도 있고 상앙과 한비자도 있고 노자와 장자도 있습니다. 그런데도 성악설의 대표 주자로 순자가 손꼽히는데, 여기에는 순자 성악설에 대한 오해도 좀 있습니다. 순자가 말한 성악설은 인간 자체가 나쁘다, 악하다는 것이 아니라 사회가 혼란스럽다는 말입니다. 즉 인간 자체의 타고난 본성이 정말 악하다는 것이 아니라, 욕망을 가진 인간이 모인 사회가 혼란스럽다는 것입니다. 순자는 사회의 질서를 갈망합니다. 순자가 생각하는 선은 사회의 안정이지요. 악은 사회의 불안정과 혼란이고요.

순자가 생각하기에 무릇 예로부터 지금까지 천하에서 선하다고 하는 것은, 바르고(正) 이치에 맞고(理) 평화로우며(平) 잘 다스려진 것(治), 즉 질서 있는 상태를 말합니다. 그럼 악은 무엇이겠습니까? 사회가 이와 같은 정·리·

평·치를 잃어버린 상태죠. 즉 순자가 생각한 악은 치우치고(偏) 이치에 어긋나며(悖) 위험하고(險) 혼란스러운(亂) 편·패·험·란이라고 할 수 있습니다. 그의 성악설은 결국 사회를 고치자, 개선하자, 질서를 부여하자, 편·패·험·란에서 정·리·평·치로 가자는 쪽입니다.

사실 법가를 비롯한 다른 성악설론자도 인간 개개인이 나쁘다기보다는 사회의 혼란을 문제시하고 대안을 찾아보고자 노력했는데, 순자는 그런 특성이 더욱 강합니다. 나아가 단순히 국력 신장이 아니라 어떻게 하면 한 사회를 유기체로서 조화와 균형을 이룬 채 건강하게 돌아가게 할 것인가를 고민했는데, 이런 면에서 순자는 일종의 사회철학자·사회학자라고 할까요? 늘 개인보다는 사회라는 창으로 세상을 보고 논했지요. 그렇기에 우리는 순자의 성악설을 철저히 사회와 연관해서 봐야 합니다. 처음부터 그를 사회학자·사회철학자라고 기억하면 더 좋고요.

순자와 장자

많은 사람이 순자를 이야기하면서 맹자를 함께 이야기합니다. 순자 철학을 맹자 철학의 안티테제로 아는 사람도 많고요. 쉽게 말하자면 맹자의 반대자, 맹자의 주장을 철저히 의식한 채 발언하며 만들어진 사상, 그렇게 인식하기도 합니다. 하지만 전 맹자보다는 장자 이야기를 좀 해보지요.

사실 비슷한 구석으로만 놓고 보면 묵자 이야기를 먼저 하는 것이 맞습니다.* 묵자는 유가 쪽 사람들이 뼈아플 정도로 공자사상의 약점을 집요하게 공격했는데, 그러니 맹자나 순자가 가만있을 수는 없었겠지요. 어떻게든 그 약점을 보완하며 공자사상이 진화하게 해야 했습니다. 그렇게 묵자와 싸우는 와중에 맹자의 철학, 순자의 철학이 발전했는데, 싸우면서 닮아간다고 적잖이 묵자의 영향도 받았죠. 그런데 제가 보기에 순자는 묵자보다는 장자의 영향이 더 크지 않았나 싶습니다. 일단 도덕천을 부정했다는 점만 봐도 장자사상의 영향을 크게 받았음을 알 수 있습니다.

> 하늘의 운행에는 일정한 법도가 있다. 요임금 때문에 존재하지도 않으며 걸왕 때문에 없어지지도 않는다. 하늘의 운행에 다스림으로 대응하면 길하고, 하늘의 운행에 혼란으로 대응하면 흉한다. 농사에 힘쓰고 절약하면 하늘도 가난하게 할 수 없고, 잘 보양하고 제때에 움직이면 하늘도 병들게 할 수 없으며, 올바른 도를 닦아 도리에 어긋나지 않으면 하늘도 재난을 당하게 할 수 없다.[177] -《순자》〈천론天論편〉

순자는 어떤 도덕적 의지로 인간 세상을 주재하는 하늘을 인정하지 않았습니다. 즉 도덕천·주재천을 완전히 부인한 것인데, 그 뒤에는 장자가 있

---

* 한비자와 이사李斯라는 법가가 순자의 제자이다 보니, 순자를 법가와 연관해 많이 이야기한 것도 사실입니다. 유가사상이 법가사상으로 변하도록 한비자와 이사가 물꼬를 텄다고도 말하지요. 하지만 이사는 순자의 제자가 맞지만 한비자는 순자의 제자가 아닙니다. 그리고 순자는 대놓고 법치를 부인하는 등 법가와 거리가 꽤 먼 사람입니다.《순자》〈군도君道편〉에서 "법은 홀로 설 수 없다"(法不能獨立)고도 했고, "다스리는 사람이 있지 다스리는 법이 있는 것은 아니다"(有治人, 無治法)라고도 했지요. 교화가 먼저임을 내세우면서 힘으로 정치하는 것을 싫어해, 법가와 비슷한 점은 많지 않습니다. 법가보다는 오히려 묵가와 비슷한 면이 많은데, 순자가 묵자를 많이 의식한 것은 사실입니다.

지요. 장자는 자연에는 동정심이 없다고 했습니다. 하늘은 무심합니다. 하늘은 기가 흩어지고 모이는 기의 취산에 따라 무한 순환하고 변화하며, 반反의 원리로 돌아가는 세계 그 자체입니다. 하늘은 그냥 자연이라는 것이죠. 자연自然, 말 그대로 스스로 그러한 것입니다. 거기에 어떤 도덕적 감정, 뭔가 세상을 주재하려는 절대자의 의지 그런 것이 있을 리가요? 그런 것 없습니다. 찾으면 안 되고, 찾으려고 해봤자 찾을 수도 없습니다.

순자는 이러한 장자의 하늘 관념을 받아들여서 자연천自然天을 주장했습니다. 하늘은 그냥 자연입니다. 인간 앞에 주어진 어떤 조건이며 상황입니다. 그것을 인간의 지력과 노력으로 변화시켜서 인간 삶에 이롭게 이용하면 될 뿐입니다. 하늘이 착한 사람에게 상을 주고 나쁜 사람에게 벌을 준다거나 하늘이 무섭지도 않느냐 하는 식으로, 하늘에 도덕과 윤리를 투영하는 일은 없어야 한다고 했지요. 하늘은 그냥 외적 대상입니다. 산을 깎고 제방을 막아 강을 관리하고 습지를 개척해서 인간의 재화와 부를 늘리는 데 이용해야 하는 대상일 뿐이라고 단언했습니다. 그런 순자의 하늘 관념 뒤에는 장자의 영향이 절대적입니다. 하늘을 보는 시각이 완전히 똑같지는 않지만 도덕천의 부정은 분명 장자에게 빚을 진 것이죠.**

** 앞서 노자 이야기에서 노자도 하늘과 자연에게서 도덕을 지워버렸다고 하지 않았느냐, 그러니 혹시 순자가 노자의 영향을 받지 않았을까, 또는 장자도 노자의 영향을 받지 않았을까 하는 질문과 반론을 할 수 있을 텐데요. 노자가 장자보다 앞선 시대의 사람이 아닙니다. 노자가 정말 실존 인물인지 하는 의문도 많고, 《노자》는 전국시대 말에 결집되고 정리되어 《순자》와 거의 동시대에 나왔다는 설도 있으며, 장자가 외려 노자에게 영향을 주었다는 설도 있습니다. 다른 것을 떠나 하늘과 자연을 논할 때 절대 도덕·윤리를 투영시켜 보지 말아야 한다고 주장하며 그것을 분명한 이론으로 정치하게 전개한 사람은 장자이고, 순자는 그 장자의 영향을 받았지요.

순자, 춘추전국시대의 성공학 전도사

앞서 도가의 하늘은 그들의 성악설의 근거라고 했습니다. 그리고 도덕이 없는 도가의 하늘은 유가식 성선설의 부정이라고도 했지요. 하늘이 내 안에 있다, 하늘이 내 안에서 속삭인다, 그러니 인간 안에 도덕성이 내재되어 있다고 하면서 성선설을 주장한 맹자와, 인간에게 덕을 준 하늘을 말한 공자의 견해를 정면으로 반박했다고 했습니다. 그 도가의 하늘, 특히 장자의 하늘 관념에서 큰 영향을 받은 순자의 하늘 관념이 성악설과 직결되었습니다.

순자는 도덕과 윤리·규범으로서의 하늘이 내 안에 내재되어 있다는 것을 부정했습니다. 그냥 외부 사물일 뿐인걸요. 사실 순자는 인간도 하늘이라고 보기는 했습니다. 인간 밖의 자연과 사물은 외적 자연, 외적 하늘이고, 인간은 내적 자연, 내적 하늘입니다. 외적 자연을 개조해서 바꿔가듯이 내적 자연인 인간도 성인의 교화, 스승의 가르침, 자신의 적극적인 노력으로 바꿔가야지요. 어쨌든 외적 하늘이든 내적 하늘이든 바꾸고 고치고 개조해야 할 대상일 뿐이지 도덕과는 상관없습니다.

사실 순자의 주장을 하나하나 들여다보면 장자의 주장을 정면으로 반박하거나 장자의 주장과 완전히 반대되는 것이 더 많습니다. 하지만 모두 장자가 먼저 한 이야기이기에 나올 수 있었던 것입니다. 순자가 생각하는 인간의 두 가지 본성만 해도 장자에게 빚을 졌지요.

순자가 생각하는 자연적 본성과 사회적 본성

장자도 그렇지만 순자도 인간의 두 가지 본성을 설정해놓고 이야기합니다. 둘 다 자연적 본성과 사회적 본성을 말했는데, 재밌게도 그것들을 서로 다른 관점에서 이야기했습니다. 그래서 듣다 보면 참 흥미롭습니다. 장자는 자연적 본성, 즉 타고날 때의 인간 본성은 좋지만 후천적으로 형성된 사회적 본성은 나쁘다고 했지요. 그런데 인간은 그 후천적인 사회적 본성으로 살기 쉬워 사회가 혼란해진다고 했습니다. 이에 반해 순자는 자연적 본성은 부정적으로 본 반면에 사회적 본성은 긍정적으로 보았습니다.

> 사람은 배고프면 밥을 먹고자 하고 추우면 따뜻이 하고자 하며 수고로우면 쉬려 하는데 이것이 사람의 감정과 본성이다. 사람이 배가 고파도 어른을 보면 감히 먼저 먹지 않는 것은 사양하려는 마음이 있기 때문이다. 수고로우면서도 감히 쉬려고 들지 않는 것은 대신하려는 마음이 있기 때문이다.[178]
> ─《순자》〈성악편〉

배고프면 먹고 싶습니다. 추우면 무엇이라도 걸치고 싶고, 피곤하면 그저 늘어지게 쉬고 싶은 것이 타고난 인간 감정이고 본성입니다. 그런데 인간은 꼭 그 자연적 본성대로 살지 않습니다. 배고파도 나보다 배고픈 사람에게 양보하고, 피곤해도 어른께 먼저 양보합니다. 순자는 이것을 후천적인 사회적 본성이 발휘된 결과로 보았습니다. 즉 순자는 자연적 본성을 부정적으로 보았지만 사회적 본성은 긍정적으로 보았죠.

장자는 사회화되면서 가지게 된 후천적 본성 때문에 인간이 망가지고 사회가 투쟁으로 얼룩진다고 보았지만, 순자는 그 후천적 본성이 인간 집단이 서로 예를 지키고 조화를 도모하는 삶을 살 수 있게 한다고 했습니다. 바꿔 말하면 장자는 인간의 사회적 본성을, 순자는 인간의 자연적 본성을 나쁘게 본 점에서 성악설인 점이 같지만, 각자가 보는 사회화에 대한 관점이 반대이지요.

인간의 지력에 대해서도 관점이 상반됩니다. 장자는 인간의 계산적 이성이 욕망을 더욱 부풀리고 남에게 못된 짓을 하게 하며, 세상과 사물을 그저 쪼개고 분별하게 하는 지식을 낳게 한다는 점에서 아주 좋지 않게 보았습니다. 인간이 그런 잔꾀를 가지고 살기에 인간과 사회를 더 나쁘게 한다고 했지요. 그런데 순자는 이와 반대로, 인간이 그런 꾀가 있고 계산적 이성이 있기에 규범을 만들어내고 지키려 한다고 했습니다. 바람직한 인간으로, 사회인으로 변한다는 거예요. 예를 들어 매일 두 사람에게 통닭 한 마리가 주어지는데, 날마다 혼자서만 먹겠다고 싸우다가 이가 부러지고 여기저기 할퀴어져서 피가 나고 지는 쪽은 아무것도 먹지 못한다고 해봅시다. 그러다가 둘이 어떤 규칙을 만들고 그 규칙에 합의를 합니다. '우리 이러지 말고 반반씩 나누어 먹자. 그래야 다치지도 않고 굶지도 않으니.' 거기서 더 나아가 '혹시 너희 집에 소금 없냐? 우리 집에는 식초와 무가 있다. 그냥 먹지 말고 소금도 찍어서 먹고, 쌈 무도 만들어 먹자' 하면서 교환과 거래도 합니다. 이렇게 합의된 것은 규칙이 되고요. 그래야 자신의 욕망을 충족할 수 있기에 계산적 이성을 발휘하는 것입니다.

순자는 인간이 욕망 덩어리이긴 하지만 눈앞의 한순간의 욕망 충족만을 바란다고 보지 않았습니다. 지속 가능한 욕망의 추구와 충족을 바랍니다. 그렇기에 계산적 이성을 발휘해 규범도 만들고 합의도 하며, 이기심과 이성이 금방 계몽되어 사회의 규범과 규칙을 수용하고 타인을 배려하는 인간이 될 수 있다고 본 것이죠. 이렇듯 순자는 지력과 이성이란 것을 낙관했어요. 그것이 있기에 좋은 문화와 관습·규범을 만들고 존중할 수 있다고 보았지요. 협력을 통해 이 사람 저 사람 두루두루 이롭게 해주는 규범을 만들어내고, 내 욕망을 지속적으로 충족하기 위해 그 규범을 받아들이는 것 모두 인간의 지력 덕분이라고 생각했습니다. 지력과 계산적 이성은 욕망에서 나온 계몽된 이기심이라 할 수 있는데, 욕망 덕분에 규범의 제작자·합의자·수용자가 될 수 있다고 본 것이죠.

이렇듯 장자와 순자는 본성의 문제만이 아니라 계산적 이성과 지력의 문제를 보는 관점도 달랐습니다. 예를 들어 도道 같은 경우, 장자는 도를 인간을 포함해 온 세계 만물을 포괄하는 원리로 말했지만, 순자의 도는 철저히 인도人道였습니다. 인간 사회의 법칙과 법도로서 인간에게만 한정했지요. 그리고 장자는 무용지용無用之用이라고 해서 쓸모없음의 쓸모라는 것을 말했습니다. 쓸모없는 인간이 되어야 잘 산다는 역설인데, 사회가 강제하는 특정한 유형의 쓸모 있는 인간이 되려고 애쓸 것 없다고 했습니다. 그러면 인간이 불행해진다고요. 이에 비해 순자는 각자 철저히 쓸모 있는 인간이 되고 그런 상태에서 분업과 교환을 해야 모두가 잘 살 수 있다고 했지요. 그러니 어떻게든 쓸모를 가지라고 했지요. 순자가 말하는 쓸모(用)를 보면 다분히 장자를 겨냥해서 한 말 같은데 긍정적이고 필수적인 것으로 보았습니다.

순자, 춘추전국시대의 성공학 전도사

그리고 장자는 자연을 심미적 질서를 가진 조화와 균형의 세계라고 보았지요. 장자에게 자연은 인간이 절대 건드려선 안 될 것입니다. 이에 비해 순자는 자연을 객체로서, 적극 이용해야 할 대상으로 보았습니다. 인간이 노력해 적극적으로 바꿔가지 않는다면 둑을 쌓기 전의 범람하는 강처럼 인간 삶에 위협적인 조건이 되기 쉬운 것으로 보았지요. 이렇게 장자와 순자는 둘 다 자연에서 종교적·도덕적 의미를 찾지는 않았지만 자연을 보는 시각이 같지 않았습니다. 인간이 손을 대야 할 것(순자)과 내버려두어야 할 것(장자), 이렇게 다르지요.

그리고 장자는 이도관지以道觀之를 말했습니다. 모든 것을 도로써 보라는 것인데, 자연의 질서이자 원리인 도로 보면 모든 사물이 똑같습니다. 차별 없이 있는 그대로 보면 우열·미추·선악으로 재단할 수 없기에 똑같아 보입니다. 그것이 바로 제물齊物이고 도통위일道通爲一이지요. 만물이 조화롭게 보이는데(齊), 도를 통해 보면 모든 사물과 사태는 하나이기 때문입니다(道通爲一). 이렇게 통합과 하나를 강조하는 장자와 달리, 순자는 분分을 말합니다. 쪼개서 보는 것을 좋아하는데, 일단 인간은 수직적 질서를 지켜야 합니다. 분수를 알아야 하고, 분수 내에서 각자의 욕망을 추구해야 합니다. 그리고 수평적 질서인 사회적 분업分業도 중요하지요. 각자의 사회경제적 지위에서 충실히 일하면서 사회의 분업체제가 잘 돌아가게 해야 합니다.

순자는 이렇게 맹자보다는 장자와 함께 논해야 할 사상가입니다. 그래야 순자의 모습과 주장이 뚜렷이 보이지요. 이 둘 사이를 가르는 가장 큰 차이는, 제가 보기엔 사회와 사회화를 보는 관점이 아닐까 합니다.

제자백가, 인간을 말하다

인간, 무조건 사회적 존재

사회학자·사회철학자 순자에게 인간은 무조건 사회적 존재입니다. 장자처럼 자연과 사회의 경계를 흐릿하게 이야기하고 인간은 자연의 질서인 도 안에서 살아야 한다고 주장하는 것을 순자는 상상도 못합니다. 그러잖아도 장자가 자연 세계와 인간 세계를 제대로 구분하지 못했다고 비판하기도 했죠. 순자는 자연 속에 용해된 인간, 동물과 함께 노니는 인간은 감히 생각지 못했습니다. 사회적 존재인데 자연 속에서 살자니요? 인간은 무조건 공동체 안에서 살아야 합니다.

그런데 인간을 철저히 사회적 존재로 보았다고 해서, 순자가 늘 인간을 집단으로만 보지는 않았습니다. 묵자처럼 순자도 개인을 사회 구성의 기본단위로 간주했습니다. 개체화된 인간을 국가 구성의 기본단위로 보고, 그 개인은 서로 영향을 주고받는 사회 속의 존재라 보았습니다. 그렇기에 사회속의 존재인 개인이 각자 이로움을 추구하다 보면 다툼과 갈등이 일어날 여지가 많다고 봤는데, 이처럼 개인과 사회를 보는 눈은 묵자와 유사합니다.

물과 불은 기가 있지만 생명은 없다. 초목은 생명이 있지만 지각은 없다. 금수는 지각은 있지만 의로움이 없다. 인간은 기·생명·지각이 있고 또한 의로움도 있다. 그러한 까닭에 세상에서 가장 귀한 존재가 된다. 힘으로는 소만 못하고 달리는 것으로는 말보다 못함에도, 소와 말을 인간이 부릴 수 있는 근거는 무엇인가. 바로 인간은 무리를 이룰 수 있고, 저들은 무리를 이룰 수 없기 때문이다.[179] -《순자》〈왕제편〉

순자는 인간이 다른 존재보다 위에 있을 수 있는 이유를 무리를 이루는 인간의 능력에서 찾았습니다. 즉 사회를 이룰 수 있다는 사실에서 찾은 거지요. 모여 사니까 인간입니다. 인간은 군집 생활을 하지 않을 수 없습니다. 순자는 인간이 무리를 이룬다는 사실이 인간 생존의 가장 기본적인 조건이라고 말했는데, 사회가 해체된 상황에서는 인간이 생존할 수 없기 때문이죠. 무조건 모여 살아야 하는 인간이 각자 이익을 찾고 욕망을 향해 달려가니 혼란과 무질서가 일어나기 쉽습니다. 갈등이 극단으로 치닫기도 하지요. 이것이 사회의 모습이고, 그 속에 사는 인간의 모습입니다.

하지만 군집 생활을 할 때에만 생존할 수 있는 존재인 인간이 단순히 모여 살기만 하는 것은 아닙니다. 모여 사는 상태에서 질서 있는 생활을 도모할 수 있는 존재이지요. 조화로운 집단생활을 모색할 수 있는 가능성과 능력, 공동체 질서를 받아들이는 인간의 모습이 바로 의입니다. 위에서 다른 짐승은 의가 없지만 인간은 의가 있다고 하지요? 여기서 의는 공자나 맹자 식의 정의나 의로움이 아닙니다. 집단생활을 해나갈 수 있는 능력, 공동체 구성원과 협력을 일구며 사는 모습입니다.

그리고 인간이 모여 살면서 질서와 조화를 이루는 데 열쇠가 되는 것이 바로 앞서 말한 분分입니다. 인간은 분을 통해 의로움을 이룩하고 완성할 수 있습니다.

그러나 무리를 이루고서도 아무런 구분이 없으면 다툼이 생기고, 다툼이 생기면 혼란스러워진다. 혼란스러워지면 서로 떨어진다. 서로 떨어지면 약해지고, 약해지면 다른 존재를 이길 수 없다. 그런 까닭에 집을 얻어 거처할 수 없어진다. 잠시라도 예법과 의로움을 버려서는 안 된다고 말하는 것은 이 때문이다.[180] - 《순자》〈왕제편〉

모여 살고 있는 상황에서 구분이 없으면 혼란해져 인간은 서로 떨어져 나가고, 결국에는 무리의 파괴 즉 사회의 해체로 이어진답니다. 파괴적 갈등으로 인한 해체를 막기 위해 어떻게든 구분을 지은 채 공존하며 살아야 하는데, 그 구분이란 것이 무엇일까요? 바로 예법과 의로움입니다.

인간은 어떻게 무리를 지어 살 수 있는가? 구분을 통해서다. 구분은 어떻게 실현될 수 있는가? 의로움을 통해서다. 그런 까닭에 의로움으로 구분하면 조화로워진다. 조화로우면 하나가 된다. 하나가 되면 힘이 많아진다. 힘이 많아지면 강해지고, 강해지면 다른 존재를 이겨낼 수 있게 된다. 그런 까닭에 집을 짓고 거처할 수 있게 된다. 그런 까닭에 사계절의 순서에 따라 만물을 제어하고 천하를 모두 이롭게 할 수 있는데, 다른 이유 때문이 아니다. 구분과 의로움 때문이다. 이러니 사람이면서 무리를 이루지 않을 수 없는 것이다.[181] - 《순자》〈왕제편〉

예법의 핵심 원리인 분을 쉽게 말하자면 신분, 즉 수직적 질서입니다. 순자는 유가답게 수직적 질서와 신분 질서를 긍정하는데, 각자의 수양 정도와 학식에 따라 신분과 사회적 위상이 달라야 합니다. 그리고 사회적 재화는 신분이 높은 사람은 많이, 신분이 낮은 사람은 조금 차등적으로 가져야 하는데, 각자가 분수에 맞게 욕망을 누리라는 것이죠. 그러한 구분은 예가 규정하며, 의로움이라는 말로도 표현할 수 있습니다. 순자의 의로움은 앞서 말한 대로 집단생활을 조화롭게 할 수 있는 능력과 집단생활을 하는 모습 그 자체인데, 종적 질서를 뜻하기도 합니다.

순자는 인간이 무리를 이룬 이상 종적 질서를 만들어내고 준수해야 조화롭게 더불어 살 수 있다고 생각했습니다. 즉 순자의 의는 종적 질서—차등적 신분을 구분해서 조화로운 집단생활을 할 수 있는 능력(가능성)입니다. 신분이 높은 사람과 낮은 사람이 있고 다스리는 사람과 다스림을 받는 사람이 있듯이, 그렇게 종적인 형태로 사람들이 분업을 해서 살아가는 것이 순자의 의입니다. 그 의로움을 지켜야 합니다.

집단생활을 하는 만큼 신분 질서에 큰 불만이 없어야지요. 나는 학식이 모자라고 노력을 덜해서 이 자리에 있으니 내 분수껏 이 정도만 누려야지, 하면서 만족해야 합니다. 그렇게 자신의 본분에 충실하게 살면서 사회의 한 부분으로서 기능을 다해야 합니다. 인간은 그럴 수 있습니다. 그렇게 살아야만 사회가 존속되고 그 안에서 내가 편히 살 수 있다는 것을, 인간은 받아들일 수 있다고 순자는 보았습니다. 분수껏 사는 위계질서가 있는 것이 좋다고, 즉 의를 받아들일 수 있다고 보았습니다. 그런데 이러한 의는 인간이 날 때부터 가지고 태어나는 내재적인 도덕 덕목이 아닙니다. 성취해야 할 것이고, 배워서 수용해야 할 사회적 덕목입니다.

군집 생활을 해야만 살 수 있는 인간, 하지만 자연 상태의 인간은 욕망이 많아 그저 얻고자 달려갑니다. 그렇게 자연적 본성이 제어되지 않은 상태에서는 그저 서로 미워하고 싸우게 됩니다. 인간의 욕망에 비해 경제적·정치적 재화는 한정되어 있다 보니 그런 것이죠. 그래서 순자는 분을 말합니다. '한정된 재화에서는 모두의 욕심이 채워질 수 없다. 각자가 가지는 몫이 같을 수 없으니 학식과 인격을 기준으로 종적 분업의 상태에서 가지는 몫을 차등화하자. 그리고 그런 질서를 수용하자.' 그것이 바로 의로움인데, 태어날 때의 인간은 그런 의로움을 모릅니다. 사회의 질서도 모르고, 분의 질서를 핵심으로 하는 예라는 것도 모르지요. 자연 상태의 인간은 그렇습니다. 모두 다 배워서 알게 되고 사회화 과정을 거치면서 내면화하는 것이죠.

결핍된 존재로서의 인간

선한 행동을 하기를 원하는 모든 사람은 그 본성이 악하기 때문에 그렇다. 박하기 때문에 두텁기를 바라고, 추하기 때문에 아름답기를 바라며, 좁기 때문에 넓기를 바라고, 가난하기 때문에 부유하기를 바라며, 천하기 때문에 귀하기를 바란다. 자기 안에 없는 것은 바깥에서 구할 수밖에 없다. 그러한 까닭에 부유하면 재물을 바라지 않고, 고귀하면 권력을 원하지 않는다. 이로써 사람이 선하기를 바라는 것은 그들의 본성이 악하기 때문이라는 것을 알 수 있다. 지금 인간의 본성은 본디 예의가 없었다. 그렇기 때문에 인간은 열심히 배워서 그것을 갖기 위해 힘쓴다.[182] - 《순자》〈성악편〉

순자에게 인간은 결핍입니다. 태어날 때 결핍된 채로 태어납니다. 자연적 본성 그대로의 인간을 결핍으로 본 것인데, 도덕과 윤리·규범에 대한 관념이 없는 상태란 악하다기보다는 결핍·공백 상태로 보는 것이 사실 더 정확합니다. 아무것도 없는 백지 상태와 같기에 어떻게든 규범과 윤리를 채워 넣어야 합니다.

정말 백지 같아서 '태어날 때 인간에게 선과 윤리란 게 존재하지 않으니 악하다고 해도 무방하지 않을까? 그러니 결핍이나 악한 것이나 같은 말 아닌가?' 할 수도 있는데 맞는 말입니다. 결핍되었으니 악입니다. 그런데 어쩌면 선천적으로 인간에게 도덕과 선·윤리란 것이 있다는 것이 오히려 어불성설 아닌가요? 순자의 생각이기도 하지만 그것이 상식에 맞을 것 같습니다. 그렇지 않으면 사실 학교고 가정교육이고 무엇이 필요하겠습니까?

그런데 순자는 결핍을 단순히 부정적으로만 말하지 않고 미未·미유未有라는 말을 많이 했습니다. '아직 없다', '아직 가지지 못했다', '아직 채워 넣지 못한 상태', '아직 배우지 못했다'는 뜻입니다. '(도덕을 수용해야 하는데) 아직 없다', '(예를 배워야 하는데) 아직 못 배웠다'처럼, 인간이 후천적으로 습득하고 채워 넣어야 할 것이 있음을 전제로 말했죠. 그래서 '아직'이라는 말을 거듭했는데, 순자의 성악설은 인간이 악하다는 규정이 아니라 인간의 결핍을 지적한 말이라고 알아두면 좋습니다.* 악한 것이 아니라 아직 없는 겁니다. 아직 가지지 못한 거고요.

〈성악편〉을 제외하고는 인간을 그렇게 설명하는 경우가 많습니다. 예를 좀 들어보지요. 공부를 게을리하고 수업시간에 딴 생각을 많이 해서 아는 것이 없습니다. 교과 내용이 내 안에 들어 있지 않습니다. 그럼 어떻게 해

---

* 앞서 순자의 성악설을 인간이 악한 것이 아니라 사회가 혼란하다는 뜻이라고 했는데, 이것이 인간의 결핍이라는 규정과 모순되지 않습니다. 결핍된 인간이 모여 사는데 인간에게 윤리가 채워 넣어지지 않아 결핍된 상태가 개선되지 않는다면 사회는 혼란스러울 수밖에 없죠.

야겠습니까? 예전과 다르게 열심히 공부하고 예습 복습 열심히 해서 내 안에 채워 넣어야겠지요. 그럼 성적이 오를 수 있고 장학금도 받을 수 있을 테니 어떻게든 결핍된 것을 채워 넣어야 합니다. 내적 자연인 인간도, 외적 자연인 인간 밖의 모든 다른 조건도 결핍된 상태라면 그대로 둬선 안 되죠. 인간이든 자연이든 결핍되어 있으면 채워 넣어야 합니다.

사람의 손길이 닿지 않은 강은 여름만 되면 범람합니다. 그것을 내버려두지 않고 인간이 능동적 행위로 땅을 파고 제방을 쌓아서 홍수를 막습니다. 결핍된 자연에 인간의 손길을 채워 넣은 것이지요. 옷감 위에 실로 아름답게 수를 놓아, 그것을 팔아서 돈을 법니다. 채워 넣어서 이득을 누린 것입니다. 태어났을 때는 천둥벌거숭이에 지나지 않는 인간도 예의와 교양을 채워 넣어 어엿한 사회인으로 만들어지지요. 인간은 본디 결핍입니다. 하지만 사회화되면서 채워 넣게 됩니다. 그렇게 하면서 변화하지요.

순자에게 인간의 출발점은 부정의 계기로서만 존재합니다. 자연적 본성만 있는 인간은 잔액이 없는 통장과 같습니다. 아무것도 없으니 그 상태에 만족하면 안 됩니다. 머무르면 안 되죠. 부정해야 합니다. 결핍의 상황을 나쁘게 생각해야 합니다. 없는 것에 불만을 가지고, 없는 것을 채워 넣으려고 해야 합니다. 내게 선이 없으면 선이 없는 것을 스스로 안타깝게 여기고, 아름다움이 없으면 아름다움을 가지지 못했음을 부정적으로 여기며 이래서는 안 되겠다고 생각해야 합니다. 이러한 강한 부정에서 출발해야 합니다.

인간이 자신의 결핍 상태에 대해 가지는 인지와 부정은 도덕 수양과 학습, 사회화의 주요 동력이 됩니다. 순자가 생각하기에, 결핍 상태에 대한 분명한 인식 및 혐오와 이를 극복하려는 노력이 바로 성인·군자가 되려는 노력의 시작이며 근본적인 동력입니다. 이것을 장원태 선생님은 자기부정의 능동성이라고 했지요.* 결핍된 자신에 대해 인지하고 그것을 문제라 생각하면 그때부터 능동적으로 자기 안에 윤리와 선을 채워 넣어야 한다고, 순자는 적극 강조합니다.

장자는 비워야 한다고 했는데 순자는 채워야 한다고 합니다. 장자는 사회에서 주입한 것을 덜어내야 한다고 했는데, 순자는 무엇이라도 가르쳐서 채워 넣어야 한다며 문명에 의한 사회화를 긍정하지요. 사회화된 사람만이 인간이라고 했고요. 그 사회화란 것은 수용하는 것입니다. 결핍된 인간이 수용하게 하는 거죠. 그리고 그 수용과 사회화의 과정은 주로 배움을 통해 이루어집니다.

본성의 변화, 사회화

타고나는 본성은 우리가 어찌할 수가 없지만 교화할 수는 있다. 노력을 쌓아간다는 것은 우리가 본디 타고나는 것은 아니지만 노력을 쌓도록 노력할 수 있다. 노력으로 습속을 바로잡아 가노라면 본성을 교화할 수가 있다.[183]
－《순자》〈유효儒效편〉

---

*   장원태, 〈전국시대 인성론의 형성과 전개: 유가, 묵가, 법가를 중심으로〉, 서울대학교 박사학위 논문, 2005.

제자백가, 인간을 말하다

여기서 순자가 말한 화성化性은 성을 변화하게 한다는 것인데, 순자는 이를 자신합니다. 자연적 본성은 타고나기에 어쩔 수 없지만 후천적 배움과 노력을 통해 얼마든지 바꿔갈 수 있지요. 자연적 본성을 훌륭한 사회적 본성으로, 제2 본성으로 대체할 수 있습니다.

> 길거리의 백성이라고 하더라도 선을 쌓아 완전함을 다하면 성인이라 한다. 선을 추구함으로써 얻었고, 선을 행함으로써 이루어졌으며, 선을 쌓음으로써 높아졌고, 선을 다한 뒤에야 성스러워졌다. 그러므로 성인이란 사람이 선을 쌓은 결과이다.[184] -《순자》〈유효편〉

저잣거리의 백성도 노력하면 됩니다. 노력을 계속해서 쌓아나가면 성인이 될 것입니다. '채워 넣음'을 순자는 '적積'이라는 말로도 표현하는데, 누적하는 것이죠. 지속적 노력을 통해서요. 그 노력의 핵심은 배움입니다. 배움을 통해 인간 본성이 바뀔 수 있어요. 스승에게서 배우고 배운 것을 실천하면서 인간 본성이 바뀔 수 있습니다. 순자에게 인간은 생물학적 의미에서 한 번, 사회학적 의미에서 한 번, 이렇게 두 번 태어나는 존재입니다. 그래서인지 순자는 인간의 성장을 애벌레가 나비가 되는 과정으로 비유하기도 했습니다. 완전히 탈바꿈하는 것입니다. 다시 태어난다는 말로도 좀 부족한데 어쩌면 거의 단절적 변화라고 할 수 있지요. 그만큼 사회화와 바람직한 사회적 본성을 갖추는 것을 엄청난 일로 여겼습니다.

배움을 통해 본성의 변화를 꾀할 수 있다고 했는데, 그럼 배움의 대상은 무엇일까요? 바로 예입니다. 예를 배우고 거듭 실천하면 인간 본성은 바람직하게 변할 수 있고, 변화된 인간끼리 조화된 사회를 만들어갈 수 있습니다. 이 예는 단순히 매너와 예절이 아니라 총체적인 사회규범과 문화입니다. 이제 예에 대해 설명하기 전에 앞서 한 이야기를 정리해보죠. 그러면서 예가 왜 필요하고 순자가 왜 예를 역설했는지 보겠습니다.

① 인간은 생존하기 위해 집단생활을 할 수밖에 없다.
② 인간은 무한한 욕구가 있다. 하지만 세상에 이를 채워줄 경제적 · 정치적 재화는 유한하다.
③ 이런 상태에서 인간이 욕구를 아무런 제약 없이 추구하면 사회가 혼란해져 인간의 생존 자체가 위협받는다. 즉 사회가 파괴되고 공동체가 붕괴하면 결국 인간은 욕망을 충족할 길 자체가 없어져 생존할 수가 없다.
④ 이를 피하기 위해 집단생활의 원칙인 규범을 만들어낸다.
⑤ 그 규범은 신분을 구분해 종적 질서에 따라 인간이 충돌 없이 욕구를 채울 수 있게 한다.
⑥ 그 규범이 바로 예이다. 사람은 예를 지키며 조화롭게 살아가고 예에 애착한다.

예는 어디에서 생겨났는가? 사람은 태어날 때부터 욕망이 있다. 욕망하는 바를 얻지 못하면 그것을 끝없이 추구한다. 추구함에 일정한 기준과 한계가 없다면 다투지 않을 수 없다. 다투면 혼란해지고 혼란해지면 (한정된 재화가) 바닥이 난다. 선왕은 이러한 혼란을 싫어해 예와 의로움을 제정해 사람마다 분수를 정해주고 (이 분수에 따라) 사람의 욕망이 채워지게 하며 사람이 원하는 것을 공급케 했다. 그리하여 반드시 욕망으로써 물건을 궁해지지 않게 하고 반드시 물건이 욕망에 꺾이지 않게 함으로써 이 두 가지가 서로 균형 있게 발전하게 했는데 이것이 예가 생겨난 기원이다.[185] –《순자》〈예론禮論편〉

선왕이란 이상적 군주이며 예외적 존재입니다. 그가 무질서한 모습에 혐오를 느껴 예라는 규범을 제정함으로써 인간 사회에 반전이 일어나네요. 그는 슈퍼맨일까요? 사람들이 말하는 '그분'일까요? 순자는 정말 특출한 '그분'이 오셔서 인간 사회를 바꾸었다고 했을까요? 순자는 여러 명의 선왕을 인정했는데, 즉 규범의 제작자가 한 명이 아니라 다수였다는 의미입니다.

시대마다 사회문제를 해결하기 위해 애썼습니다. 선왕을 중심으로 문제를 해결하려고 했고, 그러면서 규범·관습·문화가 만들어졌으며, 시간이 흘러 관습과 문화가 축적됐습니다. 그렇게 만들어지고 전해져 내려와 지금도 써먹는 것이 순자가 말하는 예라고 생각하는데요.

선왕이 단 한 사람(the only one)이 아니라 다수의 사람이고, 예는 역사적 변천을 거쳐 만들어진 인간 사회의 집단적 성취의 산물입니다. 이렇게 선왕은 규범이 결핍된 사회에 예를 부여합니다. 그래서 사람이 분수껏 욕망을 추구하게 합니다. 절제와 충족의 이중주, 절제하면서 충족하고 정해진 선 안에서 적당히 만족을 누리며 사회 구성원 간에 갈등 없이 살아갑니다. 욕망을 무한정 추구하지 않고 규범의 틀 안에서 누리며 서로 조화롭게 살아가는데, 그렇게 욕망의 누림과 조화로운 집단생활 두 가지 목적을 모두 이루기 위해 예란 것이 만들어졌죠.

예로써 욕망을 얻는다

나라를 다스리는 일을 얘기하면서 욕망을 없애야 한다고 주장하는 자는, 욕망을 잘 인도해줄 생각은 하지 않고 사람에게 욕망이 있다는 사실로 곤혹스러워하는 자이다. 나라를 다스리는 일을 얘기하면서 욕망을 적게 가져야 한다고 주장하는 자는, 욕망을 조절해줄 생각은 하지 않고 사람에게 욕망이 많다는 사실로 곤혹스러워하는 자이다.[186] - 《순자》〈정명正名편〉

예라고 하면 이것을 지켜라, 저것을 하지 마라 같은 금지와 금기 또는 어떤 권위, 아랫사람이 윗사람에 지켜야 할 의무나 순종을 강요하는 것으로 생각하기 쉬운데, 순자가 말하는 예를 보면 억압과 금기보다는 누리고 풀어주고 즐기고 하는 욕망의 충족 이야기가 많습니다. 예는 인간의 감정과 욕구가 적절히 발현되면서 만족을 느끼게 해야 합니다. 그래야 예입니다.

앞서도 말했지만 순자는 개인의 욕망과 이로움에 대한 추구를 절대로 부정하지 않았지요. 순자는 욕망을 부정하려는 모든 이론과 사상을 거부합니다. 그래서 묵자와 송견宋鈃이라는 학자를 비판했는데, 욕망을 없애거나 줄여야 한다는 이론은 비현실적이라고 했지요. 첫째도 현실, 둘째도 현실, 현실을 중시하는 사회학자 순자는 사회를 구성하는 기본단위인 개인의 욕망을 변화하게 하거나 적절히 충족하게 유도할 수는 있어도 절대로 없앨 수 없다고 보았습니다. 그래서 욕망을 없애거나 최소화하는 것을 목표로 하는 공적 규범은 있어서도 안 되고 있을 수도 없다고 보았습니다.

이러한 욕망관에 기반을 둔 규범관은 당시 한참 치고 올라오던 신흥세력의 세계관이 반영된 것입니다. 또 순자가 장시간 머무른 제나라의 부유함에도 영향을 받았지요. 생산을 증대하고 그 재화로 더 많은 사람을 먹여 살려 너도 나도 잘 살아보자는 시대의 요구와 분위기에 영향을 받은 순자는 인간이 더 잘 살 수 있다고 생각했고, 인간에게 욕망이란 동력이 있기에 더 풍요로운 내일을 그릴 수 있었습니다. 규범을 잘 만들고 잘 지키면 인간의 욕망이 문제될 것이 하나도 없다고 본 것이죠. 즉 규범을 통해 적당히 조절하면서도 지속적으로 추구할 수 있게 해주면 인간의 욕구·욕망이 사회의 무서운 자원이 될 수 있다고 생각했습니다.

욕망을 통해 발전을 이룰 수 있다는 순자의 생각은 법가와 분명 접점이 있습니다. 순자가 제시한 예는 욕망이 불러오는 무질서와 갈등에 대한 규제자만이 아니라 지원자이기도 합니다. 이러한 예·규범에 대한 순자의 이해는 욕망에 대한 추구를 인간의 일차적 조건으로 생각한 신흥세력의 인간 이해를 수용한 것입니다. 법가도 그런 신흥세력의 욕구를 수용했는데, 법가나 순자나 모두 욕망의 추구를 사회 힘의 원동력으로서 긍정했습니다. 욕망에 대한 맹자의 편협한 인식과 분명히 차별되는 부분이지요.

그러나 순자도 욕망의 무한정 추구는 곤란해 합니다. 사회의 존립을 위협하기에 마음껏 누리는 것은 안 됩니다. 생존의 전제조건인 사회는 무조건 유지되어야 하지요. 사회가 존속해야 개인도 생존할 수 있고 지속적으로 욕망을 충족하며 살 수 있기 때문입니다. 그러므로 개인의 욕망은 어디까지나 사회의 존속·유지를 전제로 합니다. 사회가 존속·유지되고 발전하면서 개인이 욕망을 충족하고 삶에 만족을 느끼게 하기 위한 규범과 문화가 바로 예인데, 순자는 결핍된 인간이 얼마든지 예를 받아들일 것이라고 보았습니다. 인간은 위험을 피하고 싶어 하고, 생존하고 싶어 하며, 지속적으로 욕망을 누리고 싶어 하니까요.

순자는 예가 타인과 협력하며 사회에서 편히 살게 해주어 나에게 이로운 것임을 사람들이 분명히 인식할 수 있다고 보았습니다. 그리고 살면서 그런 인식은 더욱 강화될 것이라고 보았죠. '예가 좋다, 예를 지킬수록 나에게 득이 된다'는 인식이 더욱 강화돼서 새로운 천성인 사회적 본성이 생겨나, 타인을 배려하고 분수를 지키며 본분에 충실한 인간으로 살 수 있다고 낙관했습니다. 그렇게 해서 제2 본성이 생긴다면 자연적 본성대로 살던 옛날로, 사회화되기 전의 모습으로 돌아가지 않는다고 자신했지요. 순자는 이를 음식으로 비유하면서 설명했습니다.

> 어떤 사람이 태어나 한 번도 쇠고기나 돼지고기 그리고 쌀과 기장을 먹어본 적이 없고 오직 콩과 콩잎, 지게미와 겨만을 보아왔다면, 이 정도만 해도 만족스럽다고 생각할 것이다. 그러다가 갑자기 쇠고기나 돼지고기 그리고 쌀과 기장을 보면 깜짝 놀란 눈으로 이렇게 말할 것이다. "이 무슨 괴상한 음식이지?" 그러다가 음식의 냄새를 맡아보아 코에 흡족하고 맛을 보아 입에 달며 먹어보아 몸에 잘 맞으면, 이전의 음식을 버리고 대신 새로운 음식을 택하지 않는 사람이 없을 것이다.[187] –《순자》〈영욕편〉

사람이 쇠고기·돼지고기·쌀·기장 같은 것은 보지도 못하고 오직 콩·콩잎·지게미·겨 같은 것만을 먹고 살았다면, 매일 이것들만 먹어도 만족하겠지요? 하지만 어느 날 누군가 쇠고기·돼지고기·쌀·기장을 가지고 와서 같이 먹자고 합니다. 그래서 먹어보니 입에 달고 소화도 잘됩니다. 참 맛있었지요. 그래서 매일 그것들을 먹었습니다. 그렇게 되면 그가 쇠고기와 쌀을 버려두고 다시 옛날처럼 먹으려고 할까요? 지금도 오지에 가서 탐험하고 이런저런 조사하는 분의 말을 들어보면, 아마존에 사는 원주민도 핫도그니 아이스크림 등을 한번 맛보면 너무 맛있어 하면서 예전에 먹던 것을 먹기 싫어한다고 합니다. 순자가 보는 예란 그런 것입니다. 훨씬 더 맛있는 음식입니다. 훨씬 더 좋은 주거환경입니다. 예를 모르던 사람이 예를 배우고 예 안에서 사는 것은, 장시간 도보로 통근·통학하던 사람이 승용차를 타고 왔다 갔다 하는 겁니다. 그리되면 누가 걸으려고 할까요? 그런 바보는 없을 겁니다.

예는 유가가 말하는 규범입니다. 예를 모르거나 받아들이기 전의 집단이 있다고 합시다. 그 집단이 유가적 예는 모른다고 하더라도 사람들이 모여 사니 그 나름의 규범이 있을 겁니다. 그런데 그들이 고수하던 기존의 규범보다 유가적 규범인 예가 훨씬 우월해서 예를 받아들이기만 하면 만족감을 느끼기에 과거의 조악한 규범으로 돌아가지 않는다는 것이죠. 예를 지키는 인간, 예를 제2 본성으로 만들어내는 인간이 됩니다.

나무가 곧아서 먹줄에 딱 들어맞더라도 구부리면 바퀴가 된다. 그 굽음은 그림쇠에도 딱 들어맞는다. 이때에는 힘을 가해도 다시 곧게 만들 수 없는데 구부리는 가공이 그렇게 만들었기 때문이다.[188] -《순자》〈권학勸學편〉

순자 말대로 나무가 바퀴가 되고 가구가 되면 도로 나무가 될 수는 없겠지요. 절대 안 바뀝니다. 다시는 옛날로 돌아가지 않습니다. 왜냐? 예가 나에게 좋고 이롭다는 것을 알기 때문입니다. 사회화되어 얻은 사회적 본성대로 살면서 늘 만족해왔고 그것을 버리면 나에게 큰 손해가 온다는 것을 알거든요. 예를 배우고 거듭 실천해서 만들어진 후천적·사회적 본성은 변하지 않습니다.

계산하는 이성

예를 배우기 전에는 남들과 싸우면 나도 다치고 내 삶에 위협이 되기에 전전긍긍하지만, 예를 통해 타인과 사회를 만나면 싸우지도 않고 자신의 욕망을 누리면서 삶에 더 큰 만족을 얻을 수 있습니다. 더욱 단순화해 말하자면, 예가 없는 삶보다 예가 있는 삶이 나에게 여러 가지로 이롭습니다. 그 정도 계산은 누구든 할 수 있지요. 그래서 사람들이 예를 받아들이고 고수할 것이라고 순자가 낙관한 것입니다. 순자는 장자가 싫어한 지력, 계산하는 이성 덕분에 예가 만들어지고 수용되어 사람들이 늘 간수할 것이라 보았지요.

　순자는 인간의 계산적 이성을 전제하고 또 신뢰합니다. 인간에겐 계산적 이성이 있고, 늘 계산적 이성이 제대로 기능하게 할 수 있습니다. 무엇이 나에게 손해이고 이득인지, 장기적으로 내 욕망의 충족에 어떤 것이 유리한지 따져보고 제대로 선택할 줄 안다는 겁니다. 묵자와 법가가 긍정한 계산적 이성을 정말 신뢰하는데, 쉽게 말해 인간 안에 저울이 있다고 보는 겁니다. 저울질하는 계산적 이성과 합리성이 인간에게 내재되었기에 예를 지킬

제자백가, 인간을 말하다

것이라고 낙관한 거죠.

인간 안의 저울에 대해 순자가 예를 들어 설명하기도 했지요. 지금 백성이 살아가는 것을 보면 닭과 개·돼지를 많이 기르고 소와 양도 기르는데도 식사할 때는 감히 술과 고기를 먹거나 마시지 않는답니다. 돈이 남아나고 창고가 가득 차 있는데도 비단옷을 걸치지 않는대요. 귀중품을 함과 장롱에 쌓아두면서도 밖에서 움직일 때는 감히 수레나 말을 타지 않는답니다. 왜 그럴까요? 정말 비단옷이나 술과 고기 등을 누리고 싶지 않아서가 아니라, 앞날을 생각해서입니다. 그래서 쓰고 싶어도 절약하면서 앞을 대비하는 것이죠. 인간이란 이렇게 계산하고 따져볼 줄 아는데, 그렇게 따져보는 것을 마음이 담당한다고 해서 순자는 마음 심心 자를 써서 표현하기도 했습니다. 쉽게 말해 마음이 계산적 이성이고, 마음이 따져본다는 거예요.

> 세상이 다스려지거나 어지러워지는 것은 마음의 판단에 달려 있지 감정에 딸린 욕망과는 상관 없는 것이다.[189] -《순자》〈정명편〉

> 욕망이 추구할 수 있는 범위 안에서 얻어진다는 것은 마음이 허락했기 때문이다.[190] -《순자》〈정명편〉

마음이 계산합니다. 이것을 받아들이는 것이 옳은지 아닌지, 나에게 장기적·단기적으로 이로운지 해로운지, 또 이렇게 하는 것이 예에 맞는지 안 맞는지 마음이 따져봅니다.

순자에게 마음은 내 안의 판관이고 군주입니다. 욕망과 감정 따위에 지배되지 않습니다. 앞서 장자 이야기를 할 때 성심 이야기를 하면서, 외부에서 욕망이 내 안으로 들어와 주인이 되어 나를 노비로 부리는 것이 특히 마음을 어지럽힌다고 했습니다. 장자는 욕망 때문에 마음이 딱딱하게 굳어져 외부 사물과 만났을 때 일어나는 감정과 의지를 인간이 제대로 제어하거나 판단하기 어렵다고 했지만, 순자는 그런 것 모릅니다.

순자는 마음을 일러 천군天君이라 했습니다. 내 안의 군주죠. 욕망·감정과 분리된 것이고요. 욕망·감정과 분리된 그 마음은 욕망과 감정을 통제할 수 있습니다. 천군인 그 마음이 내가 지금 추구하는 욕망이 과한지 아닌지 판단합니다. 지금 일어나는 욕망이 예에 맞는지 안 맞는지 판결 내립니다. 내 삶의 장기적 안정을 위해 이 규범이 필요한지 아닌지 따져보고, 그렇게 받아들인 예로써 내 감정과 충동, 현재 하려는 행동을 옳다 그르다, 적절하다 아니다 판단할 수 있습니다. 모두 계산하는 이성을 가진 마음 덕분입니다.

사람의 마음이 괜찮다고 판단한 것이 이치에 들어맞다면, 욕망이 비록 많다 하더라도 세상을 올바로 다스리는 데에 무슨 해가 되겠는가?[191] -《순자》 〈정명편〉

욕망을 추구하려고 하는데 그때 감독이 작전 타임을 외치듯이 마음이 타임을 외치고 계산을 해봅니다. 그러고 나서 그것이 가하다고 이야기합니다. 따져보니 이치에 맞거든요. 예의 범위에서 누릴 수 있거든요. 그러면 현재 나의 욕망이 많다고 해도 문제되지 않습니다. 그 욕망 때문에 타인에게 해를 끼치거나 공동체에 폐를 끼칠 일이 없어요. 마음이 그리 판단했으면 욕망을 추구해도 됩니다. 마음은 믿을 만한 저울입니다.

> 본성에서 생겨나는 좋아함과 싫어함, 기쁨과 분노, 슬픔과 즐거움을 감정이라고 부른다. 감정 또는 정서가 이렇게 생겨났을 때 마음이 이에 대해 선별하는 것을 사려라고 한다.[192] -《순자》〈정명편〉

뭔가를 보고 생긴 감정에 인간이 항상 지배당하는 것은 아닙니다. 외부의 영향에서 독립적인 마음이 능동적인 활동을 하기 때문입니다. 마음이 있기에 우리 인간은 그저 견물생심하는 존재가 아닙니다. 맛있는 음식을 보고 무작정 음식을 향해 달려가 입에 넣지 않습니다. 수중에 돈이 있는지 없는지, 집안 식구 중에 나보다 더 배고픈 이가 있는지 없는지 따져보지요.

외부 사물과 마주하면 지각이 일어나고 희로애락, 더 줄여서 호오의 감정이 이는데, 그 감정에 휩쓸려가지 않고 따져볼 수 있지요. 그것을 순자는 여慮, 즉 사려라고 했습니다. 그 여가 이런저런 감정과 생각이 일어났을 때 따져보며 옳고 그름을 판별해내는데, 그러한 계산적 이성 기능은 바로 마음이 하는 일입니다. 그리고 계산하는 이성이 늘 잘 작동하게 하기 위해 순자는 허虛를 말했지요. 비우라는 겁니다. 머리 안에 잡스러운 것을 버리라는 것이죠. 주판을 두들기고 계산기를 두들기는데 옆에서 누가 말하거나 마음이 콩밭에 가 있으면 안 되잖아요.

마음을 제대로 쓰지 않으면 검은 것이 바로 앞에 있다 하더라도 그의 눈은 보지 못하고, 천둥소리·북소리가 옆에서 들린다 하더라도 귀로 듣지 못한다. 하물며 마음이 딴것에 부림을 당하는 사람이야 어떻겠는가. …… 욕심에 가려지기도 하고 미워하는 감정에 가려지기도 하며, 일을 시작한다는 생각에 가려지기도 하고 일을 끝낸다는 생각에 가려지기도 하며, 멀리 있다는 생각에 가려지기도 하고 가까이 있다는 생각에 가려지기도 하며, 넓다는 생각에 가려지기도 하고 얕다는 생각에 가려지기도 하며, 옛것의 생각에 가려지기도 하고 현재의 생각에 가려지기도 한다.[193] —《순자》〈해폐解蔽편〉

순자는 잡념, 욕심, 감정과 같은 것들 때문에 마음이 제대로 기능하지 못함을 폐蔽라고 했습니다. 가려져 있다는 거죠. 뭔가 이물질이 끼어 작동이 안 되는 겁니다. 그럼 어떻게 해야겠습니까? 지저분하니 닦아내야죠. 허하게 해야 합니다. 장자가 강조한 비움을 순자가 가져와 창조적으로 수용했는데 표절은 아닙니다. 같은 뜻과 목적이 아니거든요.

장자의 허와 달리 순자의 허는 마음의 인식과 계산 기능을 최대한 제대로 발휘하기 위한 수단·도구에 가깝죠. 장자의 영향을 받았지만 창조적으로 수용했습니다. 쓸데없는 것 모두 버리고 마음이 예를 기준으로 내 감정과 의지를 판단합니다. 관찰하는 나와 관찰되는 나, 점검하는 나와 점검되는 나, 여기서 관찰하고 점검하는 주체는 나의 마음이고, 관찰되고 점검되는 객체는 나의 감정과 의지인데, 늘 그렇게 내가 나를 관찰·점검합니다. 그리고 관찰과 점검 끝에 올바르다 싶으면 의지대로 행하고, 아니다 싶으면 감정과 의지를 억제하는 식으로 늘 자기관찰self observation을 해야 합니다.

향후 자기관찰은 신유학의 호상학湖湘學과 율곡-서인 학파의 수양론의 핵심이 됩니다. 순자의 유학은 한나라가 망하면서 사라졌다고 생각하는 사람이 많지만 송·명 대에도 호굉胡宏-나흠순羅欽順-왕정상王廷相-왕부지 王夫之로 계승·발전되어서 생명을 이어나갔고, 특히 조선 유학에서는 주류 이다시피 했습니다.

인간의 감정

순자는 〈악론樂論편〉을 따로 지었고, 〈성상成相편〉과 〈부賦편〉에는 직접 만든 시와 노래도 나옵니다. 왜 그랬을까요? 예술적 재능과 미학적 열정 때문일까요? 그것보다는 순자가 인간의 감정에 주목했기 때문입니다.

> (음악은) 사람의 감정에서 벗어날 수 없다. 그러므로 사람에게는 음악이 없을 수가 없다. 즐거우면 곧 소리로 나타내고 행동으로 표현한다. 그래서 사람의 도는 소리와 행동으로 드러나고 본성의 변화는 모두 여기에서 발휘된다. 그러므로 사람은 즐거움이 없을 수가 없으며, 즐거움은 표현되지 않을 수가 없고, 그 표현이 도리에 맞지 않으면 곧 혼란이 없을 수가 없다.[194] -《순자》〈악론편〉

여기서 말한 감정과 음악은 순자의 성악설을 생각하면 쉽게 이해할 수 있습니다. 성악설은 혼란에 주목한 이론입니다. 그래서 순자는 혼란의 원인에 대해 집중 분석했는데, 인간의 욕망과 그 욕망에 비해 부족한 사회적 재화, 지배층의 착취 등을 이야기했죠. 그뿐만 아니라 감정에도 주목했습니다. 장자처럼 감정 때문에 혼란과 무질서가 일어날 수 있다고 했습니다. 그러니 어떻게 해야겠습니까? 잘 드러나게 해야죠. 적절히 발현되게 해주며 달래주어야지요.

위에서 순자가 언급했듯이 감정은 드러나지 않을 수 없다고 하지 않았습니까? 어차피 드러나지 않을 수 없으니, 음악과 같은 예술로써 적절히 드러나게 해야 한다는 겁니다. 음악과 함께 감정을 발산하고 다른 사람과 더불어 즐기면서 감정을 도야하고 고양할 수 있어야 인간 사회의 혼란과 무질서가 최소화된다고 했죠. 음악으로 대변되는 문화예술이 혼란에 대한 해법이기도 합니다.

순자 말대로 인간에게는 감정이 없을 수 없습니다. 욕망과 마찬가지로 없앨 수 없죠. 욕망과 붙어 다니거나 때론 욕망과 독립되어 인간을 끌고 다니는 것이 감정입니다. 그리고 꼭 욕망에서 감정이 파생되는 것이 아니라 감정에서 욕망이 만들어지기도 하는데, 혼란을 줄이고 인간을 수양하게 하려면 그 감정을 잘 달래고 정제된 형식으로 드러나게 해줘야 한다는 겁니다. 군부대에서 가끔 가수가 위문 공연하는 것도 그런 맥락이 아닌가 싶은데, 감정은 때론 즐겁게 발산되기도 해야 인간의 성정이 좋은 방향으로 변화하고 혼란이 억제될 수 있습니다.

순자는 성악설론자 중에서도 감정에 많이 주목했다는 점에서 다른 사람과 구분됩니다. 감정을 이야기하면서 음악 이야기를 한 것도 순자만의 특징이고요.

노래와 음악은 사람에게 미치는 영향이 매우 크고 사람을 매우 빠르게 변화하게 한다. 그러므로 옛 임금은 삼가 그 형식을 갖추게 했다. 음악이 중정中正하고 화평하면 곧 백성은 화합하며 빗나가지 않고, 음악이 엄숙하고 장중하면 곧 백성은 질서가 있어 어지럽지 않게 된다.[195] -《순자》〈악론편〉

인간의 감정으로 인한 혼란에 음악이 대안이 됩니다. 음악으로 적절히 달래고 풀어주어 일탈을 막을 수 있고, 사람이 변화하도록 선도할 수 있습니다. 그러니 과거의 이상적인 지도자는 백성의 교화와 화합을 위해 음악을 중시했지요.

순자는 음악을 비롯한 문화예술의 가치를 과소평가하고 부정적으로 본 묵자를 많이 비판했습니다. 묵자는 주로 〈비악非樂편〉에서 음악을 비롯한 문화예술에 대해 부정적인 시각을 드러냈지요. 만백성이 즐기는 것이 아니라 주로 귀족만이 즐기기 때문에, 그리고 귀족이 문화예술을 즐기면서 사치를 일삼아 백성에게 쓰여야 할 재화가 낭비되기 때문에, 음악 감상과 소비는 옳지 않다고 주장했습니다. 이러한 묵자의 주장에 순자가 정면으로 반박했습니다. 인간의 감정은 발산되어야만 하는데 음악으로 그것을 도우면 인간의 성정이 좋은 쪽으로 변화하도록, 즉 훌륭한 사회적 본성을 가지도록 유도할 수 있다는 겁니다. 음악으로 훌륭히 사회화를 도울 수 있다고 생각한 순자는 음악으로 대변되는 문화예술에 대해 무시하는 묵자를 이렇게 비유했습니다. 시각장애인이 희고 검은 것을 모르는 것과 같고, 청각장애인이 맑고 탁한 소리를 분별하지 못하는 것과 같으며, 남쪽의 초나라를 북쪽에서 찾으려 하는 것과 같다고요. 어리석다고 한 겁니다. 무엇을 몰라도 한참 모른다고 비판한 거지요.

의식도 예, 음악도 예

맹자와 순자의 진짜 차이는 어쩌면 음악·예술에 있지 않나 싶습니다. 그렇다면 공자의 진정한 계승자는 순자이지 않을까 싶네요. 사실 공자는 음악광이었어요. 시·노래를 참 중시했고요. 시로써 인지상정의 세계를 알고 인간이 사회화될 수 있다고 할 만큼 음악의 열렬한 애호가였죠. 공자는 예악이라고 하면서 음악을 예와 같이 말하는 경우가 많았고 이를 정치적 교화의 수단으로 생각한 반면 맹자는 음악에 대한 언급이 거의 없었죠. 순자는 맹자와 달리 음악을 참 중하게 생각했다는 점에서 공자와 유사한데, 시·노래 삼백여 개를 수집해서 편집한 공자나 무수히 많은 시를 써낸 순자나 문화예술을 중시했다는 점에서 똑같지요.

이렇게 음악으로 대표되는 문화예술을 중시한 순자에게 음악은 곧 예입니다. 왜냐? 순자의 예는 규범과 법도만이 아니라 의식이 큰 비중을 차지하거든요. 지금도 이런저런 중요 행사와 의식 때 음악 연주가 꼭 함께한다는 것을 생각하면 이해될 겁니다. 결혼식만 해도 그렇잖아요.

아름답게 꾸민 글, 노래와 음악, 편안함과 즐거움은 평상의 상태를 지탱하면서 경사스러운 일에 쓰인다. 품질이 거칠고 나쁨, 소리 내어 슬피 읊, 근심과 걱정은 험한 사태를 지탱하면서 흉한 일에 쓰인다. …… 노래와 음악을 연주하고 편하게 즐거움을 나타내면서도 음탕하거나 태만하지 않게 하며, 울며 곡하고 슬픔을 나타내면서도 슬픔이 극해 건강을 상하게 하지 않는다. 이것이 올바른 예이다.[196] -《순자》〈예론편〉

이처럼 여러 상황에서 음악은 인간이 감정을 적절한 형식에 맞추어 발산하게 합니다. 순자는 사회의 제도와 규범 말고도 그런 의식으로서의 예를 중시합니다. 그 의식에 항상 함께하는 음악도 순자에게는 예이고요. 짤막하게 정리해보자면 의식도 예이고 음악 같은 문화예술도 예라는 겁니다.

인간은 감정을 가졌습니다. 감정을 가진 인간은 혼자 살 수 없으니 의식과 행사가 없을 수 없습니다. 의식과 행사는 주로 관혼상제로 행해집니다. 백일잔치·돌잔치도 있네요. 날이 가물면 기우제도 지내는데 그것도 의식이고 행사죠. 결혼식 때 기쁨을 같이하고 장례식 때 슬픔을 같이합니다. 그러면서 감정을 발산하고 적절히 드러내면서 살아가는 거지요. 감정을 무한정 눌러놓을 수는 없고 때론 열어야 하는데 의식으로써 열어놓습니다. 의식은 형식이 생명인데 음악으로써 형식이 완성됩니다. 이렇게 의식이 예이고 의식을 빛내주는 음악도 예입니다.

> 사람이 죽었을 때 재물을 보내주는 것은 부賻, 수레와 말을 보내주는 것은 봉賵, 의복을 보내주는 것은 수襚, 애완물을 보내주는 것은 증贈, 옥이나 보석을 보내주는 것은 함唅이라 한다. 부와 봉은 살아 있는 사람을 돕기 위함이고, 수와 증은 죽은 이를 장사하기 위함이다. 그러므로 죽은 이를 장사하기 위한 물건이 시체를 관에 넣기 전에 도착하지 않고, 살아 있는 사람을 조문하기 위해 보내는 물건이 장례를 치르기 전에 도착하지 않는 것은 예에 어긋난다. 길례의 경우에는 하루 오십 리의 속도로 달려가지만, 상례의 경우에는 하루 백 리의 속도로 달려가서 봉이나 증이 장례가 끝나기 전에 도착하게 함이 예의 중요한 점이다.[197] - 《순자》〈대략大略편〉

이렇게 순자는 장례를 중시했습니다. 그런데 상례를 왜 지낼까요? 유가는 귀신이나 주술적 사고를 부정하는데, 특히 순자는 앞서 그의 하늘 관념에서 보셨다시피 하늘에서 도덕을 부정하고 있는 그대로의 자연을 하늘이라고 말했습니다. 순자는 유가사상가 중에서 가장 합리주의를 견지한 사람입니다. 하지만 그는 제사와 상례를 부인하지 않았지요. 왜 제사와 상례를 긍정했을까요? 그것이 산 사람을 위한 의식이니 무시하지 않고 중히 여긴 것입니다.

고인은 고인이고, 산 사람은 산 사람대로 살아야죠. 산 사람을 위해 슬픔과 추모의 감정을 적절히 드러내게 하는 장이 있어야 했습니다. 제사와 상례를 통해 그리할 수 있습니다. 또 제사와 상례를 위해 모인 사람끼리 의식을 함께하면서 친목과 화합을 도모하기도 하고요. 어린 사람은 그런 의식에 참여하면서 어른이 되고 사회화가 되는데, 이렇게 의식이 있어야 인간이 살 수 있고 긍정적인 방향으로 변할 수 있습니다. 의식으로서의 예를 순자는 정말 중시했죠.

기우제에 대한 순자의 설명을 들으면 의식으로서의 예를 더욱 깊이 이해할 것입니다. 인간이 기우제를 왜 지낼까요? 저 위에 하느님이 계셔서 비를 내려달라는 간청에 응할 것이라고 보았기 때문일까요? 순자의 설명에 의하면 애타는 감정을 달래기 위해서입니다. 바짝바짝 타들어가는 논과 밭을 보면서 괴로워 애타는 사람들이 모입니다. 기우제를 통해 감정을 표현합니다. 그러면서 같은 괴로움을 겪는 우리 절대 좌절하지 말고 한마음으로 시련을 극복해보자고 단결합니다. 감정을 잘 달래서 드러내고 사회적 존재인 인간이 연대감을 확인하고 강화하기 위해 기우제를 지내는 것이죠. 정말

하느님이 비를 내려주실 것이라는 주술적 사고와 믿음을 가졌기 때문이 아닙니다.

> 예란 삶과 죽음을 다스리는 일을 삼간다. 삶은 사람의 시작이고 죽음은 사람의 마지막이다. 마지막과 시작이 모두 훌륭하면 사람의 도리는 다했다. 그러므로 군자는 시작을 공경하고 마지막을 삼가서 마지막과 시작이 한결같게 한다. 이것이 군자의 도리이며 예의 형식이다.[198] -《순자》〈예론편〉

인간의 태어남이 시작이고 죽음이 끝인데, 백일잔치·돌잔치를 치르고 상례와 제사가 있죠. 인간 삶은 의식의 연속이고 의식 속에서 살고 죽습니다. 이걸 보면 유가가 왜 동아시아 사회에서 패권을 잡았는지 알 수 있죠. 단순히 정치사상이자 학문이기 전에 의식과 행사였기 때문입니다. 상조회사가 왜 존재하고 가수가 왜 결혼식 축가로 돈을 벌까요? 의식과 행사를 돕기 때문입니다. 인간에게 감정이 있는 이상 의식과 행사가 없으면 살 수가 없습니다.

의식과 행사가 있어야 사는 존재가 인간인데, 유가는 의식과 행사를 적극 긍정하고 의식의 절차를 규정해서 사람들이 따를 수 있게 했습니다. 그뿐 아니라 현장에 가서 행사를 돕기도 하고 주관하기도 하지요. 유가는 이렇게 의식과 행사를 중시하면서 인간 삶의 과정과 고비마다 밀착됐었기에 동아시아 사회에서 득세를 했죠. 유가만의 장점으로 긴 시간 사람들을 지배한 것입니다. 쉽게 말해 묵가와 법가는 관혼상제 의식을 돕고 행사를 주관하고 할 수 없었습니다. 하지만 유가는 가능하죠. 중국에선 도교도 유교만큼은 아니어도 의식과 행사를 주관했기에 장시간 살아남아 주류적 사상과 이념으로 행세를 했다고 봅니다. 그렇게 인간 사회에서 의식과 행사는 중요했죠.

순자는 이렇게 의식으로서의 예를 강조하고, 그런 예를 통한 교화와 다스림, 인간의 변화를 말했습니다. 여기서 순자는 인간과 사회를 보는 현실적 시야가 탁월했는데, 날카로운 눈을 가진 순자는 인간 감정의 허무함도 말했습니다. 사실 그것도 장자가 먼저 말한 것이죠. 장자는 인간이 욕망을 충족하지 못해도 문제이지만 충족해도 문제라고 보았습니다. 그런데 순자가 그 주제를 물고 늘어져 스스로 답을 낸 것입니다. 이 또한 장자에게 큰 빚을 졌죠. 순자는 인간이 욕망을 충족하면 즐겁고 기쁘지만 그 이후에 찾아오는 허무가 인간을 휘청하게 만드는데, 그런 허무의 감정도 인간과 사회를 어지럽히는 요소가 된다고 했습니다. 순자는 그러한 인간의 특성을 놓치지 않았기에 더욱 의식으로서의 예를 중시했죠.

욕망과 감정에 필연적으로 딸려오는 허무와 허탈의 감정이 있습니다. 뜨거웠던 감정과 욕망의 기운이 사라지고 차가움이 밀려오는 순간 인간이 느끼는 괴로움을 달래주기 위해서라도 의식으로서의 예가 더욱 중요하다고 순자는 생각했습니다. 그렇게 의식이 순기능을 하며 허무의 감정도 달래줘야 인간이 긍정적인 방향으로 변하고 일탈하지 않는 쪽으로 간다고 보았습니다.

순자의 식견이 참 탁월하지요? 정말 인간의 심리에 대해 잘 아는 거 같고요. 순자는 정말 똑똑한 사람이죠. 순자에게 영향을 준 장자도 그러하고요. 인간 심리에 대한 장자의 혜안이 순자에 끼친 영향이 막대한데, 어떻게든 순자는 장자가 문제 삼은 부분에 대해 그 나름의 답을 내려 노력한 것 같습니다. 그것을 이론적으로 잘 정리해 유가사상에 적절히 배치해서 짜임새 탄탄한 철학을 만들었고요.

화성기위 그리고 스승과 학문

변화해야 합니다. 변할 수 있습니다. 그 변화를 순자는 화성기위化性起僞라는 말로 표현했습니다. 인간이 절도에 맞게 감정과 욕망을 조절하도록 인간의 지배적 성향과 의식을 바꿀 수 있다는 뜻입니다. 여기서 설명하고 싶은 것은 '위僞'입니다. 僞라는 한자는 인人의 위爲로서, 글자 그대로 인간의 행위이고 노력입니다. 인간의 실천입니다. 인간의 실천과 거듭된 노력으로 화성化性, 즉 인간 본성을 바꾸는 것이 화성기위입니다.

'위'의 핵심은 바로 예의 실천이지요. 일상에서 거듭 실천하면서 예를 완전히 내 것으로 만듭니다. 성인이 만들고 스승이 가르친 예라는 규범을 지속적으로 실천합니다. 그러면 인간의 자연적 본성이 변합니다. 그렇게 예를 지속적으로 실천하면 자연적 본성이 바뀌어 새로운 사회적 본성이 만들어집니다. 그렇게 새로운 본성을 얻어 다시 태어난 사람은 처음에 예를 실천했을 때보다 훨씬 자연스럽게 예를 행하며, 의식하지 않아도 예에 맞게 행동할 것입니다. 그것도 '위'입니다.

운동에 비유해 설명하면 이해가 쉽겠네요. 코치가 동작을 가르쳐줍니다. 처음엔 그 동작이 어색하고 힘들 수도 있지만 계속해서 익히고 연습하면 언젠가는 완전히 내 것이 됩니다. 처음의 어색함은 사라지고 동작과 자세대로 하는 것이 너무 쉽고 편안해지는데, 이것이 바로 순자가 말한 '위'입니다. 모방과 연습도 '위'이고 그럴 듯한 실력을 갖춘 뒤에 편안하고 자연스럽게 나오는 동작과 자세도 '위'인데, 중요한 것은 코치에게 잘 배우는 것 아닐까요. 그래서 순자는 배움과 공부를 거듭해서 강조했지요. 배움에서는 스승의 역할이 중요하므로, 배움이 중하다는 말은 스승과 교육이 중하다는 말일 것입니다.

제가 순자를 사회학자·사회철학자이자 위대한 예술가·문학가라고도 말했지만, 사실 순자는 교육자로서의 자의식이 가장 강한 사람입니다. 좋은 선생, 훌륭한 스승이 되어야겠다는 자의식이 정말 강하죠.《순자》를 보면 주제별 논문도 있지만 주제별 강의록도 많습니다. 순자는 제나라의 국립학술센터 격인 직하학궁稷下學宮에서 예와 음악과 경제와 통일 중국의 청사진을 강의했고, 그 주제별 현장 강의를 제자들이 기록하고 활자화해《순자》가 만들어졌습니다. 예 강의록은 〈예론편〉이 되고 음악 강의록은 〈악론편〉, 경제 강의록은 〈부국편〉이 됐지요.

《순자》를 꼼꼼하게 읽어보면 순자가 강의 전에 많은 준비를 기울였음을 알 수 있습니다. 어느 편을 들춰봐도 글의 전개가 깔끔하고 핵심 내용이 명확합니다. 그리고 거듭해서 말하고 반복해서 가르치는 부분이 많습니다. 순자가 교육자라 그렇습니다. 단순히 거듭하지 않고 비유와 사례를 들어 반복해 설명합니다. 같은 내용을 기가 막힌 비유와 사례를 들어 이해하게 합니다. 또 압운이 살아 있고 문장에 훌륭한 대칭성이 있음을 느낄 수 있습니다. 그러다 보니 이를 듣고 보는 사람이 절로 요약·정리하기가 쉬워 보이는데, 그것도 순자가 교육자로서의 자의식이 높았기 때문입니다. 수업성취도와 학업성취도를 어떻게든 높여야겠다는 신념이《순자》에서 잘 보입니다.

스승, 중요합니다. 스승에게서 열심히 배워야 합니다.《순자》를 보면 학문·학습의 중요성과 그것을 돕는 스승의 중요성이 계속해서 강조되고, 그에 대한 인상 깊은 명언이 여러 개 등장합니다. 대표적으로 청출어람靑出於藍이 있지요. 이 말이 순자에게서 나왔음을 모르는 분이 많은데, 출처는 몰라도 뜻은 다 알죠? 스승보다 나은 제자를 이야기할 때 쓰는 말로 부지런히 공부하라는 말이죠. 그러면 선생·스승보다 나은 사람이 될 수 있으니까요. 청출어람이란 말만 보아도 순자의 교육자로서의 자의식이 잘 드러나고 인간에 대한 낙관도 보이는데,《순자》에서 독려와 격려를 계속합니다.

용심일用心一: 마음 쓰기를 한결같이 하라.

결어일結於一: 마음을 하나에 단단히 매어두어라.

막신일호莫神一好: 학문을 좋아하는 자세를 한결같이 하는 것만큼 신나는 것이 없다.

일一하면 됩니다. 한결같이 꾸준히 예를 공부하고 실천하면 됩니다. 그럼 성장하고 군자로 거듭나며 성장의 기쁨에 신명이 날 것입니다. 날 때는 누구나 소인입니다. 성인도 스승도 본디 소인이었습니다. 하지만 부지런히 배우고 익히면 누구든 군자가 되고 성인이 될 수 있습니다. 이것이 위대한 교육자 순자의 인간에 대한 낙관이자 긍정입니다. 중요한 것은 예를 부지런히 배우고 실천해서 내 몸에 익히는 것이죠. 한결같이 노력하면 됩니다.

성공학 전도사

착한 행동을 하니까 사람 마음이 착해지는 걸까요? 착한 마음이 있으니까 착한 행동을 하는 걸까요? 좀 다르게 질문해보면, 인간이 행복하니까 웃을까요? 웃으니까 행복할까요? 감정이 먼저냐 행동이 먼저냐 이런 질문인데, 더 나아가 순자의 예와 수양론을 확실히 이해하기 위해서 던진 질문입니다. 무엇이 먼저일까요? 감정일까요, 아니면 행위일까요?

흔히 감정이 인간 행동을 유발한다고 하지만 행동이 감정을 만든다고 보는 사람도 있습니다. 이를 윌리엄 제임스William James와 칼 랑게Carl Lange 라는 심리학자가 처음 주창한 제임스-랑게설James-Lange Theory이라고 합니다. 쉽게 말해 슬프기 때문에 울고 무섭기 때문에 떠는 것이 아니라, 울기 때문에 슬프고 떨기 때문에 무섭다는 겁니다. 달리 말하면 감정은 순전히 몸에서 기원하는 것이지 정신에서 기원하는 것이 아니라는 말이죠. 이렇게 인간 행동이 인간의 감정을 만들기에, 더 나아가 어떤 성격을 원한다면 이미 그런 성격인 사람처럼 행동하라고 했습니다. 행복해지고 싶으면 행복한 사람을 흉내 내고, 즐겁게 살고 싶으면 즐거운 사람의 언행을 따라하면 됩니다. 감정이 행동을 만들지 않고 행동이 감정을 만드니까요. 이를 '그런 척하기 원칙'이라고 하는데, 그런 척하다가 정말 그렇게 된다고 합니다.

"행동은 감정에 따라 일어나는 것처럼 보이지만 실제로 행동과 감정은 함께 발생한다. 따라서 의지로 통제할 수 있는 행동을 직접 조절해 의지로 통제할 수 없는 감정을 간접 조절할 수 있다. 그러므로 유쾌하지 않을 때 저절로 유쾌해지는 최고의 방법은 유쾌한 마음을 먹고 이미 유쾌한 듯이 행동하고 말하는 것이다. 바꿔 말해 우리는 단지 결심만으로 우리의 감정을 즉석에서 바꿀 수 없지만 행동은 바꿀 수 있으며, 행동을 바꾸면 자동적으로 감정이 바뀐다. 행복해지려면 행복한 듯이 행동해야 한다."*

　이 이론이 발표된 당시에는 '감정이 행동을 만들지 않고 행동이 감정을 만들어낸다고? 인과관계도 순서도 뒤바뀌지 않았는가?'와 같은 많은 비난과 조롱에 시달렸습니다. 시대를 너무 앞서갔기에 거의 60년간이나 창고에 처박혀 있었다고 하지요. 하지만 그것은 학계의 평가이고, 이미 여러 성공학 전도사들이 숱하게 인용했습니다. 성공학의 첫 번째 계명이 바로 '행동이 감정을 만든다'였기 때문이죠. 데일 카네기, 나폴리언 힐, 노먼 빈센트 필이 제임스를 사사했습니다. 이러한 성공학 전도사들은 '성공한 사람 옆으로 가라', '성공한 사람처럼 행동하면 성공한다', '꿈꾼 대로 이루어진다'처럼 극단으로 끌고 가 비판의 대상이 되기도 했습니다. 아무튼 제임스-랑게설이 바로 이들의 이론적 토대인데, 그들의 이론은 자기지각이론self-perception theory으로 발전하기도 합니다.

　절름발이 자라가 천 리를 간다.[199] -《순자》〈수신修身편〉

길거리의 모든 사람은 성인이 될 수 있다.[200] -《순자》〈성악편〉

관상 좋은 것은 마음가짐 좋은 것만 못하고, 마음가짐 좋은 것은 몸가짐 좋은 것만 못하다.[201] -《순자》〈비상非相편〉

준마는 하루에 천 리를 달리는데 느린 말도 꾸준히 열흘을 걸어간다면 천 리에 도달할 수 있다.[202] -《순자》〈수신편〉

훌륭한 농부는 홍수나 가뭄이 났다고 해서 농사를 그만두지 않고, 훌륭한 상인은 손해를 본다고 시장을 떠나지 않으며, 선비와 군자는 궁핍하다고 해서 도를 게을리하지 않는다.[203] -《순자》〈수신편〉

흙이 쌓이면 산이 되고 물이 쌓이면 바다가 되며 아침저녁이 쌓이면 한 해가 된다. 성인은 사람이 노력을 쌓음으로써 이루어진다.[204] -《순자》〈유효편〉

푸른 물감은 쪽에서 나왔지만 쪽보다 파랗고, 얼음은 물로 이루어졌지만 물보다 더 차다.[205] -《순자》〈권학편〉

순자가 말한 명언을 보면 성공학 전도사 같습니다. 그 유명한 '청출어람'부터 그렇습니다. 노력하면, 열심히 공부하면, 꾸준히 배우면 누구든 군자가 되고 훌륭한 사람이 될 수 있다는 뜻입니다. 순자는 성악설의 아이콘이지만 정작 그는 인간을 긍정하고 인간의 무한한 가능성을 인정한 사람으로, 어떻게든 배우고 노력하라고 합니다. 그럼 얼마든지 훌륭해질 수 있다고요. 이렇게 그는 후천적 노력, 공부와 학문의 중요성을 강조했는데, 교육자로서의 자의식이 강해 그런 것 같습니다.

이런 순자의 생각에 맹자는 절대 아니라고 했을 텐데, 감정과 행위에 대한 생각이 순자와 달라서 그렇습니다. 맹자는 예와 규범은 인간의 마음을 드러내는 틀이라고 했습니다. 그러니까 착한 감정과 마음이 있으니 바람직한 행위를 한다고 생각했죠. 마음과 감정이 먼저이니 늘 먼저 마음을 닦아라, 찾아라, 길러라, 보존해라 했지요.

하지만 순자는 달랐습니다. '마음보다 행동이 먼저다. 착한 행동을 하면 착한 마음이 생긴다. 본디 인간은 착하지 않다. 규범을 익히고 연습해야 한다.' 올바른 행동을 하면 군자의 정신을 가지게 되는데, 착한 마음을 가진 사람이 되고 싶으면 착한 행동을 하면 되고, 군자의 마음을 가지려면 군자를 흉내 내면 됩니다. 이것이 순자가 생각한 인간의 성장이죠.

맹자의 생각은 감정(인격)→행동, 순자의 생각은 행동→감정(인격)입니다. 순자의 생각을 보면 앞서 언급한 자기지각이론과 흡사해 보입니다. 자기지각이론이란, 인간이 타인의 행동을 보고 그 사람을 규정짓듯이 자신의 행동을 보고 자신을 규정하는 것입니다. 남들이 착한 행동을 하면 착한 사람이라고 규정하듯이 내가 바른 행동을 거듭하면 자신을 바른 사람이라고 생각하게 된답니다. 그러니 어떻게 해야겠습니까? 군자의 예라는 규범을 반복해야죠. 그렇게 군자의 예를 거듭하면 자신을 군자라 규정하게 되고 그것을 자신의 정체성으로 여길 테니까요.

제임스-랑게설과 자기지각이론도 좀 가져와봤는데, 동양철학을 하는 이가 현대의 학문도 해야 하는 이유가 좀 보이죠? 순자 같은 경우는 현대 심리학 이론으로 이렇게 잘 설명되는 부분이 있는데, 동양철학을 단순히 자구 해석 위주로 가르치지 않고 현대 심리학이나 사회과학 이론과 연결해 이야기하면 더 확실히 이해할 수 있지요. '지금 여기'에서의 쓸모를 찾아볼 수도 있고요.

제 7 장

맹자,
지식인 독재를 꿈꾼
유일한
성선설론자

모두 까기 인형

어떤 지식인은 '임금이 임금 노릇을 제대로 못하고 정치를 잘못하면 시정잡배에 지나지 않으니, 누가 그를 죽이더라도 임금이 아니라 시정잡배 하나 죽인 것과 같다'고 했지요. 또 '궁중의 대부 중에서 임금과 성이 다른 대부는 왕에게 잘못이 있으면 간언만 하고 수용되지 않으면 떠나야 하지만, 왕과 성이 같고 대대로 그 나라를 다스려온 대부는 반복해서 왕에게 간하는데도 왕이 이를 따르지 않으면 임금을 갈아치워 버린다'고 했습니다.

요새 말로 하면 돌직구를 겁도 없이 왕에게 자주 던진 사람이 있었지요. 그는 춘추전국시대에 유일한 성선설론자였는데 성격이 모가 난 사람이었습니다. 관중·순우곤·묵자·양주와 법술지사를 모두 공격했는데, 한마디로 제자백가계의 모두 까기 인형, 제자백가계의 이순철이자 사상계의 돈키호테인 맹자입니다. 맹자가 고자告子와 벌인 인성론을 봅시다.

고자: 인간의 본성은 버드나무와 같고 의는 그릇과 같다. 인간의 본성으로 인의를 행함은 버드나무로 그릇을 만드는 것과 같다.

맹자: 그대는 버드나무의 본성을 따라서 목기를 만들 수 있다고 생각하는가? 아니면 버드나무의 본성을 꺾어 해친 뒤에 그릇을 만드는가? 만일 버드나무의 본성을 꺾어 해쳐 그릇을 만든다면 또한 사람을 꺾어 해친 뒤에 인의를 행한단 말인가? 천하의 사람을 이끌고 인의를 해치는 것은 반드시 당신의 이 말 때문일 것이다.[206] - 《맹자》〈고자상편〉

고자의 말은 버드나무 자체는 쓸모와 효용이 없고 장인의 손길이 가야만 쓸모 있는 재화가 되듯이, 도덕은 타고나는 것이 아니며 오랜 훈련과 교정을 통해서만 얻을 수 있다는 뜻입니다. 거기에 맹자의 반론이 가해집니다. 맹자는 인과 의를 인간의 타고난 본성으로 보았는데, 고자가 그것을 오랜 훈련과 교정으로 얻을 수 있는 힘들고 어려운 것으로 내몬다 싶어 못마땅했죠. 이렇게 고자와 벌인 논쟁만 봐도 맹자의 성격을 알 수 있습니다. 봄비나 봄바람 같은 공자와 달리 전쟁터의 북소리처럼 추상 같은 이가 맹자입니다.

본능과 본질

인간의 본성은 '본능'으로서의 본성과 '본질'로서의 본성이 있습니다. 맹자를 이야기하기 위해서는 먼저 이 본능과 본질의 문제를 이야기해야 합니다. 본능은 앞서 이야기했듯이 성악설론자의 공통된 특징으로, 배우지 않

제자백가, 인간을 말하다

아도 타고나는 성질과 경향성으로서의 인간 본성입니다. 그런데 맹자는 제자백가 중 유일하게 어떤 본질로서의 인간 본성을 말했습니다. 본질은 무엇일까요? 간단히 요약하자면 본질은 다른 존재와 구분되게 하는 항상적 불변성을 함축하는 말로, 그 존재만이 가진 배타적 성질이고 고유한 특성입니다. 그래서 바람직한 특성·성질·성격을 뜻하기도 하지요. 본질은 타고난 선천적 충동에 가까운 본능과 다릅니다. 충동·본능은 인간 아닌 존재에게도 있거든요.

> 고자: 타고난 것을 본성이라고 한다.
> 맹자: 타고난 것을 본성이라고 하는 것은 마치 흰 것을 희다고 부르는 것과 같은가?
> 고자: 그렇습니다.
> 맹자: 흰 깃털의 흼이 흰 눈의 흼과 같고, 흰 눈의 흼이 흰 구슬의 흼과 같은가?
> 고자: 그렇습니다.
> 맹자: 그렇다면 개의 본성이 곧 소의 본성이고, 소의 본성이 곧 사람의 본성이란 말인가?[207] -《맹자》〈고자상편〉

고자는 식색성야食色性也라며 식욕과 색욕을 인간의 본성이라고 했습니다. 이 본성은 개체의 생존과 유지·번식을 위한 것으로, 육체적인 충동으로 드러날 여지가 많지요. 그러나 이러한 본능으로서의 본성은 인간을 다른 개체·존재·사물과 딱히 구분해주지 않습니다. 인간의 본질이 아니죠. 다른 동물도 먹으려 하고 짝짓기를 시도하며 개체의 생명 유지와 존속·번식을 위해 최선을 다하지 않습니까? 생명을 가진 개체이기에 가지는 본능에서 자유로울 수 없는 본성은 동물과 인간을 명확히 구분해주지 않지요.

맹자는 인간을 다른 사물·동물과 구분해주는 인간 고유의 특질이 인간의 본성이라 했습니다. 인의를 중시하고 사랑하고 아끼며 질서를 존중하는 것이 인간의 본질인데, 그 본질로서의 윤리와 도덕을 행할 수 있는 가능성이 인간에 내재되어 있다고 주장했기에 그를 성선설론자라고 합니다. 맹자는 다른 동물과 양적 차이만 나는 본능으로 인간을 말하면 안 된다고 했습니다. 인간에게서만 드러나는 것을 인간 본성으로 봐야 하고, 그 본질로 본능을 다스려야 한다고 했지요. 맹자에겐 본질만이 인간 본성이고 그 본질은 윤리적이고 도덕적입니다.

인간이 인간인 이유, 짐승과 다른 이유는 도덕적 이성과 윤리적 감정이 있기 때문입니다. 그것이 인간 안에 있답니다. 그것이 식욕·성욕처럼 자연스럽게 또 왕성하게 충동적으로 일어나는 것이 아니라 어떤 씨앗·가능태로서 존재하지만, 어쨌든 인간이라면 누구든 가지고 있는 것이지요. 그것이 잘 발현되면 인간이 인간다워질 수 있고, 군자가 될 수 있습니다. 이렇게 맹자는 본능으로서의 본성보다 본질로서의 본성에서 시작했다고 보면 되겠습니다.

사실 맹자도 본능을 부정하지는 않았습니다. 그는 인간의 의식을 둘로 나누어서 보았는데, 심지관心之官과 이목지관耳目之官이 그것입니다. 심지관은 도덕적 감정과 이성으로서의 인간 본성입니다. 본질이라고 할 수 있지요. 도덕적 이성인 심지관을 따르면 언제나 선한 행위를 할 수 있습니다. 이목지관은 인간 의식의 감성적·충동적 측면으로서, 인간이 외부 사물과 마주했을 때 절로 드러나며 외부 환경에 따라 변합니다. 외부 사물과 사태를 마주했을 때 어떤 감정과 감성이 일어나는 것은 본능이지요. 그것을 있는 그대로 따를 경우 선한 행위를 할 수도 있고 악한 행위를 할 수도 있습니다만, 사실 악한 행동을 할 가능성이 높죠. 耳目이라는 한자만 봐도 알 수 있듯이 육체적 감성입니다. 예쁜 것을 보면 눈이 따라가고 맛있는 것을 보면 코가 반응하는데, 그렇게 되면 욕망에 이끌리기 쉽고 선하지 못한 결과를 낳을 여지가 많지요.

중요한 것은 본질로서의 인간 본성인 심지관입니다. 도덕 감정과 이성으로서의 인간 의식인 그 마음(心)을 잘 붙잡고 키워가야 합니다. 그러면 누구든 착한 사람과 군자가 될 수 있는데, 그렇다고 맹자가 모든 사람이 착하다, 절로 착해진다고 말하지는 않았습니다.

측은지심 그리고 도덕천

맹자는 성선의 근거로 유자입정孺子立井 이야기를 통해, 차마 남에게 하지 못하는 마음인 측은지심惻隱之心을 말했습니다.

사람마다 모두 남에게 하지 못하는 마음이 있는데, 그 까닭은 지금 만일 어떤 사람이 어린아이가 우물에 빠지는 것을 보았다면 모두 두렵고 측은한 마음이 들 것이기 때문이다. 그것은 어린아이의 부모와 교분을 맺기 위해서도 아니고, 마을 사람과 친구에게 칭찬을 받기 위해서도 아니며, 나쁜 소리를 듣기 싫어해서도 아니다.[208] - 《맹자》〈공손추상편〉

이렇게 맹자는 측은지심으로 인간 본성이 선함을 입증하려고 했지요. '인간 본성은 선하다는데 그것을 어떻게 확인할 수 있느냐. 바로 마음이 착하다는 것을 보면 알 수 있다. 그 착한 마음은 딱히 배우거나 훈련해서 드러나지 않고, 이득을 바라는 계산 끝에 나오지 않으며, 유자입정에서 볼 수 있듯이 절로 나온다. 그렇기에 인간 본성은 선하다고 할 수 있다.' 이것이 맹자의 성선설입니다.

그래서 그는 측은지심이 발현되지 않으면 인간이 아니라고도 했습니다. 측은지심으로 확인되는 선한 본성은 누구든 타고납니다. 그런데 측은지심은 아직 완성되지 않은 도덕적 가능성·가능태이므로, 인간은 측은지심을 잘 부여잡아 키워야 합니다. 특히 임금과 같이 정치하는 사람이 잘 키워야 한답니다. 그렇게 하면 어진 정치, 왕도정치를 할 수 있고, 천하의 인심이 그에게 귀의할 것이라고 했지요. 다음은 맹자와 제나라 선왕宣王의 일화입니다.

제선왕: 과인과 같은 사람도 백성을 평안하게 할 수 있을까요?
맹자: 할 수 있습니다.
제선왕: 무엇으로 내가 할 수 있는 줄 아십니까?
맹자: 신이 호흘胡齕에게서 들은 바가 있습니다. 왕께서 당상에 앉아 계시다가 소를 몰고 당하로 지나는 자가 있어 왕께서 보시고 "소는 어디로 가느

냐?"고 묻자, 그 사람이 "피를 내어 제사(釁鐘)를 지내려고 하옵니다"라고 답했습니다. 그때 왕이 "놓아주어라. 내 그 소가 떨며 죄 없이 사지에 끌려가는 정상을 차마 볼 수 없노라"라고 말씀했습니다.

제선왕: 그러면 종鐘의 틈에 피를 발라 메우는 제사를 폐하리까?

맹자: 어찌 폐할 수야 있겠습니까? 왕께서 "양으로 바꿔라"라고 하셨습니다. 잘은 모르겠습니다만 그런 일이 있으셨습니까?

제선왕: 있습니다.

맹자: 이러한 마음이면 족히 왕 노릇을 할 수 있습니다. 백성은 모두 왕께서 인색하다고 하지만, 신은 진실로 왕께서 그 불쌍한 모습을 차마 볼 수 없으셔서 그렇게 하신 것으로 알고 있습니다.

제선왕: 그렇습니다. 진실로 그렇게 말할 백성이 있겠지만 제나라가 비록 비좁다 하나 내 어찌 한 마리의 소를 아끼겠습니까? 그저 떨면서 죄 없이 사지로 가는 것을 차마 볼 수 없기에 양과 바꾸라고 했습니다.[209] -《맹자》〈양혜왕梁惠王상편〉

맹자는 왕이 경험한 대로 딱한 처지에 놓인 대상을 보고 안쓰러워하는 그 마음을 가지고 정치를 해나가라, 짐승에게도 미친 은혜를 백성들에게도 확대하라고 했습니다. 그러면 천하 백성들의 민심을 사서 능히 천하의 군주가 될 수 있다고 했지요. 맹자는 이렇게 성선을 말하며 어진 정치, 착한 정치를 하면 천하의 중심이 될 수 있다고 했습니다.

유자입정과 제사에 끌려가는 소의 예에서 알 수 있듯이, 맹자는 성선을 말하면서 그 근거로 측은지심을 들었는데, 그것뿐일까요? 안쓰럽고 불

맹자, 지식인 독재를 꿈꾼 유일한 성선설론자

쌍한 대상을 향한 측은지심 말고도 가족 간의 친근한 감정을 근거로 성선을 말하기도 했습니다. 아이가 부모와 형제에게 친근한 감정을 느끼고 따르며 공경하는 것은 배우지 않아도 누구나 가진 것이라고 했습니다. 이러한 긍정적인 정서를 확대하면 착한 사람, 어진 사람이 될 수 있다고 했지요. 이렇듯 측은지심으로 확인되는 선한 마음, 혈연집단에서 자연스레 보이는 정서·감정도 성선의 근거가 되지만, 그것 말고도 맹자는 하늘을 말했습니다.

> 자기의 마음을 다하면 자기의 본성을 안다. 자기의 본성을 알면 하늘을 안다. 자기의 마음을 보존하고 자기의 본성을 배양해 하늘을 섬긴다.[210] –《맹자》〈진심상편〉

이렇듯 맹자는 마음을 다하면 자신의 선한 본성을 만날 수 있고 그 본성을 다하면 하늘을 알 것이라며 도덕천을 성선의 근거로 말했습니다. 도덕천을 인정한 공자의 영향을 받은 것이죠.

> 공자가 광 지방에서 위기에 처하자 말하길 "문왕은 이미 돌아가셨으나 문文은 여기에 남지 않았느냐. 하늘이 장차 이 문을 없애고자 한다면 후에 죽은 자는 이 문과 함께하지 못할 것이다. 하늘도 이 문을 없애지 못한다면 광의 사람이 나를 죽인들 무엇하겠느냐?"[211] –《논어》〈자한편〉

> 공자가 말하길 "하늘이 나에게 덕을 내렸는데 환퇴가 나를 어찌하겠느냐?"[212] –《논어》〈술이편〉

맹자는 단순히 공자사상을 계승한 것이 아니라, 이러한 공자의 도덕천을 성선설의 핵심 근거로 삼았습니다. 인간에게 덕을 내리고 착한 사람의 뒤에 서며 도덕의 문화와 관습을 지켜주려고 하는 등 공자가 고집한 도덕의 하늘을 맹자가 인간 안으로 가져온 것입니다.

마음을 다하면, 즉 마음에 집중하면 자신의 선하고 착한 본성을 마주하게 된답니다. 다시 그 본성에 집중하면 하늘을 알게 된다고 했는데, 자신의 내면에 잠겨 있는 하늘과 마주할 수 있다는 것이죠. 인간 안에 그 위대한 하늘이 있답니다. 도덕적인 하늘, 그 하늘은 도덕적 인간 본성을 지탱해 주지만 철저히 잠겨 있습니다. 내 안에 있기는 하지만 아무나 그 하늘을 만날 수는 없습니다. 마음을 다해 도덕적 본성을 알고 다시 그 본성을 다해야 잠겨 있는 도덕천을 만날 수 있지요. 어쨌든 내 안에 있는 도덕천은 맹자에게 성선의 근거가 됩니다. 또한 맹자는 도덕천을 끊임없이 확충하는 것을 하늘을 섬기는 일, 즉 사천事天이라고 말했습니다. 인간의 수양은 하늘을 섬기는 것이기도 한데, 선하게 살려는 인간에게 언젠가는 하늘이 보응할 것이라고 했습니다.

맹자가 말한 세 가지 성선의 근거, 즉 절로 드러나는 측은지심, 혈연집단 안에서 보이는 자연적 친근감, 그리고 도덕적 하늘이 과연 인간 본성이 선하다는 명제의 명확한 근거가 될지는 모르겠지만, 어쨌건 맹자는 그것들로 인간의 성선을 자신했습니다.

맹자, 지식인 독재를 꿈꾼 유일한 성선설론자

사단, 네 가지 도덕의 싹

맹자는 측은지심 외에도 수오지심羞惡之心·사양지심辭讓之心·시비지심是
非之心을 말했는데, 이 네 개의 마음을 사단四端이라고 했지요. 그리고 사단
이 없으면 인간이 아니라고 했습니다. 즉 사단이 인간의 본질이라는 말입
니다.

동정하는 마음은 인仁의 싹이고, 수치를 아는 마음은 의義의 싹이며, 양보하
는 마음은 예禮의 싹이고, 옳고 그름을 아는 마음은 지智의 싹이다. 사람에
게 네 가지 싹이 있는 것은 마치 사람에게 사지가 있는 것과 같다. 이 네 가지
싹이 있는데도 스스로 능력이 없다고 주장하는 것은 자기 자신에게 죄를 범
하는 것이고, 자신의 군주가 능력이 없다고 말하는 것은 군주에게 죄를 범하
는 것이다. 만일 나에게 있는 네 가지 싹을 충분히 발전하게 하는 법을 안다
면 이것은 불이 붙기 시작하거나 샘물이 막 터져 흐르는 것과 같다. 만일 이
것들을 발전하게 할 수 있다면 그것은 사해 안의 모든 이를 능히 보호할 수
있다.[213] -《맹자》〈양혜왕상편〉

측은지심은 남의 불행을 마치 나의 불행처럼 느끼는 마음입니다. 그래
서 맹자는 이를 불인지심不忍之心이라고도 불렀지요. 참을 수 없다는 뜻입
니다. 남의 불행을 아무렇지도 않은 듯 그냥 볼 수 없다는 뜻이죠. 측은의 마
음이 잘 커야 어진 사람이 됩니다.

수오지심은 타인과 세상의 부정과 비리만이 아니라 나의 부정도 부끄

러워하는 마음입니다. 수오의 마음이 잘 커야 의로운 사람이 될 수 있죠.

사양지심은 양보하고 공경하는 마음인데, 그 마음을 잘 키우면 예의 바른 사람이 될 수 있습니다.

시비지심은 사태마다 어떤 것이 옳은지, 즉 어떤 것이 인의의 길인지 판단하는 마음입니다. 그 마음을 잘 키워야 지혜로운 사람이 될 수 있습니다.

이렇게 인의예지仁義禮智의 싹이 인간 안에 있다는 것입니다. 말 그대로 가능성이죠. 모든 인간에게서 절로 인의예지가 드러나지 않으니까요. 인의예지라는 열매를 맺을 수 있게 잘 키워야 인간이 도덕적 주체로 우뚝 설 수 있습니다. 사단은 도덕 행위의 원동력입니다.

동정하는 마음이 모든 인간에게 있고, 수치를 아는 마음이 모든 인간에게 있으며, 존경하는 마음이 모든 인간에게 있고, 옳고 그름을 아는 마음이 모든 인간에게 있다. 동정하는 마음은 인이고, 수치를 아는 마음은 의이며, 존경하는 마음은 예이고, 옳고 그름을 아는 마음은 지이다. 인의예지는 밖에서 나에게 주입되지 않았다. 이것들은 타고나는데 내가 생각하지 않을 뿐이다.[214] -《맹자》〈고자상편〉

맹자는 이 사단을 주로 농사와 식물의 성장에 비유해서 설명합니다. 씨앗이 싹트고 무럭무럭 자라 꽃과 열매를 맺는 것처럼 인간의 가능성이 자라지요. 외부에서 가해지는 교육과 사회화보다는 인간에 본디 내재된 도덕적 힘과 가능성을 스스로 기르는 것이 중요합니다.

대체와 소체

다음은 공도자公都子라는 제자의 질문과 그에 대한 맹자의 대답입니다.

> 공도자: 똑같은 사람인데 어떤 사람은 대인이 되고 어떤 사람은 소인이 되는
> 것은 무엇 때문입니까?
> 맹자: 대체를 따르면 대인이 되고 소체를 따르면 소인이 된다.
> 공도자: 그럼 똑같은 사람인데 어떤 사람은 대체를 따르고 어떤 사람은 소체
> 를 따르는 이유는 무엇입니까?
> 맹자: 눈과 귀 같은 기관은 생각을 못해 사물에 가려지니 사물과 만날 때 끌
> 려갈 뿐이다. 마음이라는 기관은 생각을 하면 얻고 생각을 하지 못하면 잃어
> 버린다. 이것은 하늘이 내게 준 것이다. 큰 것을 먼저 세운다면 작은 것이 빼
> 앗을 수 없다. 이 때문에 대인이 될 뿐이다.[215] –《맹자》〈고자상편〉

이렇게 맹자는 인간을 대체大體와 소체小體로 나누어서 이야기했습니다. 대체는 인간에 내재된 도덕심이자 마음 안의 대인·군자 같은 것으로, 착한 인간 본성입니다. 앞서 말한 심지관이지요.

소체는 마음 안의 소인 같은 것인데, 반드시 나쁘지는 않지만 문제의 소지가 될 수 있습니다. 내 욕망을 충족해줄 수 있는 외부 사물을 만나면 저절로 그 대상을 따르니까요. 앞서 말한 이목지관이지요. 감각기관으로 이해해도 좋습니다. 귀에 좋은 말이나 음악이 들립니다. 눈에 맛있는 것, 예쁜 것이 보입니다. 그런 경우 가까이하거나 내 것으로 삼고 싶습니다. 반성이나

사고 없이 외부 대상에 끌려가지요. 이것이 소체이고 이목지관입니다.

심지관과 이목지관이라는 말보다 대체와 소체라고 이야기하니 이해가 좀 쉽고 기억하기 쉬울 텐데요. 심지관이 도덕의 영역이라면 이목지관은 주로 욕망·감정의 영역입니다. 외부 사물을 만났을 때 일어나는 본능적 충동을 내버려두면 인간이 무절제한 행위를 할 수 있지요. 맹자는 적지 않은 사람이 소체가 기승을 부리게 두어서 일탈 행위를 한다고 했습니다. 소체만 기능을 하면 인간은 감각을 자극하는 것에 이끌리기 쉽습니다. 그러다 보면 지금의 자극에 만족하지 않고 점점 더 강한 자극을 찾아 나서고, 그러면서 자극을 주는 외적 대상에 휘둘립니다. 결국 중독이라는 결과에 맞닥뜨리지요.

대표적으로 도박과 게임 중독이 있지요. 중독은 외물의 노예가 된 상태로, 자극을 주는 외물이 내 앞에 없으면 생명이 휘청거릴 정도로 외물에 구속됩니다. 소체와 이목지관에 부림을 당하면서 그것의 만족만 추구하는 쪽으로 가다 보면 결국 인간이 노예가 되고 맙니다. 갖은 일탈 행위를 저지를 수도 있고요. TV 예능프로그램이 갈수록 선정적으로 되는 것도 소체란 것을 이해하게 해주는데, 눈과 귀는 즐거움을 위해 더 큰 자극에 몰두하기 마련입니다. 그렇기에 대체가 내 안에서 중심을 잡게 해야지요. 대체가 희미해지고 소체가 주인이 되면 큰일이 납니다.

그렇다면 맹자가 말한 성선설은 도대체 무엇이냐고 말할 수 있습니다. 사실 그렇습니다. 맹자의 성선설은 엄밀히 말하면 선악혼재설입니다. 인간이 천사이고 인간의 마음이 착하기만 하다면 세상의 악과 혼란은 무엇일까요? 맹자도 그 나름대로 세상의 악과 혼란에 대해 설명해야 했습니다. 그래

맹자, 지식인 독재를 꿈꾼 유일한 성선설론자

서 소체와 이목지관을 말했죠. 인간이 왜 악한 행위를 저지르는지, 특히 인간의 마음 중 무엇이 그렇게 하게 하는지를 설명하기 위해 소체와 이목지관으로써 악의 소지가 있는 인간 의식과 감정을 분명히 말했습니다.

> 본성은 여울물과 같아서 동쪽으로 터주면 동쪽으로 흘러가고, 서쪽으로 터주면 서쪽으로 흘러간다. 인간의 본성은 선하고 악한 구분이 없는데, 이는 여울물이 동쪽과 서쪽의 구분이 없는 것과 같다.[216] -《맹자》〈고자상편〉

고자가 한 말입니다. 묵자와 고자는 인간의 본성을 백지와 같다고 보았습니다. 묵자는 인간의 변화를 염색으로 비유했고, 고자는 물길을 터주는 방향으로 이야기했지요. 선함과 악함의 구분이 없고, 후천적으로 어떻게 만들고 교정하고 채워 넣느냐의 문제일 뿐입니다.

앞서 언급했듯이 맹자는 인간의 악의 소지인 소체와 이목지관이 사람을 지배하게 내버려두면 안 된다고 했습니다. 그렇다고 소체와 이목지관을 강하게 억누르라는 말은 절대 하지 않았습니다. 그저 대체와 심지관이 제대로 활동하게 해서 그것이 사람을 이끌게 하라고 했습니다. 대체와 심지관이 제대로 활동하기만 하면 소체와 이목지관은 따라가고 순종한답니다. 덕 있는 군자나 대인에게 고개를 숙이고 따라가는 소인처럼 말입니다.

내 안의 대체만 제대로 기능하면 최소한 인간이 무절제하게 욕망을 추구하거나 외부 대상에 끌려가는 일은 없어진다고 했습니다. 대체는 내 안의 군자라고 생각하면 됩니다. 소체는 내 안의 소인이고요. 공자가 말한 군자·대인과 소인의 개념을 인간에 내재화했습니다. 공자의 도덕천을 인간 안에

제자백가, 인간을 말하다

가져다놓았듯이, 공자가 말한 이상적인 인격상인 군자와 보통사람의 인격인 소인을 인간 내면에 가져다놓았습니다. 그렇게 해서 인간 의식을 설명했습니다.

그런데 소인이 무엇일까요? 소인은 본디 도덕적 의미로 쓰이지 않고 피지배층을 지칭했습니다. 그중에서도 전국시대로의 환경 변화를 틈타 정치적·경제적 실력을 쌓고 올라가며 나름대로 기존의 지배층을 긴장시킨 사람들을 말하죠. 그런데 유가 경전에서는 정치적·신분적·계급적 의미보다는 도덕적·윤리적 의미로 많이 쓰입니다.

소인은 물질적 이익에 혈안이 되고 개인적 향유에 매몰된 사람이라는 뜻으로 많이 쓰였습니다. 그렇다고 아주 나쁜 사람은 아니에요. 그날 벌어 그날 먹고살고 돈에 민감하고 이기적인 모습이 유가 경전에서 소인의 모습인데 사실 우리가 늘 그렇게 살잖아요. 이익에 민감하고, 잘못을 깔끔하게 인정하기보다는 변명하고요. 어쩌면 우리와 닮은 사람이 소인이 아닌가 싶은데, 소인의 한자 小에 주목해봅시다. '작다'입니다. 즉 생각이 물리적 개체인 자기 몸의 경계를 벗어나지 못하는 사람의 자기중심적 특성을 부각하는 말이지요. 따라서 소인은 그릇이 작은 사람, 관심이 자기에만 국한된 사람, 세상을 보는 시야가 편협한 사람이라고 알면 되겠습니다.*

---

* 제자백가 문헌에 따르면 소인은 세 가지 뜻이 있습니다.
첫째, 정치적·신분적 의미에서의 피지배계층 전체.
둘째, 그중에서 실력을 쌓아 두각을 드러내는 사람. 이 소인계층의 욕망과 꿈을 사회 발전의 원동력으로 삼아보려고 했던 이들이 법가죠. 이 차상위계층의 성장과 욕구에 주목했습니다.
셋째, 도덕적·윤리적 의미로서 이기적이고 자기만 아는 사람.

그렇다면 대인은 누구입니까? 군자와 대인도 본디 정치적·신분적 의미였지요. 지배층, 성안 사람들, 쉽게 말해 상위 1퍼센트입니다. 그러다가 점점 도덕적·윤리적 의미로 바뀌었는데, 소인이 작은 사람이라면 대인은 큰 사람입니다. 나만 아는 사람이 아니라 타인을 헤아리고 공동체 전체를 생각하는 사람인데, 관심과 시야가 자기 자신을 넘어서서 타자에게 개방된 사람이죠. 공감을 잘하고 타자와 연대하며 관심과 시야를 확장하는 사람입니다.

이렇게 대조되는 사람으로서 대인과 소인을 맹자는 인간 마음에 넣었습니다. 소체는 내 마음의 소인이요, 대체는 내 마음의 대인입니다. 커다란 자아, 대인이 되고 싶으면 대체를 따르면 됩니다. 반대로 소체를 따라가 개별적 욕망의 충족에만 사로잡힌다면 소인이 될 뿐입니다. 그 사람은 작은 가치에만 만족하려고 하므로 갈수록 사람이 작아지는데, 계속 그렇게 살다 보면 점차 인간 사회에서 고립된답니다. 반대로 내 마음의 대체에 주목한다면 하늘에 기원을 둔 도덕천을 늘 내 것으로 해서 크게 키워나갈 수 있습니다. 늘 커다란 가치를 추구하고 커다란 자아로 진화합니다.

공자도 《논어》에서 군자의 덕은 바람이고 소인의 덕은 풀이라고 말했습니다. 풀이 바람에 눕듯이, 군자의 덕이 제대로 일어나면 소인은 순응하고 따라간다는 뜻으로 유가사상의 전제입니다. 군자가 제 역할을 다해 사회를 이끌면 소인은 힘을 쓰지 못하고 군자의 가르침과 통치에 순응합니다. 중요한 것은 마음속의 군자이자 대인인 대체와 심지관이 제대로 자기 할 일을 하게 하라는 말입니다. 그러기 위해선 앞서 말한 사단을 잘 키우면 되고요. 그것이 맹자의 생각입니다. 맹자의 답은 참 쉽습니다. 마음 안의 대인·

군자만 잘하면 돼요.

사실 유가는 절대 소인을 억압하거나 훈육하자고 주장하지 않았습니다. 가장 중요한 것은 지배층의 도덕성이죠. 정치적 기득권을 가진 이들이 도덕적 인간이 되거나, 공부 잘하고 수양을 잘한 유덕자가 지배층이 되어야 한다는 것입니다. 위정자·관료 등 지도층이 제 할 일을 다하고 모범을 보이면 돼요. 그러면 억지로 끌고 가지 않아도, 훈육하지 않아도 소인이 절로 교화된다고 보았습니다.

맹자는 군자와 소인의 구도를 인간 내부로 옮겼는데, 군자가 군자다우면 소인도 모두 감화돼 세상의 질서가 잡히듯, 내 안의 군자(대체·심지관)가 제대로 처신하면 내 안의 소인(소체·이목지관)은 절로 조신해질 것이니 걱정할 필요가 없습니다. 악의 소지, 나쁜 행동으로 이어지게 할 가능성이 있는 소체·이목지관을 인위적으로 없애거나 죽일 필요가 없습니다. 사실 대체와 소체 문제를 떠나서 동양적 사고에서는 대립하는 두 개의 실체가 있을 때 무엇 하나를 발본색원하자는 생각을 잘 하지 않습니다.

생각하라 그러면 얻을 것이니

내 안에 선한 본성이 있습니다. 그것은 완전체·완성품이 아니라 가능태입니다. 나를 대인이 되게 하는 근원은 타고나지만 새싹에 지나지 않습니다. 아직은 작고 약한 싹이니 물과 비료를 주고 햇볕에 노출해야 성장해서 꽃 피고 열매를 맺습니다. 타고난 네 가지 마음, 선한 본성을 누구나 가지고 있지만 현실에서 누구는 대인이고 누구는 소인입니다. 인의예지라는 덕의 정도에 따라 몇 배에서 몇 십 배 차이가 나기도 하지요. 제대로 키우고 못 키우고에서 나온 결과입니다. 이렇듯 맹자는 인의예지를 키우기 위한 의지와 노력을 '사思'라고 표현했습니다. '사'가 있어야 선한 본성을 키우고 내 안을 선한 본성으로 가득 채울 수 있습니다.

문제는 내 안에 내재된 사단을 '생각'하지 않는 것입니다. 생각만 하면 사단을 키우고 인의예지로 가득 찬 인간이 될 수 있는데 말이죠. '사'는 심지관의 기능 즉 마음이 할 수 있는 기능인데, 심지관이 생각만 하면 득得할 수 있답니다. '득'은 사단을 잘 살려 대체를 따라가 선한 마음을 실천하면 대인이 될 수 있다는 뜻입니다. 맹자가 말한 '사'가 대체 무엇일까요? 추론하는 것? 답을 찾기 위해 궁리하는 것? '어디에 두었는지 잘 생각해봐' 할 때처럼 상기하는 것? 그런 것들일까요?

이처럼 우리는 '생각'을 흔히 서구적 이성 개념으로 이해하는데, 중국의 신유학자인 서복관徐復觀은 맹자의 '사'를 '내 안에 인의가 있다는 반성적 자각을 통해 본디 있던 인의의 마음을 발현하게 하는 것'이라고 했습니다. 그리고 노든Bryan W. Van Norden은 '본유적 도덕감이 자기 내부에 존재한다는 것을 자각하고 그것을 확충해야겠다는 의지를 가지는 심리적 활동'이라고 했습니다. 한편 그레이엄A. C. Graham은 '본능적 욕구와 도덕 성향의 상대적 중요성을 적절히 판단하는 활동'이라고 했습니다.* 그레이엄은 인

---

*　장원태, 〈전국시대 인성론의 형성과 전개: 유가, 묵가, 법가를 중심으로〉, 서울대학교 박사학위논문, 2005.

간 안에 도덕과 직결되는 선한 마음과 욕망 추구 및 충동과 직결되는 의식이 있는데, 그 사이에서 길을 잃지 않고 선한 마음을 택하기 위한 사유 활동 또는 선한 마음을 선택하는 능력으로 이해한 것 같습니다.

일단 제가 생각하는 맹자의 '사'는 첫 번째로 집중이라고 봅니다. 순간순간 사태에 임했을 때 내 안에 의식이 생깁니다. 본유의 도덕 성향인 사단이 일어나거나 이목지관에서 생긴 의식이 일어나기도 하고, 두 개가 섞이기도 하죠. 여기서 최대한 나의 도덕적 본성, 사단에 집중하는 것입니다. 안타깝다, 가엾다, 이건 아니지, 양보해야겠다 등의 마음에 집중하는 것입니다. 그러면 사태에 임해서 소체 때문에 감각적 욕망과 삿된 생각이 일어도 문제없을 겁니다. 힘든 몸을 이끌고 버스에 타 자리에 앉았는데 지팡이를 든 할머니가 탔고 마침 버스에 자리가 없습니다. 그때 나도 너무 피곤하다는 생각 대신에 '그래도 저 분이 몸이 불편해 보이니 양보하는 것이 맞을 거야'라는 마음에 집중하는 거죠.

두 번째로 판단 기능이기도 합니다. 집중만으로는 매사에 올바른 도덕 행동을 할 수 없습니다. 맹자는 순자만큼은 아니지만 예와 같은 도덕규범을 공부·학습하라고 했습니다. 예를 배웠으면 행동으로 옮기고 실천을 해야 하는데, 매순간 일어난 도덕 감정에 집중하고 몰입하는 것만으로는 도덕 행위가 가능하지 않습니다. 여기서 내가 어떻게 행위해야 할까라는 사고도 해서 답을 도출해야 합니다. '내가 배운 행동 규범과 양식이 있는데 지금 내 마음을 그때 배운 그 형식으로 표현해야겠군. 그게 적절하겠어'라고 생각하는 것이죠. 상황적합성을 고려해서 판단하는 겁니다. 내 마음을 상황에 적합하게 표출하기 위해 마음이 생각하는 것입니다. 이 행동이 좋을까 저 행동이 좋을까, 또 이 행동을 한다고 해도 어느 선까지 해야 할까를 생각하며 판단을 내리고 답을 찾는 거죠.

세 번째로 돌아보는 것이기도 합니다. 무심코 어떤 행동을 하거나 일을 처리했습니다. 내가 잘한 행위 같기도 하고 주변에서 칭찬하기도 하는데, 무심결에 한 행동이라 내가 왜 그랬는지, 어떤 동기로 그렇게 행동한 건지 잘 모르겠다 싶을 수 있습니다. 그럴 때 돌아보는 것이죠. '아, 그때 우물 방향으로 걸어가는 아이가 안쓰러워서 그랬었지', '벌벌 떨면서 끌려가는 소가 불쌍해서 그랬던 거였어'라고 행동의 출발점으로 거슬러 올라가는 겁니다. '내가 이런 마음과 동기로 그때 그 행위를 했구나'라고 그때 마음을 떠올려보는 거지요. 이렇게 뒤늦게라도 자신의 행위 동기와 마음·의식을 자주 떠올려보고 명확히 확인하면 도덕적 행위의 반복 가능성을 높일 것이고, 도덕 행위 주체로서의 자신감도 커질 것입니다. '지난번에 그런 마음이 일어서 그런 행동을 해서 흡족했지. 앞으로도 그래야겠구나'라고 생각할 수 있다는 거죠. 그러면서 그 나름대로 근거 있는 자신감을 키워나갈 수 있는 겁니다.

네 번째로 유비추리 능력도 있습니다. 어떤 상황에서 내가 어떻게 행동해야 할지 잘 모르겠습니다. 감이 안 잡힙니다. 그럴 때 사람은 과거를 떠올려보는 경우가 많습니다. 이전의 기억을 더듬어보는 거죠. 그래서 지금 마주한 사태와 유사한 사례가 없었는지 검토해보고, 있으면 그때 내가 가졌던 마음과 의식을 생각해보고, 그때 그 마음으로 일을 처리하면 되겠죠. 새롭게 사태를 마주했을 때 잠시 숨을 고르고 과거 상황을 떠올려본 다음 유비적으로 이해하고 추론해서, 그때 가졌던 사단이라는 도덕 감정을 살려내

지금 행위를 하게 해보는 것입니다.

이렇듯 제가 생각하는 맹자의 '사'를 정리하면 사단에 집중, 판단, 상기, 유비추리 능력이 됩니다.

자기긍정의 능동성과 개인의 책임

인은 사람의 마음이요, 의는 사람이 길이다. 그 길을 버리고 따르지 않으며 그 마음을 버리고 찾을 줄 모르니 슬프도다. 사람이 닭이나 개가 없어지면 찾을 줄 알면서도 마음을 버리고는 찾을 줄 모른다. 학문의 도는 다른 것이 아니라 바로 그 버린 마음을 찾는 것이다.[217] -《맹자》〈고자상편〉

닭이나 개는 잃어버리면 찾으려 하면서 정작 중요한 것은 찾으려 하지 않습니다. 사람 마음이 어짊 그 자체인데 버리고 찾을 줄 모른다네요. 그래서 안타깝답니다. 답은 쉽습니다. 마음을 찾는 겁니다. 그 마음을 찾아서 보존하고 기르면 됩니다. 맹자는 '내게 이렇게 좋은 것이 있었네', '와, 내 안의 이것이 참 좋은 것이네', '이것이 성인들에게 있다는데, 성인들한테 있는 것이 내게도 있었군', '그간 방치했지만 이것을 이제 열심히 키워가야겠다'라고 나를 긍정하랍니다. 내 안의 긍정성을 확인하고 거기서 시작하는 거죠. 다시 말해 맹자는 자기긍정의 능동성을 말했습니다. 단절이 없는 연속적인 성장이죠. 내 안에 있는 선천적 긍정성을 잘 키워가는 것이니까요.

수양의 출발점과 목표 지점 사이에는 연속성이 있습니다. 그래서 수양

맹자, 지식인 독재를 꿈꾼 유일한 성선설론자

을 시작하려는 개인의 도덕성과 성인처럼 완성된 사람의 도덕성은 그리 커다란 질적 차이를 보이지 않습니다.

순은 누구이며 나는 누구인가? 뜻있는 일을 하는 사람은 또한 이와 같다.[218]
－《맹자》〈등문공滕文公상편〉

이에 대해 무엇이 있겠는가? 또한 그것을 행할 뿐이다. …… 천천히 걸어 나이 많은 사람 뒤에서 가는 것을 공손하다고 하고, 빨리 걸어 나이 많은 사람보다 앞서는 것을 불손하다고 한다. 무릇 천천히 걷는 것을 사람이 어찌 하지 못할까? 하지 않는 것이다. 요순의 도는 부모에게 잘하고 공손한 자세를 가지는 것일 뿐이니, 당신이 요의 옷을 입고 요의 말을 하며 요의 행동을 하면 요일 뿐이요, 걸의 옷을 입고 걸의 말을 하며 걸의 행동을 하면 걸일 뿐이다.[219] －《맹자》〈고자하편〉

앞서 맹자가 인간의 선한 본성을 말하면서 혈연집단에서 자연스럽게 발현되는 감정도 인간의 도덕적 본성에 대한 근거라 했는데, 여기선 효제孝悌로 이야기하네요. 친족집단에서 자연스럽게 드러나는 것이며 누구에게나 있고 쉽게 발현되는 감정인 효제, 즉 효성스러움과 공손함만 다하면 요순이 될 수 있다고 합니다. '너도 효제의 감정이 있지? 집에서 부모님이나 윗사람을 대할 때 절로 드러나는 감정들 있잖아? 그런 효제 정도는 할 줄 알지? 바로 그거야, 그것을 키우고 확대하면 돼. 그럼 너도 성인이 될 수 있어'라는 말입니다. 애초에 맹자는 개인이 스스로 도덕적 인간이 되기 위해 노력을 시작할 수 있으려면, 그리고 각 행동 주체에게 도덕 행위를 권할 수 있으려면, 인간이 부족하게나마 가지고 있는 긍정성·도덕성에 주목해야 한다고 본 것 같습니다. 긍정성·도덕성이 있다고 가정하고 상대도 가지고 있다고 말을 해줘야 하는 거죠. 맹자는 본디 각자의 긍정성에서 시작합니다.

> 입이 느끼는 맛은 대개 비슷하다. 역아는 옛날의 유명한 미식가인데, 그는 내가 느끼는 맛을 먼저 알았던 자에 지나지 않는다. 만약 사람마다 맛을 느끼는 정도의 차이가 마치 짐승과 인간 정도였다면, 어떻게 세상 사람이 역아의 감식을 믿을 수 있겠는가? 맛에서만큼은 세상 사람 모두 역아의 평가를 믿는데, 그 이유는 세상 사람 입맛이 대개 비슷하기 때문이다. 소리를 느끼는 귀도 그렇다. 세상 사람은 절대음감을 지닌 사광의 감정을 믿고 따른다. 이것은 소리를 느끼는 사람의 귀가 대개 비슷하기 때문이다. 아름다움을 느끼는 눈 또한 그렇다. 세상 사람은 모두 옛날의 미인이었던 자도를 아름답다고 생각한다. 자도의 아름다움을 모르는 사람은 눈이 없는 사람이다. 이렇게 사람이라면 누구나 입이 느끼는 공통의 맛, 귀가 느끼는 공통의 소리, 눈이 느끼는 공통의 아름다움이 있다. 유독 마음에서만 이런 공통의 것이 없겠는가. 마음이 느끼는 공통의 것은 무엇인가? 이치이고 옳음이다. 성인은 내 마음이 사람들과 공통으로 느끼는 바로 그것을 먼저 느꼈던 사람에 지나지 않는다.[220] - 《맹자》〈고자상편〉

자기긍정의 능동성이 수양의 동력이라고 생각해서인지, 긍정성이 나에게도 있고 너에게도 있고 모두에게 있다는 것을 강조하기 위해 맹자는 입

맹자, 지식인 독재를 꿈꾼 유일한 성선설론자

과 귀와 눈을 가져옵니다. 그리고 입과 귀와 눈이 느끼는 감각과 기호 유사성에서 드러나는 공통된 특성을 강조합니다. 그러면서 인간이라는 유적 존재에게는 공통된 (긍정적) 마음이 있으며, 성인은 그 공통된 마음을 먼저 느꼈던 사람이라고 했습니다. 어떻게든 윤리와 도덕을 모두가 가진 선천성으로 말하려다 보니 그런 것 같습니다.

그런데 제 생각에는 맛있다, 즐겁다, 재밌다 하는 기호와 감각을, 의무감과 이성이 절대적으로 필요한 윤리·도덕과 연관 짓는 것은 무리인 것 같습니다. 순자 생각처럼 윤리와 도덕은 아무리 봐도 후천적 노력으로 일궈지는 것 같고, 인내와 훈련을 통해 배우는 것 같습니다.

하지만 맹자는 그렇지 않지요. 죽어도 도덕적 감정만큼은 생득적이고 선천적이라고 주장합니다. 그래서 음식이니 음악이니 하는 겁니다. 맛난 것은 인간 누구든 먹고 싶어 하고 아름다운 것은 누구든 보고 싶어 하는 공통의 기호가 있는 것처럼, 도덕적인 감정이 내재적이고 생득적인 것이라고 강조하고 싶은 거죠. '모두가 배우지 않아도 자연적으로 맛있는 음식과 아름다운 대상을 향한다. 일반적 인간에게 그런 기호와 욕구가 있는 것처럼 인간 마음에도 공통된 특징이 있다. 우리는 그것을 잘 키우면 될 뿐이다'라는 주장들은 전 사실 억지 같은 면이 있다고 생각하지만 맹자에게는 양보할 수 없는 생각입니다.

맹자가 자신의 성선설을 기호와 욕구로 설명하는 것을 보면서, 저는 맹자의 성선설이 막연히 인간에 대한 긍정과 독려라고만 생각되지는 않았습니다. '도덕과 윤리를 절대 딱딱한 이성과 연관해 생각하거나, 힘겨운 의무나 규범으로 생각해 부담 갖거나 주눅 들지 마라', '맛난 음식이 끌리는 것처럼 내면에서 자연적으로 우러나오는 활발하고 생기 있는 감정과 유사한 것이다'라는 주장이 긍정이고 격려인 것은 맞는데, 단순히 그렇게만 한정하기에는 좀 부족하다 그 말이죠.

제 생각에 맹자는 책임, 즉 주체의 책임을 말하고 싶었던 것 같습니다. 도덕 주체를 분명히 말하고 싶었던 것인데, 그것이 맹자 철학의 의의가 아닐까 싶어요. 맹자 말대로 맛난 음식을 맛보고 향하는 것, 아름다운 음악을 듣고 더욱 정신을 집중하는 것은 어려운 일이 아니죠. 누구든 할 수 있습니다. 도덕 행위도 마찬가지입니다. 내 안의 생득적인 도덕 감정에 충실하면 됩니다. 그렇게 할 수 있는데도 못하면 누구의 문제이고 잘못일까요? 전적으로 나의 문제이고 내 탓, 내 잘못이라는 거죠. 결국 맹자의 성선설은 도덕을 철저히 인간 책임의 영역에 두는 겁니다. 쉽게 말해 '할 수 있는데, 하면 되는데 왜 안 하냐? 결국 네 책임이다'라는 것입니다.

유복한 집안의 영특한 학생이 성적이 시원치 않은 것과, 가난한 집의 그리 머리가 좋지 않은 학생이 성적이 나쁜 것은 다른 이야기일 것입니다. 전자가 성적이 좋지 않은 것은 순전히 본인 책임이죠. 못하는 것이 아니고 하지 않는 것입니다. 하지 않으니 누구의 책임일까요? 다 본인 책임이지요. 대인 아닌 소인으로 사는 것도 순전히 각자 본인의 책임입니다. 도덕 주체로 살고 못 살고는 본인 책임이죠. 내 안의 본성에 집중하면 되는 일이고, 누구든 그렇게 할 수 있는 것이니까요. 착하게 살고 아니고는 귀해지거나 부유해지는 것과 다른 문제인데, 맹자는 개인의 책임 영역을 확실히 해놓았습니다. 씨족공동체에서 이탈한 개체에게 그것을 확실히 해두었습니다. 윤리적으로 사는 문제는 인간 각자의 책임이라고요.

여기서 개인, 도덕 주체, 책임이라는 문제를 부연해보지요. 앞에서 언급했듯이 맹자는 명을 말했습니다. 그 명이라는 것은 자신이 관여할 수 없는 영역입니다. 부귀영화처럼 내가 노력한다고 해서 반드시 달성할 수 있는 것이 아닙니다. 각자의 노력만으로는 결과를 기약할 수 없는 것인데, 그렇기에 맹자는 그 문제를 개인 삶의 문제에서 지워버렸지요. 달성하든 못하든 결과가 어떻게 나오든 각자의 책임이 아닙니다.

> 입은 좋은 맛에 저절로 끌리고, 눈은 아름다운 색으로 저절로 향하며, 귀는 좋은 소리에 쫑긋하고, 코는 좋은 냄새에 저절로 반응하며, 사지는 편안한 것을 추구한다. 이는 모두 인간의 본성이나 실제 명에 달렸다.[221] - 《맹자》〈진심하편〉

욕망의 충족은 내가 원한다고 되는 것이 아닙니다. 외부 조건과 상황이 받쳐줘야 합니다. 그것 말고도 내 마음대로 되지 않는 일이 많습니다. 귀해지고 부유해지고 벼슬자리에 오르는 일 등은 내가 아무리 착하게 산다고 해도 결과를 기약할 수 없죠. 맹자는 이것을 명이라고 했습니다. 그리고 재외자在外者라고도 했죠. 내 밖에 있는 겁니다. 그런데 반대로 내 안에 있는 것도 있습니다.

> 부자지간에 어질어야 하는 것, 군신 간에 의를 지켜야 하는 것, 손님과 주인 간에 예를 차려야 하는 것, 현자가 지혜로워야 하는 것, 성인이 늘 천도를 알고 따라야 하는 것을 사람들은 밖에서 부과하는 의무라고 하지만, 내가 원하

면 할 수 있는 것이다. 그래서 군자는 명이라고 하지 않는다.²²² -《맹자》〈진심하편〉

이렇듯 맹자는 인의예지를 명이 아니라 본성이라고 했어요. 내가 하기 나름인 영역이기에 그리 규정한 것이죠. 본디 내 안에 있는 도덕 감정을 키우기만 하면 되는 것들이거든요. 운도 필요 없고, 다른 사람이 방해할 수도 없습니다. 맹자가 명이라고 하는 부귀영화는 내 마음대로 안 되고 운이나 외부의 우호적 조건이 받쳐줘야 되지만, 어진 사람이 되고 예를 행하며 의로움을 알고 시시비비를 가리는 것은 나의 책임 영역입니다. 타고난 도덕 감정인 사단을 잘 발휘하면 되는 문제니까요.

그것을 맹자는 본성, 다른 말로 재아자在我者라고 했지요. 내게 달렸으니까요. 내 안에 본유의 선천적 감정과 능력을 잘 발휘하면 되니까요. 재아자와 달리 재외자는 명입니다. 내 책임이 아닌 것들입니다. 높은 신분과 부유함 같은 귀한 사회적 재화와 자원의 획득은 실현 여부가 외부의 우호적 조건의 도움에 달려 있는데, 내가 노력한다고 결과를 기약할 수 있지 않으니 신경 쓸 것 없습니다. 재외자가 나의 도덕을 함양하는 데 도움이 안 되고 때로는 방해가 될 수도 있습니다. 그러니 거기에 목을 맬 필요가 없고, 그것을 달성하지 못했다고 해서 부끄러워할 필요가 없습니다. 재외자, 명의 영역은 그런 것입니다. 하지만 재아자는 순전히 내 책임이죠. 도덕적 주체로 사는 것은 내가 하기 나름이니 말입니다.

여기서 재아자에 대해 조금만 부연하겠습니다. 재아자는 단순히 내 힘으로 성취할 수 있는 영역의 모든 것이 아니라, 올바른 방식으로 성취할 수 있는 것에 한정됩니다. 성인인 내가 원하면 어린아이의 손목을 비틀 수 있고, 내가 우월적 위치와 조건에 서 있다면 상대에게 함부로 해대며 이른바 갑질을 할 수 있겠지만, 이는 도덕·윤리와 무관하죠. 재아자는 어디까지나 도덕을 전제합니다. 단순히 가능의 문제가 아니라, 도덕적으로 살려는 사람이 마음먹으면 성취할 수 있는 범위 안의 문제를 말하죠.

그리고 성취란 내가 바른 마음을 먹고, 그렇게 마음먹은 대로 행동하는 것입니다. 내 마음에서 내 행동까지입니다. 내가 누군가를 어질게 대하고 예로써 섬긴다고 해도 상대방이 꼭 나에게 우호적인 반응으로 답하지는 않죠. 예로써 대해도 상대는 나에게 무례하게 대할 수 있고, 심지어 은혜를 원수로 갚는 경우도 흔합니다. 그런데 상대방의 우호적인 반응이나 보답 같은 결과의 문제는 재아자가 아닙니다. 내 책임이 아니에요. 내가 마음을 바르게 먹고 바르게 행동하고 바르게 살고, 딱 거기까지입니다. 그저 나는 철저히 재아자의 영역만 충실히 하면 됩니다. 내 선한 본성인 사단의 확충과 실천까지만 내 책임입니다. 그 범위 밖은 누구든 뭐라고 할 수 없는 부분이죠.

왕도정치

이렇게 맹자의 본성론과 성선설은 철저히 도덕 주체의 책임을 일깨우기 위한 이론적 장치일 수도 있는데, 솔직히 인간 본성이 착하다는 것은 현실적이지 않죠. 다만 독려와 격려를 위한 이론적 장치로서의 의미와, 책임의식 함양을 위한 선언적 의미가 있다고 생각합니다. 그런데 거기서 맹자는 더 나아갔습니다. 더 나아갔다는 것이 중요한데, 맹자는 성선설을 통해 왕에게 왕도정치를 요구했지요. 모든 사람 일반의 책임을 일깨우는 데에서 그치지 않고 왕의 책임도 말했습니다. 아니, 애초에 왕의 책임을 말하기 위해서 성선설을 주장하지 않았나 싶기도 해요. 실제로 그렇게 생각하는 학자들도 있고요. 모든 사람의 수양과 군자됨을 위해서가 아니라, 왕의 선한 정치가 맹자 성선설의 본디 목적이었다고 보는 사람들도 있습니다.

> 땅이 사방 백 리만 되어도 가히 왕이 될 수 있습니다. 왕께서 백성에게 어진 정치를 베풀어 형벌을 줄이고 세금을 적게 거두며, 밭을 깊이 갈고 풀을 잘 매게 하면서, 젊은이가 여가를 이용해 효제충신孝悌忠信의 도리를 배우고 집에 들어와서는 부형을 잘 섬기며 나아가서는 윗사람을 잘 받들게 한다면, 비록 몽둥이만 갖고서도 진나라와 초나라의 튼튼한 갑옷과 예리한 병기를 지닌 군사를 물리칠 수 있을 것입니다. 저들은 백성이 농사지을 시기를 빼앗아 백성이 밭을 갈고 풀을 매어 부모를 봉양할 수 없게 하니, 부모는 추위에 얼고 굶주리며 형제와 처자는 뿔뿔이 흩어집니다. 저들이 백성을 도탄에 빠뜨렸을 때 왕께서 가서 이를 정벌하신다면 누가 왕과 대적하겠습니까? 그래서 어진 사람에게는 적이 없다고 하는 겁니다.[223] -《맹자》〈양혜왕상편〉

유가의 정치적 이상으로 늘 왕도정치가 이야기되는데, 위의 인용문은 맹자가 양혜왕에게 왕도정치를 말한 부분입니다. 왕에게 어진 정치를 하랍니다. 어진 정치 자체가 옳기도 하지만 어진 정치를 하면 인자무적仁者無敵이 된답니다. 나라가 강해지고 야심도 이룰 수 있다고요. 내 안의 선한 본성을 잘 살려서 왕도정치를 하면 언젠가는 그러한 본성의 기원이자 근거인 하늘의 명을 받아 천하를 호령하는 군주가 될 수 있다는 생각입니다. 그러면서 맹자는 세금을 적게 거두어라, 형벌을 줄여라, 가르치고 교화하라고 말하는데, 다음은 맹자 왕도정치의 구체적 내용입니다.

· 감세할 것.
· 때에 맞게 부릴 것, 아무 때나 국가 공사에 동원하지 말 것.
· 농사철을 방해하지 말 것.
· 하천에서 무리하게 물고기를 잡지 말고 안정적인 어획량을 보장할 것.
· 산림에서 무리하게 벌목하지 않음으로써 목재나 땔나무를 안정적으로 공급할 수 있게 할 것.
· 유가에서 인간의 기본 도리인 효제충신을 가르칠 것.

왕한테 단순히 '당신에게 선한 본성이 있으니 그 본성대로만 정치를 하라'고 하지 않고 이렇게 왕도정치의 지침을 구체적으로 말해주었는데, 이 정도로 경세의 대안이 될 수 있었을지는 의심스럽습니다. 극단적인 국력 경쟁을 하던 때에 한가한 말로 들렸을 텐데, 그러니 맹자의 이야기가 현실에서 외면을 받았던 것이겠죠. 그러나 잊지 말아야 할 것은 '왕도정치는 어디까지나 당신의 선한 본성에 충실하면 할 수 있는 것이니 어렵지 않다, 당신이 마음만 먹으면 할 수 있다'는 맹자의 외침입니다.

맹자: 어떤 사람이 왕께 보고하기를 "나의 힘은 3000근(百鈞)을 들 수 있으

나 깃털 하나를 들 수 없고, 시력은 가는 터럭 끝은 살필 수 있으면서도 수레에 가득 실은 섶은 보지 못합니다"라고 하면 왕께서는 옳다고 하시겠습니까?

제선왕: 아닙니다.

맹자: 이제 은혜가 금수에게도 미치는데도 공功이 백성에게 이르지 못하는 것은 유독 무슨 까닭입니까? 그런즉 하나의 깃털을 들지 못하는 것은 힘을 쓰지 않아서이고, 수레의 섶을 보지 못함은 시력을 쓰지 않아서이며, 백성이 편안해지지 않는 것은 은혜를 베풀지 않아서입니다. 그러므로 왕께서 왕 노릇을 제대로 하지 못하는 것은 하지 않는 것이지 할 수 없어서가 아닙니다.

제선왕: 하지 않는 것(不爲者)과 할 수 없는 것(不能者)은 어떻게 다릅니까?

맹자: 태산太山을 끼고 북해北海를 건너뛰는 것을 사람들에게 "나는 할 수 없다"고 말하면 이는 진실로 할 수 없는 것이지만, 어른을 위해서 나뭇가지를 꺾는 것을 사람들에게 "나는 할 수 없다"고 말하면 이는 하지 아니할 뿐이지 할 수 없는 것이 아닙니다. 그러므로 왕께서 왕 노릇을 하지 못하는 것은 태산을 끼고 북해로 건너뛰는 종류가 아닙니다. 왕께서 제대로 왕 노릇을 하지 못하는 것은 바로 가지를 꺾는 종류입니다.[224] -《맹자》〈양혜왕상편〉

불위不爲와 불능不能은 다릅니다. 불위는 정말 하지 않는 것이고, 불능은 정말 못하는 것입니다. 맹자는 비유를 통해 말했죠. '나는 얇은 나뭇가지도 꺾지 못한다. 힘이 없어 못한다'고 하면 그 말을 믿을 사람은 아무도 없을 겁니다. 왕도정치도 마찬가지입니다. 내 안에 선한 본성이 있습니다. 그것은 앞서 불쌍한 소를 살려줄 때 일어난 측은지심에서 확인된 바고요. 짐승에게도 베푸는 그 착한 마음을 백성에게 베풀면 됩니다. 그렇게 쉬운 겁니다.

그런데 어진 정치, 왕도정치를 '못하겠다, 절대 어려워서 할 수 없는 일이다'라고 하면 말이 안 된다는 것이죠. 정치가 엉망이고 백성에게 은혜를 베푸는 정치가 안 된다는 건 순전히 왕의 책임이라는 것입니다. '정치를 제대로 하는 것이 무슨 태산 끼고 북해를 넘어서는 것처럼 어려운 일도 아니고, 나뭇가지 꺾는 일처럼 간단한 일인데 못하는 것이 어딨냐, 당신이 하지 않는 것이고 하기 싫은 것이다, 당신은 선한 본성을 가지고 있으니 그 본성대로 하면 된다'는 것이 맹자의 생각입니다. 이렇게 맹자의 성선설은 왕도정치에 당위성을 부여하기 위한 이론이지요. 사람들의 책임 영역을 확실히 말해주는데 그중에서도 왕의 책임 영역을 분명히 했습니다.

대장부, 맹자의 이상적 인격상

왕은 자신 안의 착한 본성을 잘 키워서 왕도정치를 해야 할 것이고, 다른 사람은 그 본성을 잘 키워서 대인·군자가 되어야 할 것인데, 맹자는 늘 작은 나가 아니라 큰 나를, 작은 자아가 아니라 큰 자아를 말합니다. 오로지 자신만을 생각하며 감각적 욕망의 충족에 탐닉하는 작은 자아가 아니라, 천하의 많은 사람과 함께 살아가며 누구 앞에서도 당당할 수 있는 커다란 자아가 되라고 일관되게 주문합니다. 그것이 바로 대장부大丈夫입니다.

천하라고 하는 넓은 집에 거하고, 천하라고 하는 반듯한 자리에 서고, 천하라고 하는 커다란 길을 다닌다. 자신의 신념을 실현할 수 있거든 백성과 그것을 함께하고, 자신의 신념을 실현할 수 없거든 자기 혼자라도 그 도를 실천한다. 부귀도 그를 변질하게 하지 못하고 가난함도 그를 본디 신념에서 떠나가게 하지 못하며 폭력도 그를 불복하게 하지 못하는 이, 이런 사람을 대장부라고 부른다.[225] - 《맹자》〈등문공하편〉

이 문장을 좋아하는 사람이 많지요. 제자백가 문헌 중에서 인간의 큰 자아를 가장 멋들어지게 이야기한 장면 같습니다. 맹자는 현재의 내 모습이 아무리 초라하고 볼품없어도 거대자아가 될 수 있다고 생각했습니다. 초월과 고양을 통해 세상에 우뚝 선 자아가 될 수 있는데, 가능성은 또한 내 안의 도덕적 본성에 있지요. 눈앞의 이익과 감각적 욕망을 탐닉하던 내가 그런 모습을 부끄럽게 여기고, 보편적이며 본유적인 본성을 확충하면 됩니다.

이에 맹자는 집의集義를 말했습니다. 의로움을 모으는 겁니다. 의로운 행동을 거듭하며 축적해가는 겁니다. 내 안의 본성에 충실해서 그것을 바람직한 행위로 연결하고, 그런 행동을 계속 해나가면 저런 대장부가 될 수 있다고 했습니다. 지금의 내가 아무리 초라하고 남에게 무시당해도 거대자아가 될 수 있는 길은 열려 있습니다. 찾고 보존하고 행동하면서 키우면 됩니다. 대장부는 호연지기를 갖추고 부동심을 가지고 있습니다.

공손추: 감히 묻습니다. 호연지기란 무엇입니까?
맹자: 말하기 어렵다. 그 기는 지극히 크고 지극히 강한데, 올곧게 키우고 상

하게 하지 않는다면 천지 사이를 채울 것이다. 그 기는 의와 도에 합치되는 것으로 만약 그렇지 않으면 위축되고 만다. 이는 의가 쌓여 생겨나는 것이지 어쩌다 의가 달라붙어 생기는 것이 아니다. 행동하면서 마음에 흡족하지 않은 점이 있다면 이 기운은 위축된다.[226] -《맹자》〈공손추상편〉

호연지기는 도덕적 용기와 도덕적 기초 체력인데, 그것을 키우려면 내면에서 나오는 소리를 절대 외면하면 안 됩니다. 내면의 소리를 늘 집중해서 경청하고 적극적으로 실천하려고 해야 합니다. 그렇게 계속해서 내면의 도덕적 목소리에 귀를 기울이고 그대로 실천하는 행위를 축적하면, 즉 집의를 하면 어느 순간부터 나는 호연지기를 갖춘 대장부가 됩니다.

앞서 맹자가 말한 선한 본성은 가능태라고 했지요? 타고난 선한 본성은 가능태일 뿐이니 완전체가 되려면 키워가야 합니다. 집의라는 행위를 통해서요. 내면의 착한 본성에 충실하면서 의로운 행동을 계속해 도덕 마일리지를 적립해가고, 그러면 호연지기로 가득 찬 대장부가 됩니다. 그 대장부는 어떤 외적 압제와 유혹에도 흔들리지 않는 부동심을 가지고 있습니다. 맹자는 스스로를 돌이켜보아 옳지 않다면 누더기를 걸친 비천한 사람에게서도 두려움을 느끼지만, 스스로를 돌이켜보아 옳다면 천군만마가 들이닥쳐도 나아가 용감하게 대적할 수 있다고 말했습니다. 그것이 바로 호연지기입니다.

맹자와 장자

군자가 본성으로 여기는 것은 인의예지로서 내 마음에 뿌리내리고 있다. 거기에서 기인한 빛은 환하게 얼굴에 나타나고 등에 가득 차며 사지로 퍼져나가 말없는 사지의 움직임 속에서 드러난다.[227] - 《맹자》〈진심상편〉

마치 어떤 눈부신 아우라를 묘사하는 것 같지요? 맹자는 인간의 덕을 말할 때 단순히 옳다, 좋다라고만 하지 않고 아우라로 말하기도 했는데, 장자도 그랬습니다.

《장자》〈덕충부편〉에는 왕태王駘와 애태타哀駘它의 이야기가 나옵니다. 장자는 왕태와 애태타의 주위에 사람들이 몰리는 것은 그들이 근본을 지키기 때문이라고 보았습니다. 본성을 잘 간수하고 존재의 근본 상태를 지키다 보니 덕을 가지고 압도적인 아우라를 뿜어내면서 사람들을 마구마구 끌어당긴답니다. 왕태는 장애가 있고 애태타는 심각한 추남이지만 덕이 있기에 사람들은 그들에게 다가갔습니다.

덕을 인간 본성이 활성화되었을 때의 모습으로 이야기하는 점이나, 아우라와 같은 독보적 매력으로 이야기하는 점에서 맹자와 장자는 비슷합니다. 독보적 매력으로 드러나는 덕은 거대자아의 발현이죠. 거대자아는 본디 상태를 회복하고 덕을 활성화해야만 가능한 일이니까요. 이렇게 맹자와 장자 둘의 주장을 하나하나 살펴보면 비슷한 것이 참 많습니다.

먼저 둘 모두 내 안으로 가서 본디 나를 찾으라고 합니다. 진정한 인간 해방과 자아의 고양은 손상된 본디 모습을 회복하는 것을 의미합니다. 내

맹자, 지식인 독재를 꿈꾼 유일한 성선설론자

안에 본디 있던 것을 되찾고 자신의 본디 모습으로 돌아가는 것이기 때문에 회복이지요. 구원이 절대 밖에 있지 않습니다. 내 밖에 있는 것을 내 안에 채워 넣는 게 아닙니다. 밖은 신경 쓰지 말고 그저 내 안에서 찾으면 됩니다. 그렇게 하면 나는 덕으로 가득 차고 아우라가 넘치는 당당한 주체로 살 수 있습니다.

다음으로 외물과 주체(자아)를 늘 긴장과 대립 관계로 놓은 채 인간을 말하는 것도 둘이 비슷합니다. 내 안의 감각기관을 자극하는 사물, 내 욕망을 부추기는 사물과 사태, 내 마음을 위축시키는 권력의 압제, 늘 나를 두렵게 하는 가난과 병과 죽음 같은 외부적 사물 및 사태와 인간의 자아를 긴장 관계로 놓고 이야기합니다.

외물 vs 주체, 외물 vs 자아로 설정해 사유한 흔적이 많은데, 둘 다 어떻게 하면 그런 긴장과 대립 관계에서 인간이 주눅 들지 않고 위축되지 않을 수 있을까를 고민했지요. 맹자는 외물에 부귀·빈천·폭력의 문제를, 장자는 거기에 더해 세월·미추·지위·지식·장애·형벌·죽음의 문제를 말했는데, 둘 모두 그것들을 명의 영역으로 밀어 넣었습니다. 외물은 명입니다. 내가 어찌할 수 없으니, 어떻게 내게 다가오든 저항하지 말고 받아들이라고 하면서요. 여기서 장자는 안명安命, 맹자는 경명輕命과 입명立命을 말했지요. 안명·경명·입명을 통해 외부적 사태, 내 노력으로 어찌할 수 없는 것에 너무 크게 마음 쏟지 말고, 자잘하거나 비굴하게 살지 말라고 했지요.

그렇다고 해서 외물과 마주했을 때 인간이 항상 부딪치고 마찰을 빚을 것이라고 비관하지는 않았습니다. 맹자는 "만물이 모두 나에게 갖춰져 있다"(萬物皆備於我矣)라고 했습니다. 맹자의 이 유명한 테제는 내 안에 있는 착한 마음을 잘 발휘하면 만물 및 모든 사태와 부대끼거나 갈등을 빚을 일이 없다는 뜻입니다. 내 마음과 본성만 잘 간수하면 됩니다. 그러면 누구와 만나더라도, 어떤 사태와 조우해도 문제되지 않습니다. 문제는커녕 다양한 개별자, 개별 사태와 가장 이상적으로 관계를 맺을 수 있죠. 그것이 바로 '만물이 모두 나에게 갖춰져 있다'는 선언의 정확한 뜻입니다. 바람직한 연대와 관계 맺음의 원리는 내 안에 있다는, 나에 대한 철저한 긍정입니다.

장자는 거기까지 나가진 않았지만 그 또한 내 안에서 찾았죠. 마음 안에서 타자·사태와 이상적으로 관계를 맺을 수 있는 가능성을 찾았습니다. 마음을 비워, 마음 안에 도가 놀게 하면 됩니다. 그렇게 본디 자아를 회복하면 모든 타자와 마찰이 없게 할 수 있습니다. 마음에 도가 깃들면 사물과 사태를 분별적으로 대하지 않으니, 외부 사물·사태가 어떤 형태로 다가와도 수긍할 수 있고 늘 마음 편히 살 수 있지요. 내가 내 안에서 잘 찾고 해결하면 밖의 사물·사태와 크게 문제될 것이 없고, 오히려 이상적으로 만나고 조우할 수 있다고 했습니다. 이렇게 둘이 비슷한 점이 많습니다.

이외에도 맹자는 하늘이 내린 벼슬인 천작天爵과 사람이 준 벼슬인 인작人爵, 하늘이 내린 재앙과 인간 스스로 불러온 재앙을 말했고, 장자는 하늘이 내린 형벌인 천형天刑과 사람이 준 형벌인 인형人刑을 말했습니다. 하늘과 인간을 대비시켜 진정으로 중시하고 경계해야 할 것을 이야기했다는 점에서 유사하지요. 또 맹자는 대체와 소체, 대인과 소인을, 장자는 대지大知와 소지小知, 대언大言과 소언小言을 말했습니다. 또한 '네가 가치 있다고 생각해 목매는 것이 아무런 가치가 없을 수 있고, 반대로 네가 가치 없다고 무시하거나 돌아보지 않는 것이 대단히 가치 있고 자신에게 정말 귀할 수도 있다'며 가치의 전도顚倒를 말한 것도 비슷합니다. 대장부를 말한 맹자와 대종사大宗師·응제왕應帝王을 말한 장자는 거대자아를 추구한다는 점에서, 또 권력자 앞에서 당당한 태도를 보였다는 점에서도 비슷합니다. 그리고 지식인의 자존심과 정신적 당당함을 중시했다는 점이 정말 비슷합니다.

사실 장자는 허심을 통한 본성의 회복과 덕의 가득 참을 말하면서 거대자아로 가보자고 했지만, 거대자아가 되는 사람은 거의 없을 것이라고 생각해 비관적인 색채가 강합니다. 그리고 그런 부분에서 맹자도 자유롭지 못하지요. 맹자도 거대자아를 말했지만 거대자아에 도달할 수 있는 사람은 거의 없을 것이라고 비관적으로 보았거든요. 거대자아를 말하면서도 비관적인 색채가 둘 다 비슷하지요.

맹자 인성론의 비판 1[*]

인간 안에 사단이 있고 그러한 본유의 도덕 감정을 누구든 가지고 있다고 했지만 어디까지나 가능태라고 말씀을 드렸습니다. 부지런히 물을 주고 김매며 비료를 주고 볕을 쪼여 키워야 하는데, 누구든 잘 키워서 꽃을 피우고 열매를 맺을 수 있는 일일까요?

---

[*] 이하 맹자 인성론 비판은 백민정,《맹자: 유학을 위한 철학적 반론》, 태학사, 2005를 참고했음을 밝힙니다.

사람이 새나 짐승과 다른 것이 별로 없는데, 서민은 그것을 버리고 군자는 그것을 보존한다.[228] -《맹자》〈이루하편〉

사람을 금수와 다르게 해주는 본질로서의 인간 본성, 이른바 사단과 대체·심지관을 뭇 사람들은 제대로 보존하지 못하고, 군자만이 부여잡고 키운다고 하네요. 내 안의 도덕 감정과 이성을 잘 키울 수 있는 사람, 항상 잃지 않고 커다랗게 할 수 있는 사람은 극소수일 뿐입니다. 문화와 교육의 혜택을 받는 일부 사람들이죠.

사실 맹자의 성선설은 이것입니다. 지식인이 정치권력을 독과점해야 한다는 정치적 구호이고 주장입니다. 도덕적 본성은 누구에게나 있지만 잘 키울 수 있는 사람은 극소수이고 그 소수가 세상을 이끌어가야 하는데, 그 소수가 누구겠습니까? 글자만 알아도 상위 1퍼센트였던 시대에서는 귀족과 지식인이죠. 도덕적 본성을 잘 키운 또는 키울 수 있는 사람은 문화와 교육의 수혜자가 아니었겠습니까? 그래서 임금도 늘 그들을 존중하고 때론 스승으로 모시며 정치를 해야 한다고 맹자는 말했습니다.

사실 맹자는 이분화된 차별적인 인간관을 보였지요. 지금껏 살펴본 대로 대체와 소체, 이목지관과 심지관 등으로 인간을 이분화해 말했습니다. 사회 전체로 봐도 마찬가지입니다. 서민과 군자, 소인과 대인으로 나누는데, 대인이 늘 대접받고 권력을 가진 채 세상을 이끌어가야 한다고 했습니다.

맹자가 말한 항심恒心과 항산恒産도 그렇습니다. 맹자는 일정한 재산(항산)이 없으면서도 한결같은 마음(항심)이 있는 것은 오직 선비, 즉 지식인만이 그럴 수 있다고 했습니다. 백성은 일정한 생업이 없으면 항심도 없기에 못된 짓을 할 가능성이 높으니, 백성이 항산을 가질 수 있도록 왕도정치를 베풀라는 쪽으로 주장을 끌어갔습니다. 차별적인 인간관이 드러나는 대목이죠.

선각자·선지자 이론도 그렇습니다. 맹자는 이윤이라는 어진 재상의 말을 빌려 다음과 같이 말했습니다.

> 하늘이 이 백성을 낳아, 먼저 안 사람이 나중에 안 사람을 깨우치게 했고, 먼저 깨달은 사람이 나중에 깨달은 사람을 깨우치게 했다. 나는 하늘이 낳은 백성 중에 먼저 깨달은 자이다. 내 장차 이 도로써 이 백성을 깨우치게 하리라. 천하의 백성 중에 요순의 은택을 입지 못한 필부필부가 있으면 자기가 도랑에 밀어 넣은 것처럼 생각했으니, 천하라는 무거운 짐을 자임한 것이다.[229] -《맹자》〈만장萬章하편〉

이윤의 말을 인용해서 한 말이지만 맹자의 자의식을 드러냈죠. 유가적 사상으로 무장한 귀족의 자의식을 드러낸 말이라고도 봅니다. 도덕적 이성과 감정을 잘 키운 우리가 진리의 담지자로서 세상을 이끌어갔으면 좋겠고 왕에게도 대접을 받고 싶음을, 선각자·선지자 이론을 통해 말하고 싶었던 것입니다.

맹자의 성선설은 결국 지식인이 정치적·사회적 권력과 경제적 권력까지 손에 거머쥐어 세상을 다스려가야 한다는 것이고, 지극히 정치적인 프로파간다라고 할 수 있습니다. 조선시대 사대부가 공자 못지않게 맹자를 존경하고 떠받든 것도 그런 이유입니다. 지식인이자 관료이며 노비 소유자이자 농지 경영인이었던 그들이 맹자를 괜히 존숭했던 것이 아닙니다. 맹자의 성선설은 지식인-정치인-지주 삼위일체의 정치사상이며, 유교적 교양을 갖춘 지주들의 권력 독과점을 옹호하는 이론입니다.

> 목공이 자주 자사子思를 보러 갔는데 이렇게 말했다. "옛날에 천승의 나라의 임금이 선비를 벗으로 사귀었다는데 어떻습니까?" 자사가 불쾌해하며 "옛사람이 말한 것은 섬긴다고 해야지 어찌 벗으로 사귄다고 합니까?"라고 했다. 자사가 불쾌해한 것은 '지위로 따지자면 당신은 임금이고 나는 신하인데 어찌 감히 임금과 벗하겠는가? 덕으로 따지자면 당신은 나를 섬기는 사람인데 어찌 나와 벗할 수 있는가?'라는 것 아니겠는가? 천승의 임금이 벗으로 사귀려 해도 이룰 수 없는데, 하물며 오라가라 불러들일 수 있단 말인가?[230]
> ─《맹자》〈만장하편〉

자사라는 과거의 인물을 들어 맹자 자신이 하고 싶은 말을 하네요. 벗이 되자는 군주의 말에 자사가 '서로 섬기는 관계가 되어야지 친구가 될 수 없다'고 거절한 장면입니다. 임금과 현명한 선비가 있을 때, 지위로 따지면 임금이 높으니 벗이 될 수 없고, 또 덕으로 따지면 선비가 훨씬 위에 있으니 임금이 외려 섬겨야 한답니다. 그러니 지식인 대접을 확실히 하라는 거죠. 맹자는 또 이런 말도 했습니다.

> 제경공이 사냥을 할 때 우인虞人을 깃털이 달린 깃발로 불렀더니 오지 않아 죽이려고 했다. 선비는 자기 시체가 도랑에 굴러다닐 것을 잊지 않으며, 용

감한 선비는 자기 머리를 잃을 것을 잊지 않는다. 공자께서 무엇을 취했겠는가? 올바른 방법으로 부르지 않으면 가지 않는 것을 취한 것이다.[231] -《맹자》〈만장하편〉

선한 본성을 잘 키워 진리의 담지자가 된 지식인과 선비, 또는 단순한 귀족이 아니라 학식까지 갖춘 사람은 왕에게 분명히 제대로 된 대접과 극진한 예우를 받아야 한다는 것입니다. 단순 예우 정도가 아니라 지식인들이 세상을 이끌어야 한다는 생각이 강하게 엿보이는데, 지식 엘리트의 자존심을 넘어 특권 의식도 보입니다. 나아가 맹자의 노력자勞力者-노심자勞心者 이론을 보면 차별적이고 이중적인 인간관, 계급의식에 찌든 인간관, 그리고 건강치 못한 엘리트의식까지 보입니다.

대인의 일이 있고 소인의 일이 있다. …… 어떤 사람은 정신을 쓰고 어떤 사람을 육체를 쓴다. 정신을 쓰는 사람은 남을 다스리고, 육체를 쓰는 사람은 남의 다스림을 받는다. 남에게서 다스림을 받는 사람은 남을 먹여살리고, 남을 다스리는 사람은 남에게서 얻어먹는다고 했으니, 이는 천하의 공통된 원칙이다.[232] -《맹자》〈등문공상편〉

노심자는 정신을 쓰는 사람이고 노력자는 육체를 쓰는 사람입니다. 정신노동자는 누구겠습니까? 글을 알고 지식을 소유한 사람이죠. 육체노동자는 교육을 받지 못한 사람일 테고요. 맹자는 지식노동자가 육체노동자를 다스리고, 육체노동자가 노동을 통해 지식노동자를 부양하는 것이 당연하다고 했습니다.

이러한 맹자의 발언을 보면 공맹의 정신세계가 지배한 한국이 왜 아직도 육체노동자를 천시하는지 알 수 있지요. 씁쓸함을 주는 대목입니다. 죽거나 다칠 위험을 감수하며 험한 일을 하고 삶을 꾸려가는 국민이 왜 돈도 조금밖에 못 받고 무시당하는지 알 수 있는 대목이죠. 유교가 남긴 가장 못된 잔재가 바로 직업의 귀천이고 육체노동 천시인데, 이러한 맹자의 발언에서 단적으로 드러납니다. 맹자는 정말 차별적 인간관을 가진 사람입니다.

맹자 인성론의 비판 2

춘추시대 말 시대가 급변했습니다. 철기의 보급으로 생산력이 폭발적으로 신장되면서 정치적·사회적 유동성이 강해지고, 귀족들은 기득권이 상실될 위협에 놓여 있었습니다. 아래로는 밑에서 치고 올라오는 소인계층의 실력자도 무서웠고, 위로는 날로 강고해지는 왕권도 무서웠을 겁니다. 춘추시대에 군주는 단독의 주권자가 아니라 귀족연맹체의 대표에 가까웠는데, 그때는 왕이 귀족을 신하로 고용해서 부리는 고용주가 아니었습니다. 귀족은 각자 영지가 있었고, 자신과 이해관계를 같이하는 씨족집단 사람들과 함께 움직였지요.

전국시대로 가면서 귀족의 가문이 파괴되고 영지는 몰수당해, 왕한테 고용되어서 언제든 해고당할 수 있는 관료로 전락했습니다. 예전에는 영지와 직위를 세습할 수 있었고 능력으로 평가받지도 않았습니다. 더는 좋은 시절을 누리지 못하고 기득권을 잃어버린 귀족계층, 그들은 그때 공자사상을 눈여겨봅니다. 물론 공자의 사상이 춘추 귀족의 입장을 대변한다고 생각하지는 않습니다. 하지만 맹자는 이야기가 다릅니다. 귀족이 공자사상을 구매하다 보니 나온 것이 맹자사상이 아닌가 싶습니다.

법가와 묵가는 소인의 입장을 말합니다. 소인을 잘살게 해주자, 귀족 중 무능한 이는 물러나라, 대신 능력 있는 소인에게 지위와 권한을 주자, 그리고 너희 세상에서나 지켜지던 것들, 이를테면 너희 기득권을 위한 규범인 예 대신 모두에게 동등하게 적용되는 법으로 나라를 다스리자, 누구에게든 기회를 주는 방향으로 개혁하자, 그것만이 살길이다 등등. 묵가와 법가로 대변되는 실력파 소인들이 이렇게 주장하니 어찌해야겠습니까? 귀족도 그 나름대로 어떻게든 이론적·사상적 무장을 해야 하지 않겠습니까?

그런데 마침 공자가 있었습니다. 그는 종적인 신분 질서를 인정하고, 무엇보다 예를 말하네요. 과거의 예를 그대로 고수하자는 것이 아니라 거기에 사람을 존중하고 사랑하는 정신을 새롭게 불어넣자고 하면서 예의 갱신을 주장했고, 군자의 의미를 바꾸어서 새로운 이상적 인간 유형으로 말했지요. 어쨌건 예와 군자를 말했다는 점에서 기존에 군자계급이었던 귀족 입장에서는 매력적일 수밖에 없었지요. 더구나 공자는 법치를 분명히 반대하며 교화와 학문의 힘에 호소했는데, 학문과 수양은 아무래도 교육을 받을 수 있었던 사람의 것이었으니, 여러 가지로 공자사상이 눈에 들어올 수밖에 없었을 겁니다. 그래서 공자사상을 받아들인 뒤 그들 입장에 맞게 그것을 바꾸고 그러다 보니, 차별과 특권을 옹호하는 맹자사상이 나온 것 아닌가 싶습니다.

이른바 오래된 나라라는 것은 오래된 나무가 있는 것을 말하지 않습니다. 대를 이어 나라를 다스린 신하가 있는 것을 말합니다. 지금 왕께서는 친근한 신하가 없습니다. 옛날에 등용한 신하가 지금은 자리에 없는 것도 모르지 않습니까.[233] -《맹자》〈양혜왕하편〉

맹자가 제선왕에게 이와 같이 말했습니다. 대를 이어온 신하가 있어야 반듯한 나라라고 하는데, 세습 귀족의 기득권을 존중하고 함부로 내치지 말고 계속 그들과 함께 가라는 뜻입니다. 이렇게 맹자사상은 지극히 보수적인 철학입니다.

역성혁명도 맹자의 보수적인 면을 가장 잘 드러낸 부분입니다. 왕이라고 해도 기존의 체제를 해치고 균열을 내면 갈아치워야 한다는 주장입니다. 체제를 해친다는 말은 귀족들이 독과점한 사회의 기득권 구조에 흠집을 낸다는 것이지요. 왕이 그렇게 기존 정치인의 기득권을 무시하고 전횡을 휘두르면서 체제를 위협하면 왕이 아니라 한낱 시정잡배에 지나지 않으니 죽여도 좋다고 맹자가 말했는데, 마침 맹자를 그렇게도 존숭했던 조선에서 반정이 두 번이나 일어났지요. 왕권보다는 신권이 매우 강한 나라가 조선이었습니다. 조선이 맹자의 나라라 그렇습니다.

이렇게 맹자사상은 보수적입니다. 법 앞의 평등과 기회의 평등을 주장한 법가사상에 대한 적개심에서도 잘 드러나지요. '내 안에 선한 본성이 있어 우리는 잘 키워갈 수 있다. 그러니 국가권력으로 함부로 통제하지 말고 우리를 대접해달라. 정치적·경제적 특권을 뺏지 말고, 성안 귀족과 군자계급이 고수해오던 예면 충분하니 다른 법이니 부국강병책이니 해서 개혁하

맹자, 지식인 독재를 꿈꾼 유일한 성선설론자

지 말라'는 식으로 맹자는 상앙식의 개혁을 통한 국가 정비 노선에 반감을 많이 드러냈죠. 춘추시대에서 전국시대로 넘어가는 와중에 어떻게든 기득권을 놓지 않으려고 했던 상류층의 자의식이 맹자사상에 담겨 있습니다.

맹자의 철학이 한·당시대가 지나 어찌하여 순자의 위상을 빼앗고 사상적 주도권을 쥐었는지도 알 수 있습니다. 본디 공맹이었던 것이 아닙니다. 특히 한나라 때만 해도 공자의 후계자는 맹자가 아니라 순자였지요. 하지만 어느 순간부터 순자의 자리에 맹자가 들어갔습니다. 송나라 때 향촌에서 지주 노릇을 하며 소작인들에게서 잉여 생산물을 얻어내고, 그 경제력이 준 시간적 여유를 바탕으로 공부를 해서 과거를 통해 중앙 정계에 진출한 사대부의 시대가 열렸습니다. 사대부들은 왕 중심의 철학과 명확한 공적 규범을 주장하는 순자보다는 지식인의 자율성·기득권을 말하는 맹자의 철학이 여러 가지로 맘에 들었을 겁니다. 조선도 마찬가지고요.

지주 겸 지식인이자 정치인, 토지로 대변되는 경제 권력과 유교적 교양으로 대변되는 지식 권력을 가진 사대부귀족에게 맹자는 단순히 구미에 맞는 정도가 아니라 모든 생각과 의식의 대변자였을 것입니다. 그들에게 맹자의 성선설은 너무도 소중한 이론이었을 것이고요. 자신들의 기득권을 지키게 해주는 이론적 무기였으니까요. 사실 맹자의 성선설을 잘 알아야 동아시아 사대부들의 민낯과 속내, 그리고 조선의 역사와 지금 우리의 모습이 제대로 읽힐 것입니다.

마지막으로 제가 만약 맹자를 만난다면 묻고 싶은 말이 있습니다. 역사적·사회적 과정에서 만들어지고 발전된 가치덕목 중 특정한 것을 뽑아내 본성이라 규정하고 신화화해 다른 가치와 덕목을 압도하는 절대적 기준

제자백가, 인간을 말하다

으로 부각시켰는데, 그런 주장과 사유에 논리적 일관성과 정합성이 있는지 말입니다. 사실 특정한 가치덕목만이 아니라 인간에게서 보이는 다른 가치 덕목들도 포함해서 모두를 인간의 본성으로 설명해야 논리적 정합성·일관 성이라도 있겠는데 말입니다. 과연 그 가치덕목들이 정말로 인간의 본성이 맞느냐 아니냐를 떠나서요.

제가 보기엔 인간의 가치와 덕목 중에 특정한 것, 자기 마음에 드는 것, 유가적 관점에 맞는 것만 핀셋으로 골라내 인간 본성으로 규정하지 않았 나 싶습니다. 맹자가 말한 인간 본성은 인간 집단이 사후에 발견하고 일군 것 중에 유가적 기준에 따라 바람직하다고 생각한 것만을 고른 것으로, 어 디까지나 일방적인 가정과 주장이 아닐까 싶습니다. 유가적 관습과 규범에 부합한 행위만으로 인간 모두에게 내재된 보편적인 성향이라고 설명하는 것은 애초에 논증 자체가 불가능한 것이라고 생각합니다.

이런 질문도 해보고 싶습니다. 가치덕목 중 유가적 전통에서 올바르다 고 생각한 것이 제대로 드러나지 않으면 인간이 아니라고 단정한 것은 폭 력이 아닌지 말입니다. 맹자가 생각한 올바른 인간상은 유가적 기준에서 나 올바른 것이죠. 그런데 그것과 다른 모습을 보이면 인간 일반으로서 가 진 고유한 본성 자체가 없거나 그 본성을 내다버린 짐승 같은 인간이라고 한 것은 근본주의적 사고이고 폭력이라고 생각합니다. 유가적 기준에 맞는 관습과 규범·인간상을 인간의 내적 성향에 근거해서 이루어졌다고 전제한 상태에서 그것을 따르지 않거나 그것에 문제를 제기하는 순간, '너는 인간 이 아니야, 인간이 어떻게 그럴 수 있어?'라고 말하고 손가락질한다면 그런 논리는 실제로 아주 위험하게 귀결될 수 있지요. 교조주의·근본주의·도그

맹자, 지식인 독재를 꿈꾼 유일한 성선설론자

마가 될 가능성이 농후합니다. 실제 조선의 역사를 보면 그랬던 것 같고요.

그리고 맹자는 혈연집단 내의 친근한 감정을 근거로 성선과 도덕적 인간으로의 성장을 많이 이야기했습니다. 부모와 가족에게 느끼는 친근한 감정이 있다, 그것이 인간을 선하게 해주고 그것을 확대해나가면 모든 이에게 도덕적으로 대하는 인격의 완성자가 될 수 있다고 했는데 아무리 생각해도 이상합니다. 친족에게서 절로 느끼는 친근한 감정이 도덕과 규범의 근거가 되고 사람이 선해질 수 있는 가능성과 원동력이라고요? 가족에게 잘하는 좋은 아버지·어머니인 사람이 밖에 나가서 얼마든지 잔인하게 못된 짓을 하는 경우를 적지 않게 볼 수 있지 않나요? 가족을 위해 남에게 모진 짓을 하는 사람도 많고요. 혈연 내에서 느끼고 자연스럽게 커지는, 효제로 대변되는 그런 감정이 사회적 규범을 준수하고 타인을 존중하며 상호 호혜적 의무를 다하는 인간이 되게 하는 원동력이 될 수 있을까요? 아니, 대체 그것이 무슨 상관이랍니까? 효자가 밖에선 못된 인간이고, 좋은 아빠가 남한테 모진 인간일 수 있는 것이 인간 사회의 현실인데 말입니다.

이건 사실 맹자와 논쟁을 했던 고자도 지적을 했죠. 맹자는 인과 의를 모두 인간 내부에 있는 것으로 말했습니다. 인간에게 절로 발현되는 감정인 효(부모에게 느끼는 친근감), 제(웃어른들에게 절로 고개를 숙이고 공경하는 마음가짐)가 인간 안에 있는데, 효가 인으로, 제가 의로 발전할 수 있답니다. 그래서 선천적으로 효의 마음을 가졌기에 인간은 타인에게 인정과 측은지심을 가지고 다가갈 수 있고, 또한 제의 마음을 타고났기에 사회의 공적 규범과 신분 질서의 틀*을 존중하는 사람이 될 수 있을 것이라고 했습니다. 하지만 고자는 인내의외仁內義外를 말하면서 그에 반대했죠.

고자는 인을 공적 도덕과 상관없는 혈연집단 내 자연스러운 감정으로 한정했는데, 성악설론자인 고자도 그 감정 자체를 부인하지는 않았습니다. 그것이 인간 안에 있다고 했죠. 하지만 인은 안에 있어도 의는 바깥에 있다고 하면서, 인과 의는 상관이 없다고 했습니다. 팔이 안으로 굽는 것과 공적 의무와 규범을 잘 지키는 것은 상관이 없다는 것이 고자의 생각이었습니다.

사실 안에서 착한 사람과 밖에서 착한 사람은 전혀 상관이 없죠. 외려 가정을 지키고 건사한다는 이유로 공적 규범과 의무를 무시하고 어기는 경우도 적지 않으니까요. 그러니 혈연집단 내에서 느끼는 감정과 공적 의무·규범을 지키는 것은 상관이 없다는 것을 명확히 한 상태에서, 공적 의무와 법을 지키는 인간으로 사회화하고 교육하는 것이 맞지 않을까요. 저는 근현대 사회과학과 시장경제의 기초가 되는 원리, 근대적 법치의 이론 기반을 보면, 현대의 학자들이 철저히 무시하고 조롱할지도 모르는 생각을 맹자가 주장한 것이 아닌가 싶습니다. 현대 학자들, 특히 법학자들은 철저히 성악설을 지지할 것입니다. 정말 맹자의 성선설은 여러 가지로 문제가 많다고 생각합니다. 지극히 보수적인 귀족 중심의 정치사상이고요.

---

* 대부분의 사상가가 '의'를 공적 규범과 질서의 준수, 신분적 구분의 준수라는 뜻으로 썼습니다.

제 8 장

손자,
인간에겐
상황과 조건만
있을 뿐

성선과 성악의 프레임을 넘어서, 전쟁터의 인간 이야기

특정한 대상에 대한 이해도가 높아지려면 많은 관찰이 필요합니다. 많은 실험도 해봐야 합니다. 관찰과 실험은 많을수록 좋습니다. 하지만 그 대상이 인간이라면 이야기가 좀 달라집니다. 인간을 관찰하고 실험하는 것은 쉽지 않지요. 인간을 무수히 많이 관찰해보는 것도 어려운 일인데 인간을 실험한다니, 반윤리적이고 반문명적인 일일 가능성이 크지요. 그런데 그 실험이 제한적으로나마 많이 행해지는 시기가 있습니다. 그리고 그 시기에는 무수히 많은 인간을 관찰할 수 있지요. 바로 전쟁의 시기입니다. 그렇기에 전쟁은 인간 이해의 폭을 아주 넓혀줍니다.

여기에서는 전쟁을 직접 경험하고 전쟁에서 활약한 사람들의 이야기를 좀 해보려고 하는데, 그들은 성선과 성악이란 틀로써 잘 설명이 안 됩니다. 또 그들은 도덕에 대해, 인간의 변화에 대해, 그리고 타고난 인간의 모습과 행동의 일반적인 경향에 대해 논하질 않았습니다. 하지만 인간에 대한 통찰이 아주 수준 높은 사상가들이지요. 현대 학자들이 보기에 앞서 이야기한 사상가들보다 주목되는 부분이 많을 텐데, 특히 인간 심리에 대한 통찰은 서늘할 정도이고 지금 시각에서 봐도 참 탁월합니다. 그들은 바로 병가입니다. 병가사상가 중 한 사람은 이런 말을 했지요.

인간 실정의 이치는 제대로 살피지 않으면 안 된다.[234] -《손자병법》〈구지九地편〉

병가의 병법 중 손자와 오기의 병법을 양대산맥이라고 하고, 두 병법을 모두 읽어야 병법이 완성된다고 합니다. 둘 모두 병사를 직접 다스려보고 군대를 이끌었던 사람이지요. 오기는 실전 경험이 무수하고, 76전 64완승 12번의 무승부로 지지 않는 상승常勝 장군이었다고 합니다.

사실 인간에 대한 통찰 측면에서는 앞서 다룬 사상가들보다 이들의 이야기에 더 주목해야 할지 모릅니다. 우리가 유교의 힘이 강성한 나라이고 도덕과 수양론에 중점을 둔 채 동양고전을 읽다 보니 이들의 이야기는 동양철학계에서 주목받지 못하고 자기계발서와 경제경영 서적에서 간헐적으로 다시 쓰이는 수준에 그쳤지만, 사실 그들의 통찰이 외면받아서는 안 되는 일이지요. 고전을 왜 읽습니까? 인문학을 왜 공부하고요? 앞에서 말한 대로 인간에 대해 더 잘 이해하기 위해서지요. 인간 이해의 지평을 넓히기 위해서입니다.

오기와 손자는 직접 군대를 지휘하고 병사를 이끈 사람입니다. 무수히

제자백가, 인간을 말하다

많은 사람을 보았고 다루었습니다. 단순히 1 대 1로 상대해본 것이 아니라 많은 사람이 모인 조직을 다루고 이끌었는데, 그럼 당연히 그들의 이야기를 더 경청해야 하지 않을까요? 누구는 서재에서 사유를 했는데 누구는 실전을 경험했고, 누구는 이론과 관념으로 싸웠는데 누구는 실전에서 이겼습니다. 인간에 대한 이해 문제를 떠나서라도 사실 실전을 경험하고 실전에서 이긴 이들의 이야기를 더 경청해봐야 하지 않을까요?

위 인용문에서 손자도 사람의 감정과 심리의 이치를 제대로 살피고 이해하지 않으면 안 된다고 말했지요. 장수가 인간에 대한 이해가 있어야 전쟁에서 이기고 아군이 살 수 있다는 것인데, 사실 병가의 인간 이해가 가장 탁월합니다. 손자와 오기 외에도 사례는 많습니다. 보통 전쟁을 준비하고 전투를 하면서 인간에 대한 이해가 비약적으로 높아졌습니다. 관련 학문이 급성장하기도 했고요. 대표적으로 제1차 세계대전, 제2차 세계대전 등 두 번의 인류 대전쟁을 겪으면서 심리학과 정신분석학·교육학·경영학·의학 등 인간을 다루는 여러 분야에서 많은 발전이 있었는데, 두 차례의 세계대전이 없었더라면 저 학문들이 지금처럼 발전할 수 없었겠지요.

전쟁 기간에는 인간에 대한 관찰과 연구가 알게 모르게 많이도 행해집니다. 의도적이든 의도적이지 않든 아주 밀도 있게 행해지는데, 그렇기에 전쟁과 연관해 인간을 말한 사람들의 이야기를 들어봐야겠지요. 어쩌면 심리학과 교육학·경영학 등 현대 학문에서는 맹자나 순자·장자보다 손자와 오기의 인간 이야기에서 더 많은 학문적 영감을 얻거나 연구 주제를 발견할 수 있지 않을까 싶습니다.

손자, 인간에겐 상황과 조건만 있을 뿐

심리학, 조직, 지도자

병가의 인간 이야기는 심리학, 조직, 지도자 세 가지 핵심어로 압축할 수 있습니다. 특히 심리학에 주목해야 합니다. 앞서 제자백가의 인간 이야기를 시작하면서 현대 심리학적 고민과는 좀 거리가 있다고 말씀드렸는데 병가는 다릅니다. 그들의 인간 이야기는 심리학자들이 흥미를 가질 부분이 많이 있어 보입니다.

전쟁터에서는 인간의 심리, 정확히 아군과 적군 병사의 심리와 적군 장수의 심리를 파고들어야만 이길 수 있기에, 이들은 인간 심리에 주목했습니다. 상황과 조건에 따라 인간이 어떤 심리를 드러내는지, 또 어떤 것이 인간 심리에 영향을 주는지 많이 파고들었지요. 단순히 인간 일반의 심리가 아니라 병사의 심리가 주제이고요. 살짝 외연을 넓혀서 말해보자면, 성과를 내야 하는 조직의 인간이 가지는 집단심리에 대해 많이 다루었습니다. 그래서 이들이 말하는 인간 심리 이야기는 심리학자만이 아니라 경영학자·행정학자가 관심을 가질 요소도 많은데, 집단이라는 단위로 인간을 바라보고 논하는 경우가 많습니다. 심리학이긴 한데 집단심리학·조직심리학으로서의 성격이 강하지요.

전쟁은 국력을 모두 쥐어짜 극대화해서 겨루는 승부입니다. 사람을 모아놓고 1+1이 2가 아니라 3, 때론 4가 되게도 할 수 있어야 하는 것이 전쟁입니다. 그래서 어떻게 하면 사람들의 힘을 모두 뽑아내 조직해볼까 고민했습니다. 그렇기에 인간 본성이 선하다, 이렇게 하면 윤리적 인간을 만들 수 있다, 저기에 선하게 될 수 있는 수양의 가능성이 있다는 말은 하지 않아요.

그런 것을 고민할 여유가 없습니다. 그 대신 무엇이 집단으로서의 인간을 움직이게 하고 싸우게 하고 버티게 하는지 고민했는데, 그러다 보니 집단심리학을 생각할 수밖에 없었던 것 같습니다. 그리고 전쟁터에서 병사를 이끄는 장수의 덕목에 초점을 두고 이야기할 때도 많습니다. 그래서 장수, 즉 지도자의 심리에 대해서도 이야기합니다.

지도자는 수많은 사람을 다루며 조직을 이끄는 자로서 많은 중간 관리자를 다루어야 하기에 인간 심리에 대해 고민할 수밖에 없습니다. 장수는 특히 전쟁이라는 특수한 상황에서 조직을 이끌고 실전을 뛰어야 하는 존재이기에 늘 인간 심리를 중시할 수밖에 없었다고 봅니다. 전투와 전쟁에서 심리적 조건은 절대적 변수거든요. 장수는 무엇을 하든 그 심리적 조건을 매개로 생각하고 고심해야 합니다.

예를 들어 장에 가서 채소와 고기·생선 등을 사옵니다. 그것을 집에 가져와서 그대로 먹는 사람은 없을 것입니다. 그 나름대로 어떻게든 요리를 해서 먹지요. 전쟁·전투도 비슷합니다. 고전과 병법서가 가르쳐준 원칙을 잘 배워야 합니다. 어떻게든 내 것으로 만들어야죠. 하지만 원칙과 원리를 곧이곧대로 현장에서 적용하려고 하면 안 됩니다. 무턱대고 그렇게 하다간 큰일이 납니다. 그때그때 상황에 맞게 적용할 수 있어야 합니다. 사전에 배운 원리·원칙이 틀렸다거나 배울 필요가 없다는 것이 아닙니다. 배운 것을 현장에서 적절히 응용하여 구체화할 줄 아는 지혜가 필요하다는 것입니다.

그러면 어떻게 응용하고 적용해야 할까요? 무엇을 매개로 해야 할까요? 바로 지형과 심리입니다. 천시는 지리만 못하고 지리는 인화(집단심리)만 못하다고 하지만, 실제 전쟁터에서는 지리가 최고입니다. 가장 중요합니다.

손자, 인간에겐 상황과 조건만 있을 뿐

땅이 주는 이점은 막강하지요. 유리한 지형을 선점한 경우 적게는 다섯 배, 많게는 열 배 가까이 이득을 얻습니다. 그러니 유리한 지형을 선점하고 지형에 맞게 싸울 줄 아는 지혜가 있어야지요. 사전에 배운 원리·원칙을 지형에 맞게 써야 합니다. 그래서 손자는 지형에 대해 많이 논했어요.

《손자병법》의 시작 부분인 〈계計편〉에서 전쟁 전 양국의 전력을 가늠하기 위한 다섯 가지 거시적 항목으로서 오사五事를 말했는데, 그중 세 번째가 지리였지요. 원근遠近·험이險易·광협廣狹·사생야死生也, 즉 멀고 가깝고, 험하고 평탄하고, 넓고 좁고, 생존 유불리 등을 봐야 한다고 했습니다.

무릇 군이 기동해 적과 대치할 때 산악을 횡단하고 계곡을 의지해 진영을 편성하는 경우 유리한 곳을 살펴서 가능하면 높은 곳에 머무른다. 고지를 장악한 적을 상대할 때는 산을 거슬러 올라가며 싸워서는 안 된다. 이것이 산악 지역에서 작전을 수행할 때 군의 운용방법이다. 도하한 후에는 반드시 물에서 멀어져야 한다. 적이 도하해올 때는 물속에서 적을 맞아서는 안 되고 적이 반쯤 건넜을 때 공격하면 이롭다. 적을 맞아 전투를 수행하고자 할 때는 하천에 근접해 적을 맞지 말고, 높은 지역의 이점을 살펴 상류 쪽을 향하면서 적을 상대해서는 안 된다. 이것이 하천 지역에서 작전을 수행할 때 군의 운용방법이다. …… 평탄한 지역에서는 군이 움직이기 쉬운 곳에 위치해야 하는데, 오른쪽은 높은 지형을 등지고, 전면에는 적의 공격이 불리한 지점을, 배후에는 높은 지형을 두게끔 군을 배치해야 한다. 이것이 평탄한 지형에서 작전을 수행할 때 군의 운용방법이다. 이 네 가지 지형에 따라 적절히 이점을 사용하는 군의 운용방법은 옛날 황제가 사방의 적에게 승리할 때 썼

던 방법이다.[235] -《손자병법》〈행군行軍편〉

무릇 지형은 용병을 보좌하는 것이다. 적을 알아 승리할 방도를 계획하며, 지형의 험하고 평탄함과 지리의 멀고 가까움을 계량하는 것이 최고 사령관이 해야 할 일이다. 이를 알고 전쟁을 수행하면 반드시 승리하고, 이를 모르고 전쟁을 수행하면 반드시 패한다.[236] -《손자병법》〈지형地形편〉

내가 배웠던 원리를 그대로 적용하지 않고 지형에 따라 바꿀 줄 알아야 합니다. 지형을 매개로 교과서적 원리와 원칙을 응용할 줄 아는 것이 바로 실전 감각이지요. 그런데 지형 말고도 현장에서 염두에 둬야 할 응용의 매개물이 바로 심리입니다. 아군 병사만이 아니라 적군 병사의 심리도 잘 파악해서 작전을 짜야지요.

약속이 없는데도 강화를 청하는 것은 우리를 속일 모책을 꾸미는 것이다. 병사들이 바쁘게 달리면서 전차를 정렬하는 것은 공격 시기를 기다리는 것이다. …… 밤에 서로 부르는 것은 두려움에 가득 차 있다는 징후다. 부대가 동요하는 것은 장수가 진중하지 못하기 때문이다. 정기旌旗가 질서 없이 움직이는 것은 부대가 혼란스럽다는 징후다. 간부가 화를 내는 것은 병사들이 게으르기 때문이다. 거듭해서 타이르고 천천히 병사들과 대화를 나누는 것은 병사들의 신망을 잃었기 때문이다. …… 여러 번 상을 주는 것은 지휘가 군색해진 징후다. 처음에는 난폭하게 지휘하다가 나중에는 병사들을 두려워하는 것은 군대의 군기가 완전히 무너진 것이다.[237] -《손자병법》〈행군편〉

〈행군편〉에서 손자는 적의 실정을 간파하기 위한 서른세 가지의 요령을 말해주는데, 그중 절반 가까이가 바로 적의 심리를 파악하기 위한 것입니다. 미리 준비해온 전술이 있다고 해도 적의 심리에 따라 바꿔야 하고 아군 심리만이 아니라 적군 심리도 꿰어야 하는데, 이렇게 심리가 중요한 변수입니다. 집단을 제대로 이끌려면 심리에 대한 관찰과 통찰이 반드시 있어야 하지요. 장수이기 전에 지도자입니다. 사실 인류 역사에서 탁월한 지도자들은 모두 조직심리학의 대가였을 겁니다.

> 병사들이 아직 친숙해지기도 전에 벌을 주면 복종하지 않는다. 복종이 없으면 쓰기가 어렵다. 병사들이 이미 친숙해졌는데도 벌이 시행되지 않으면 쓸 수 없어진다. 그러므로 병사들을 교육하는 데는 덕(文)으로 하고, 그들을 통제하는 것은 엄격함(武)으로 한다. 이는 반드시 적을 이길 수 있는 군대라고 부른다. 명령이 잘 행해지고 덕으로써 병사들을 가르치면 병사들은 복종하고, 명령이 시행되지 않는데 병사들을 덕으로 타일러 가르치면 병사들이 복종하지 않는다. 명령이 잘 수행되면 병사와 장수 양자에게 득이 되는 것이다.[238] —《손자병법》〈행군편〉

조직을 다룹니다. 그들을 데리고 성과를 내야 합니다. 무조건 이겨야 합니다. 그러니 심리를 파고들어 장악할 수 있어야 하지 않을까요? 군대뿐만이 아니라 성과를 내야 하는 모든 조직에서 조직원을 다루는 방법의 기본은 상벌과 설득입니다. 상벌과 설득은 강약을 잘 조절하고 적절히 때에 맞게 행하면서 원칙을 정하고 그 원칙대로 행해서 신뢰를 얻어야 하는데, 상벌의 원칙을 어떤 기준으로 만들어야 할까요? 강약은 어떻게 조절하며 그때를 어떻게 잡아야 할까요?

사실 모두 구성원의 심리를 꿰어야 하는 문제입니다. 조직 운영에서 상벌은 특히 심리죠. 위의 인용문에서 보듯이 손자는 벌의 남용을 경계했습니다. 쓸데없이 엄한 군기로 초장에 기선을 제압하면서 자신의 권위를 세우려 하지 말라고 합니다. 그러면 반발을 사고 병사들이 마음의 문을 열지 않아 지휘가 먹히지 않습니다. 그런 상태에서 마음의 문을 열고자 억지로 상을 남발하면 그 또한 문제입니다. 우왕좌왕하는 것으로 보여 지도자로서의 신뢰를 의심받게 되지요.

손자가 한 말을 보면 어떻게든 조직원의 복종을 끌어내야 하는 지도자로서 고충이 있었던 것 같고, 그래서 지도자가 병사들 심리를 다루는 것을 중요하게 생각한 것으로 보입니다. 쉽게 이야기하면 군대에서 중요한 사기를 어떻게 다루고 관리할까를 많이 고민한 것 같습니다.

세勢, 사기

앞에 나온 한비자의 '세'는 사실 손자에게서 기원한 것으로, 손자의 세 또한 상황과 조건을 뜻합니다. 전쟁과 전투를 둘러싼 상황과 조건인데, 그러니 세를 어떻게든 나에게 유리하게 만들어놓아야겠지요. 늘 우월한 조건과 상황에서 주도권을 쥐고 싸울 수 있게 만들어야 하는데, 적보다 우월한 정치적 명분과 경제력, 즉 보급과 물자 지원 외교를 잘해두어서 유리한 국제 환경에서 싸울 수 있어야 하고, 적보다 많은 정보를 쥔 채 싸울 수 있어야 합니다. 또한 손자는 정신적인 상황과 조건으로서의 세를 말하기도 했습니다. 정신적인 세가 바로 사기이지요.

> 세란 병사의 사기를 북돋아 싸우게 하는 것이다.[239] - 《손자병법》〈군쟁軍爭편〉

> 전군은 적의 사기를 빼앗아버릴 수 있고 장군은 적장의 마음을 흔들어놓을 수 있다. 무릇 아침에 사람이 그러하듯 일어나는 기는 예리하고, 낮에 사람이 그러하듯 시간이 흐르면 그 기는 나태해지며, 저녁에 사람이 그러하듯 저무는 시간의 기는 돌아가 쉬고 싶어 한다. 그러므로 용병을 잘하는 사람은 적의 사기가 왕성할 때는 공격을 피하고, 나태해지고 쉬고 싶어 하는 때에 적을 공격한다. 이것이 사기를 다스리는 법이다.[240] - 《손자병법》〈군쟁편〉

〈군쟁편〉에서 손자는 치기治氣의 문제를 말했습니다. 치기란 사기를 만들고 다스리는 것인데, 군대의 정신적 조건을 파악하고 장악해 내가 원하는 대로 만들어갈 수 있어야 한다는 것이죠. 사람의 심리는 이런저런 외부 조건과 상황에 따라 변합니다. 나의 에너지가 힘차고 활발할 때 움직이고, 상대의 에너지가 약해지고 소강상태에 있을 때 쳐야 합니다. 이렇듯 심리적 조건을 잘 꿰고 있으면서 그것을 활용해야지요.

위에서는 아침과 점심, 저녁 시간에 따른 신체의 흐름과 연관해 정신적 조건을 말했는데,《손자병법》을 보면 단순히 그런 정신적 조건만이 아니라 어떻게 하면 병사들의 사기와 투지를 극대화할지 많이 이야기했어요. 치기를 위해 적지 않게 고민한 흔적이 《손자병법》에 보입니다. 상과 벌, 보급의 문제부터 정신력을 끌어올리는 문제까지 많이도 이야기했습니다.

정신적 조건인 세로서의 사기는 정말 중요합니다. 손자뿐 아니라 다른 병법가도 중시했는데, 그런 정신력이 현대 한국인에게는 좀 경시되는 경향이 있지요. 조직 운영에서 합리성을 도외시한 채 지나치게 정신력을 강조하다 보니 그에 대한 반감이 생겨서 그런 것 같습니다.

하지만 현대전에서도 정신력과 사기는 전투의 승패를 가르는 결정적 요소가 될 수 있습니다. 양측의 전력이 엇비슷하고 어느 정도 전투를 벌인 상태에서 서로의 장단점을 잘 알며 각자가 가진 전술적 효용성이 한계에 다다르면, 그때는 정신력 즉 사기가 승부를 가른다지요. 투지, 필승의지, 뚝심, 적에 대한 적개심과 아군에 대한 믿음과 전우애 등 정신적인 상황과 조건으로서의 세가 중요합니다. 그래서 손자의 이야기를 보면 조직심리에 관심 많은 사람이 귀를 기울일 만한 이야기가 많지요.

전차전에서 전차 10대 이상을 노획하면 최초 노획자에게 상을 주어라.[241]
−《손자병법》〈작전편〉

가장 먼저 전차를 탈취한 사람에게 수레를 전부 주라고 했는데 왜 그런 주장을 했을까요? 탈취에 나선 사람 모두에게 나눠주지 않고 왜 한 사람에게 몰아주라고 했을까요? 당시 전차는 오늘날의 탱크와 같은 것으로 아주 귀중한 핵심 전력이었습니다. 그것을 노획하는 것은 아주 위험하고 힘든 일이었죠. 그러니 가장 앞장서 탈취한 병사 한 사람에게 몰아주라고 한 것입니다. 위험한 일에 가장 먼저 나섰으니 그렇게 보답을 해야 한다고요.

지금 말하는 손자의 포상 방식이 바로 현대의 '펭귄 어워드Penguin Award' 같은 것인데, 혹시 들어보셨습니까? 선도적 업적과 공을 세운 구성원에게 파격적인 상을 주는 제도로서, 펭귄의 행태에서 아이디어를 얻어 만들어낸 것이지요.

남극에 사는 펭귄들이 말이죠. 새끼 펭귄들이 좀 컸다 싶으면 전부 바닷가로 데리고 나갑니다. 새끼들을 죄다 바다 앞에 세워놓고서는 우르르 어른 펭귄들이 떠난다지요. 부모가 더 이상 너희를 먹여 살릴 수 없다, 이제 너희 스스로 바다에 입수해서 먹이를 구해야 한다는 메시지를 주는 것인데, 부모가 모두 떠나고 난 뒤에도 새끼 펭귄들은 한동안 물에 들어가지를 못합니다. 부모들이 메시지를 주었지만 한 번도 해보지 못한 일이 무섭고, 또 미지의 공간이 너무 겁이 나서요. 그렇게 바다 앞에서 머뭇거리며 추위에 떠는데, 때로는 몇 날 며칠을 새우기도 하고 그 와중에 허기져서 쓰러지는 펭귄도 나온답니다.

그런데 갑자기 반전이 일어납니다. 펭귄 한 마리가 풍덩 하면서 바다에 뛰어들면 나머지 펭귄들도 바다에 뛰어들기 시작합니다. 그러면서 드디어 새끼 펭귄들이 제 앞가림을 하는 어른 펭귄으로서의 삶을 시작하는 것이지요. 단 한 마리만 바다에 뛰어들면 됩니다. 그렇게 누군가 시작만 하면 따라서 들어간다는 것인데요. 처음으로 입수하는 펭귄이 나오는 순간을 종종 다큐멘터리에서는 클로즈업하면서 감격적인 순간으로 그립니다. 영웅으로 조명하면서요.

여기서 아이디어를 얻어 만든 제도가 바로 펭귄 어워드입니다. 조직과 회사에서 선도적으로 뭔가 공을 세우고 개척을 하고 돌파를 했을 때 파격적으로 승진을 시켜주고 보너스를 주는 모든 제도를 통칭해서 일컫는 말이죠. 불확실하고 위험한 상황에서 먼저 용기를 내어 뛰어드는 첫 번째 펭귄처럼, 실패를 두려워하지 않고 도전하는 직원을 격려하고 포상하기 위해 만들어진 제도입니다. 그걸 손자가 〈작전편〉에서 말한 것입니다.

기원전에 살았던 손자가 조직을 다루는 방법으로 이야기한 것이 이렇게 현대에서도 쓰이니, 정말 손자의 인간 심리에 대한 파악이 탁월해 보이지 않습니까? 《손자병법》이 경영자들 사이에서 괜히 애독되는 것이 아님을 알 수 있습니다. 조직원들에게 동기를 부여하려면 그 전에 심리를 이용할 수 있어야 합니다.

두 개의 이기심

손자는 적을 죽이는 것은 아군 병사들이 적에 대한 적개심이 있기 때문이며, 적의 재물을 취하는 것은 아군이 그 물건을 상으로 받기 때문이라고 말했습니다. 이 또한 인간에 대한 이해의 깊이가 다른 학자들과는 차원이 달랐음을 보여주는 것이 아닌가 싶어요.

싸우기 전에 적당히 선전·선동하고 꼭 이겨야 하는 명분을 이해하게 해야겠죠. 그래야 적개심을 가질 것입니다. 그리고 탈취해온 것들을 상으로 주겠다고 약속해야 합니다. 뭔가 내 것이 생긴다는 확신이 서야 적의 물자 탈취에 적극 나서고, 그래야 적의 전력이 약해지겠지요. 여기서 선전·선동과 관련해 조금 부연 설명을 하겠습니다.

인간에게는 이기심이 있습니다. 이기심은 나만 생각하는 마음이라기보다는 나를 위하는 마음이라고 보면 되는데, 그 이기심을 너무 좁게 이해하면 안 됩니다. 흔히 육체적·물질적·경제적 이기심만 생각하는데 정신적·도덕적 이기심도 있습니다. 잘 살고 잘 먹고 많은 돈을 벌고 싶은 이기심만이 아니라, 착하다거나 호인이라는 소리도 듣고 싶고 이만하면 내가 훌륭한 사람이지 하는 자기만족도 느끼고 싶어 합니다.

손자는 둘 다 고려했습니다. 전차를 탈취하면 상을 준다고 해 육체적·물질적·경제적 이기심에 동기를 부여했습니다. 그리고 선전·선동을 잘하고 명분을 잘 설명해줘서 적에 대한 적개심, 즉 '적은 그르고 나는 옳다, 적은 나쁘고 나는 착하다'는 생각을 가지게 하라고 했는데, 이것은 정신적·도덕적 이기심을 자극하는 것이죠. 손자의 인간 심리에 대한 이해가 돋보입니다.

전군의 일 중에서 간첩만큼 친밀하게 대해야 할 것이 없고, 상은 간첩에게 내리는 것보다 후한 것이 없으며, 간첩의 운용만큼 비밀이 요구되는 일이 없다. 사람을 알아보는 고도의 지혜가 없으면 간첩을 사용할 수 없고, 곡진한 인의를 보여주지 않으면 간첩을 부릴 수 없고, 또 지극히 교묘하게 비교·평가하지 않으면 간첩에게서 얻은 첩보 중에 참된 정보를 간취해낼 수 없다.[242]
-《손자병법》〈용간用間편〉

여기서 손자는 간첩 활용에 대해 이야기했습니다. 내가 상대보다 더 많은 정보를 가진 채 싸울 수 있어야 합니다. 그래야 세를 장악하고 싸우는 것이니까요. 손자는 국가재정을 투자해 사간死間·생간生間·향간鄕間·내간內間·반간反間이라는 다섯 범주의 간첩을 적극 육성하고 활용하라고 했지요.

그러면서 간첩 활용의 원칙을 말했습니다. 친밀하게 대하고 후한 보상을 약속하며, 절대 비밀을 유지하고, 비밀과 기밀을 지킬지 아닌지, 능력이 있는지 없는지를 잘 가려내는 안목도 가지라고 했습니다. 또 간첩들이 정보를 주면 무조건 수용하지 말고 교차 검증해서 진짜 정보를 가려내는 능력을 갖추라고 했지요. 거기에 더해 손자는 간첩 운용의 원칙도 인의로 해야 한다고 했습니다. '곡진한 애정과 의로움'*으로 대해야 간첩을 제대로 부릴 수 있다는 겁니다. 또 위험 부담이 따르는 일이라 목숨을 걸 수도 있으니 당연히 후한 상을 줘야 할 것입니다.

그런데 인의로 대한다는 것은 무슨 뜻일까요? 단순히 친밀하게 대해 호감을 사는 정도로는 안 되고 깊은 정을 맺어야 한다는 말일까요? 아니면 비록 임금이더라도 겸손한 자세로 대우해줘야 한다는 말일까요? 여기서는 '네가 맡은 임무는 인의라는 명분이 있다, 네가 하는 일은 옳은 것이고 정의로운 일이다'라고 말해주고 설득하라는 것입니다.

인간이 단순한 동물이 아닌 것은 잘 아실 겁니다. 인간의 심리는 복잡하고 미묘하지요. 인간 행동에는 한 가지 동기만이 작용하지 않습니다. 그러니 친근감과 경제적 보상만으로 사람을 움직여 위험한 일을 맡길 수는 없습니다. 경제적·물질적 이기심 말고 정서적 친근감과 이런 도덕적·정신적

---

*   김광수 역, 《손자병법》, 책세상, 1999.

이기심도 충족해줘야 사람이 움직이고 위험한 일을 떠맡아 한다는 것이죠. 그것을 손자가 인의라고 딱 집어 말해준 겁니다.

곽지분리, 땅을 나누고 이익을 나누라

인간을 바라보는 손자의 서늘한 시각이 가장 잘 드러나는 부분은 〈군쟁편〉에서 말한 곽지분리廓地分利가 아닌가 싶습니다. 원정을 가서 행해야 할 과제로 땅을 나누고 이익을 나누라는 의미입니다.

원정을 가서 점령을 했으면 어떻게든 지배를 위해 협력자와 협력집단을 만들어야 합니다. 그러기 위해선 구역을 나누든가 재배치해서 이익을 나누어줘야죠. 쉽게 말하면 소작인으로 살던 사람에게 땅을 나누어주어 소유하게 하고, 금광이나 유전이 있으면 그 나라에서 비주류였던 집단에게 소유권을 줍니다. 이렇게 구역을 재배치하고 임자를 새로 만들어 이익을 나누어주면서 내 편을 만드는 것이죠. 그럼 지배도 쉽겠지만 결국 내가 그 땅을 영구히 통치하지 못하고 물러난다고 해도 나에게 이로울 여지가 많습니다.

인간은 집단 대 집단으로 부딪치면 이익만을 생각하며 철저히 이기적인 경우가 대부분입니다. 집단이기주의라는 말이 왜 있겠습니까? '그 유전은 본디 우리 소유였다. 내놓아라!' 하면 순순히 내놓겠습니까? '무슨 말이냐? 우리 집단이 새 임자가 되어 관리한 지 오래되었으니 절대 못 내놓는다!' 하면서 싸우겠지요.

피지배집단이 힘을 합쳐 지배집단을 내쫓았다고 칩시다. 그 뒤에 그들이 힘을 합쳐 순조롭게 새 나라를 건설하나요? 그렇지 않지요. 내전을 벌이고 치열하게 싸우는 경우가 더 많지 않습니까? 그러면 과거의 침략 국가가 내전을 틈타 다시 개입해서 한몫 챙길 수 있지요. 우리 역사만 봐도 거기서 자유롭지 않습니다. 일본이 조선을 강제병합한 이후 만들어놓은 협력집단이 있었지요? 또 그들이 물러간 이후에도 우리는 순조롭게 나라를 정비하기는커녕 진통이 심했고, 급기야 내전까지 치렀지요? 그리고 전쟁 때 일본이 한몫 단단히 챙겼지요? 어떻습니까? 손자의 통찰이?

손자는 집단 대 집단은 철저히 이기적일 수밖에 없다고 본 것 같습니다. 도덕적 개인이 모인 집단도 얼마든지 이기적일 수 있고, 집단과 집단 사이에 이익을 둘러싼 갈등이 벌어지면 서로 조금도 양보하지 않고 끝장을 보는 경우가 많습니다. 그런 인간 집단의 속성을 알고 손자가 곽지분리를 주장한 것이죠.

사실 손자의 병법은 일반적인 전쟁의 원칙과 규범, 전쟁을 수행하는 장수를 위한 덕목의 열거가 아닙니다. 오나라 군사 고문인 손자가 초나라와 벌일 전쟁을 염두에 두고서 만든 전략 보고서입니다. 제나라에서 정치투쟁에 휘말려 가족을 따라 오나라로 이주한 손자는, 부형父兄의 일로 초나라에 원한을 품고 있었던 초나라 출신 오나라의 재상 오자서와 의기투합해서 오나라 군사를 지휘했습니다. 이때 오나라보다 훨씬 국력이 강한 초나라를 상대로 전쟁을 준비하면서 써낸 결과물이 바로《손자병법》이죠.

초나라는 남방의 여러 민족으로 구성된 나라였습니다. 이 나라 저 나라를 침략해서 적대적 합병을 통해 만들어진 나라라 내부 사정이 복잡했지요. 더구나 지형이 호수와 강으로 갈라져 서로 문화와 언어가 달라 내적 갈

손자, 인간에겐 상황과 조건만 있을 뿐

등의 여지가 많았는데, 그것을 파고들어야 한다면서 곽지분리를 이야기했죠. 꿀단지 주인을 바꾸고 압박받던 민족에게 이익을 나누어주고 국가가 망해 강제로 편입된 나라의 왕족을 찾아내 옛 땅을 돌려주는 식으로 초나라의 분열을 유도해 초나라가 단시일에 국력을 수습하지 못하도록 획책했는데, 손자는 사실 무서울 정도로 현실적이고 똑똑한 사람입니다. 괜히 병가의 성인이 된 것이 아니죠.

그런데 손자는 성악설론자일까요, 성선설론자일까요? 굳이 따지자면 성악설론자입니다. 병가사상가를 이야기하면서 그 틀을 버리자고 했고 도덕이니 인간의 수양이니를 말하지는 않았지만, 인간 심리에 대한 통찰로 인간 이기심이 언제 극대화되는지 잘 아는 손자는 성악설론자에 가깝습니다. 사실 군대를 다스리고 지휘하는 자가 성선설론자일 리가 없지요. 현실에서 수많은 사람과 부대끼면서 조직을 이끌었는데 성선설론자일 리가 있겠습니까?

상황과 조건에 따라 심리는 변한다

적진 깊이 들어가면 병사들의 마음이 전일해지고, 얕게 들어가면 병사들의 마음이 흩어진다. …… 병사들은 아주 위험한 땅에 빠져본 후에야 건재하는 법이며, 사지에 빠져본 연후에야 살아남을 수 있는 법이다. 무릇 병사들은 아주 열악한 상황에 처해본 후라야 능히 승리를 이룰 수 있다.[243] -《손자병법》〈구지편〉

여기서 손자는 위객지도爲客之道를 말합니다. '객의 도', 즉 객 노릇을 제대로 해야 한다는 것입니다. 객이 된다는 것은 원정을 가는 것인데, 원정을 갔으면 깊숙하게 들어가라고 했습니다. 그것이 객의 도라네요. 왜냐하면 얕게 들어가면 마음이 산만해진답니다. 아직 고국을 떠난 지 얼마 되지 않아 마음이 콩밭에 있다는 것이죠. 하지만 깊숙하게 들어가면 집을 잊고 정신을 집중한 채 제대로 싸운답니다. 그러니 객이 되었으면 정말 객다워지도록 하라는 얘기입니다. 이렇게 손자는 병사들의 심리를 단순하게 이야기하지 않고 상황별로 이야기합니다. 상황별 조직심리학이죠. 상황별로 집단심리를 이야기하고, 그 심리를 파악하고 활용할 방법에 대해 논합니다.

> 용병을 잘하는 것은 솔연에 비유할 수 있다. 솔연은 상산에 사는 뱀인데, 이 뱀은 머리를 치면 꼬리를 치켜들어 달려들고, 꼬리를 치면 머리를 치켜들어 달려들며, 몸뚱이를 치면 머리와 꼬리를 동시에 치켜들어 달려든다. 감히 묻건대 군대를 솔연처럼 만들 수 있겠는가? 나는 그렇다고 말한다. 무릇 오나라와 월나라는 서로 미워하지만 각 나라 사람이 배를 타고 함께 강을 건너다가 풍랑을 만나는 상황에 처하면, 마치 한 사람의 좌우의 손처럼 단결해 서로를 구하려고 할 것이다.[244] ─《손자병법》〈구지편〉

오나라와 월나라는 이웃으로, 그리스와 터키, 한국과 일본처럼 붙어 있으면서 항상 서로 으르렁거리고 사이가 안 좋았나 봅니다. 그래도 같은 배에 탔을 때 풍랑이 일면 힘을 합친다는 것이죠. 상황이 그렇게 조성되면 오랜 친구처럼 서로 협력한다는 것입니다. 그러므로 장수의 역할은 상황과 조건을 만드는 것입니다. 풍랑이라는 상황이 오나라와 월나라 사람이 힘을 합치지 않을 수 없게 만들었듯이, 병사들이 온 힘을 짜내 싸우지 않을 수 없도록 외적 환경을 만들면 된다는 것입니다. 상황과 조건을 장수가 조성해내어, 머리와 꼬리가 하나가 되어 움직이는 솔연의 뱀처럼 병사들이 싸우게 만들라는 것이지요.

병력을 지휘해 적과 결전을 벌일 때에는, 마치 사람을 높은 곳에 올라가게 하고 사다리를 치워버리는 것과 같이 한다. 병력을 지휘해 적국의 땅 깊은 곳에 들어가 은밀한 결전 계획을 펼칠 때는, 무리를 이룬 양을 모는 것과 같이 이리로 몰아갔다가 다시 저리로 몰아가도 양들이 목동의 뜻을 모르듯이 병사들이 다음에 군이 어디로 향할지를 모르게 한다. (결전에 임박해서는) 전군의 병력을 그 세가 험한 곳에 몰아넣는다. 이와 같은 것을 바로 장군의 일이라고 믿는다.[245] -《손자병법》〈구지편〉

지붕에 올려놓고 사다리를 치운다는 뜻인 상옥추제上屋抽梯는 36계에 나오는 말입니다. 생활밀착형 전술로 중국인들이 실리 중심의 인생 원칙으로 세운 서른여섯 가지 계책 중 제28계가 바로 상옥추제로, 아군을 더는 후퇴할 수 없는 사지死地에 몰아넣어 목숨을 걸고 싸우게 만드는 계책입니다. 상황을 그렇게 만들면 돼요. 살아남고 싶으면 죽도록 싸우지 않으면 안 되게, 죽기 살기로 붙을 수밖에 없게 만들면 됩니다. 그리고 그것이 바로 손자의 세입니다. 그 세를 만들면 이길 수 있다는 것이 손자의 생각입니다.

너무 가혹한 처사인가요? 사실 애초에 장수의 눈이 사람 하나하나에게 향할 수 있었을까요? 단순히 수치로 파악하는 존재가 아니라 병사들을 정말 인간으로, 누군가의 아들이고 남편이라고 봐야 했을까요? 그럼 전쟁 못하죠. 더구나 손자가 산 시대는 전쟁에 임박해서야 물자와 인력을 징발해 전쟁을 치렀습니다. 평소에 훈련해 육성하던 엘리트 정예부대도 없었고요.

> 명령이 내려지는 날, 사병 중 앉은 이는 눈물로 옷깃을 적시고 누운 이는 눈물로 얼굴을 적신다.[246] ─《손자병법》〈구지편〉

이처럼 징발된 시점에 겁이 나서 울음을 터트리는 병사로 싸워서 이기려면 어쩔 수 없죠. 배수진을 치고 사지에 몰아넣어 상황과 조건으로 압박할 수밖에 없었을 겁니다.

사실 손자는 《사기》〈손자오기열전〉에서 보이듯이 엄격한 형벌을 중시했는데, 벌을 통해 지도자를 무서워하게 해야 한다고 생각했지요. 엄형주의와 가까운 사람인데, 장수를 두려워하게 하고 사지에 몰아넣어서 압박해야 한다고 했죠. 적과 싸우다가 돌아서면 더 무서운 장수가 자신의 목을 칠 것이라는 것을 알게 해야 하는데, 손자 생각에는 그래야 싸울 수 있고 이길 수 있습니다. 그는 인간 자체를 별로 신뢰하지 않았어요. 장수가 조금이라도 만만해 보이면 기강이 아주 엉망이 되고, 고향이 가까우면 탈영해서 집에 갈 생각을 하는 것이 병사들이라고 보았죠. 어쩔 수 없습니다. 상과 벌이라는 조건으로 사지라는 조건에서 싸우게 압박해야지요. 지도자는 상황과 조건만 보고 가면 되는 겁니다. 항상 상황과 조건으로 압박할 생각을 해야지요.

손자, 인간에겐 상황과 조건만 있을 뿐

지도자심리학

장수에게는 다섯 가지 위험한 일이 있으니, 지나치게 용기만 내세우면 죽임을 당할 수 있고, 반드시 살고자 하면 적에게 사로잡히며, 분을 이기지 못해 급하게 행동하면 수모를 당할 수 있고, 지나치게 성품이 깨끗하면 치욕을 당할 수 있으며, 병사들에 대한 사랑이 지나치면 번민이 많아진다. 무릇 이러한 것은 장수의 잘못이고 용병의 재앙이 된다. 군이 적에 의해 파멸에 이르고 장수가 죽음을 겪는 것은 반드시 이러한 다섯 가지 위태로운 장수의 자질 때문이니 심각하게 숙고하지 않을 수 없다.[247] -《손자병법》〈구변九變편〉

여기서는 장수를 다섯 가지 성격별로 유형화해 이야기했습니다. 이러한 장수의 성격적 결함이 군대를 패배로 몰아넣을 수 있음을 알려주었죠. 또한 손자는 〈계편〉에서 장수가 가져야 할 덕목으로 지智·신信·인仁·용勇·엄嚴을 말했지요. 지가 발달했다면 지장일 것이고, 신을 지키면 신뢰하는 지도자일 것이며, 인하면 병사들을 사랑하는 장수이고, 용기가 뛰어나면 용장일 것이며, 엄하면 조직의 기강을 확실하게 잡는 장수일 것인데, 이는 장수의 긍정적인 성격을 유형화한 것입니다.

이쯤 되면 지도자심리학이라고 해도 되지 않을까 싶어요. 앞서 조직심리학이라는 말을 했는데 조직의 장을 지도자라고 하니 따로 지도자심리학이라고 할 필요가 있을지 모르겠지만 어쨌거나 지도자심리학의 특성이 있어 보입니다.

〈모공謀攻편〉에서도 지도자의 심리와 관련해서 말한 부분이 있습니다.

장수는 나라를 보좌하는 자다. 보좌가 주도면밀하면 나라는 반드시 강해지고, 보좌에 허점이 있으면 나라는 약해진다.[248] –《손자병법》〈모공편〉

그러면서 나라의 지도자인 군주가 군대의 지도자인 장수에 큰 해를 끼치는 경우가 세 가지 있는데, 그것을 군대의 재앙으로 여겨 환란이라고까지 했지요. 그 중어지환中御之患 세 가지는 다음과 같습니다.

첫째, 전쟁을 모르면서 터무니없이 지휘하는 경우입니다. 분명히 진격하지 말아야 할 상황에서 오히려 진격을 명령하고, 분명히 퇴각하면 안 되는 상황인데도 퇴각을 명령합니다. 이는 군대의 손발을 묶어놓는 짓입니다.

둘째, 군대의 사무를 잘 알지 못하면서도 군대의 관리에 간섭하는 경우입니다. 이때 군대 구성원들은 매우 곤혹스러워합니다. 이해가 가지 않는 일들이 벌어지고 수용하기 어려운 지시와 명령이 내려오니까요.

셋째, 각급 군관의 권한과 능력을 잘 이해하지 못하면서도 그들의 인사에 관여하는 경우입니다. 누구를 기용해라, 누구를 해임해라 등의 관여는 병사들의 사기를 떨어뜨리고 병사들이 의심을 품게 합니다. 적보다 무서운 무능한 지휘관이 날 다스릴 수도 있고, 저 사람만 믿고 따라가면 살 수 있다고 생각했는데 그 상관이 옷을 벗으면 병사들의 사기는 땅에 떨어지지요.

이러한 중어지환은 지도자가 또 다른 지도자를 믿지 못할 때 벌어지는 이야기입니다. 또 지도자가 실무자를 쓸 때 가져야 하는 마음가짐에 대한 이야기고요.《명심보감》에서도 사람이 의심나면 쓰지 말고 썼으면 의심하지 말라고 했습니다. 지도자라면 그럴 수 있어야 합니다. 임금이 병권을 주고 저 멀리 전쟁터로 장수를 보냈으면 현장의 지도자를 믿어야겠지요. 현장 상황도 모르면서 함부로 나서서 손과 발을 묶지 말고요.

이렇게 《손자병법》에는 지도자심리학의 모습이 있는데, 저는 〈구변편〉에서 말한 다섯 가지 부정적인 장수의 유형이나 〈계편〉에서 말한 다섯 가지 긍정적인 장수의 유형이 사실 무슨 차이가 있는지 잘 모르겠습니다. 사실 일방적인 장점과 단점이 어디 있을까요? 강점이 약점이 될 수도 있고, 긍정적인 면이 얼마든지 부정적으로 기능할 수 있지요.

손자도 부정적인 유형의 장수의 모습을 열거한 〈구변편〉에서 "지자는 이로움과 해로움을 섞는다"(智者之慮, 必雜于利害)라고 했습니다. 사물과 사람을 볼 때 양면을 모두 보는 겁니다. 이롭다고 판단되지만 해로울 수도 있지 않을까, 해로워 보이지만 이로운 면은 없을까 생각해보는 것이죠. 손자가 생각하기에 사물과 사태, 인간의 성격에 모두 양단이 있다는 것인데, 그러니 어떻게 해야겠습니까? 한 가지 가치에 목을 매지 말아야겠죠. 이상적인 가치, 장점이 있다고 하더라도 한사코 부여잡고 집착하지 말아야 합니다. 그것이 해로울 수도 있고 단점으로 작용할 수도 있으니까요. 이렇게 손자는 사물과 사태에 상반되는 속성이 공존한다고 생각했는데, 이런 손자의 생각은 앞서 언급했듯이 노자에게 영향을 주었습니다.

그런데 손자를 보면 도덕을 별로 좋아할 것 같지 않습니다. '인이 항상 옳을 수 있을까? 의로움을 내세우면 불의가 판을 칠지도 모르는데? 특정한 도덕을 내세워 그것을 기준으로 사람들을 재단하고 우열을 가르자?' 하는 것에 별 관심이 없었을 것 같습니다. 전쟁만 논한 사람이고 윤리와 도덕에 대해 이야기하지는 않았지만 성악설론자에 가까워 보입니다.

그러잖아도 〈화공편〉에서 "이득이 되지 않으면 움직이지 않고, 득이 되지 않으면 내 실력을 쓰지 않는다"(非利不動, 非得不用)라고 했습니다. 이로움으로 판단하고 득이 되느냐 아니냐로 세상을 보는 것을 보면 성악설론자와 가까운 것이 사실 같습니다. 게다가 노자와 한비자 같은 성악설론자에게 큰 영향을 준 것을 보면 성악설론자라고 해도 무리한 말은 아닐 겁니다.

제 9 장

오기,
동기부여의
화신

심리 활용의 달인, 병사들의 가슴에 불을 질러라

전투의 요결은 먼저 반드시 적장이 어떤 인물인지 판단하고 그 능력을 관찰해보는 것이다. 밖으로 드러나는 적의 모습에 따라 수단을 강구하면 힘들이지 않고도 목적을 달성할 수 있다. 적장이 만약 어리석고 남을 잘 믿는다면 속임수를 써서 유인한다. 탐욕스럽고 명예를 가볍게 여기면 재물로 매수한다. 변덕이 심하고 책략이 없으면 피로하게 만들어 곤경에 빠뜨린다. 윗사람은 부유하고 교만한데 아랫사람은 궁핍하고 불평하면 그 사이를 이간한다. 진퇴에 결단력이 부족해 부하들이 따르지 못하면 놀라게 해 도망치게 한다.[249] -《오자병법》〈논장論將 편〉

이렇게 오기도 손자처럼 장수에 대해 이야기하고 조목조목 대처 방법도 일러줬습니다. 장수의 자질과 덕목만이 아니라 지도자의 품격에 대해서도 고민한 것을 알 수 있습니다. 그러니《오자병법》도 지도자심리학의 성격이 강합니다. 그런데 상대방 장수가 어떤 사람인지, 어떤 유형의 성격인지 무슨 수로 알아볼 수 있을까요?

신분은 낮지만 용감한 자에게 약간의 정예병을 딸려 그들을 적진으로 보내 시험해봅니다. 이들에게는 전과를 올릴 필요 없이 그저 도망쳐오게 지시하고 쫓아오는 적의 태도를 관찰하는 것입니다. 이때 만약 적군의 행동이 짜임새가 있으며, 추격을 하면서도 못 미치는 척하고 미끼를 보아도 모르는 척하며 말려들지 않는다면, 그 적장은 지장智將임이 분명하므로 섣불리 싸워서는 안 됩니다.[250] -《오자병법》〈논장편〉

그러나 만약 적의 부대가 소란스럽고 군기軍旗가 무질서하게 날리며, 병사들이 제멋대로 행동하고 병기를 아무렇게나 잡으며, 기를 쓰고 추격해오거나 혈안이 되어 달려든다면, 그 적장은 우장愚將임에 틀림없으므로 병사의 수가 아무리 많아도 능히 무찔러 사로잡을 수 있습니다.[251] -《오자병법》〈논장편〉

적장이 어떤 사람인지 알아보는 방법을 일러주네요. 그런데 그 일을 신분이 낮은 자에게 맡기라고 하는데, 단순히 위험해서 아무도 하고 싶지 않은 일을 신분이 낮은 사람에게 전가하라는 것일까요?

오기는 강한 군사력과 국력을 위해선 상승 욕구를 가진 소인의 힘을 이용해야 한다고 주장한 것입니다. 소인의 출세욕을 활용하라는 것이죠. 그

제자백가, 인간을 말하다

런데 곰곰이 생각해보면, 단순히 소인의 강한 출세욕을 이용하라는 것이 아닐지도 모릅니다. 한계를 극복하고 도전과 모험을 시도해온 경험과 준비가 된 자들을 주목하고 키워야 한다는 말일 수도 있습니다. 이렇듯 오기에게서도 인간 심리에 대한 강렬한 통찰이 보입니다.

손자보다 훨씬 많은 실전을 경험했고 재상으로서 국정을 운영해본 오기는 인간 심리와 그 활용 방법에 대단히 밝았던 사람인데, 특히 동기부여의 신이었습니다.

지휘와 통솔, 공동체에 대한 애정

《손자병법》이 초나라를 목표로 한 전략서라면, 《오자병법》은 진나라를 목표로 한 병법서이자 궁중 연설을 기록한 연설문입니다. 차분하고 냉철한 어조와 시적 압운이 돋보이는 손자와 달리, 오기는 그리스 서사시를 연상하게 할 정도로 격정에 찬 어조로 불을 뿜듯이 말합니다. 오기의 말들은 아고라의 뜨거운 연설 같은데, 오기는 이름처럼 정말 오기로 똘똘 뭉친 사람이었습니다.

오기는 낮은 신분을 극복하고 재상까지 오른 사람입니다. 요새 말로하면 금수저인 손자와 다르게 흙수저 출신 병법가이자 장수였지요. 그래서 그런지 투지와 호승심만이 아니라 어떻게 하면 사람들의 욕망을 활용해 힘을 끌어낼 수 있을까를 고민했고, 그 방법을 나름대로 잘 알았습니다.

여기서 먼저 지휘와 통솔의 개념부터 이야기해볼게요. 군대를 잘 이끌

고 전쟁에서 이기려면 지휘와 통솔을 잘해야 한다고 하는데, '지휘'와 '통솔'
은 엄연히 다릅니다. 비슷한 것 같아도 차이가 있습니다. 그 차이를 알아야
오기가 제대로 보이죠. 먼저 지휘는 군대의 규칙과 법과 기강을 잘 지키도
록 군기를 유지하는 것입니다. 장수의 말에 절대복종하게 하고 항상 군대를
일사불란하게 움직이게 하기 위한 것입니다. 통솔은 일체감을 형성해 장수
와 군대 구성원을 서로 인격적으로 믿게 해서 투지와 사기를 극대화하는 것
이죠.

　지휘가 잘돼 군기가 강한 부대는 질서는 있으나 투지가 떨어지는 단점
이 있습니다. 반대로 통솔이 잘돼서 사기와 일체감이 강한 부대는 구성원들
의 잠재력을 모두 끌어내어 전력 이상의 성과를 거둘 수 있고 성장과 자기
계발의 경험을 줄 수 있지만, 합리적 통제가 어렵다는 단점이 있습니다. 쌍
두마차에서 두 마리의 말이 균형 있게 나아가며 조화가 잘돼야 수레가 앞으
로 나갈 수 있듯이, 지휘와 통솔도 균형 있게 조화돼야 하지요. 오기는 통솔
형 지도자입니다. 장수를 인간적으로 믿게 하고 성장 욕구를 자극해서 투지
와 사기를 최대화해 싸우려고 했지요.

　통솔형 지도자인 오기는 늘 병사들과 똑같이 힘든 훈련을 소화했고,
혼자 말이나 수레를 타고 편히 이동하지 않고 병사들과 똑같은 무게의 짐
을 지고 이동했으며, 혼자서 기름진 음식을 먹지 않고 늘 병사들과 같은 거
친 밥을 먹었습니다. 또 혼자서 편한 막사에서 잠들지 않고 병사들과 똑같
은 막사에서 잠을 청했고, 병사들이 모두 잠이 든 것을 확인한 후에야 잠자
리에 들었습니다. 오기는 장수가 병사들을 진심으로, 아버지처럼 대해야 한
다고 생각했습니다. 그렇게 인간적 친근감과 신뢰를 얻으면 병사들이 장수

를 믿고 따른다고 했습니다.

오기연저吳起吮疽라는 고사가 있지요. 어떤 병사가 독한 종기를 앓고 있는 것을 보고 오기가 직접 종기의 고름을 입으로 빨아내 낫게 한 적이 있습니다. 오기는 병사가 아프면 직접 의원을 모시고 찾아가 병세를 물을 정도로 지극정성이었습니다. 이 사실을 병사의 어머니가 알고 대성통곡했다고 합니다. 주변 사람들이 의아해 하며 묻자 '남편도 장군 밑에서 장병으로 출정했고 남편도 몸에 독한 종기가 났었는데, 장군이 직접 입으로 종기의 고름을 빨아내 치료해주었다. 그러자 남편은 장군의 은혜를 갚는다고 앞장서서 목숨을 걸고 싸우다가 전사했다. 아들의 종기도 오기 장군이 빨아주었으니 아들도 목숨을 돌보지 않은 채 싸울 것인데, 난 남편에 이어 아들까지도 잃게 되었으니 어찌하면 좋겠느냐'며 신세를 한탄했다고 합니다.

오기는 그런 사람이었습니다. 병사들을 진심으로 아꼈고 아들처럼 대했습니다. 오기의 논리는 간단합니다. '윗사람이 아랫사람을 진심으로 대하고 챙기면 된다.' 정치의 장에서는 임금이 백성을 자식처럼 대하면 되고, 군대에서는 장수가 병사들을 자식처럼 대하면 됩니다. 그러면 임금과 장수를 믿고 따를 것입니다.

부자관계에 비유하고 가족 이야기를 하는 것을 보면 오기도 상당히 유가적이죠? 본디 오기는 유가의 학문을 배운 사람입니다. 공자의 제자인 증자의 제자였지요. 인간에 대한 신뢰와 낙관이 그 나름대로 많았던 사람입니다.

백성이 마음 놓고 생업에 종사하게 하며 관리에게 친밀감을 느끼게만 한다면 방어 태세는 견고해집니다. 또 백성이 모두 주군을 옳다 하고 이웃나라를 나쁘게 여기게 할 수만 있다면 전쟁은 이미 승리한 것과 다름없습니다.[252]

– 《오자병법》〈도국圖國편〉

여기서 보듯이 오기는 정치부터 챙기라고 했지요. 병사를 모으고 훈련하기 전에 좋은 정치를 베풀고, 살기 좋은 나라를 만들라고 했습니다. 위정자들이 진심으로 우리를 아끼는구나 하는 믿음을 백성에게 심어주라고 했지요.

어떻게 나라를 지킬 것인지가 중요한 것이 아니다, 그 이전에 우리나라를 어떻게 지킬 가치가 있는 나라로 만들 것인지가 중요하다! 바로 그것이 《오자병법》의 궁극적 메시지인지도 모릅니다. 《오자병법》은 병서이지만 정치에 대해 논하는 비중이 큽니다. 오기는 내가 사는 공동체에 애정을 가지게 해야 하고, 그 애착이 국방의 선결 조건이라고 생각한 것 같습니다. 누구든 애착을 가지는 대상을 어떻게든 지키려 하고, 그것을 빼앗으려는 자와 목숨을 걸고 싸우니까요. 그러니 일단 나라에 애정을 가지게 하는 것이 먼저라고 했습니다. 백성이 자기 나라와 임금을 옳다고 여기고 상대방이 그르다고 여기며, 내가 사는 나라에 자부심을 가지면 전쟁을 하기도 전에 이긴 것이나 마찬가지라고 했습니다.

선진국의 대기업들이 거래처에 대한 갑질을 자제하고 투명한 거래를 하려고 노력하는 데에는, 단순히 급여와 보상만 많이 주어선 안 되고 조직문화가 건강하고 사회에 기여하는 회사에서 일한다는 자부심을 직원에게 주어야 한다는 이유가 있습니다. 그것을 알기에 그들은 경영에서 합리성과 공정성을 기하려고 하지요. 그래야 직원들이 창의력을 발휘하고 능력을 십

분 발휘하니까요. 이는 직원들의 심리에 긍정적인 영향을 주기 위함입니다.

오기의 생각도 비슷합니다. 군사훈련도 해야 하고 무기도 만들고 실전 경험도 쌓아보면서 군사력을 늘려야겠지만 좋은 정치가 먼저되어야 한다, 내가 사는 사회에 소속감과 애정을 가지게 해야 한다, 그래야 잘 싸울 수 있다고 생각했습니다. 그 나름대로 꽤 중요한 통찰이 아닐까 싶은데, 이렇게 선정을 중시한 오기는 함부로 군사적 책동을 벌이는 것을 반대했습니다.

나라를 도로써 다스리는 군주는 백성을 부리기 전에 나라 안에서 화합을 일구어놓는데, 그런 군주는 감히 사람들의 사사로운 책동에 휘둘리지 않습니다. 자신의 생각이 잘못된 것일 수도 있으니 선조의 사당에도 고합니다. 그리고 거북점도 쳐봅니다. 이렇게 천시를 헤아려서 길하다는 판단이 서고 나서야 움직입니다. 군주가 전쟁을 이와 같이 생각해야, 백성은 군주가 자신들의 생명을 소중히 여기며 희생을 아까워한다고 믿습니다. 이와 같이 된 후에야 군주가 전쟁에 임할 때 병사들은 용감히 싸우다 죽는 것을 자랑으로 생각하고 물러나 살아남는 것을 부끄러워할 것입니다.[253] - 《오자병법》〈도국편〉

군사적 모험을 자주 감행하고 명분이 없어도 전쟁을 획책하는 군주를 누가 믿을 것이며, 그런 군주의 정치에 어느 백성이 따라가고 싶겠습니까? 백성에게 믿음을 주기 위해서는 사적인 욕심으로 전쟁할 생각을 하지 말고, 전쟁을 하자는 주변의 선동에 넘어가지 말아야 합니다. 확신이 선다고 해도 점도 쳐봐서 괜찮다는 점괘가 나오면 그때서야 병력을 움직이라고 합니다. 이는 주술에 의지하라는 것이 아니죠. 그만큼 지도자는 백성의 고통과 희생을 요구하는 일에 신중해야 하고, 그들을 최대한 배려하고 희생을 안타까워 한다는 척이라도 하라는 말입니다. 그래야 백성의 믿음을 얻을 수 있고 나라가 안정될 수 있으니까요.

또한 오기는 화합을 말하면서, 그것을 위해 신중한 군사 노선을 주문했습니다. 그는 항상 단결과 하나됨을 중시했지요. 그 화합은 지도자가 하기 나름이라고 했고요. 국가는 군주가 하기 나름이고 병영은 장수가 하기 나름인데, 실제 군대에서 오기는 온몸으로 보여줬습니다. 모범을 보이며 단결을 끌어냈지요. 솔선수범의 지도력! 또한 유가적이지요? 유가적인 병법가 오기는 역시 교화를 역설합니다.

> 국가를 잘 정비하고 군사력을 기르려면 반드시 백성에게 예를 가르치고 의로써 동기부여하며 백성이 부끄러움을 알게 해야 합니다. 부끄러움을 알면 큰 나라는 능히 적을 공격할 수 있고, 작은 나라는 적의 공격에서 나를 족히 지킬 수 있습니다.[254] –《오자병법》〈도국편〉

> 옛날의 명군들은 반드시 군신, 상하 간의 예의를 잘 지키고 관리와 백성을 편안히 하며 선한 나라의 풍속을 따라 가르쳤습니다.[255] –《오자병법》〈도국편〉

이처럼 예를 가르치고 선한 풍속을 가르치라고 하는데, 교화를 참 중시하는 것만 봐도 천생 유가입니다. 부지런히 가르치고 윗사람이 모범을 보이면서 선도하면 백성은 따라온다는 것입니다. 오기에게는 정말 인간에 대한 신뢰가 있었던 것이지요. 그렇다고 공자나 맹자 같은 이야기는 절대 하지 않았습니다. 보상을 중시했지요. 오기는 가르침과 교화만으로 백성을 움직일 수 있다고 생각한 단순한 이상주의자는 아닙니다.

보상이 사람을 움직인다

《오자병법》〈여사勵士편〉에서 士는 선비가 아니라 병사를 지칭하는 것으로, '여사'란 병사를 격려하고 장려하는 것을 말합니다. 어떻게 하면 전쟁에 나가는 병사를 잘 격려해서 투지로 뭉쳐 싸우게 할까, 조금 다르게 표현하자면 무엇으로 동기부여를 해서 조직의 과업에 덤비게 할 것인가를 논했습니다. 다음은 위무후魏武侯와 오기의 대화입니다.

> 위무후: 형벌을 엄격히 하고 상을 분명히 하면 충분히 승리할 수 있지 않겠소?
>
> 오기: 형벌을 엄격히 하고 상을 내리는 것은 신하된 저로선 자세히 논할 수 없습니다. 그러나 굳이 제 생각을 말씀드리자면, 승리를 거두는 데 도움이 되지 않는다고 생각합니다. 전투에서 꼭 승리를 거두기 위해선 다음의 세 가지 조건을 지켜야 합니다. 첫째, 위에서 명령을 내렸을 때 백성이 기꺼이 따르게 해야 합니다. 둘째, 병사를 일으키고 군대를 이동하게 할 때 백성이 기꺼이 전쟁터로 가게 해야 합니다. 셋째, 병기를 들고 전투를 벌일 때 백성이 기꺼이 죽을 수 있게 해야 합니다. 이 세 가지를 갖춰야만 군주가 승리를 확신할 수 있습니다.[256] -《오자병법》〈여사편〉

동원 명령에 따르는 것, 전투에 임하는 것, 죽는 것 이 세 가지를 좋아하고 즐거워하게 만들라고 합니다. 그렇게 해야 강성한 나라를 만들고 서쪽의 화근인 진秦을 부수어 천하 통일의 기반을 만들 수 있을 텐데, 그럼 어떻게 해야 이 세 가지를 기꺼이 하게 할 수 있을까요? 앞서 말한 교화와 선정으로 평소 내가 사는 공동체에 애정을 가지게 해야 합니다. 좋은 정치를 하고 백성을 아끼며 농번기 때 일을 시키지 않는 방법으로 말입니다. 하지만 그것만으로는 안 됩니다. 오기는 파격적인 보상을 말했습니다. 보상을 통해 인간의 성장 욕구와 출세 욕망을 자극하라고 했습니다.

임금께서 공이 있는 모든 사람을 왕실의 사당 앞으로 초대해 잔치를 베푸시고 공이 없는 사람도 격려를 해주십시오.[257] -《오자병법》〈여사편〉

왕실의 사당을 개방하고 전쟁에 나가 공을 세운 사람을 초대해 연회를 베풀어 대접하라고 했습니다. 굉장히 파격적인 조치였지요. 궁중, 특히 왕실의 사당은 신분이 낮은 사람들이 절대 출입할 수 없는 곳이었을 텐데, 오기는 사당 앞에서 잔치를 베풀어 대접하라고 합니다. 지금같이 자유와 평등이 확대된 세상에서도 청와대에 초청을 받아 만찬에 참여하면 가문의 영광인데, 당시 오기는 저렇게 파격적인 제안을 했습니다. 신분을 묻지 않고 보상을 줘서 성장 욕구와 출세 욕망에 불을 붙이라는 것이지요.

신분이 낮은 사람에겐 굉장히 영광된 일이었겠지만, 궁중 사회 구성원인 왕실의 친척이나 귀족들이 오기의 제안을 긍정적으로 볼 수 있었을까요? 하지만 오기는 단순히 제안에 그치지 않고 실제로 밀어붙여 강행을 했지요. 그래야 사람들을 움직일 수 있으니까요. 그런데 자신들만이 드나들던 성지에 천한 것들이 드나들면 기득권에 위협이 된다고 생각한 귀족들의 불만이 많았을 겁니다. 결국 오기는 위나라 귀족들의 미움을 사고 쫓겨나 초나라로 갔습니다.

현재 대한민국에서도 보통 사람이 청와대 만찬에 초대받아 상을 받는다면 엄청난 영광이겠지요? 두고두고 자랑거리이고요. 그런데 기원전 시대에 궁중으로 초대해 대접한다는 것은 단순한 포상이 아니었습니다. 누구든 공을 세우면 상을 받을 수 있고 신분을 상승하게 해주겠다는 강한 정치적 태도였습니다. 욕망과 욕구를 누리게 해주겠다는 정치적 신호였습니다.

전국시대는 극단적 국력 경쟁의 시대였습니다. 단순히 인적자원을 잘 개발하고 활용해서 이길 수 있는 시대가 아니었습니다. 폭발력 경쟁이었죠. 더구나 오기가 상대해야 했던 진나라는 호랑지국이었습니다. 상앙의 개혁 이후 최강자로 떠올랐지만 그 이전에도 엄청난 잠재력을 인정받으며 경계의 대상이었던 나라죠. 병사가 단순한 병사가 아니라 전사였던 진과 싸워 이겨야 했으니, 단순히 동기부여 정도가 아니라 정말 독하게 싸우게 만들어야 했지요. 그래야 진을 멸망시켜 화근을 없앨 수 있다고 판단했습니다.

사람이 언제 독해집니까? 언제 폭발력을 발휘하고요? 신분 상승의 욕망과 그것이 가능하다는 계산이 겹쳐져야 합니다. 단순히 신분이 상승하고 싶다는 욕심과 소망만 있어서는 안 됩니다. 될 수 있다는 계산과 확신도 있어야 합니다. 그래야 사람이 무서운 힘을 발휘할 수 있으니, 오기는 파격적일 정도로 상을 주고 인센티브를 제시해 확신을 주라고 했습니다.

차별적 성과급제와 국가유공자제도

오기는 폭발력을 끌어내기 위해 보상을 중시했지만, 공을 세운 사람에게 단순히 큰 상을 주라고 하지는 않았어요. 등급을 나누어 상을 주라고 했습니다. 오기의 제안을 듣고 위무후는 다음과 같이 연회를 열었습니다.

> 이에 무후가 종묘의 뜰에 자리를 마련하여 사람들을 세 줄로 앉히고 잔치를 열었다. 전공이 탁월한 자들은 앞줄에 앉혀서 식탁에는 고급기물과 최상의 음식을 올리고, 약간의 공이 있는 자들을 가운데 줄에 앉혀 조금 못한 기물과 음식으로 상을 꾸몄으며, 공이 없는 자들은 뒷줄에 앉히고 평범한 식탁을 차렸다.[258] -《오자병법》〈여사편〉

여기서 재밌는 부분이 2등의 공을 세운 사람이 아니라 3등의 공을 세운 사람들입니다. 꿔다놓은 보릿자루 같아 보이지요? 불러서 밥을 먹이기는 하는데 평범한 상차림으로 대접합니다. 상도 따로 받지 않고, 특히 그들 눈앞에서 1등과 2등의 공을 세운 집단이 아주 후하게 대접받는 모습까지 연출됩니다. 자신들이 들러리처럼 느껴지게 말입니다. 그들의 공이 미미할지라도 전쟁에 참여한 것만으로도 큰일을 했고 국가를 위해 고생한 것인데, 그들이 상대적 박탈감을 느끼게 대우합니다. 왜 그랬을까요? 오기는 애초에 무엇을 의도했을까요? 차별 대우를 한 이유가 무엇이었을까요?

어느 조직이든 세 종류의 사람이 있다고 합니다.*

① 적극적인 자기 계발형: 거대한 프로젝트가 주어졌다거나, 새롭고 낯선 임무나 힘든 과업이 내려졌을 때 도전하고픈 욕망을 느끼고, 어려운 과업을 완수하는 데에서 커다란 만족감을 느끼는 사람.

② 방관형: 조직과 일이나 동료에 적응하지 못하거나 흥미를 느끼지 못하고, 심하면 이탈하고 싶어 하는 사람. 마지못해 조직에 남아 있으며 최소한의 일만 하는 사람.

③ 묻어가는 사람: 겉보기에는 성실하고 조직에도 잘 적응하고 묵묵히 일하며, 조직의 명령도 잘 받아들이고 일상 업무도 잘 처리하는 사람. 그러나 무언가 책임을 져야 할 일이나 결과가 불확실한 프로젝트, 부담이 큰 업무가 주어지면 소극적이고 보수적이 되는 사람. 가능하면 ①에게 일을 떠넘기고자 하고 그의 뒤를 따라가는 데 만족하는 사람.

②는 그다지 비중 있게 논할 대상이 아니죠. 애초에 궁중 만찬에 초대조차 받지 못했을 테고요. 사실 어느 조직이나 ②의 숫자는 많지 않다고 합니다. 사실 ①도 많지 않은데, ①과 ②를 합쳐봐야 10퍼센트가 될까 말까라고 합니다. 오기가 연출한 행사에서 ①은 맨 앞 또는 두 번째, ③은 맨 뒤에 앉았을 겁니다. 맨 뒷줄에 앉은 이들은 참 불편했겠지요. 우리도 고생하며 목숨 걸고 싸웠다는 생각에 차별 대우를 받는다고 느낄 것입니다. 바로 그것이 오기의 노림수입니다. 일부러 차별 대우를 받는다고 느끼게 해 자극하는 것이 오기의 목적이었습니다. 맨 뒤에 앉은 ③을 자극해서 ①로 진화하

---

*   임용한 역,《오자병법》, Olje(올제), 2015.

게 하기 위한 동기부여책이지요.

어느 조직이든 ①은 반드시 있어야 합니다. 그래야 결정적인 순간에 돌파하거나 위기에 몰린 순간에도 버텨내서 반전의 계기를 만들 수 있습니다. 앞서 손자 이야기에서 '펭귄 어워드' 이야기를 했는데, 그것도 어떻게든 ①을 늘리고 키우기 위한 것입니다.

조직에서 ③은 사실 ①과 경쟁하려 들지도 않고, ①이 큰 상을 받는 것 자체에 불만도 없습니다. 받을 만하니 받는다고 보고요. 하지만 자신도 상을 받고 보너스를 받았으면 하는, 기계적으로 공평한 보상을 원한다는 데 문제가 있습니다. 탈취해온 것들을 인원대로 나눠주길 원하고 자신들이 보상에서 배제되는 것을 싫어하지요. 그들의 힘이 강해지고 단결된 목소리가 커지면 시나브로 ①이 밀려나고, ③ 중에서 ②가 생겨나기도 합니다.

결정적으로 ③이 조직에서 득세하면 출퇴근시간 문제, 복무기간 문제, 근무태도 문제와 같이 기계적이다 못해 경직된 관료주의가 생겨나고, 그 관료주의가 조직을 잡아먹습니다. 그래선 안 됩니다. 그러면 조직이 결국 힘을 잃고 말지요. 그렇기에 오기 생각에는 가혹한 성과급제가 필요하다 싶었던 겁니다. 그저 남에게 묻어가거나 뒤따라가기만 하고, 남들 하는 만큼 중간만 하자는 태도로 싸운 사람들에게는 아무것도 없다는 것을 명확히 보여줘야 합니다. 너희는 군인이니 성과를 내야 한다, 반드시 이겨야 하니 몸을 던지라는 것이죠. 몸을 던지면 보상을 파격적일 정도로 주겠지만, 묻어가기만 하는 사람에게는 아무것도 없다는 겁니다.

이런 문제는 오늘날에도 경영과 관리를 해야 하는 사람에게 늘 골치 아픈 일인데, ②와 ③이 조직 전체를 장악한다면 관료주의와 무사안일주의가 결합돼 조직이 무능해질 수 있습니다. 오기는 그런 것을 사전에 차단하고 어떻게든 ③을 ①로 만들어놓아 투지와 독기가 넘치는 조직, 위험하고 낯선 과업에 흥미를 느끼고 도전하는 조직으로 만들고자 했던 겁니다. 그래서 위와 같이 범주를 나누어서 상을 주고 차별과 박탈을 느끼게 했습니다.

보상을 줘야 움직입니다. 신분 질서와 기득권을 위협할 정도로요. 하지만 그것으로도 족하지 않습니다. 파격적인 성과급제로 어떻게든 도전하고 과업을 선도적으로 수행하며 그 과정에서 성장하는 사람의 수를 늘려야 했습니다. 단순히 인적자원을 늘리고 그들의 힘을 유기적으로 조직하는 정도가 아니라, 폭발력을 만들어내 싸워야 하는 시대였기 때문입니다.

여기서 그치지 않고 오기는 국가유공자제도도 주장했죠. 전사자가 있는 집에 해마다 왕이 직접 신하를 파견해 가족을 위로하고 상도 내려서, 국가가 나라를 위해 싸운 용사를 늘 잊지 않고 있다는 뜻을 표시하라고 했습니다. 궁중의 신하가 여염집에 드나들면서 용사의 부모와 처에게 깍듯이 고개 숙여 인사한다는 것 또한 쉬운 일이 아니었을 텐데, 오기는 정말 확실한 사람이죠.

파격적인 상과 국가유공자제도를 주장한 것을 보면 오기는 '한 만큼 보상이 간다, 누구든 노력하면 신분이 상승할 수 있다'는 메시지를 분명히 주려고 한 것 같습니다. 더 나아가 귀속지위만이 아니라 성취지위도 있는 사회를 만들려고 했던 것 같지요. 하층민도 잘 싸우면 국가유공자 혜택을 주겠다는 것은, 성취지위를 분명히 인정하고 그 영역을 넓히려고 했던 것으로 생각됩니다.

세습된 귀속지위만 있으면 사회가 어떻게 될까요? 패기 있는 젊은이의 에너지, 차상위계층의 성장 욕망을 활용하지 못할 것입니다. 또 엘리트계층과 귀족계층은 날이 갈수록 나태해질 것이고요. 청나라의 팔기군 출신 장교들이 하급무사 및 차상위계층 출신의 일본 장교들에게 상대가 안 된 이유가 있지요. 중국의 국력이 일본에게 추월당한 이유이기도 하고요. 세습으로 그자리에 올라간 청의 장교가 욕망의 힘으로 성장하던 일본군 젊은 장교의 상대가 될 수 없었습니다.

사실 사회에서 세습의 영역이 없을 수 없습니다. 그런 사회는 여태껏 역사에서 없었어요. 그래도 세습의 영역만 있으면 안 됩니다. 노력과 능력 및 근성으로 내 것으로 만들 수 있는 영역이 반드시 존재해야 합니다. 사회의 모든 땅에 깃발이 꽂혀 있으면 그런 나라는 인적자원을 제대로 활용할 수가 없습니다. 주전이 항상 정해져 있는 프로팀은 망할 수밖에 없습니다. 신인이 치고 들어올 여지가 없기 때문이지요. 문이 열려 있고 욕망이 열려 있어야 젊은 인재의 힘을 끌어낼 수 있습니다. 오기는 《오자병법》에서 주장한 것들로 보나 실제 역사에서 행한 전적을 보나, 성취지위를 만들면서 욕망을 개방하려고 했습니다. 그리고 그것이 진나라에 큰 영향을 주었고 법가에도 큰 영향을 주었습니다.

이렇게 욕망의 개방을 통해 국력을 크게 키우고 패권을 거머쥐어 천하의 주인이 돼보자며 팽창주의로 나아간 것은 법가가 철저히 계승했습니다. 실제로 부국강병을 중시한 한비자는 오기를 자신의 선배로 인식했지요. 오기는 어떻게 하면 구성원들의 힘을 끌어내 단시일 내에 강한 조직을 만들어낼 수 있는지 아주 잘 알고 있었던 사람입니다. 정말 조직심리학의 대가입니다.

군대 편제의 원칙

당시 군대는 보통 삼군으로 편성했습니다. 육·해·공 삼군이 아니라 좌군·우군·중군의 삼군인데, 오기는 오군으로 편성해보자는 제안도 했습니다. 기능별로 군대를 재구성해서 전투력을 극대화하기 위한 착상으로, 전통의 전술을 버리고 결사대·유격대·선봉타격부대 등 혁신적인 조직개편을 고안했습니다. 여기서도 오기의 인간 심리에 대한 통찰이 엿보입니다.

> 강한 나라의 군주는 반드시 그 백성의 특징을 잘 헤아립니다. 첫 번째, 담력이 있고 용맹하며 기운이 센 자로 한 부대를 만듭니다. 두 번째, 기꺼이 망설이지 않은 채 전장으로 나아가 자신의 힘, 충성심과 용맹을 과시하고 싶은 자로 한 부대를 만듭니다. 세 번째, 높은 곳을 잘 뛰어넘고 다리가 빨라 행동이 민첩한 자로 한 부대를 만듭니다. 네 번째, 높은 관직에 있다가 과실로 자리를 잃은 자 중에 다시 지위를 회복하려는 자로 한 부대를 만듭니다. 다섯 번째, 과거에 지키던 성을 버리고 도망갔던 자 중에 명예를 회복하려고 하는 자로 나머지 한 부대를 만듭니다.[259] -《오자병법》〈도국편〉

여기서도 오기는 어떻게 하면 폭발력을 끌어내볼까 고민하는 것 같죠. 기존의 신분 질서 또한 무시하고요.

> 이러한 이들을 정예로 하면 삼천 명만 있어도 어떠한 포위망도 돌파할 수 있고, 아무리 견고한 성이라도 무너뜨릴 수 있습니다.[260] -《오자병법》〈도국편〉

오기는 이렇게 자신했습니다. 실패한 자에게도 기회를 주면서 전력 이상의 힘을 뽑아내보자고 한 것이 손자와의 차이죠. 손자 같은 지휘 중심의 장수에게는, 임무를 수행하지 못하거나 경계에 실패한 자는 군기를 잡기 위해 시범사례로 희생해야 할 대상일 뿐입니다. 아마도 오기는 진나라를 상대로 해서 이겨야 했기에 통솔 중심의 관리와 경영을 말하지 않았나 생각합니다. 독종을 이기기 위해서는 엄정한 기강과 군기보다 투지와 폭발력, 모든 것을 쏟아 부을 수 있는 절박함을 볼 수밖에 없었던 것 같습니다.

군중심리학, 사회심리학

오기는 전쟁이 일어나는 원인을 다섯 가지로 이야기했습니다. 어떻게 눈앞의 전쟁을 이겨볼까만을 고민하지 않고, 왜 전쟁이 일어나는지에 대해서도 고민했지요. 손자와는 다르게 늘 군사의 문제를 국가와 사회, 정치 문제까지 포괄해서 보려고 했습니다. 특히 군사와 정치를 통합적으로 이해하려고 했습니다.

> 전쟁이 일어나는 데는 다섯 가지 원인이 있다. 첫째, 명분을 다투기 때문이다. 둘째, 이익을 다투기 때문이다. 셋째, 증오심이 쌓였기 때문이다. 넷째, 나라 안이 어지럽기 때문이다. 다섯째, 기근이 들었기 때문이다.[261] -《오자병법》〈도국편〉

이렇게 전쟁이 일어나는 원인을 정치적·경제적·사회심리적으로 구분해서 말했습니다. 명분과 증오심을 말한 것을 보면 이 또한 사람의 심리를 본 것 같습니다. 또 오기는 전쟁을 일으킨 군대의 정신적 요소도 다섯 가지로 구분해서 말했는데, 거기서도 집단심리 문제가 등장합니다.

전쟁에 임하는 군대에는 의병義兵·강병强兵·강병剛兵·폭병暴兵·역병拒逆이 있다. 폭정을 물리치고 혼란에서 나라를 구하고자 하는 군대를 의병이라고 하고, 군사력만 믿고 정벌에 나선 군대를 강병强兵이라고 하며, 분노로 일으킨 군대를 강병剛兵이라 하고, 도의를 저버리고 이익을 탐해 나선 군대를 폭병이라 하며, 나라가 어지럽고 백성이 신음하는데도 동원한 군대를 역병이라고 한다.[262] -《오자병법》〈도국편〉

정치·경제 문제가 있으면 사회심리 문제도 파생되는데, 이런 것들이 원인이 돼서 전혀 다른 성격의 군대와 전쟁을 만들어냅니다. 그러니 맞춤별로 대응을 해야 할 것인데 대응의 열쇠 또한 심리입니다. 여기서도 오기만의 번뜩임이 보이지요.

다섯 가지의 군대에는 제각기 대처하는 법이 있다. 의병은 반드시 예로써 대치해야 하고, 강병强兵은 반드시 겸양의 자세로 임해야 하며, 강병剛兵은 설득해야 하고, 폭병은 속임수로 응하며, 역병에는 권모술수를 써서 대적해야 한다.[263] -《오자병법》〈도국편〉

전쟁이 일어났을 때 단순히 군사력 대 군사력의 문제로만 보지 말고, 그 뒤에 어떤 심리 문제와 원인이 있는지 살펴보자고 한 겁니다. 그래야 제대로 대응할 수 있는 방법이 만들어진다는 것입니다. 전쟁은 지도자의 의지와 결정만으로 할 수 있는 것이 아니지요. 백성의 공감과 동의가 필요합니다. 백성의 동의는 인간 전체의 집단심리 문제인데, 싸워 이기려고 한다면 그것들까지 헤아려서 대응방법을 찾아야지요. '전쟁은 위정자 한 사람만의 생각으로 결정되지 않는다. 그 나라 백성의 심리 문제가 있다. 그 심리를 봐야 한다. 그것을 공격하기도 하고 이용해보기도 하면서 방법을 찾자'는 겁니다. 참 날카롭다고 하지 않을 수 없는데, 오기를 단순히 병법가로만 한정하기에는 참 아까운 인물이죠. 인문학적 내공도 돋보이는 사람인데, 오기의 그 인문학적 내공은 〈요적料敵편〉에서 잘 보입니다.

인문학적 사고의 결정체

전국시대는 전국칠웅이라고 해서 일곱 강국의 세상이었는데, 오기의 위를 제외하고 진·초·제·한·조·연에 대해 〈요적편〉에서 분석을 합니다. 각국의 군사 문제를 중심으로, 백성의 집단심리와 연결해서 설명하는데 오기의 천재적 면모가 돋보입니다.

제나라 사람은 자존심이 강하고, 나라가 부유해서 군주와 신하가 서로 교만하고 사치해 백성을 소홀히 한다. 정사는 느슨하고 봉록이 불공평해 군사가

두 마음을 품는다. 그래서 겉은 강해 보여도 속은 허약하다. 그러므로 겉으로만 튼튼해 보일 뿐 실상은 견고하지 못하다. 이들을 공격하는 방법은 이렇다. 부대 셋을 따로 보내 적의 좌·우측을 급습하고 후방을 공격하고 위협해 추격해 들어가면 반드시 허물어질 것이다.[264] -《오자병법》〈요적편〉

이런저런 집단심리가 이런저런 군사적 강약을 만들어내는데, 특히 집단심리와 직접 연결되는 적의 군사 문제를 파고들어 보자고 했지요. 수많은 사람의 정신이 만들어내는 집단심리와 직결된 문제는 당장 적의 왕이나 장수가 마음대로 할 수 없는 문제인 경우가 많으니 그것을 파고들어 보자는 겁니다.

지나치게 많은 사회적 자원을 상층부가 독점하다시피 하고, 그래서 위아래가 분열되어 백성들은 소외감에 시달리고 있습니다. 병사들은 애써 싸워봐야 나에게 돌아오는 게 없다는 것을 잘 압니다. 그러니 그러한 상대에게는 정석적인 승부보다는 과감한 치킨게임으로 밀어붙이자고 오기는 주장합니다. 단순히 상대가 나약하고 느슨해 보여서 이렇게 치자는 게 아니죠. 조직과 공동체를 위해 희생할 백성이 없게 되어버린 사회적 분위기, 그 집단심리를 읽고 치킨게임이라는 필승 방략을 제시한 것입니다.

오기는 나의 중앙군으로 제나라 군대의 중앙 정면을 치는 게 아니라, 중앙을 비우고 적의 뒤로 돌아 들어가라고 합니다. 이때 제나라 군대의 중앙군이 주저하지 않고 용기 있게 전진해 싸운다면 아군의 좌군과 우군, 중앙군 모두 부서질 수도 있습니다. 애초에 아군의 중앙군이 좌군·우군과 끊어지는 것을 각오한 상황이니까요. 만약 제나라 중앙군의 후미가 뒤로 침투

해 들어간 아군을 상대로 짧은 시간이나마 버텨낼 각오를 하고 중앙군의 앞이 공세로 나온다면, 제나라 군대는 치킨게임을 벌이는 아군의 좌우, 중앙군 모두를 하나 하나 부술 수 있습니다. 각개격파가 가능하단 말이죠. 하지만 오기는 이러한 돌발 상황에서 상대가 겁을 먹은 나머지 대처가 안 될 것이라고 보았습니다. 중앙군·좌군·우군 삼군이 전투 초기에 각자 모험적인 위치에서 상대의 선봉과 맞서 단시간 동안 희생을 각오하며 싸워줘야 하는데, 빈부 차이가 심하고 부와 혜택을 소수가 독차지해 소외감만 잔뜩 쌓여 있을 서민 출신 병사들에게는 그럴 마음이 조금도 없을 것입니다. 그렇기에 오기는 무모해 보일 수도 있는 치킨게임을 필승 방략으로 제시한 겁니다.

여기서 오기는 제나라가 왜 과감하게 싸우지 못하고 모험적으로 희생을 감내할 각오가 없는지에 대해 바로 정치·경제 문제와 사회구조로 말했는데, 백성과 병사에게 왜 그런 정신 문제와 성향이 있는지, 그 배경은 무엇인지 맥락을 보자는 것이죠. 인간과 집단이 보이는 성향과 심리 뒤에 어떤 정치적·경제적 원인, 사회·문화 환경, 지리적 요소가 있는지 생각해보자는 것입니다. 그것이 바로 인문학적 사고의 핵심입니다. 그리고 이것이 한때 기업 인문학, CEO 인문학 유행이 일었던 이유입니다.

진秦나라 사람은 호전적이고, 진나라의 지형은 험하며, 정사가 엄격하다. 상벌이 분명하고 사람들이 양보할 줄 모르며, 모두가 공을 세우려는 마음만 있다 보니 공격하기에만 급급해 흩어져서 싸우는 경향이 있다. 이러한 진나라를 공격하는 방법은 이와 같다. 반드시 먼저 이익을 보여주고 군대를 이끌고 물러나며 상대를 유도한다. 그러면 진나라 병사가 서로 공을 세우고자 달려들며 장수의 통제를 이탈할 것이다. 그때 대오와 진형이 어긋난 틈을 타서 흩어진 병사를 공격하고 매복을 설치해 기습하면 틀림없이 적장을 잡을 수 있다.[265] -《오자병법》〈요적편〉

이러한 진나라 사람들의 집단심리는 진나라를 둘러싼 거대 산맥과 사막들, 배후의 사나운 이민족 등의 거친 환경이 만들었지요. 게다가 정치도 험합니다. 엄격한 정사와 법치, 전쟁에서 공만 세우면 신분 상승이 가능한 정치 환경 때문에 자연히 국민성은 상무적이고 호전적일 것입니다. 이에 병사들은 투지와 호승심으로 가득 차 군대의 힘은 강했겠지만 합리적 통제가 어렵다는 문제가 있을 수밖에 없지요. 투지와 호승심이란 장점이자 단점이 될 수도 있는 것으로, 오기는 그것을 지적하며 이익으로써 유인해 이탈을 각개격파하자고 했습니다. 군사적 특징과 강약이 진나라 국민성과 연관되었으니 무엇이 그런 국민성을 만들어내고 심리적 틀을 형성했는지도 보는 겁니다. 그러면 진짜 약점과, 내가 이용하기에 따라 약점이 될 수도 있는 강점이 보이고, 내가 생각했던 방법이 막연하지 않으며 성공할 가능성이 높음을 알 수 있습니다.

오기처럼 배경을 본다는 것은 직설적으로 말하면 경영 현장에서 시장조사나 수요조사 결과 등과 같이 수치로 확인되는 요소만 책상 위에 올려놓고 회의하고 고민해서는 안 된다는 것이죠. 나의 시야와 사고가 거기까지만 미치면 이제 살아남을 수 없다는 자각이고요. '중국 사람은 이것을 좋아한다, 이것을 싫어한다, 중국 시장에서 이것이 잘 팔린다, 이런 상품에 대한 수요가 많다, 어떤 상품이 이만큼 팔렸다, 매출액이 어느 정도다' 하는 식으로만 이야기하지 않고, '왜 이것이 잘 팔렸고 이것에 대한 선호가 강하며 저것에 대한 반응은 뜨뜻미지근할까' 생각해보는 겁니다. 그러면서 중국의 역사, 정치 환경, 정신세계에 막대한 영향을 끼친 고전, 예를 들어《논어》나 《주역》같은 책을 보고 따져보며 '이래서 이런 수요가 강하구나, 이래서 이런 선호와 기호가 있구나'를 헤아려보라는 거지요. 그리고 '아직 상품화되지는 않았지만 이런 것을 팔아보면 괜찮겠다, 이 상품을 이런 방향으로 개선해보면 더 많은 인기를 얻겠다' 등과 같이 대안과 결론을 끌어내보는 것이죠.

수치로 확인되는 상황이나 겉으로 드러나는 것만 보지 않고 그런 것들을 만들어내는 배경과 맥락을 보는 겁니다. 거기에 인문학이 큰 도움이 되니 인문학을 매개로 하는 것이고요. 왜냐하면 시장의 선호는 사람들의 선호이고 시장의 수요는 사람들의 수요이며 시장의 기호는 사람들의 기호이니, 결국 각국의 국민에 대한 이해가 있어야 하니까요. 마찬가지로 '일본 시장에 진출하기 전에 일본인을 잘 이해해야 한다, 그러기 위해서는 일본의 고전과 역사와 같은 인문학의 맥락을 살펴보면서 시장조사 결과 및 수치 등과 연관해 총체적으로 이해해보자, 그래야 일본 시장에 진출해서 안착이 가능하고 시장지배력을 높일 수 있다'는 것입니다.

초나라 사람은 나약하고 영토는 광활하며 정사는 어지럽고 백성은 지쳐 있다. 그러므로 정연해 보이나 오래 버티질 못한다. 이들을 격파하는 방법은 이와 같다. 주둔한 적의 군대를 급습해 어지럽혀서 먼저 적의 기세를 빼앗고, 재빠르게 전진하고 신속하게 후퇴해 적을 지치고 수고롭게 하면서 저들

과 다투지 않고 저들의 힘을 뺀다. 그러면 저들을 패퇴할 수 있다.[266] - 《오자병법》〈요적편〉

남방의 곰 초나라는 패자를 자임하느라 여기저기 싸움을 많이 했기에 백성이 전쟁에 참 많이도 동원됐습니다. 혹사당한 백성은 정말 지쳐 있었습니다. 또 그렇게까지 해서 넓힌 영토의 백성의 유대가 단단하지 못했어요. 영토에 복속된 지 얼마 안 된 이민족이 많았는데, 그들은 본디 초의 백성이 아니었기에 국가에 충성하기는커녕 잠재적 불안 요소가 될 가능성이 높았습니다.

그리고 단순히 넓은 땅이 아니라 호수와 늪과 강으로 쪼개진 지형이 많았습니다. 즉 배를 타야만 왕래할 수 있는 지역이 많았기에 더욱 분열의 여지가 컸지요. 그래서 장기전으로 가면 누수가 생기는 곳이 많을 나라였습니다. 바로 옆이어도 강과 늪지가 있으면 왕래가 없고 언어와 문화, 이해관계가 다를 수가 있는데 초나라가 바로 그런 나라였어요.

이렇게 지리적 환경과 역사적 환경을 보면 왜 백성이 지쳐 있고 분열과 이반의 여지가 많은지 이해가 갈 것입니다. 그러다 보니 답이 나오지요. 지속적으로 유격전을 시도하면서 힘을 빼놓는 겁니다. 적의 체급이 크고 국력의 총합이 매우 크다지만, 유격전으로 치고 빠지고 괴롭히며 시간을 보내면 배신하거나 투항하는 지역이 나오고 무너지는 지역이 나올 것입니다. 그때 그렇게 드러나는 약한 고리를 집중 타격해보자는 겁니다.

백성의 심리를 이야기하고 그것을 전쟁과 연결한 것도 놀라운 일인데, 그 심리 뒤에 무엇이 있는지, 그것이 집단심리에 어떻게 영향을 주었는지를 이야기하면서 그 집단을 어떻게 상대할 것인가도 사고해내며 답을 찾으려 했으니 참 대단하지요. 집단심리를 정확히 읽어내는 것만 해도 쉽지 않은데 그 배경이 되는 것들도 정확히 파악하여 방법을 찾아내는 오기는 정말 똑똑한 사람입니다.

오기는 《오자병법》〈요적편〉에서 여섯 나라에 대해 다루면서 집단으로서의 인간, 인간 집단에 대한 통찰을 보여줬습니다. 저는 〈요적편〉이 《오자병법》만이 아니라 《논어》나 《맹자》 같은 유가 문헌은 물론이고 모든 제자백가 문헌 중에서 가장 중요한 부분이 아닌가 싶습니다. 인문학적 사고, 인문학적 통찰력이 무엇인지 알고 싶다면 다른 것 모두 제쳐두고 〈요적편〉을 보면 됩니다. 〈요적편〉만큼 인문학적 사고의 결정체란 것이 무엇인지 통찰력 있게 보여주는 편이 없지요. 이면을 봐라, 배경과 맥락을 보고 인간을 논해라, 드러난 심리만 보지 말고 그 심리적 틀을 만든 것들을 보면서 통합적으로 이야기해야 인간에 대한 이해가 깊어지고 100퍼센트 가까이 갈 수 있다는 겁니다.

상황적 괴인과 기질적 괴인

어떤 사람이 이상한 행동을 합니다. 그것을 보면서 '쟤는 본디 틀려먹었어, 저 사람은 근본이 말이지······' 이럽니다. 그런데 내가 이상한 행동을 하면 '요새 주식 값이 떨어져서 그래, 내가 어린 시절 불우한 일을 많이 겪어 상처가 많아 그래'라고 변명을 합니다. 이런 경우가 많은데, 사람이 자신에게는

제자백가, 인간을 말하다

관대하고 타인에게는 인색한 것이 단순히 본능적 성향 때문만은 아닙니다.

기본적으로 사람은 자신은 상황적 귀인, 남은 기질적 귀인으로 이해하려는 경향이 있습니다. 그것을 심리학이나 행동경제학에서는 '행위자-관찰자 편향'이라고 말합니다. 내 문제는 내가 행위자이므로 내 행위에 가해진 상황적 제약을 잘 압니다. 반면 다른 사람, 다른 집단은 내가 관찰자에 지나지 않으므로 상황적 제약을 알기 어렵습니다. 그러니 기질적 귀인으로 이해하거나 설명하려는 것이지요. 그런데 그러면 안 됩니다. 거의 본능적으로 그렇게 하지만 그래도 맥락과 상황을 보려고 해야 합니다. 그래야 인간에 대한 이해가 넓어지고 인간을 바라볼 때 조금이라도 차별을 줄일 수 있습니다. 〈요적편〉에서 말한 대로 늘 상황·맥락·환경을 보려고 해야지요.

사실 인간에 대한 이해, 인간을 보는 지평의 확대, 인간에 대한 많은 학문의 깊이는 전쟁과 군사의 일에 빚을 지고 있습니다. 오기와 손자의 저서를 비롯해 《육도六韜》·《삼략三略》·《손빈병법》·《이위공문대李衛公問對》·《울료자尉繚子》, 그리고 제갈량의 병법서와 척계광의 《기효신서紀效新書》 등의 병서를 현대 인문학자가 더욱 파고들어야 하지 않을까 생각합니다. 한대의 경학이나 송·명대의 성리학과 신유학보다 외려 인간에 대한 이해를 넓혀주고 현대에서 활용될 지식을 생산하는 데 큰 도움이 될 것이니까요. 관념으로만 싸운 사람, 붓 대롱만 쥐고 흔든 사람보다 실전을 뛰어보고 무수히 많은 사람을 관찰해본 사람들의 이야기가 훨씬 더 쓸모가 있을 겁니다. 본디 학문은 쓸모를 지향해야 하는 것이고요.

공자,
인간을
새롭게 발견한
혁명가

자기 지배자, 주체로서의 인간

고대 중국철학을 떠나 동아시아 사상 세계, 우리의 마음에 새겨진 문화적·심리적 틀에서 막대한 지분을 가진 공자와 손자, 둘 다 큰 어른이죠. 손자가 실리와 모략, 실사구시, 명철보신의 세계관을 대표한다면 공자는 명분과 도덕, 살신성인, 사생취의의 세계관을 대표합니다. 중국인에게는 손자, 한국인에게는 공자가 중요한데, 그만큼 중국은 실리에 밝고 우리는 명분에 집착하는 경향이 있지요. 재미있는 것은 둘이 동시대 사람이라는 것입니다. 손자가 15살 정도 연상이라고 하는데, 그 정도면 거의 같은 시대를 살았다고 해도 되지요. 둘이 서로 알거나 의식하지는 않았지만, 동시대를 살면서 의미 있는 방향을 제시하고 새로운 세계관과 가치관을 말했다는 점에서 공통점을 가지고 있습니다.

손자는 씨족공동체 연맹에서 영토국가로 가는 시점에 어떻게 전쟁을

공자, 인간을 새롭게 발견한 혁명가

하고 국가자원과 힘을 효율적으로 활용할지를 논했다면, 공자는 씨족공동체가 무너지면서 백성을 보호했던 생태환경이 파괴되고 사회가 이익사회로 급격히 재편되어 갈등이 심화되는 시점에 위정자들이 어떤 덕목으로 또 누구와 함께 정치를 해서 공동체의 평화를 일궈야 하는지를 제시했지요. 그런데 공자는 성악과 성선의 틀에 넣을 수는 없지만 인간에 대해 의미 있는 큰 발견을 했습니다.

먼저 앞에 나온 손자의 오월동주를 참고하면서 공자의 인간관을 이야기하는 것이 좋겠습니다. 오월동주는 앙숙일지라도 위급한 상황과 조건이 닥쳐오면 힘을 합치지 않을 수 없다는 뜻입니다. 오월동주를 통해 손자가 하고 싶은 말이 무엇이라고 했습니까? 사람을 움직이고 싶으면 외부 상황을 만들고 조성하라는 거죠. 그럼 자신의 뜻대로 사람을 부릴 수 있으니까요. 즉 손자는 외부 상황을 만들어 강제하고 외부에서 자극을 주어 통제하면 인간을 얼마든지 내 맘대로 끌고 갈 수 있다고 생각했습니다.

손자는 또 상옥추제도 이야기했는데, 이 역시 사람들을 내가 원하는 대로 부리는 기본 방법에 관한 이야기죠. 조건과 상황, 즉 세를 조성하면 필부가 용사가 되고 전사로 거듭납니다. 상황과 조건이 인간의 의지를 만듭니다. 각자가 평소에 가진 신념이나 주관 및 이념은 중요하지 않습니다. 타고났든 갈고닦아왔든 인간의 자질과 덕성과 용기에 기대하지 않습니다. 조건과 상황을 만들어 압박하면 되는 거지요. 마음속을 지배하는 신념을 바꾸지는 못해도 최소한 인간의 행동은 외부 상황과 조건이 좌우합니다.

이런 생각을 당대 모든 통치자와 지식인도 했습니다. 인간은 피동적·수동적 존재이며 또 얼마든지 위정자 마음대로 통제할 수 있는 존재라고 생각했습니다. 쉽게 말하면 A라는 자극을 주면 A'라는 반응과 행동이 나오고, B라는 자극을 주면 B'라는 반응이 나옵니다. 그러니 A'라는 행동을 원하면 A라는 자극을 주면 됩니다. A라는 상황과 조건을 만들어서 압박하면 내가 원하는 A'라는 행동을 하게 만들 수 있습니다. 반대로 B'라는 행동을 원하면 B라는 자극을 주고 B라는 상황과 조건을 제시해서 압박하면 되는데, 이렇게 인간을 조종 가능한 존재라고 생각했습니다.

그런데 문제가 생겼습니다. 공자가 등장한 것입니다. 골치 아픈 사람이 나왔어요. 공자는 당시 사람들이 듣기에는 매우 이상한 소리를 합니다. 주체로서의 인간을 말했지요. 주동적이고 능동적인 존재로서 인간을 말한 겁니다. 정말 신기한 사람이 등장한 것이죠.

필부의 마음이 세상을 바꾼다

삼군의 장수는 빼앗을 수 있어도 필부의 마음은 빼앗을 수 없다.[267] -《논어》 〈자한편〉

아무리 강제하고 윽박질러도 소용없다는 것입니다. 아무리 외적 조건과 상황을 조성해서 강제해도 소용없다, 내 길은 내가 정한다, 내 신념과 지조대로 산다, 인간은 그럴 수 있는 존재라고 분명히 선언한 것입니다.

인간은 스스로 옳다고 생각하는 가치를 마음에 새길 수 있습니다. 그리고 그 가치를 위해 목숨도 던질 수 있는 존재입니다. 과거의 필부는 위정

공자, 인간을 새롭게 발견한 혁명가

자가 상황과 조건으로 얼마든지 강제해서 마음대로 부리는 로봇 같은 존재에 지나지 않았는데, 이제는 장수보다도 큰 존재 같아 보이네요. 그의 마음을 뺏거나 강제할 수 없으니 말입니다. 신념과 주관을 가지고 사는 존재, 주체로서 사는 존재인 인간을 말한 것입니다. 아무리 법과 형벌로 강제해도 소용없습니다. 주체로서 사는 인간의 길은 스스로 결정할 뿐입니다.

앞서 덕을 이야기하면서, 기존에는 덕을 쌓고 베풀 수 있는 주체가 극히 한정되어 있었는데 공자가 그 범위를 넓혔다고 얘기했지요. 누구든 공부하고 학문하면 덕의 주체가 될 수 있다고 했는데, 덕을 쌓아야 하는 책임자의 범위 이전에 이렇게 주체로서의 인간의 범위를 밝혔고 그런 주체로서의 인간을 강조했지요. 대다수의 인간이 주체로서의 인간이 될 수 있고 주체로서 살아야 한다고 선언한 겁니다.

기존에는 왕과 신하만이 사람다운 사람, 스스로 생각하고 가치를 지향하는 존재였습니다. 대다수 인간은 정치권력의 힘과 폭력으로 끌고 다닐 수 있는 객체일 뿐이었지요. 그런데 공자가 등장해 반기를 들었습니다. 외부적 조건과 상황의 압력에 그저 끌려가고 순응하는 존재가 아니라, 스스로 생각하고 가치를 지향하며 세상을 만들어가는 존재로서의 인간 일반을 말하기 시작한 것입니다. 주체로서의 인간으로 살 수 있으니 누구든 덕의 소유자가 될 수 있어 덕을 닦는 것이 많은 이에게 숙제가 되기도 했습니다.

인仁이 멀리 있느냐? 내가 인을 이루고자 하면 인은 바로 여기에 이른다.[268]
-《논어》〈술이편〉

내가 인을 원하면 인이 나에게 이른답니다. 내가 인을 일구려고 애를 쓰면 공동체에 평화가 온다, 즉 세상이 변한다는 것인데, 나라는 주체가 스스로 노력하면 되는 일이라는 것이죠.

사람이 도를 넓히는 것이지 도가 사람을 넓히는 것이 아니다.[269] – 《논어》 〈위령공衛靈公편〉

위의 말은 이렇게 해석하면 됩니다. 인간은 도로 대표되는 법과 가치, 규범에 마냥 끌려가고 종속되는 존재가 아니라, 스스로 규범과 가치를 만들고 구현하는 주체라는 뜻입니다. '필부의 마음을 뺏을 수 없다, 내가 인을 원하면 인이 공동체에 이른다, 도가 인간을 부리지 않고 인간이 도를 만든다'는 말은 과거에는 어쩌면 상상도 못할 이야기였죠. 공자가 참 큰일 날 소리를 한 것입니다. 그리고 공자는 중궁이라는 제자에 대해 "중궁은 가히 임금 노릇할 만한 그릇이다"(雍也, 可使南面)라고 했습니다. 중궁에게 공자는 또 이런 말도 했습니다.

얼룩소의 새끼라 하더라도 색깔이 붉고 뿔이 가지런하다면 비록 사람들이 쓰지 않으려고 해도 산천의 신들이 그냥 내버려야 두겠느냐?[270] – 《논어》 〈옹야雍也편〉

주나라에서는 색깔이 붉은 소를 제물로 쓰고 얼룩소는 쓰지 않았는데, 공자는 얼룩소의 새끼라고 하더라도 털이 붉고 뿔만 가지런하면 제물로 쓰

공자, 인간을 새롭게 발견한 혁명가

기에 부족함이 없다고 한 것이죠. 사람들이 얼룩소의 새끼라고 해서 쓰지 않는다는 것은 얼룩소의 새끼라는 출신 때문에 외면한다는 것입니다. 그래도 산천의 신들은 내버려두지 않는다는데, 이는 출신을 따지지 않고 받아들인다는 것이지요.

여기서 얼룩소의 새끼는 중궁입니다. 신분이 천미하지만 학문에 재능 있고 노력하는 제자를 이렇게 격려한 것이죠. '너의 출신과 신분 때문에 행여나 낙담하지 마라, 네가 열심히 학문을 닦아 도덕적 인간이 되면 세상이 반드시 널 써줄 것이다, 누군가 널 알아보고 기회를 줄 것이다, 하늘이 외면하지 않을 것이다'라는 말인데, 기존의 세습적인 신분 질서에 크게 얽매이지 않았음을 보여준 것입니다. 누구든 어짊을 일구는 주체가 될 수 있는데 신분이 한미하면 어떻습니까?

또 공자는 "가르침에는 구분을 두지 않는다"(有教無類)라고 했고, "속수 이상의 예물만 올리면 누구든 제자로 받아주었다"(自行束脩以上, 吾未嘗無誨焉)라고 했습니다. 속수는 육포肉脯 묶음인데 가장 약소한 예물로 사용됐습니다. 따라서 최소한의 예를 갖춘 사람이면 누구나 받아들인다는 말이지요. 《순자》〈법행法行편〉에도 "왜 이리 공자의 제자들은 그리도 잡스럽느냐"는 말이 나오듯이, 공자는 신분과 출신을 따지지 않고 제자로 받아줬습니다. 누구든 학문을 연마할 수 있고 인을 일구는 주체로 살 수 있으니 구분 없이 받아준 것이죠. 할 수 있고 배우면 되고 노력하면 되니, 적지 않은 인간사가 본인의 책임 영역으로 들어오게 됩니다.

비유하건대 산을 만드는 데 비록 한 삼태기가 모자란다 하더라도 그만두었다면 내가 그만둔 것이다. 비유컨대 땅을 고르는 데 비록 한 삼태기만 덮었다 하더라도 나아가면 내가 나아간 것이다.[271] -《논어》〈자한편〉

어짊을 일구고 못 일구고는 모두 나의 몫이라는 말입니다. 철저히 내 책임이라는 말이지요. 일을 이루고 못 이루고, 뜻을 펼치고 아니고는 모두 자기의 책임이지요. 비록 거의 다 이루었으나 한 삼태기의 흙을 더 못 부어서 이루지 못했으면 본인이 그만둔 것입니다. 비록 한 삼태기의 흙만을 부어서 고작 한 삼태기의 흙만을 이루었다고 하더라도 이루었으면 본인이 이룬 것이죠.

어떻게 할까 어떻게 할까라고 말하지 않는 사람은 나도 어떻게 할 수 없다.[272] -《논어》〈위령공편〉

고민하고 노력하지 않는 사람은 나로서도 어쩔 수 없다고 했는데, 누구든 주체로서의 인간이니 스스로 답을 찾아보려 애면글면해봐야지요. 누가 떠먹여주거나 선도한답시고 강제로 끌고 갈 수는 없는 겁니다.

깨달으려고 분발하지 않으면 깨우쳐주지 않으며, 배운 바를 말로 나타내려고 애쓰지 않으면 말문을 틔워주지 않는다. 한 모퉁이를 들어 보일 때 나머지 세 모퉁이가 있다는 것을 깨닫지 못하면 다시 가르쳐주지 않는다.[273] -《논어》〈술이편〉

공자, 인간을 새롭게 발견한 혁명가

본인이 알아서 해야 합니다. 본인이 노력하고 애써야지요. 주체로서의 인간이니 말입니다. 공자는 이렇게 주체로서의 인간을 분명히 했습니다. 그래서 하늘도 사람도 원망하지 않아야 군자라고 했지요. 다 본인 하기 나름이니까요. 그리고 남이 나를 알아주지 못한다고 서운해 하지 말라고 합니다. 내가 아직 내공과 덕이 부족하지 않은지 헤아려봐야 하고, 행여나 내가 사람을 제대로 알아보지 못하는 것은 아닌지 반성해봐야 한다고 했습니다.

기ㄹ, 자기 지배에서 세상의 변화로

군자는 자신에게서 구하고, 소인은 남에게서 구한다.[274] -《논어》〈위령공편〉

군자는 문제가 있으면 자신에게서 원인을 찾고 소인은 남에게서 찾는답니다. 소인은 남 탓, 군자는 내 탓을 한다는 뜻이지요. 군자는 남을 탓하지 않고 행여 자신이 수양이 덜되고 책무를 다하지 않아서 이런 문제가 생기지 않았을까 자기 점검과 성찰을 해본다는 것입니다.

공자가 등장하기 이전의 군자는 앞에서도 이야기했듯이 말 그대로 임금의 아들로 혈연적 신분을 의미했지만, 공자 이후에는 노력과 수양으로 달성할 수 있는 것으로 변했습니다. 그러니 모든 인간이 주체이죠. 노력하면 군자가 될 수 있으니까요.

위 인용문의 원문을 좀 자세히 볼까요? "君子求諸己, 小人求諸人"에서 人은 단순히 사람이 아니라 타인이라는 뜻으로 쓰입니다. 그리고 人과

대조되는 것이 바로 己, 나 자신입니다. 주체로서의 인간, 지배층만이 아니라 대부분의 사람이 주체로서 살 수 있다고 말하는 공자는 수양, 자기 단련, 자기 지배를 말했습니다. 나 자신을 스스로 키우고, 나 자신을 스스로 닦고, 나 자신을 스스로 단련하고, 나 자신을 스스로 돌아보아 내가 나를 잘 키우고 성장하게 해 세상에 나아가자는 겁니다. 나는 주체이니까요.

주체인 내가 세상을 바꿀 수 있으니 관계의 장, 정치의 장, 세상이라는 무대에 올라가기 전에 내가 나를 어떻게든 바꾸고 닦고 단련하자는 것이죠. 공부하는 나, 수양된 내가 세상을 바꿀 수 있으며, 학습과 수양은 누구든 대신해줄 수 없고 누가 윽박지르고 강압해서 할 수 있지 않으니, 나만이 나 자신을 키우고 닦을 수밖에 없는 일이라는 메시지를 공자는 세상에 주고 싶었던 겁니다. 공자는 己라는 글자를 자기 지배, 즉 재귀의 맥락에서 이야기할 때가 많았는데, 영미권에서 《논어》를 번역할 때도 己를 myself 혹은 himself라고 많이 씁니다.

공자는 "나를 깨끗이 해서 나아간다"(人潔己以進)라고 했습니다. 영어로는 purify himself라고 하는데 내가 나 자신을 스스로 깨끗이 하는 겁니다. 그리고 수기脩己를 거듭해서 말했는데 영어로는 cultivates himself라고 번역되지요. 나 자신이 나를 닦는다, 나를 키운다, 내 스스로 일군다는 뜻입니다. 내가 나를 이렇게 갈고 닦고 가다듬고, 연습하고 훈련하고 아름답게 꾸밉니다. 그리고 나서 세상을 바꾸자는 것이죠.

공자가 그랬지요. "기욕립이립인己欲立而立人, 기욕달이달인己欲達而達人"이라고 했습니다. 〈옹야편〉에서 한 말인데, 보통 이렇게 번역합니다. '자기가 서고자(立) 하면 남도 세우며(立), 자기가 통달(達)하고 싶으면 남도 두루 달達하게 해야 한다'는 뜻으로요. 하지만 아닙니다. 그 해석은 이수태 선생님이 《논어의 발견》에서 이야기한 대로, '남을 세우기 전에 나를 먼저 세우고, 남을 통달시키기 전에 나를 먼저 달達시키라'는 것으로 해석해야 합니다. 그게 공자의 본래 뜻입니다. 한문 문리 상에도 맞고요. 즉 섣불리 관계의 장과 정치의 장에 나서기 전에 나부터 가다듬어 수양이 무르익게 한 다음 타인과 세상을 바꾸라는 뜻인데, 첫째도 둘째도 자기 변화, 자기 수양, 자기 지배에서 시작해야 한다는 것입니다. 왜냐하면 세상을 바꾸는 주체인 내가 변한 만큼 세상을 바꿀 수 있다고 보았기 때문입니다.

그래서 공자는 자성自省과 자송自訟도 말했습니다. 스스로 성찰하고, 스스로 송사를 벌입니다. 내가 나를 돌아보고, 자신의 결함이나 잘못에 대해 스스로 깊이 뉘우치고 자신을 책망하라는 뜻입니다. 그렇게 해서 수양이 무르익고 덕이 갖춰지면 사회라는 무대와 정치의 장에 서서 세상을 바꿀 수 있다는 것이죠.

남이 나를 바꾸고 끌고 가는 것이 아니라, 내가 해야 하고 내가 할 수 있는 일입니다. 내가 건강한 정신을 내 안에 깃들게 할 수 있고, 내가 바람직한 의지와 신념을 가지게 할 수 있습니다. 할 수 있다는 것은 역시나 책임인 것이죠. 나밖에 할 사람이 없고 누구든 대신할 수 없으니, 그렇게 스스로 수양해야 할 책임이 있는 주체는 철저히 무게중심을 수양과 공부와 학습, 자아의 확립과 확충에 두어야 합니다.

자로: 선생님, 군자란 어떠한 사람입니까?
공자: 경敬으로써 자신을 닦는 사람이다.

제자백가, 인간을 말하다

자로: 그것뿐입니까?

공자: 자신을 닦아 다른 사람을 편안케 한다.

자로: 그것뿐입니까?

공자: 자신을 닦아 백성을 편안케 한다. 그런데 자신을 닦아 백성을 편안케 하는 것은 요임금과 순임금도 많이 어려워했다.[275] – 《논어》〈위령공편〉

공자는 매일같이 군자를 말하며 '군자가 되어라, 군자가 되어 공동체의 평화를 일구어라, 그것이 바로 인이다'라고 얘기했는데, 제자 자로가 군자란 정말 어떤 사람인지, 군자가 되려면 어떻게 해야 하는지 묻자 이렇게 답합니다. 여기서도 공자는 수기를 강조했습니다. 요임금과 순임금도 어려워한 수기라는 과제에 항상 주력할 수 있어야 한다는 것입니다.

이렇게 《논어》에 등장하는 己는 나의 의지와 행동으로 변화하는 나 자신입니다. 나 자신은 내가 만들어가고 키울 수밖에 없습니다. 내가 주체이기 때문입니다. 그러니 수기, 즉 나를 닦으면서 자기 지배를 하면 됩니다. 그러면 세상을 바꿔갈 수 있습니다. 도를 넓힐 수 있고, 내가 사는 공동체에 인이 이르게 할 수 있습니다.

다시 해석하는 극기복례

이제 극기복례克己復禮를 이야기해야 할 것 같네요. 그래야 공자의 己와 공자의 인간관을 확실히 이야기할 수 있습니다. 극기에 대한 상식적 해석에 한번 반기를 들어보겠습니다. 물론 근거를 가지고요.

극기복례하면 천하가 인으로 돌아온다. 하루라도 스스로 성찰하고 숙련해 예로 돌아가면 온 세상 사람이 인으로 돌아온다. 인을 함은 자기에게서 시작하지 남에게서 시작하겠느냐?[276] – 《논어》〈안연顔淵편〉

공자의 수제자인 안연이 인에 대해 묻자 공자가 대답한 것으로, 공자 사상의 핵심이 드러난다고 해도 과언이 아닙니다. 그런데 이 내용은 후에 두고두고 논란이 됐는데, '복례'도 논쟁의 여지가 있지만 '극기'에 대한 해석으로 말이 많았습니다. 한국에서 나온 《논어》 번역서는 대부분 주희의 해석을 따르고 있지요. 주희의 해석에 따르면 克은 싸워서 이긴다는 뜻이고, 己는 개체의 이기적 욕망입니다. 즉 주희는 몸의 개인적 욕망을 이겨서 없애는 것이 인으로 가는 길이라고 해석했는데, 이를 학계에서는 '인간은 사욕을 일으키는 이기적 존재를 극복해서 자신을 규범과 일치하는 도덕적 행위자로 확고하게 세워야 한다'고 해석했고 가르쳤습니다.

이런 식의 해석에 저는 고개가 갸우뚱해지는데, 먼저 이것은 주희의 이야기이지 과연 공자가 하고 싶었던 이야기일까 하는 의구심이 생깁니다. 공자는 어디까지나 인간의 긍정성과 주체성과 능동성을 말했습니다. 그런데 현실의 인간이 몸의 개체적이고 이기적인 욕망에 휩싸이기 쉬운 존재라고 전제한 주희의 해석이 과연 공자 본의에 가까운 말일까요? 공자에게 己는 긍정의 대상인데 주희는 나쁜 욕망을 가지기 쉬운 부정적인 대상이자 객체로 이야기했습니다.

제자백가, 인간을 말하다

사실 우리가 흔히 극기훈련이라고 말할 때는 그렇다 하더라도, 여태껏 보아온 공자의 인간관을 생각하면 주희의 해석이 맞지 않을 것 같습니다. 위에서 공자는 "인을 함은 자기에게서 시작한다"(爲仁由己)라고 했습니다. 그런데 '극기'를 주희처럼 해석하면 앞뒤가 안 맞죠. 앞에서는 나를 극하자, 억누르자, 제압하자고 하면서, 뒤에서는 인을 하는 것이 나 자신에게 달려 있다고 하니 말입니다.

　　이렇게 주희는 한 구절에서 똑같은 己를 앞에서는 개체적 욕망으로, 뒤에서는 인을 행하는 주체로 다르게 해석했는데, 좀 이상하지 않습니까? 앞에서는 부정의 대상인 객체일 뿐인데 뒤에서는 긍정의 대상이자 인을 만들어가는 주체로 말하니까요. 이렇게 주희의 설명은 일관성이 없고 앞뒤가 맞지 않습니다.

　　여기서 핵심은 克의 해석에 달려 있다고 봅니다. 청대 고증학자들의 의견에 의하면 《논어》가 나올 무렵까지 克은 할 수 있다, 능숙하다, 감당하다의 뜻으로 쓰였지, 싸우는 적과 상대를 전제해놓고 제거해야 한다거나 이겨야 한다는 뜻으로 쓰이지 않았다고 합니다. 그래서 청대 고증학자들은 '극기'를 '스스로 나(己)를 키우다', '스스로 나(己)를 능숙하게 하다', '스스로 나(己)를 세련되게 하다'라는 뜻으로 해석했습니다.

　　저도 청대 고증학자들의 해석에 동의하는데, 《논어》에서 己는 이기적 욕망이나 부도덕한 행위의 근원으로 쓰이지 않았습니다. 성찰과 학습을 통해 키워나가고 꾸며나가야 할 것이자 성찰과 학습의 결과물이 쌓이는 것으로 쓰였습니다. 그러니 당연히 '극기'를 자신을 성찰하고 성찰과 예로써 숙련해서 키워나가는 것으로 이해함이 온당하다고 생각해요.

그리고 '복례'도 주희의 해석이 틀렸다고 봅니다. 復을 주희는 돌아간다고 해석했는데,《논어》에서 復은 돌아간다는 의미가 아니라 반복한다는 의미로 쓰였습니다. 그렇기에 복례는 예를 거듭한다는 뜻입니다. 예를 반복적으로 실천한다는 뜻이죠. 예가 아닌 다른 것을 하다가 마음을 바꿔먹어 예로 돌아간다는 것이 아니라, 배운 예를 반복한다는 뜻입니다.

克己復禮爲仁. 자신을 키워나가고 예를 반복하는 것이 인을 행하고 만드는 것입니다. 一日克己復禮 天下歸仁焉. 매일 극기복례하면 천하가 인으로 돌아옵니다. 爲仁由己 而由人乎哉. 그렇게 인을 행하는 것은 나에게서 시작되고 말미암는 것이지 다른 사람에게서 시작되지 않습니다.

이렇게 '극기'는 나를 닦다, 키우다, 연습하게 하다, 능숙하게 하다라고 해석하면 무리 없을 듯싶습니다. 성찰과 학습을 통해 키워나가고 꾸며나가야 할 것이며 또 성찰과 학습의 결과물이 누적되는 대상인 己는 세상을 바꾸는 주체입니다. 극기는 그런 나를 키우는 것이죠. 사적 욕망의 나를 누르고 강하게 제어하자는 것이 아니라요.

공자 등장의 가장 큰 의의

공자 하면 유교의 종사이죠. 특히 한국에선 공자가 곧 유교이다 보니 전근대의 질서와 관습이 모두 공자라는 이름으로 통합니다. 하지만 저는 공자를 단순히 보수 문화의 상징이자 억압적 관습·인습의 근원으로 보는 것을 반대합니다. 공자는 "배움에 차별을 두지 않는다"(有敎無類)라고 했고, 배움에 뜻을 둔 이는 모두 세상을 바꿔가는 주인공이 될 수 있다고 처음으로 분명히 선포하고 천명한 사람인데, 그를 보수주의자로만 한정하는 건 정말 위험한 사고라고 봅니다.

공자는 살신성인을 말했습니다. 기존에는 상상도 못하는 말이었지요. 형벌과 법으로, 이익의 유인으로 얼마든지 인간을 통치자 마음대로 부릴 수 있다고 생각했습니다. 그런데 죽음을 두려워하지 않고 인을 이루겠다, 외적 강제든 무엇으로든 억압해도 스스로 지향하는 가치를 목숨으로 지키겠다, 또 그럴 수 있는 존재가 인간이란 유적 존재다라는 것을 공자가 처음으로 선언하고 천명한 겁니다.

여기서 맹자의 대장부가 생각나는 사람도 있을 텐데, 맹자의 거대자아와 성선설은 공자가 발견한 '주체로서의 인간'이라는 주춧돌 위에 새겨진 건물이죠. 자공이 말한 대로 공자는 인간 본성에 대해 이야기하지 않았고 후천적 습관과 학습에 따라 달라진다고 했기에 순자식 성악설과도 겹치는 부분이 있어 성선설이라고 말하기는 힘듭니다. 하지만 공자가 이렇게 주체로서의 인간, 자신의 길을 스스로 찾아내고 스스로 독려하며 길을 가는 인간을 말했기에 맹자의 성선설도 등장할 수 있었죠. 괜히 공맹, 공맹 하는 것이 아닙니다. 맹자가 인간의 주체성과 능동성, 그리고 도덕천을 계승했기 때문이죠.

공자는 이러한 주체로서의 인간을 동양 역사에서 처음으로 분명히 함으로써 굉장히 의미 있는 물꼬를 튼 것입니다. 위대한 인본주의와 인문주의의 시작이라고 할 수 있죠. 지구를 번쩍 드는 아르키메데스의 지렛대를 늘 어디에 두어야겠습니까? 나 자신에게 두어야 합니다. 인간이라는 자아에 두어야 합니다. 공부하는 자아, 실천하는 주체에 두어야 합니다. 공자는 인간이란 존재가 스스로 지구를 들어 올릴 수 있다고 최초로 생각했기에 위대한 성인인 것이 아닐까요?

유가의 인간학: 관계적 자아, 전승하는 자아

이제 마지막으로 공자와 맹자, 순자만이 아니라 모든 유가사상가가 가지고 있는 공통적인 인간관에 대해 이야기해보겠습니다. 조선은 유교국가였고 지금도 유교의 정신적 흔적이 우리 마음에 많이 남아 있기에, 어쩌면 우리가 가진 인간관을 들여다보는 기회가 되기도 할 것입니다.

유가는 일단 관계적 자아를 말합니다. 인간을 누구의 아버지, 어머니, 아들, 딸로 본다는 것입니다.

> 제나라 경공이 공자에게 정치에 대해 물었다. 공자가 답하길 "임금은 임금답고 신하는 신하다우며, 아비는 아비답고 자식은 자식답게 하는 것입니다."
> 경공이 말하길 "좋은 말씀이오. 진실로 임금이 임금답지 못하고 신하가 신하답지 못하며, 아비가 아비답지 못하고 자식이 자식답지 못하다면 비록 곡식이 있다 한들 내가 어찌 그것을 먹을 수 있으리오."[277] -《논어》〈안연편〉

이는 관계의 장에서 늘 제대로 처신하라는 뜻으로, 이처럼 유가는 인간을 그 자체로 말하지 않고 관계 속의 존재로서 이야기합니다. 지금은 그런 일이 드물지만 예전에 사람을 부를 때 누구 아빠, 누구 엄마로 부르는 경우가 많았고 지금도 시골에서는 누구 자식이라고 많이 부르는데, 유가는 본디 관계적 자아를 전제하기 때문입니다.

> 후직은 백성에게 농사짓는 법을 가르쳤다. 오곡을 심고 가꾸어 오곡이 익자 백성이 살 수 있게 되었다. 사람에게는 사람이 되는 도가 있는데, 배불리 먹고 따뜻하게 입으며 편안히 지내기만 하면서 가르침이 없으면 금수에 가까워진다. 성인이 이를 근심해 설契에게 사도司徒를 맡아 인륜을 가르치게 했으니 부자유친·군신유의·부부유별·장유유서·붕우유신이 그것이다.[278]
> ─《맹자》〈등문공상편〉

여기서 맹자는 오륜五倫을 말했습니다. 백성을 먹고살게 하는 것에 그치지 말고 가르치기도 해야 하는데, 그 가르침은 다섯 가지 관계의 장, 즉 군신·부부·부자·장유·친구의 관계에서 지켜야 할 도였죠. 오륜은 유가의 인간관을 압축해 보여주지 않나 싶습니다.

> 군신·부자·형제·부부의 관계는 처음이자 마지막이고 마지막이자 처음으로서, 하늘과 땅이 같이 다스려지고 영원토록 똑같이 오래간다면 무릇 이를 일러 위대한 근본이라고 한다.[279] ─《순자》〈왕제편〉

공자가 말했다. "군자에게는 삼서三恕가 있다. 자기 임금을 잘 섬기지 못하면서 자기 자신을 잘 부릴 수 있기를 바라는 것은 서의 태도가 아니다. 자기 부모에게는 보답하지 못하면서 자기 아들이 효도하기를 바라는 것은 서의 태도가 아니다. 자기 형은 공경하지 못하면서 자기 동생이 잘 따르기를 바라는 것은 서의 태도가 아니다. 선비가 이 세 가지 서에 대해 잘 알아둔다면 자신을 단정히 할 수 있을 것이다."[280] -《순자》〈법행法行편〉

순자도 이렇게 철저히 관계적 자아를 전제하고 이야기했는데, 관계의 장에서 어떻게 처신하고 행동할 것이냐가 바로 예지요. 이 예를 자세히 규정한 경전이 《예기》입니다. 순자의 제자들과 순자학파 유학자들이 달려들어 만들어낸 경전인데, 정말 인간이 살면서 관계의 장에서 지켜야 할 여러 가지 것에 대해 자세하게 다룬 규범집입니다.

공자가 말했다 "군자가 행해야 할 것이 네 가지가 있는데, 나는 그중 하나도 제대로 하지 못하는구나. 자식에게 바라는 것으로써 부모를 섬기는 일을 하지 못한다. 신하에게 바라는 것으로써 임금을 섬기는 일을 하지 못한다. 아우에게 바라는 것으로써 형을 섬기는 일을 하지 못한다. 벗에게서 받기를 원하는 것으로써 벗에게 먼저 베푸는 일을 하지 못한다."[281] -《대학》13장

여기서도 오륜 못지않게 관계적 자아를 상정하는 유가의 인간관이 잘 드러납니다. 네 가지 군자의 도를 다해야 유가가 말하는 이상적 인격의 상징인 군자가 될 수 있다고 하는데, '착하게 살아서 군자가 되자'는 것이 유가 사상의 알파와 오메가죠. 군자가 되는 길을 저렇게 단적으로 말한 것을 보면 성선-성악의 틀이 아니라 관계적 자아로서 유가의 인간관을 말하는 것이 먼저이지 않을까 싶네요.

제자백가, 인간을 말하다

이렇게 유가는 관계적 존재를 전제하고 말했으니 동양에서 왜 개인주의가 발달하지 못했는지도 이해가 되지요? 누구의 아들로서 누구의 아버지로서 누구의 딸로서 누구의 신하로서 어떤 몸가짐과 마음가짐을 해야 할지 고민해야 했던 문화에서는 서구식 개인주의가 발달하기 힘들었을 것이며, 아울러 거래의 개념도 발달하기 힘들었을 겁니다. 자식이니까 신하니까 도리를 다해야 한다고 생각하니, '한 만큼 받아야 한다, 주고받는 것이 당연하다'는 생각이 발전하기 힘들었겠지요. 그래서인지 한국인들은 거래 관념이 약합니다. 그래서 쓸데없는 오해와 불신·갈등이 커지기도 하지요. 또한 사회 전체에서 거래 비용이 너무 크게 들어가고, 보이지 않는 세금이 너무 많이 나가기도 하고요.

> 공자가 말하길 "옛것을 조술할 뿐 새로이 창작하지 않으며, 옛것을 믿고 좋아하니 은근히 우리 노팽老彭에게 비유할 수 있겠구나."[282] -《논어》〈술이편〉

이 말의 핵심은 공자가 자신을 옛날 성인들이 남긴 가르침의 전승자일 뿐이라고 규정한 것입니다. 참고로 노팽은 은나라의 현인이라는 말도 있고, 요임금의 신하로 은나라 때까지 800년을 살았다는 전설적인 인물 팽조彭祖를 가리킨다는 설도 있는데, 그리 중요하지 않습니다. 자신이 대단해서 무엇인가 새로이 만들어내거나 창안하는 것이 아니라, 과거에서 이어져 내려온 도를 후세에 전달하는 것이 자신의 사명이라고 한 것이지요.

유가는 전승하는 존재, 전승하는 자아로서의 인간을 규정합니다. 전달받은 것, 배운 것, 이어져 내려온 도덕과 문화를 후세에 이어주고 전달해주는 것을 중시합니다. 어쩌면 가장 중요하게 여기는 일이 이것이 아닌가 싶기도 합니다. 그래서 맹자가 군자삼락君子三樂을 말한 것이 아닌가 싶죠. 이른바 군자의 세 가지 즐거움입니다.

맹자가 말했다. "군자에게 세 가지 즐거움이 있으나 천하의 왕이 되는 것은 여기에 없다. 부모가 모두 살아계시고 형제가 무고한 것이 첫 번째 즐거움이다. 하늘을 우러러 부끄럽지 않고 땅을 굽어보아 남에게 부끄럽지 않은 것이 두 번째 즐거움이다. 천하의 영재를 얻어 가르치는 것이 세 번째 즐거움이다. 군자에게 세 가지 즐거움이 있으나 천하의 왕이 되는 것은 여기에 없다."[283] -《맹자》〈진심하편〉

전승만큼 중한 것이 없으니 제자를 잘 두고 잘 키워야지요. 그래야 과거에서 이어져 내려온 성인의 가르침이 끊어지지 않은 채 후세까지 전달될 테니까요. 나 개인의 생명이 영속되고 내가 부귀영화를 누리는 것보다 중요한 것이 바로 전승입니다. 《순자》에는 또 다음과 같은 말도 나옵니다.

공자가 말했다. "군자에게는 세 가지 생각해야 할 것이 있으니 그것에 대해 생각하지 않으면 안 된다. 젊어서 공부하지 않으면 나이를 먹어서 무능해진다. 늙어서도 남을 가르치지 않으면 죽은 뒤에 생각해주는 사람이 없다. 풍요한데도 남에게 베풀지 않으면 곤궁해졌을 때 의지할 곳이 없다."[284] -《순자》〈법행편〉

순자 또한 제자를 키우고 가르치는 일이 중요하다고 했는데, 누군가를 스승으로 섬기거나 제자로 키우는 사제관계 속에서 바람직한 사회문화와 가치관이 계속 이어져야죠. 유가는 그런 식의 영생을 추구했습니다. 그래서 일까요? 유가의 종사인 공자는 사제관계라는 인간관계의 유형을 처음으로 만들어냈습니다. 공자 하면 이 사제관계를 잊지 말아야 합니다.

《논어》를 보면 '자왈子曰'로 시작하는 부분이 많습니다. 절반 정도가 그렇게 시작하지요. 자子는 선생님이니 자왈은 '선생님이 말씀하시길'이라는 뜻이지요. 《논어》 이전의 경전인 《서경》처럼 당대의 권력자의 말이 아니라, 정치적 지위나 권력이 없는 어느 선생이 말하고 제자들이 듣습니다. 그렇게 최초로 '자왈'이라는 형식이 등장한 경전이 바로 《논어》인 것입니다. 이것이 중요합니다. 기존에는 혈연관계나 군신관계의 인간관계밖에 없었는데 공자가 처음으로 사제관계라는 유형을 만들어냈기 때문입니다. 그러면 왜 사제관계가 생겼고 제자를 키울까요? 말씀드린 대로 전승하기 위해서입니다. 기존에는 집안에서만, 혈연관계에서만 전승이 이루어졌는데 이제 그것이 불가능해지면서 새로운 전승의 틀이 생겨난 것이죠.

앞서 씨족공동체가 공자 시대에 급속하게 붕괴되기 시작했다고 했는데, 그러면서 가문 내에서 비전祕傳의 형태로 가르침이 전수되는 일이 점차 사라졌죠. 그런 시대 상황에서 갑자기 공자가 등장했습니다. 그리고 자신과 피 한 방울 섞이지 않은 사람들을 가르치기 시작하네요. 스승이 먼저인지 제자가 먼저인지 모르겠지만, 제자들이 생겨나면서 공자는 스승이 되었습니다. 피 한 방울 안 섞였는데도 자식처럼 아끼며 가르치는 공자, 역시나 피 한 방울 안 섞였는데 공자를 진심으로 따르며 부모처럼 섬기는 제자들입

공자, 인간을 새롭게 발견한 혁명가

니다. 이렇게 공자가 등장하면서 새로운 관계와 전승의 틀이 생겨났습니다. 어마어마한 변화의 시작이고 역사의 물꼬였지요. 앞서 말한 대로 공자는 혁명가일까요? 정말 혁명적인 변화의 물꼬를 많이도 텄습니다.

남곽혜자: 선생님의 문하는 어찌하여 그처럼 복잡합니까?

자공: 군자는 자신을 올바로 건사해 남을 대합니다. 찾아오는 사람은 거절하지 않고 떠나려는 사람은 붙잡지 않습니다. 훌륭한 의원의 문 앞에는 병자가 많고, 굽은 나무를 바로잡는 도지개 곁에는 굽은 나무가 많습니다. 그래서 복잡한 거지요.[285] - 《순자》〈법행편〉

신분과 출신을 불문하고 마구 받아주니 꽤나 잡스러워 보였나 봅니다. 자로 같은 경우는 본디 건달이었다는 말도 있는데, 사람을 가리지 않고 제자로 받아 키웠나 봐요. 출신이 비천하면 어떻습니까? 근본도 없는 상놈이면 어떻고요. 잘 키워서 가르침을 이어받게 하면 되지요. 제자는 다시 또 제자를 키우면 되고요. 순자는 또 이런 말을 했습니다.

어진 사람은 물러나 궁하게 살고

오만하고 난폭한 자가 권력을 휘두르네

온 천하가 어둡고 험난하니

세상의 영재를 잃을까 두렵네

천하는 어두워 아무도 알지 못하는데

제자백가, 인간을 말하다

밝은 세상은 다시 돌아오지 않으니 시름만이 끝이 없구나

천년이면 반드시 세상이 뒤바뀐다는 것은

옛날부터의 법도이니

제자들아 학문에 힘쓰고 있어라

하늘은 그것을 잊지 않으리니

성인께서 두 손 모아

기다리는 때가 곧 올 것이네[286] - 《순자》〈부賦편〉

제자백가 중 유일하게 제자들에게, 유언으로 보이는 마지막 당부의 말을 남긴 사람이 바로 순자입니다. 지금 세상이 아무리 어두워 보이고 앞길이 보이지 않더라도, 너희는 절대 희망과 용기를 잃지 말고 배운 것들을 잘 간직해서 제자들을 키우고 도를 지켜나가라는, 죽기 전 스승의 당부이지요.

공자는 늘 사문斯文을 말했습니다. 과거 성인들이 일군 이상적인 인간 문화를, 더 나아가 정의로운 관념과 영원한 도덕의 세계를 향한 꿈을 잃어선 안 된다, 내가 지켜야 한다, 지켜서 전승해줘야 한다고 외쳤습니다. 늘 제자들을 가르치고 《시경》을 정리했던 공자의 사상, 더 나아가 유가사상의 정체성은 군자니 인이니 의니, 예니 삼강이니 오륜이니 그런 데에 있지 않은 것 같습니다. 끊임없이 제자들을 가르치고 교육하고, 후손들에게 전달할 고전을 정리하고 남기는 전승에 유가의 정체성이 있지 않나 싶습니다.

도덕을 말하지 않아도, 군자됨을 말하지 않아도, 지금 열심히 사람을 키우고 무엇인가를 정리해서 남기면 모두가 다 범유가의 식구이고 공자의 제자가 아닐지요. 사람이 왜 사람일까요? 전승하니까, 누군가를 가르치는

존재니까 인간인 것이 아닐까요? 공자와 유가의 생각은 그러합니다. 선악 이전에 가장 중요한 것이죠. 세상에 인간으로 태어났으면 우리는 무엇인가를 전승하고 이어줘야 합니다. 어쩌면 저 같은 저술가도 유가일지 모르겠네요. 정리하고 남기고 이어주니까요.

제자백가, 인간을 말하다

이번 책을 내면서 집필 막바지에 부쩍 힘이 부친다는 생각이 많이 들었습니다. 아프기도 많이 아팠고요. 책을 많이 써왔고 늘 열정으로 써왔다고 자부하는데, 그러면서 젊음의 에너지를 너무 낭비한 게 아닌가 싶습니다. 이번에 홍역을 치르면서 이제 열정과 투지보다는 루틴으로 글을 써나가야 하는 게 아닌가, 그렇게 글쓰기의 방식 아니 제 삶의 방식을 바꿔가야 하는 것이 아닐까 하는 생각이 들었는데, 이제 선택의 여지 없이 그런 식으로 글을 쓰고 삶을 살아야만 할 것 같네요. 전업작가의 시대가 끝나면서 밥벌이로서의 글쓰기가 갈수록 힘겨워져가는 지금, 투지니 열정이니 하는 게 어쩌면 배부른 생각이 아닐까 하는 생각도 듭니다. 아무튼 언제까지 전업작가로서의 삶을 살아낼지 모르지만 당분간은 다른 방식의 삶과 글쓰기라는 새로운 도전 과제에 충실하려고 합니다.

원고 작업을 마치면 머리말에 은사들의 함자를 빼곡히 쓰면서 완전히 마무리를 하는데 이번에도 그러했습니다. 그런데 그때 갑자기 정신이 번쩍 들더라고요. 나같이 변변치 않은 놈 하나가 클 동안 참 많은 사람이 품을 들였구나 하는 깨달음이 절 때렸습니다. 저 같은 놈 하나 때문에 그리 많은 사람이 애를 쓰셨다는 걸 생각해보니 참 부끄럽습니다. 그렇게도 받은 게 많은데 왜 나는 이런저런 세상에 대한 원망, 가난과 병, 개인적 불행들에 대한 슬픔에 찌들어 살 때가 많았나 싶어서요.

돌이켜보니 정말 받은 게 많습니다. 학교생활이란 게 단체생활이다 보니 적응하기가 쉽지 않았는데, 많은 선생님들이 교육자라 그러셨는지 장인형 인재임을 알아보고 참 많이 배려해주셨지요. 편애다 싶을 정도로 말입니다. 친구들도 그걸 보고 기분 나빠하지 않고 많이 이해해줬지요. 동무들에게도 진 빚이 많네요.

앞으로 다가올 운명이 어느 정도 가혹할지, 싸워야 할 인생의 파도가 얼마나 거셀지 모르겠지만, 사람들한테 받은 사랑을 세상에 다시 돌려주고 싶습니다. 물론 저술가이고 동양철학자이니 동양고전을 가지고 양질의 저술을 해서 돌려드려야 할 텐데, 계속 지켜봐주십시오. 항상 최선을 다하겠습니다. 글로써 세상에서 받은 사랑 다시 세상에 돌려드리기 위해 늘 노력하겠습니다.

주

1 　人情不二, 故民情可得而御也. 審其所好惡, 則其長短可知也; 觀其交游, 則其賢不肖可察
　　也; 二者不失, 則民能可得而官也. -《관자》〈권수편〉

2 　古者民始生, 未有刑政之時, 蓋其語人異義. 是以一人則一義, 二人則二義, 十人則十義, 其
　　人茲眾, 其所謂義者亦茲眾. 是以人是其義, 以非人之義, 故文相非也. 是以內者父子兄弟作
　　怨惡, 離散不能相和合. 天下之百姓, 皆以水火毒藥相虧害, 至有餘力不能以相勞, 腐臭餘財
　　不以相分, 隱匿良道不以相教, 天下之亂, 若禽獸然, 夫明虖天下之所以亂者, 生於無政長.
　　是故選天下之賢可者, 立以為天子. -《묵자》〈상동중편〉

3 　聖人之為國也: 壹賞, 壹刑, 壹教. 壹賞則兵無敵, 壹刑則令行, 壹教則下聽上. -《상군서》〈상
　　형편〉

4 　德不孤, 必有鄰. -《논어》〈이인편〉

5 　爲政以德, 譬如北辰, 居其所而眾星共之. -《논어》〈위정편〉

6 　道之以政, 齊之以刑, 民免而無恥; 道之以德, 齊之以禮, 有恥且格. -《논어》〈위정편〉

7 　如是則非德, 民不和, 神不享矣. -《좌전》〈희공오년편〉

8 　無德而強爭諸侯 何以和眾. -《좌전》〈선공십이년편〉

9 　天生德於予, 桓魋其如予何. -《논어》〈술이편〉

10 　子畏於匡. 曰: '文王既沒, 文不在茲乎? 天之將喪斯文也, 後死者不得與於斯文也; 天之未喪
　　斯文也, 匡人其如予何?' -《논어》〈자한편〉

11 　智將務食於敵, 食敵一鍾, 當吾二十鍾, 秆一石, 當我二十石. -《손자병법》〈작전편〉

12 　凡攻敵圍城之道, 城邑既破, 各入其宮. 御其祿秩, 收其器物. 軍之所至, 無刊其木, 發其屋,
　　取其粟, 殺其六畜, 燔其積聚, 示民無殘心. 其有請降, 許而安之. -《오자병법》〈응변편〉

13 　民之欲富貴也, 共闔棺而後止. 而富貴之門, 必出於兵. -《상군서》〈상형편〉

14 　民之性, 度而取長, 稱而取重, 權而索利. 明君慎觀三者, 則國治可立, 而民能可得. -《상군

서》〈산지편〉

15 故以刑治則民威, 民威則無姦, 無姦則民安其所樂. 以義教則民縱, 民縱則亂, 亂則民傷其所惡. -《상군서》〈개색편〉

16 故法不察民之情而立之, 則不成. -《상군서》〈일언편〉

17 凡治天下, 必因人情. 人情者, 有好惡, 故賞罰可用; 賞罰可用則禁令可立而治道具矣. -《한비자》〈팔경편〉

18 羞辱勞苦者, 民之所惡也; 顯榮佚樂者, 民之所務也. -《상군서》〈산지편〉

19 人情而有好惡; 故民可治也. 人君不可以不審好惡; 好惡者, 賞罰之本也. 夫人情好爵祿而惡刑罰, 人君設二者以御民之志, 而立所欲焉. 夫民力盡而爵隨之, 功立而賞隨之, 人君能使其民信於此明如日月, 則兵無敵矣. -《상군서》〈조법편〉

20 喜怒哀樂之未發 謂之中 發而皆中節 謂之和. -《중용》1장

21 凡古今天下之所謂善者, 正理平治也; 所謂惡者, 偏險悖亂也: 是善惡之分也矣. -《순자》〈성악편〉

22 凡所治者刑罰也, 今有私行義者尊. 社稷之所以立者安靜也, 而謀險讒諛者任. 四封之內所以聽從者信與德也, 而陂知傾覆者使. -《한비자》〈궤사편〉

23 以其極賞, 以賜無功, 虛其府庫, 以備車馬, 衣裘, 奇怪, 苦其役徒, 以治宮室觀樂; 死又厚為棺槨, 多為衣裘. 生時治臺榭, 死又脩墳墓. 故民苦於外, 府庫單於內, 上不厭其樂, 下不堪其苦. -《묵자》〈칠환편〉

24 民之飢, 以其上食稅之多, 是以飢. 民之難治, 以其上之有為, 是以難治. 民之輕死, 以其求生之厚, 是以輕死. -《노자》75장

25 故其治國也, 正明法, 陳嚴刑, 將以救群生之亂, 去天下之禍, 使強不陵弱, 眾不暴寡, 耆老得遂, 幼孤得長, 邊境不侵, 君臣相親, 父子相保, 而無死亡係虜之患, 此亦功之至厚者也. -《한비자》〈간겁시신편〉

26 人有欲則計會亂, 計會亂而有欲甚, 有欲甚則邪心勝, 邪心勝則事經絕, 事經絕則禍難生. 由是觀之, 禍難生於邪心, 邪心誘於可欲. 可欲之類, 進則教良民為姦, 退則令善人有禍. 姦起則上侵弱君, 禍至則民人多傷. 然則可欲之類, 上侵弱君而下傷人民. 夫上侵弱君而下傷人民者, 大罪也. -《한비자》〈해로편〉

27 夫貴為天子, 富有天下, 是人情之所同欲也; 然則從人之欲, 則埶不能容, 物不能贍也. -《순자》〈영욕편〉

28 人之情, 食欲有芻豢, 衣欲有文繡, 行欲有輿馬, 又欲夫餘財蓄積之富也; 然而窮年累世不

知不足, 是人之情也. -《순자》〈영욕편〉

29 告子曰: '食色, 性也.' -《맹자》〈고자상편〉

30 凡人有所一同: 飢而欲食, 寒而欲煖, 勞而欲息, 好利而惡害, 是人之所生而有也, 是無待而然者也, 是禹桀之所同也. -《순자》〈영욕편〉

31 人之生固小人, 無師無法則唯利之見耳. 人之生固小人, 又以遇亂世, 得亂俗, 是以小重小也, 以亂得亂也. 君子非得埶以臨之, 則無由得開內焉. -《순자》〈영욕편〉

32 見素抱樸少私寡欲. -《노자》19장

33 含德之厚 比於赤子 蜂蠆虺蛇不螫 猛獸不據 攫鳥不搏. -《노자》55장

34 方舟而濟於河, 有虛船來觸舟, 雖有偏心之人不怒; 有一人在其上, 則呼張歙之; 一呼而不聞, 再呼而不聞, 於是三呼邪, 則必以惡聲隨之. 向也不怒而今也怒, 向也虛而今也實. 人能虛己以遊世, 其孰能害之. -《장자》〈산목편〉

35 爲政在人. -《중용》20장

36 知所以治人, 則知所以治天下國家矣. -《중용》21장

37 君仁莫不仁, 君義莫不義, 君正莫不正. 一正君而國定矣. -《맹자》〈이루하편〉

38 無慶賞之勸, 刑罰之威, 釋勢委法, 堯, 舜戶說而人辯之, 不能治三家. -《한비자》〈난세편〉

39 世之爲治者, 多釋法而任私議, 此國之所以亂也. 先王縣權衡, 立斗寸, 而至今法之, 其分明也. 夫釋權衡而斷輕重, 廢尺寸而意長短, 雖察, 商賈不用, 爲其必也. 故法者, 國之權衡也. -《상군서》〈수권편〉

40 法者, 編著之圖籍, 設之於官府, 而布之於百姓者也. …… 是以明主言法, 則境內卑賤莫不聞知也, 不獨滿於堂. -《한비자》〈난삼편〉

41 法者, 憲令著於官府, 刑罰必於民心, 賞存乎愼法, 而罰加乎姦令者也. -《한비자》〈정법편〉

42 爲君不能禁下而自禁者謂之劫, 不能飾下而自飾者謂之亂, 不節下而自節者謂之貧. 明君使人無私, 以詐而食者禁; 力盡於事, 歸利於上者必聞, 聞者必賞; 污穢爲私者必知, 知者必誅. 然故忠臣盡忠於方公, 民士竭力於家, 百官精剋於上, 侈倍景公, 非國之患也. -《한비자》〈난삼편〉

43 古者民聚生而群處亂, 故求有上也. 然則天下之樂有上也, 將以爲治也. -《상군서》〈개색편〉

44 君者, 善群也. 群道當, 則萬物皆得其宜, 六畜皆得其長, 群生皆得其命. -《순자》〈왕제편〉

45 故枸木必將待檃栝, 烝矯然後直; 鈍金必將待礱厲然後利; 今人之性惡, 必將待師法然後正. -《순자》〈성악편〉

46 凡性者, 天之就也, 不可學, 不可事. 禮義者, 聖人之所生也, 人之所學而能, 所事而成者也.

47 材性知能, 君子小人一也; 好榮惡辱, 好利惡害, 是君子小人之所同, 若其所以求之之道則異矣. -《순자》〈영욕편〉

48 子墨子言見染絲者而歎曰: '染於蒼則蒼, 染於黃則黃. 所入者變, 其色亦變. 五入必而已, 則為五色矣. 故染不可不慎也.' -《묵자》〈소염편〉

49 '法令以當時立之者, 明且欲使天下之吏民, 皆明知而用之如一而無私, 奈何?' 公孫鞅曰: '為法令置官置吏樸足以知法令之謂, 以為天下正者, 則奏天子; 天子名, 則主法令之民, 皆降受命發官. …… 諸官吏及民有問法令之所謂於主法令之吏, 皆各以其故所欲問之法令明告之. 各為尺六寸之符, 書明年月日時所問法令之名, 以告吏民.' -《상군서》〈정분편〉

50 今有不才之子, 父母怒之弗爲改, 鄉人譙之弗爲動, 師長敎之弗爲變. 夫以父母之愛, 鄉人之行·師長之智, 三美加焉, 而終不動, 其脛毛不改. 州部之吏, 操官兵, 推公法, 而求索姦人, 然後恐懼, 變其節, 易其行矣. 故父母之愛不足以敎子, 必待州部之嚴刑者, 民固驕於愛, 聽於威矣. …… 故明主峭其法而嚴其刑也. -《한비자》〈오두편〉

51 逮至昔三代聖王既沒, 天下失義, 諸侯力正, 是以存夫爲人君臣上下者之不惠忠也, 父子弟兄之不慈孝弟長貞良也, 正長之不強於聽治, 賤人之不強於從事也, 民之爲淫暴寇亂盜賊, 以兵刃毒藥水火, 退無罪人乎道路率徑, 奪人車馬衣裘以自利者並作, 由此始, 是以天下亂. -《묵자》〈명귀하편〉

52 日力正者何若? 日大則攻小也, 強則侮弱也, 衆則賊寡也, 詐則欺愚也, 貴則傲賤也, 富則驕貧也, 壯則奪老也. 是以天下之庶國, 方以水火毒藥兵刃以相賊害也. -《묵자》〈천지하편〉

53 今知氏大國之君寬者然曰: '吾處大國而不攻小國, 吾何以爲大哉!' 是以差論蚤牙之士, 比列其舟車之卒, 以攻罰無罪之國, 入其溝境, 刈其禾稼, 斬其樹木, 殘其城郭, 以御其溝池, 焚燒其祖廟, 攘殺其犧牷, 民之格者, 則剄殺之, 不格者, 則係操而歸, 丈夫以爲僕圉胥靡, 婦人以爲春酋. -《묵자》〈천지하편〉

54 非獨染絲然也, 國亦有染. 舜染於許由, 伯陽, 禹染於皋陶, 伯益, 湯染於伊尹, 仲虺, 武王染於太公, 周公. 此四王者所染當, 故王天下, 立為天子, 功名蔽天地. 擧天下之仁義顯人, 必稱此四王者. -《묵자》〈소염편〉

55 夏桀染於干辛, 推哆, 殷紂染於崇侯, 惡來, 厲王染於厲公長父, 榮夷終, 幽王染於傅公夷, 蔡公穀. 此四王者所染不當, 故國殘身死, 為天下僇. 擧天下不義辱人, 必稱此四王者. -《묵자》〈소염편〉

56 非獨國有染也, 士亦有染. 其友皆好仁義, 淳謹畏令, 則家日益, 身日安, 名日榮, 處官得其理

矣. -《묵자》〈소염편〉

57 天下從事者, 不可以無法儀, 無法儀而其事能成者無有也. 雖至士之為將相者, 皆有法, 雖至百工從事者, 亦皆有法. 百工為方以矩, 為圓以規, 直衡以水, 繩, 正以縣. 無巧工, 不巧工, 皆以此五者為法. …… 今大者治天下, 其次治大國, 而無法所度, 此不若百工辯也. -《묵자》〈법의편〉

58 當皆法其父母, 奚若? 天下之為父母者衆, 而仁者寡, 若皆法其父母, 此法不仁也. 法不仁不可以為法. -《묵자》〈법의편〉

59 當皆法其學, 奚若天下之為學者衆, 而仁者寡, 若皆法其學, 此法不仁也. 法不仁不可以為法. -《묵자》〈법의편〉

60 當皆法其君, 奚若天下之為君者衆, 而仁者寡, 若皆法其君, 此法不仁也. 法不仁不可以為法. 故父母, 學, 君三者, 莫可以為治法. -《묵자》〈법의편〉

61 然則奚以為治法而可? 故曰莫若法天 天之行廣而無私, 其施厚而不德, 其明久而不衰, 故聖王法之. -《묵자》〈법의편〉

62 今天下無大小國, 皆天之邑也. 人無幼長貴賤, 皆天之臣也. -《묵자》〈법의편〉

63 然則天亦何欲何惡? 天欲義而惡不義. -《묵자》〈천지상편〉

64 今夫天兼天下而愛之, 撽遂萬物以利之, 若豪之末, 非天之所為也, 而民得而利之, 則可謂否矣. -《묵자》〈천지중편〉

65 今夫天兼天下而愛之, 撽遂萬物以利之, 若豪之末, 非天之所為, 而民得而利之, 則可謂否矣. -《묵자》〈천지중편〉

66 天子既以立矣, 以為唯其耳目之請, 不能獨一同天下之義, 是故選擇天下贊閱賢良聖知辯慧之人, 置以為三公, 與從事乎一同天下之義. 天子三公既已立矣, 以為天下博大, 山林遠土之民, 不可得而一也, 是故靡分天下, 設以為萬諸侯國君, 使從事乎一同其國之義. 國君既已立矣, 又以為唯其耳目之請, 不能一同其國之義, 是故撰其國之賢者, 置以為左右將軍大夫, 以遠至乎鄉里之長與從事乎一同其國之義. -《묵자》〈상동중편〉

67 天子諸侯之君, 民之正長, 既已定矣, 天子為發政施教曰: '凡聞見善者, 必以告其上, 聞見不善者, 亦必以告其上.' -《묵자》〈상동상편〉

68 是故里長者, 里之仁人也. 里長發政里之百姓, 言曰: '聞善而不善, 必以告其鄉長.' -《묵자》〈상동상편〉

69 鄉長者, 鄉之仁人也. 鄉長發政鄉之百姓, 言曰: '聞善而不善者, 必以告國君.' -《묵자》〈상동상편〉

70 國君者, 國之仁人也. 國君發政國之百姓, 言曰: '聞善而不善, 必以告天子.' -《묵자》〈상동상편〉

71 曰順天之意者, 兼也; 反天之意者, 別也. 兼之為道也, 義正; 別之為道也, 力正. -《묵자》〈천지하편〉

72 子墨子曰: '凡言凡動, 利於天鬼百姓者為之; 凡言凡動, 害於天鬼百姓者舍之.' -《묵자》〈귀의편〉

73 吳慮謂子墨子曰: '義耳義耳, 焉用言之哉?' 子墨子曰: '籍設而天下不知耕, 教人耕, 與不教人耕而獨耕者, 其功孰多?' -《묵자》〈노문편〉

74 子墨子曰: '籍設而親在百里之外, 則遇難焉, 期以一日也, 及之則生, 不及則死. 今有固車良馬於此, 又有奴馬四隅之輪於此, 使子擇焉, 子將何乘?' 對曰: '乘良馬固車, 可以速至.' -《묵자》〈노문편〉

75 姑嘗兩而進之. 誰以為二士, 使其一士者執別, 使其一士者執兼. 是故別士之言曰: '吾豈能為吾友之身, 若為吾身, 為吾友之親, 若為吾親.' …… 兼士之言不然, 行亦不然, 曰: '吾聞為高士於天下者, 必為其友之身, 若為其身, 為其友之親, 若為其親, 然後可以為高士於天下.' 若之二士者, 言相非而行相反與……. -《묵자》〈겸애하편〉

76 然即敢問, 今有平原廣野於此, 被甲嬰冑將往戰, 死生之權未可識也; 又有君大夫之遠使於巴, 越, 齊, 荊, 往來及否未可識也, 然即敢問, 不識將惡也家室, 奉承親戚, 提挈妻子, 而寄託之? 不識於兼之有是乎? 於別之有是乎? -《묵자》〈겸애하편〉

77 姑嘗兩而進之. 誰以為二君, 使其一君者執兼, 使其一君者執別, 是故別君之言曰 '吾惡能為吾萬民之身, 若為吾身……'. 是故退睹其萬民, 飢即不食, 寒即不衣, 疾病不侍養, 死喪不葬埋. 別君之言若此, 行若此. 兼君之言不然, 行亦不然. 曰: '吾聞為明君於天下者, 必先萬民之身, 後為其身, 然後可以為明君於天下.' 是故退睹其萬民, 飢即食之, 寒即衣之, 疾病侍養之, 死喪葬埋之. 兼君之言若此, 行若此. -《묵자》〈겸애하편〉

78 必去六辟. 嘿則思, 言則誨, 動則事, 使三者代御, 必為聖人. 必去喜, 去怒, 去樂, 去悲, 去愛, 而用仁義. 手足口鼻耳, 從事於義, 必為聖人. -《묵자》〈귀의편〉

79 昔三代聖王禹湯文武, 此順天意而得賞也. 昔三代之暴王桀紂幽厲, 此反天意而得罰者也. -《묵자》〈천지상편〉

80 凡世莫不以其所以亂者治. 故小治而小亂, 大治而大亂. …… 夫舉賢能, 世之所以治也; 而治之所以亂. 世之所謂賢者, 言正也; 所以為言正者, 黨也. -《상군서》〈신법편〉

81 仁者能仁於人, 而不能使人仁; 義者能愛於人, 而不能使人愛. 是以知仁義之不足以治天下

也. -《상군서》〈획책편〉

82 倍法度而任私議, 皆不知類者也. 不以法論知能賢不肖者, 惟堯, 而世不盡為堯, 是故先王知自議譽私之不可任也, 故立法明分. -《상군서》〈수권편〉

83 擧民衆口數, 生者著, 死者削. 民不逃粟, 野無荒草, 則國富, 國富者強. -《상군서》〈거강편〉

84 四境之內, 丈夫女子皆有名於上, 生者著, 死者削. -《상군서》〈경내편〉

85 強國知十三數: 境內倉口之數, 壯男壯女之數, 老弱之數, 官士之數, 以言說取食者之數, 利民之數, 馬牛芻藁之數. 欲強國, 不知國十三數, 地雖利, 民雖衆, 國愈弱至削. -《상군서》〈거강편〉

86 今秦之地, 方千里者五, 而穀土不能處什二, 田數不滿百萬, 其藪澤谿谷名山大川之材物貨寶, 又不盡為用, 此人不稱土也. -《상군서》〈내민편〉

87 意民之情, 其所欲者, 田宅也; 晉之無有也信, 秦之有餘也必, …… 今利其田宅, 復之三世. 此必與其所欲, 而不使行其所惡也. 然則山東之民無不西者矣. -《상군서》〈내민편〉

88 國之所以興者, 農戰也. -《상군서》〈농전편〉

89 國待農戰而安, 主待農戰而尊. …… 常官則國治, 壹務則國富, 國富而治, 王之道也. -《상군서》〈농전편〉

90 民之內事, 莫苦於農. -《상군서》〈외내편〉

91 民之外事, 莫難於戰. -《상군서》〈외내편〉

92 國之大臣諸大夫, 博聞辨慧游居之事, 皆無得為; 無得居游於百縣, 則農民無所聞變見方. 農民無所聞變見方, 則知農無從離其故事, 而愚農不知, 不好學問. 愚農不知, 不好學問, 則務疾農. 知農不離其故事, 則草必墾矣. -《상군서》〈간령편〉

93 重關市之賦, 則農惡商, 商有疑惰之心. 農惡商, 商疑惰, 則草必墾矣. -《상군서》〈간령편〉

94 以商之口數使商, 令之廝輿徒重者必當名, 則農逸而商勞. -《상군서》〈간령편〉

95 民之所欲萬, 而利之所出一. 民非一則無以致欲, 故作一. 作一則力摶, 力摶則強. -《상군서》〈설민편〉

96 利出一空者, 其國無敵; 利出二空者, 其兵半用; 利出十空者民不守. -《상군서》〈근령편〉

97 所謂壹賞者, 利祿官爵, 摶出於兵, 無有異施也. 夫固知愚, 貴賤, 勇怯, 賢不肖, 皆盡其胸臆之知, 竭其股肱之力, 出死而為上用也. -《상군서》〈상형편〉

98 一兔走, 百人逐之, 非以兔也. 夫賣者滿市, 而盜不敢取, 由名分已定也. 故名分未定, 堯舜禹湯且皆如鶩焉而逐之; 名分已定, …… 故聖人必為法令置官也, 置吏也, 為天下師, 所以定名分也. 名分定, 則大詐貞信, 民皆愿愨, 而各自治也. -《상군서》〈정분편〉

99 夫錯法而民無邪者, 法明而民利之也. -《상군서》〈조법편〉

100 天子置三法官; 殿中置一法官, 御史置一法官及吏, 丞相置一法官, 諸侯郡縣皆各為置一法官及吏, 皆比秦一法官. 郡縣諸侯一受禁室之法令, 并學問所謂. -《상군서》〈정분편〉

101 郡縣諸侯一受禁室之法令, 并學問所謂. 吏民欲知法令者, 皆問法官, 故天下之吏民, 無不知法者. 吏明知民知法令也, 故吏不敢以非法遇民. -《상군서》〈정분편〉

102 聖人為法, 必使之明白易知. 名正, 愚智遍能知之. 為置法官, 置主法之吏, 以為天下師, 令萬民無陷於險危. 故聖人立天下而無刑死者, 非不刑殺也, 法令明白易知, 為置法官吏為之師以道之知. 萬民皆知所避就; 避禍就福, 而皆以自治也. -《상군서》〈정분편〉

103 重罰者, 民之所惡也. 故聖人陳其所畏以禁其邪, 設其所惡以防其姦. 是以國安而暴亂不起. 吾以是明仁義愛惠之不足用. -《한비자》〈간겁시신편〉

104 古者丈夫不耕, 草木之實足食也; 婦人不織, 禽獸之皮足衣也. 不事力而養足, 人民少而財有餘, 故民不爭. 是以厚賞不行, 重罰不用而民自治. 今人有五子不為多, 子又有五子, 大父未死而有二十五孫, 是以人民眾而貨財寡, 事力勞而供養薄, 故民爭, 雖倍賞累罰而不免於亂. -《한비자》〈오두편〉

105 饑歲之春, 幼弟不饟; 穰歲之秋, 疏客必食. 非疏骨肉愛過客也, 多少之實異也. 是以古之易財, 非仁也, 財多也; 今之爭奪, 非鄙也, 財寡也. -《한비자》〈오두편〉

106 文王行仁義而王天下, 偃王行仁義而喪其國, 是仁義用於古不用於今也. 故曰: 世異則事異. ······ 是干戚用於古不用於今也. 故曰: 事異則備變. 上古競於道德, 中世逐於智謀, 當今爭於氣力. -《한비자》〈오두편〉

107 世之學者說人主, 不曰乘威嚴之勢, 以困姦之臣, 而皆曰仁義惠愛而已矣. 世主美仁義之名而不察其實, 是以大者國亡身死, 小者地削主卑. -《한비자》〈간겁시신편〉

108 明主之所導制其臣者, 二柄而已矣. 二柄者, 刑, 德也. 何謂刑德? 曰: 殺戮之謂刑, 慶賞之謂德. 為人臣者畏誅罰而利慶賞, 故人主自用其刑德, 則群臣畏其威而歸其利矣. 梨柄. -《한비자》〈이병편〉

109 母之愛子也倍父, 父令之行於子者十母; 吏之於民無愛, 令之行於民也萬父. 母積愛而令窮, 吏用威嚴而民聽從. -《한비자》〈육반편〉

110 夫嬰兒相與戲也, 以塵為飯, 以塗為羹, 以木為胾, 然至日晚必歸饟者, 塵飯塗羹可以戲而不可食也. 夫稱上古之傳頌, 辯而不慤, 道先王仁義而不能正國者, 此亦可以戲而不可以為治也. -《한비자》〈외저설좌상편〉

111 毋富人而貸焉, 毋貴人而逼焉, 毋專信一人而失其都國焉. 腓大於股, 難以趣走. 主失其神,

虎隨其後. 主上不知, 虎將為狗. 主不蚤止, 狗益無已. 虎成其群, 以弑其母. -《한비자》〈양권편〉

112 且萬乘之主, 千乘之君, 后妃, 夫人, 適子為太子者, 或有欲其君之蚤死者. 何以知其然? 夫妻者, 非有骨肉之恩也, 愛則親, 不愛則疏. 語曰: '其母好者其子抱.' 然則其為之反也, 其母惡者其子釋. 丈夫年五十而好色未解也, 婦人年三十而美色衰矣. 以衰美之婦人事好色之丈夫, 則身死見疏賤, 而子疑不為後, 此后妃, 夫人之所以冀其君之死者也. 唯母為后而子為主, 則令無不行, 禁無不止, 男女之樂不減於先君, 而擅萬乘不疑, 此鴆毒扼昧之所以用也. 故桃左春秋曰: '人主之疾死者不能處半.' 人主弗知則亂多資. -《한비자》〈비내편〉

113 人主之患在於信人, 信人則制於人. -《한비자》〈비내편〉

114 夫以妻之近與子之親而猶不可信, 則其餘無可信者矣. -《한비자》〈비내편〉

115 夫安利者就之, 危害者去之, 此人之情也. -《한비자》〈간겁시신편〉

116 好利惡害, 夫人之所有也. -《한비자》〈난이편〉

117 利之所在民歸之, 名之所彰士死之. -《한비자》〈외저설좌상편〉

118 鱣似蛇, 蠶似蠋. 人見蛇則驚駭, 見蠋則毛起. 漁者持鱣, 婦人拾蠶, 利之所在, 皆為賁, 諸. -《한비자》〈설림하편〉

119 故王良愛馬, 越王勾踐愛人, 為戰與馳. 醫善吮人之傷, 含人之血, 非骨肉之親也, 利所加也. 故輿人成輿則欲人之富貴, 匠人成棺則欲人之夭死也, 非輿人仁而匠人賊也, 人不貴則輿不售, 人不死則棺不買, 情非憎人也, 利在人之死也. -《한비자》〈비내편〉

120 矢人豈不仁於函人哉? 矢人唯恐不傷人, 函人唯恐傷人. 巫匠亦然, 故術不可不慎也. -《맹자》〈공손추상편〉

121 耕者且深耨者熟耘也. 庸客致力而疾耘耕者, 盡巧而正畦陌畦畤時者, 非愛主人也, 曰: 如是, 羹且美錢布且易云也. 此其養功力, 有父子之澤矣, 而心調於用者, 皆挾自為心也. 故人行事施予, 以利之為心, 則越人易和; 以害之為心, 則父子離且怨. -《한비자》〈외저설좌상편〉

122 雞鳴而起, 孳孳為善者, 舜之徒也. 雞鳴而起, 孳孳為利者, 蹠之徒也. -《맹자》〈진심상편〉

123 使民以力得富, 以事致貴, 以過受罪, 以功致賞而不念慈惠之賜, 此帝王之政也. -《한비자》〈육반편〉

124 今世之學士語治者多曰: '與貧窮地以實無資.' 今夫與人相若也, 無豐年旁入之利而獨以完給者, 非力則儉也. 與人相若也, 無饑饉疾疚禍罪之殃獨以貧窮者, 非侈則惰也. 侈而惰者貧, 而力而儉者富. 今上徵斂於富人以布施於貧家, 是奪力儉而與侈惰也. 而欲索民之疾作而節用, 不可得也. -《한비자》〈현학편〉

125 不事力而衣食則謂之能, 不戰功而尊則謂之賢, 賢能之行成而兵弱而地荒矣. -《한비자》〈오두편〉

126 夫必恃自直之箭, 百世無矢; 恃自圜之木, 千世無輪矣. 自直之箭, 自圜之木, 百世無有一, 然而世皆乘車射禽者何也? 隱栝之道用也. 雖有不恃隱栝而有自直之箭·自圜之木, 良工弗貴也. 何則? 乘者非一人, 射者非一發也. -《한비자》〈현학편〉

127 夫姦必知則備, 必誅則止; 不知則肆, 不誅則行. 夫陳輕貨於幽隱, 雖曾, 史可疑也; 懸百金於市, 雖大盜不取也. 不知則曾, 史可疑於幽隱, 必知則大盜不取懸金於市. 故明主之治國也眾其守, 而重其罪. -《한비자》〈육반편〉

128 夫山居而谷汲者, 膢臘而相遺以水; 澤居苦水者, 買庸而決竇. -《한비자》〈오두편〉

129 今廢勢背法而待堯, 舜, 堯, 舜至乃治, 是千世亂而一治也. 抱法處勢而待桀, 紂, 桀, 紂至乃亂, 是千世治而一亂也. 且夫治千而亂一, 與治一而亂千也. …… 夫勢之足用亦明矣, 而曰必待賢則亦不然矣. -《한비자》〈난세편〉

130 且夫百日不食以待梁肉, 餓者不活; 今待堯, 舜之賢乃治當世之民, 是猶待梁肉而救餓之說也. 夫曰良馬固車, 臧獲御之則為人笑, 王良御之則日取乎千里, 吾不以為然. 夫待越人之善海遊者以救中國之溺人, 越人善游矣, 而溺者不濟矣. -《한비자》〈난세편〉

131 行海者, 坐而至越, 有舟也; 行陆者, 立而至秦, 有车也. 秦, 越远途也, 安坐而至者, 械也. -《신자》〈일문편〉

132 厝鈞石, 使禹察錙銖之重, 則不識也. 懸於權衡, 則氂髮之不可差, 則不待禹之智, 中人之知, 莫不足以識之矣. -《신자》〈일문편〉

133 天下有道, 卻走馬以糞. 天下無道, 戎馬生於郊. 禍莫大於不知足; 咎莫大於欲得. 故知足之足, 常足矣. -《노자》46장

134 企者不立; 跨者不行; 自見者不明; 自是者不彰; 自伐者無功; 自矜者不長. -《노자》24장

135 昔之得一者: 天得一以清; 地得一以寧; 神得一以靈; 谷得一以盈; 萬物得一以生; 侯王得一以為天下貞. 其致之, 天無以清, 將恐裂; 地無以寧, 將恐發; 神無以靈, 將恐歇; 谷無以盈, 將恐竭; 萬物無以生, 將恐滅; 侯王無以貴高將恐蹶. 故貴以賤為本, 高以下為基. 是以侯王自稱孤, 寡, 不穀. 此非以賤為本耶? 非乎? 故致數譽無譽. 不欲琭琭如玉, 珞珞如石. -《노자》39장

136 名與身孰親? 身與貨孰多? 得與亡孰病? 是故甚愛必大費; 多藏必厚亡. 知足不辱, 知止不殆, 可以長久. -《노자》44장

137 不尙賢, 使民不爭; 不貴難得之貨, 使民不為盜; 不見可欲, 使心不亂. 是以聖人之治, 虛其

心, 實其腹, 弱其志, 強其骨. 常使民無知無欲. 使夫知者不敢為也. 為無為, 則無不治. - 《노자》3장

138 信言不美, 美言不信. 善者不辯, 辯者不善. - 《노자》81장

139 將欲歙之, 必固張之; 將欲弱之, 必固強之; 將欲廢之, 必固興之; 將欲奪之, 必固與之. 是謂微明. 柔弱勝剛強. 魚不可脫於淵, 國之利器不可以示人. - 《노자》36장

140 民之飢, 以其上食稅之多, 是以飢. 民之難治, 以其上之有為, 是以難治. 民之輕死, 以其求生之厚, 是以輕死. - 《노자》75장

141 夫禮者, 忠信之薄, 而亂之首. - 《노자》38장

142 大道廢, 有仁義; 智慧出, 有大偽; 六親不和, 有孝慈; 國家昏亂, 有忠臣. - 《노자》18장

143 絕聖棄智, 民利百倍; 絕仁棄義, 民復孝慈; 絕巧棄利, 盜賊無有. - 《노자》19장

144 希言自然, 故飄風不終朝, 驟雨不終日. 孰為此者? 天地. - 《노자》23장

145 含德之厚, 比於赤子. 蜂蠆虺蛇不螫, 猛獸不據, 攫鳥不搏. 骨弱筋柔而握固. 未知牝牡之合而全作, 精之至也. 終日號而不嗄, 和之至也. 知和曰常, 知常曰明, 益生曰祥. 心使氣曰強. 物壯則老, 謂之不道, 不道早已. - 《노자》55장

146 江海所以能為百谷王者, 以其善下之, 故能為百谷王. 是以聖人欲上民, 必以言下之; 欲先民, 必以身後之. 是以聖人處上而民不重, 處前而民不害. 是以天下樂推而不厭. 以其不爭, 故天下莫能與之爭. - 《노자》66장

147 天地不仁, 以萬物為芻狗; 聖人不仁, 以百姓為芻狗. 天地之間, 其猶橐籥乎? 虛而不屈, 動而愈出. 多言數窮, 不如守中. - 《노자》5장

148 馬, 蹄可以踐霜雪, 毛可以禦風寒. 齕草飲水, 翹足而陸. 此馬之真性也. 雖有義臺, 路寢, 無所用之. 及至伯樂, 曰: '我善治馬.' 燒之剔之, 刻之雒之, 連之以羈馽, 編之以皁棧, 馬之死者十二三矣. 飢之渴之, 馳之驟之, 整之齊之, 前有橛飾之患, 而後有鞭筴之威, 而馬之死者已過半矣. - 《장자》〈마제편〉

149 吾意善治天下者不然. 彼民有常性, 織而衣, 耕而食, 是謂同德; 一而不黨, 命曰天放. 故至德之世, 其行填填, 其視顛顛. 當是時也, 山無蹊隧, 澤無舟梁; 萬物群生, 連屬其鄉; 禽獸成群, 草木遂長. 是故禽獸可係羈而遊, 烏鵲之巢可攀援而闚. 夫至德之世, 同與禽獸居, 族與萬物並, 惡乎知君子小人哉! 同乎無知, 其德不離; 同乎無欲, 是謂素樸. 素樸而民性得矣. - 《장자》〈마제편〉

150 莊子之楚, 見空髑髏, 髐然有形, 撽以馬捶, 因而問之曰: '夫子貪生失理, 而為此乎? 將子有亡國之事, 斧鉞之誅, 而為此乎? 將子有不善之行, 愧遺父母妻子之醜, 而為此乎? 將子有凍

餒之患, 而爲此乎? 將子之春秋故及此乎?' 於是語卒, 援髑髏枕而臥. -《장자》〈지락편〉

151 夜半, 髑髏見夢曰: '子之談者似辯士. 視子所言, 皆生人之累也, 死則無此矣. 子欲聞死之說乎?' 莊子曰: '然.' 髑髏曰: '死, 無君於上, 無臣於下, 亦無四時之事, 從然以天地爲春秋, 雖南面王樂, 不能過也.' 莊子不信, 曰: '吾使司命復生子形, 爲子骨肉肌膚, 反子父母妻子, 閭里, 知識, 子欲之乎?' 髑髏深矉蹙頞曰: '吾安能棄南面王樂而復爲人間之勞乎?' -《장자》〈지락편〉

152 今世殊死者相枕也, 桁楊者相推也, 刑戮者相望也. -《장자》〈재유편〉

153 刖者之屨, 無爲愛之, 皆無其本矣. -《장자》〈덕충부편〉

154 回聞衛君, 其年壯, 其行獨, 輕用其國, 而不見其過, 輕用民死, 死者以國量乎澤, 若蕉, 民其无如矣. -《장자》〈인간세편〉

155 一受其成形, 不亡以待盡. 與物相刃相靡, 其行盡如馳, 而莫之能止, 不亦悲乎! 終身役役而不見其成功, 苶然疲役而不知其所歸, 可不哀邪! 人謂之不死, 奚益? 其形化, 其心與之然, 可不謂大哀乎? -《장자》〈제물론편〉

156 錢財不積則貪者憂, 權勢不尤則夸者悲. 勢物之徒樂變, 遭時有所用, 不能無爲也. …… 馳其形性, 潛之萬物, 終身不反, 悲夫. -《장자》〈서무귀편〉

157 擧賢則民相軋, 任知則民相盜. -《장자》〈경상초편〉

158 臧與穀, 二人相與牧羊, 而俱亡其羊. 問臧奚事, 則挾筴讀書; 問穀奚事, 則博塞以遊. 二人者, 事業不同, 其於亡羊均也. 伯夷死名於首陽之下, 盜跖死利於東陵之上. 二人者, 所死不同, 其於殘生傷性均也, 奚必伯夷之是而盜跖之非乎? -《장자》〈변무편〉

159 人之所取畏者, 衽席之上, 飮食之間. -《장자》〈달생편〉

160 夫天下之所尊者, 富貴壽善也; 所樂者, 身安, 厚味, 美服, 好色, 音聲也; 所下者, 貧賤夭惡也; 所苦者, 身不得安逸, 口不得厚味, 形不得美服, 目不得好色, 耳不得音聲; 若不得者, 則大憂以懼. 其爲形也亦愚哉? -《장자》〈지락편〉

161 民之於利甚勤, 子有殺父, 臣有殺君, 正晝爲盜, 日中穴杯. …… 千世之後, 其必有人與人相食者也. -《장자》〈경상초편〉

162 凡人心險於山川, 難於知天. 天猶有春秋冬夏旦暮之期, 人者厚貌深情. 故有貌愿而益, 有長若不肖, 有順懁而達, 有堅而縵, 有緩而釬. 故其就義若渴者, 其去義若熱. -《장자》〈열어구편〉

163 人心排下而進上, 上下囚殺, 淖約柔乎剛强. 廉劌彫琢, 其熱焦火, 其寒凝冰. 其疾俛仰之間, 而再撫四海之外, 其居也淵而靜, 其動也縣而天. 僨驕而不可係者, 其唯人心乎! -《장자》〈재

164 山林與! 皋壤與! 使我欣欣然而樂與! 樂未畢也, 哀又繼之. 哀樂之來, 吾不能禦, 其去弗能
止. 悲夫! 世人直爲物逆旅耳. -《장자》〈지북유편〉

165 目徹爲明, 耳徹爲聰, 鼻徹爲顫, 口徹爲甘, 心徹爲知. -《장자》〈외물편〉

166 物之有知者恃息, 其不殷, 非天之罪. 天之穿之, 日夜無降, 人則顧塞其竇. 胞有重閬, 心有天
遊. 室無空虛, 則婦姑勃豀; 心無天遊, 則六鑿相攘. -《장자》〈외물편〉

167 知人之所爲者, 以其知之所知, 以養其知之所不知, 終其天年而不中道夭者. -《장자》〈대
종사편〉

168 彼竊鉤者誅, 竊國者爲諸侯, 諸侯之門, 而仁義存焉, 則是非竊仁義聖知邪? -《장자》〈거협
편〉

169 南郭子綦隱几而坐, 仰天而噓, 嗒焉似喪其耦. 顏成子游立侍乎前, 曰: '何居乎? 形固可使如
槁木, 而心固可使如死灰乎? 今之隱几者, 非昔之隱几者也.' 子綦曰: '偃, 不亦善乎而問之
也! 今者吾喪我.' -《장자》〈제물론편〉

170 若一志, 无聽之以耳而聽之以心, 无聽之以心而聽之以氣. 聽止於耳, 心止於符. 氣也者, 虛
而待物者也. 唯道集虛. 虛者, 心齋也. -《장자》〈인간세편〉

171 墮肢體, 黜聰明, 離形去知, 同於大通, 此謂坐忘. -《장자》〈대종사편〉

172 吾生也有涯, 而知也无涯. 以有涯隨无涯, 殆已; 已而爲知者, 殆而已矣. 爲善无近名, 爲惡无
近刑. 緣督以爲經, 可以保身, 可以全生, 可以養親, 可以盡年. -《장자》〈양생주편〉

173 無以人滅天, 無以故滅命, 無以得殉名. 謹守而勿失, 是謂反其真. -《장자》〈추수편〉

174 古之真人, 不知說生, 不知惡死; 其出不訢, 其入不距; 翛然而往, 翛然而來而已矣. 不忘其所
始, 不求其所終; 受而喜之, 忘而復之. 是之謂不以心捐道, 不以人助天. 是之謂真人. -《장
자》〈대종사편〉

175 北冥有魚, 其名爲鯤. 鯤之大, 不知其幾千里也. 化而爲鳥, 其名爲鵬. 鵬之背, 不知其幾千里
也; 怒而飛, 其翼若垂天之雲. 是鳥也, 海運則將徙於南冥. 南冥者, 天池也. 齊諧者, 志怪者
也. 諧之言曰: '鵬之徙於南冥也, 水擊三千里, 摶扶搖而上者九萬里, 去以六月息者也…….'
-《장자》〈소요유편〉

176 人之性惡, 其善者僞也. 今人之性, 生而有好利焉, 順是, 故爭奪生而辭讓亡焉; 生而有疾惡
焉, 順是, 故殘賊生而忠信亡焉; 生而有耳目之欲, 有好聲色焉, 順是, 故淫亂生而禮義文理
亡焉. 然則從人之性, 順人之情, 必出於爭奪, 合於犯分亂理, 而歸於暴. 故必將有師法之化,
禮義之道, 然後出於辭讓, 合於文理, 而歸於治. 用此觀之, 然則人之性惡明矣, 其善者僞也.

177 天行有常, 不爲堯存, 不爲桀亡. 應之以治則吉, 應之以亂則凶. 彊本而節用, 則天不能貧; 養
　　備而動時, 則天不能病; 脩道而不貳, 則天不能禍. -《순자》〈천론편〉

178 飢而欲飽, 寒而欲煖, 勞而欲休, 此人之情性也. 今人見長而不敢先食者, 將有所讓也; 勞而
　　不敢求息者, 將有所代也. -《순자》〈성악편〉

179 水火有氣而無生, 草木有生而無知, 禽獸有知而無義, 人有氣, 有生, 有知, 亦且有義, 故最爲
　　天下貴也. 力不若牛, 走不若馬, 而牛馬爲用, 何也? 曰: 人能群, 彼不能群也. -《순자》〈왕제
　　편〉

180 群而無分則爭, 爭則亂, 亂則離, 離則弱, 弱則不能勝物; 故宮室不可得而居也, 不可少頃舍
　　禮義之謂也. -《순자》〈왕제편〉

181 人何以能群? 曰: 分. 分何以能行? 曰: 義. 故義以分則和, 和則一, 一則多力, 多力則彊, 彊則
　　勝物; 故宮室可得而居也. 故序四時, 裁萬物, 兼利天下, 無它故焉, 得之分義也. 故人生不能
　　無群. -《순자》〈왕제편〉

182 凡人之欲爲善者, 爲性惡也. 夫薄願厚, 惡願美, 狹願廣, 貧願富, 賤願貴, 苟無之中者, 必求
　　於外. 故富而不願財, 貴而不願埶, 苟有之中者, 必不及於外. 用此觀之, 人之欲爲善者, 爲性
　　惡也. 今人之性, 固無禮義, 故彊學而求有之也. -《순자》〈성악편〉

183 性也者, 吾所不能爲也, 然而可化也. 積也者, 非吾所有也, 然而可爲也. 注錯習俗, 所以化性
　　也. -《순자》〈유효편〉

184 涂之人百姓, 積善而全盡, 謂之聖人. 彼求之而後得, 爲之而後成, 積之而後高, 盡之而後聖,
　　故聖人也者, 人之所積也. -《순자》〈유효편〉

185 禮起於何也? 曰: 人生而有欲, 欲而不得, 則不能無求. 求而無度量分界, 則不能不爭; 爭則
　　亂, 亂則窮. 先王惡其亂也, 故制禮義以分之, 以養人之欲, 給人之求. 使欲必不窮乎物, 物必
　　不屈於欲. 兩者相持而長, 是禮之所起也. -《순자》〈예론편〉

186 凡語治而待去欲者, 無以道欲而困於有欲者也. 凡語治而待寡欲者, 無以節欲而困於多欲
　　者也. -《순자》〈정명편〉

187 今使人生而未嘗睹芻豢稻粱也, 惟菽藿糟糠之爲睹, 則以至足爲在此也, 俄而粲然有秉芻
　　豢稻粱而至者, 則瞲然視之曰: '此何怪也?' 彼臭之而嗛於鼻, 嘗之而甘於口, 食之而安於體,
　　則莫不棄此而取彼矣. -《순자》〈영욕편〉

188 木直中繩, 輮以爲輪, 其曲中規, 雖有槁暴, 不復挺者, 輮使之然也. -《순자》〈권학편〉

189 故治亂在於心之所可, 亡於情之所欲. -《순자》〈정명편〉

190 求者從所可, 所受乎心也. -《순자》〈정명편〉

191 心之所可中理, 則欲雖多, 奚傷於治? '心之所可中理, 則欲雖多, 奚傷於治?' -《순자》〈정명편〉

192 性之好, 惡, 喜, 怒, 哀, 樂謂之情. 情然而心為之擇謂之慮. -《순자》〈정명편〉

193 心不使焉, 則白黑在前而目不見, 雷鼓在側而耳不聞, 況於使者乎? …… 欲為蔽, 惡為蔽, 始為蔽, 終為蔽, 遠為蔽, 近為蔽, 博為蔽, 淺為蔽, 古為蔽, 今為蔽. -《순자》〈해폐편〉

194 人情之所必不免也. 故人不能無樂, 樂則必發於聲音, 形於動靜; 而人之道, 聲音動靜, 性術之變盡是矣. 故人不能不樂, 樂則不能無形, 形而不為道, 則不能無亂. -《순자》〈악론편〉

195 夫聲樂之入人也深, 其化人也速, 故先王謹為之文. 樂中平則民和而不流, 樂肅莊則民齊而不亂. -《순자》〈악론편〉

196 故文飾, 聲樂, 恬愉, 所以持平奉吉也; 麤惡, 哭泣, 憂戚, 所以持險奉凶也. …… 其立聲樂, 恬愉也, 不至於流淫, 惰慢; 其立哭泣, 哀戚也, 不至於隘懾傷生, 是禮之中流也. -《순자》〈예론편〉

197 貨財曰賻, 輿馬曰賵, 衣服曰襚, 玩好曰贈, 玉貝曰唅. 賻賵, 所以佐生也, 贈襚, 所以送死也. 送死不及柩尸, 弔生不及悲哀, 非禮也. 故吉行五十, 奔喪百里, 賵贈及事, 禮之大也. -《순자》〈대략편〉

198 禮者, 謹於治生死者也. 生, 人之始也, 死, 人之終也, 終始俱善, 人道畢矣. 故君子敬始而慎終, 終始如一, 是君子之道, 禮義之文也. -《순자》〈예론편〉

199 夫驥一日而千里. -《순자》〈수신편〉

200 塗之人可以為禹. -《순자》〈성악편〉

201 相形不如論心, 論心不如擇術. -《순자》〈비상편〉

202 夫驥一日而千里, 駑馬十駕, 則亦及之矣. -《순자》〈수신편〉

203 良農不為水旱不耕, 良賈不為折閱不市, 士君子不為貧窮怠乎道. -《순자》〈수신편〉

204 積土而為山, 積水而為海, 旦暮積謂之歲 聖人也者, 人之所積也. -《순자》〈유효편〉

205 青, 取之於藍, 而青於藍; 冰, 水為之, 而寒於水. -《순자》〈권학편〉

206 告子曰: '性, 猶杞柳也; 義, 猶桮棬也. 以人性為仁義, 猶以杞柳為桮棬.' 孟子曰: '子能順杞柳之性而以為桮棬乎? 將戕賊杞柳而後以為桮棬也? 如將戕賊杞柳而以為桮棬, 則亦將戕賊人以為仁義與? 率天下之人而禍仁義者, 必子之言夫!' -《맹자》〈고자상편〉

207 告子曰: '生之謂性.' 孟子曰: '生之謂性也, 猶白之謂白與?' 曰: '然.' '白羽之白也, 猶白雪之白; 白雪之白, 猶白玉之白與?' 曰: '然.' '然則犬之性, 猶牛之性; 牛之性, 猶人之性與?' -《맹

자〉〈고자상편〉

208 人皆有不忍人之心者, 今人乍見孺子將入於井, 皆有怵惕惻隱之心. 非所以內交於孺子之
父母也, 非所以要譽於鄉黨朋友也, 非惡其聲而然也. -《맹자》〈공손추상편〉

209 曰: '若寡人者, 可以保民乎哉?' 曰: '可.' 曰: '何由知吾可也?' 曰: '臣聞之胡齕曰, 王坐於堂
上, 有牽牛而過堂下者, 王見之, "牛何之?" 對曰: "將以釁鐘." 王曰: "舍之! 吾不忍其觳
觫, 若無罪而就死地." 對曰: '然則廢釁鐘與?' 曰: '何可廢也? 以羊易之! 不識有諸?' 曰: '有
之.' 曰: '是心足以王矣. 百姓皆以王為愛也, 臣固知王之不忍也.' 王曰: '然. 誠有百姓者. 齊
國雖褊小, 吾何愛一牛? 即不忍其觳觫, 若無罪而就死地, 故以羊易之也.' -《맹자》〈양혜왕
상편〉

210 盡其心者, 知其性也. 知其性, 則知天矣. -《맹자》〈진심상편〉

211 子畏於匡. 曰: '文王既沒, 文不在茲乎? 天之將喪斯文也, 後死者不得與於斯文也; 天之未喪
斯文也, 匡人其如予何?' -《논어》〈자한편〉

212 子曰: '天生德於予, 桓魋其如予何?' -《논어》〈술이편〉

213 惻隱之心, 仁之端也; 羞惡之心, 義之端也; 辭讓之心, 禮之端也; 是非之心, 智之端也. 人
之有是四端也, 猶其有四體也. 有是四端而自謂不能者, 自賊者也; 謂其君不能者, 賊其君
者也. 凡有四端於我者, 知皆擴而充之矣, 若火之始然, 泉之始達. 苟能充之, 足以保四海.
-《맹자》〈양혜왕상편〉

214 惻隱之心, 人皆有之; 羞惡之心, 人皆有之; 恭敬之心, 人皆有之; 是非之心, 人皆有之. 惻隱
之心, 仁也; 羞惡之心, 義也; 恭敬之心, 禮也; 是非之心, 智也. 仁義禮智, 非由外鑠我也, 我
固有之也, 弗思耳矣. -《맹자》〈고자상편〉

215 公都子問曰, '鈞是人也, 或為大人, 或為小人, 何也?' …… 孟子曰, '從其大體為大人, 從其小
體為小人.' 曰, '鈞是人也, 或從其大體, 或從其小體, 何也?' …… 曰, '耳目之官不思, 而蔽於
物, 物交物, 則引之而已矣. 心之官則思, 思則得之, 不思則不得也. 此天之所與我者, 先立乎
其大者, 則其小者弗能奪也. 此為大人而已矣.' -《맹자》〈고자상편〉

216 性猶湍水也, 決諸東方則東流, 決諸西方則西流. 人性之無分於善不善也, 猶水之無分於東
西也. -《맹자》〈고자상편〉

217 仁, 人心也; 義, 人路也. 舍其路而弗由, 放其心而不知求, 哀哉! 人有雞犬放, 則知求之; 有放
心, 而不知求. 學問之道無他, 求其放心而已矣. -《맹자》〈고자상편〉

218 舜何人也? 予何人也? 有為者亦若是. -《맹자》〈등문공상편〉

219 奚有於是? 亦為之而已矣. …… 徐行後長者謂之弟, 疾行先長者謂之不弟. 夫徐行者, 豈人

所不能哉? 所不爲也. 堯舜之道, 孝弟而已矣. 子服堯之服, 誦堯之言, 行堯之行, 是堯而已矣; 子服桀之服, 誦桀之言, 行桀之行, 是桀而已矣. -《맹자》〈고자하편〉

220 口之於味, 有同耆也. 易牙先得我口之所耆者也. 如使口之於味也, 其性與人殊, 若犬馬之與我不同類也, 則天下何耆皆從易牙之於味也? 至於味, 天下期於易牙, 是天下之口相似也惟耳亦然. 至於聲, 天下期於師曠, 是天下之耳相似也. 惟目亦然. 至於子都, 天下莫不知其姣也. 不知子都之姣者, 無目者也. 故曰: 口之於味也, 有同耆焉; 耳之於聲也, 有同聽焉; 目之於色也, 有同美焉. 至於心, 獨無所同然乎? 心之所同然者何也? 謂理也, 義也. 聖人先得我心之所同然耳. -《맹자》〈고자상편〉

221 口之於味也, 目之於色也, 耳之於聲也, 鼻之於臭也, 四肢之於安佚也, 性也, 有命焉. -《맹자》〈진심하편〉

222 仁之於父子也, 義之於君臣也, 禮之於賓主也, 智之於賢者也, 聖人之於天道也, 命也, 有性焉, 君子不謂命也. -《맹자》〈진심하편〉

223 地方百里而可以王. 王如施仁政於民, 省刑罰, 薄稅斂, 深耕易耨. 壯者以暇日修其孝悌忠信, 入以事其父兄, 出以事其長上, 可使制梃以撻秦楚之堅甲利兵矣. 彼奪其民時, 使不得耕耨以養其父母, 父母凍餓, 兄弟妻子離散. 彼陷溺其民, 王往而征之, 夫誰與王敵? 故曰: "仁者無敵." -《맹자》〈양혜왕상편〉

224 曰: '有復於王者曰: "吾力足以擧百鈞", 而不足以擧一羽; "明足以察秋毫之末", 而不見輿薪, 則王許之乎?' 曰: '否.' '今恩足以及禽獸, 而功不至於百姓者, 獨何與? 然則一羽之不擧, 爲不用力焉; 輿薪之不見, 爲不用明焉, 百姓之不見保, 爲不用恩焉. 故王之不王, 不爲也, 非不能也.' 曰: '不爲者與不能者之形何以異?' 曰: '挾太山以超北海, 語人曰 "我不能", 是誠不能也. 爲長者折枝, 語人曰 "我不能", 是不爲也, 非不能也. 故王之不王, 非挾太山以超北海之類也; 王之不王, 是折枝之類也.' -《맹자》〈양혜왕상편〉

225 居天下之廣居, 立天下之正位, 行天下之大道. 得志與民由之, 不得志獨行其道. 富貴不能淫, 貧賤不能移, 威武不能屈. 此之謂大丈夫. -《맹자》〈등문공하편〉

226 '敢問何謂浩然之氣?' 曰: '難言也. 其爲氣也, 至大至剛, 以直養而無害, 則塞于天地之間. 其爲氣也, 配義與道; 無是, 餒也. 是集義所生者, 非義襲而取之也. 行有不慊於心, 則餒矣.' -《맹자》〈공손추상편〉

227 君子所性, 仁義禮智根於心. 其生色也, 睟然見於面, 盎於背, 施於四體, 四體不言而喩. -《맹자》〈진심상편〉

228 人之所以異於禽於獸者幾希, 庶民去之, 君子存之. -《맹자》〈이루하편〉

229 天之生斯民也, 使先知覺後知, 使先覺覺後覺. 予, 天民之先覺者也; 予將以此道覺此民
也. 思天下之民匹夫匹婦有不與被堯舜之澤者, 若己推而內之溝中, 其自任以天下之重也.
-《맹자》〈만장하편〉

230 繆公亟見於子思, 曰: '古千乘之國以友士, 何如?' 子思不悅, 曰: '古之人有言: 曰事之云乎,
豈曰友之云乎?' 子思之不悅也, 豈不曰: '以位, 則子, 君也; 我, 臣也. 何敢與君友也? 以德,
則子事我者也. 奚可以與我友?' 千乘之君求與之友, 而不可得也, 而況可與. -《맹자》〈만장
하편〉

231 齊景公田, 招虞人以旌, 不至, 將殺之. 志士不忘在溝壑, 勇士不忘喪其元. 孔子奚取焉? 取
非其招不往也. -《맹자》〈만장하편〉

232 有大人之事, 有小人之事. …… 或勞心, 或勞力; 勞心者治人, 勞力者治於人; 治於人者食人,
治人者食於人: 天下之通義也. -《맹자》〈등문공상편〉

233 所謂故國者, 非謂有喬木之謂也, 有世臣之謂也. 王無親臣矣, 昔者所進, 今日不知其亡也.
-《맹자》〈양혜왕하편〉

234 人情之理, 不可不察也. -《손자병법》〈구지편〉

235 凡處軍相敵: 絕山依谷, 視生處高, 戰隆無登, 此處山之軍也. 絕水必遠水, 客絕水而來, 勿迎
于水內, 令半濟而擊之利. 欲戰者, 無附於水而迎客, 視生處高, 無迎水流, 此處水上之軍也.
…… 平陸處易, 右背高, 前死後生, 此處平陸之軍也. 凡此四軍之利, 黃帝之所以勝四帝也.
-《손자병법》〈행군편〉

236 夫地形者, 兵之助也. 料敵制勝, 計險阨遠近, 上將之道也. 知此而用戰者, 必勝; 不知此而用
戰者必敗. -《손자병법》〈지형편〉

237 無約而請和者, 謀也. 奔走而陳兵者, 期也. …… 夜呼者, 恐也. 軍擾者, 將不重也. 旌旗動者,
亂也. 吏怒者, 倦也. 諄諄翕翕, 徐與人言者, 失衆也. …… 數賞者, 窘也. 數罰者, 困也. 先暴
而後畏其衆者, 不精之至也. -《손자병법》〈행군편〉

238 卒未親附而罰之, 則不服, 不服則難用. 卒已親附而罰不行, 則不可用. 故令之以文, 齊之以
武, 是謂必取. 令素行以敎其民, 則民服; 令不素行以敎其民, 則民不服; 令素行, 與衆相得
也. -《손자병법》〈행군편〉

239 勢者 所以令士必鬪也. -《손자병법》〈군쟁편〉

240 故三軍可奪氣, 將軍可奪心. 是故朝氣銳, 晝氣惰, 暮氣歸; 故善用兵者, 避其銳氣, 擊其惰
歸, 此治氣者也. -《손자병법》〈군쟁편〉

241 車戰, 得車十乘以上, 賞其先得者. -《손자병법》〈작전편〉

242 故三軍之事, 親莫親于間, 賞莫厚于間, 事莫密于間, 非聖智不能用間, 非仁義不能使間, 非微妙不能得間之實. -《손자병법》〈용간편〉

243 深則專, 淺則散. …… 投之亡地然後存, 陷之死地然後生. 夫衆陷于害, 然後能爲勝敗. -《손자병법》〈구지편〉

244 故善用兵者, 譬如率然; 率然者, 常山之蛇也, 擊其首, 則尾至, 擊其尾, 則首至, 擊其中, 則首尾俱至. 敢問: '兵可使如率然乎?' 曰: '可.' 夫吳人與越人相惡也, 當其同舟濟而遇風, 其相救也如左右手. -《손자병법》〈구지편〉

245 帥與之期, 如登高而去其梯, 帥與之深, 入諸侯之地而發其機. 若驅群羊, 驅而往, 驅而來, 莫知所之. 聚三軍之衆, 投之于險, 此將軍之事也. -《손자병법》〈구지편〉

246 令發之日, 士卒坐者涕沾襟, 偃臥者涕交頤. -《손자병법》〈구지편〉

247 故將有五危: 必死可殺, 必生可虜, 忿速可侮, 廉潔可辱, 愛民可煩; 凡此五危, 將之過也, 用兵之災也. 覆軍殺將, 必以五危, 不可不察也. -《손자병법》〈구변편〉

248 夫將者, 國之輔也, 輔周則國必強, 輔隙則國必弱. -《손자병법》〈모공편〉

249 凡戰之要, 必先占其將而察其才. 因形用權, 則不勞而功舉. 其將愚而信人, 可詐而誘; 貪而忽名, 可貨而賂; 輕變無謀, 可勞而困. 上富而驕, 下貧而怨, 可離而間. 進退多疑, 其衆無依, 可震而走. -《오자병법》〈논장편〉

250 令賤而勇者, 將輕銳以嘗之. 務於北, 無務於得, 觀敵之來, 一坐一起, 其政以理, 其追北佯爲不及, 其見利佯爲不知, 如此將者, 名爲智將, 勿與戰矣. -《오자병법》〈논장편〉

251 若其衆讙譁, 旌旗煩亂, 其卒自行自止, 其兵或縱或橫, 其追北恐不及, 見利恐不得, 此爲愚將, 雖衆可獲. -《오자병법》〈논장편〉

252 民安其田宅, 親其有司, 則守已固矣. 百姓皆是吾君而非鄰國, 則戰已勝矣. -《오자병법》〈도국편〉

253 是以有道之主, 將用其民, 先和而造大事. 不敢信其私謀, 必告於祖廟, 啟於元龜, 參之天時, 吉乃後舉. 民知君之愛其命, 惜其死, 若此之至, 而與之臨難, 則士以盡死爲榮, 退生爲辱矣. -《오자병법》〈도국편〉

254 凡制國治軍, 必敎之以禮, 勵之以義, 使有恥也. 夫人有恥, 在大足以戰, 在小足以守矣. -《오자병법》〈도국편〉

255 古之明王必謹君臣之禮. 飾上下之儀, 安集吏民, 順俗而敎. -《오자병법》〈도국편〉

256 武侯問曰: '嚴刑明賞, 足以勝乎?' 起對曰: '嚴明之事, 臣不能悉. 雖然, 非所恃也. 夫發號布令而人樂聞, 興師動衆而人樂戰, 交兵接刃而人樂死. 此三者, 人主之所恃也.' -《오자병법》

〈여사편〉

257 君擧有功而饗之, 無功而勵之. -《오자병법》〈여사편〉

258 於是武侯設坐廟廷為三行饗士大夫. 上功坐前行, 餚席兼重器, 上牢. 次功坐中行, 餚席器差減. 無功坐後行, 餚席無重器. -《오자병법》〈여사편〉

259 故強國之君, 必料其民. 民有膽勇氣力者, 聚為一卒; 樂以進戰效力以顯其忠勇者, 聚為一卒; 能踰高超遠, 輕足善走者, 聚為一卒; 王臣失位而欲見功於上者, 聚為一卒; 棄城去守欲除其醜者, 聚為一卒. -《오자병법》〈도국편〉

260 有此三千人, 內出可以決圍, 外入可以屠城矣. -《오자병법》〈도국편〉

261 凡兵之所起者有五: 一曰爭名, 二曰爭利, 三曰積德惡, 四曰內亂, 五曰因饑. -《오자병법》〈도국편〉

262 一曰義兵, 二曰彊兵, 三曰剛兵, 四曰暴兵, 五曰逆兵. 禁暴救亂曰義, 恃衆以伐曰彊, 因怒興師曰剛, 棄禮貪利曰暴, 國亂人疲擧事動衆曰逆. -《오자병법》〈도국편〉

263 五者之數, 各有其道, 義必以禮服, 彊必以謙服, 剛必以辭服, 暴必以詐服, 逆必以權服. -《오자병법》〈도국편〉

264 夫齊性剛, 其國富, 君臣驕奢而簡於細民, 其政寬而祿不均, 一陣兩心, 前重後輕, 故重而不堅. 擊此之道, 必三分之, 獵其左右, 脅而從之, 其陣可壞. -《오자병법》〈요적편〉

265 秦性強, 其地險, 其政嚴, 其賞罰信, 其人不讓皆有鬥心, 故散而自戰. 擊此之道, 必先示之以利而引去之, 士貪於得而離其將, 乘乖獵散, 設伏投機, 其將可取. -《오자병법》〈요적편〉

266 楚性弱, 其地廣, 其政騷, 其民疲, 故整而不久. 擊此之道, 襲亂其屯, 先奪其氣, 輕進速退, 弊而勞之, 勿與爭戰, 其軍可敗. -《오자병법》〈요적편〉

267 三軍可奪帥也, 匹夫不可奪志也. -《논어》〈자한편〉

268 仁遠乎 哉我欲仁, 斯仁至矣. -《논어》〈술이편〉

269 人能弘道 非道弘人. -《논어》〈위령공편〉

270 犁牛之子騂且角, 雖欲勿用, 山川其舍諸? -《논어》〈옹야편〉

271 譬如為山, 未成一簣, 止, 吾止也; 譬如平地, 雖覆一簣, 進, 吾往也. -《논어》〈자한편〉

272 如之何如之何者, 吾末如之何也已矣. -《논어》〈위령공편〉

273 不憤不啟, 不悱不發, 擧一隅不以三隅反, 則不復也. -《논어》〈술이편〉

274 君子求諸己, 小人求諸人. -《논어》〈위령공편〉

275 子路問君子. 子曰: '修己以敬.' 曰: '如斯而已乎?' 曰: '脩己以安人.' 曰: '如斯而已乎?' 曰: '脩己以安百姓. 脩己以安百姓, 堯舜其猶病諸.' -《논어》〈위령공편〉

276 克己復禮為仁. 一日克己復禮, 天下歸仁焉. 為仁由己, 而由人乎哉? -《논어》〈안연편〉

277 齊景公問政於孔子. 孔子對曰: '君君, 臣臣, 父父, 子子.' 公曰: '善哉! 信如君不君, 臣不臣, 父不父, 子不子, 雖有粟, 吾得而食諸.' -《논어》〈안연편〉

278 后稷教民稼穡. 樹藝五穀, 五穀熟而民人育. 人之有道也, 飽食, 煖衣, 逸居而無教, 則近於禽獸. 聖人有憂之, 使契為司徒, 教以人倫: 父子有親, 君臣有義, 夫婦有別, 長幼有序, 朋友有信. -《맹자》〈등문공상편〉

279 君臣, 父子, 兄弟, 夫婦, 始則終, 終則始, 與天地同理, 與萬世同久, 夫是之謂大本. -《순자》〈왕제편〉

280 孔子曰: '君子有三恕: 有君不能事, 有臣而求其使, 非恕也; 有親不能報, 有子而求其孝, 非恕也; 有兄不能敬, 有弟而求其聽令, 非恕也. 士明於此三恕, 則可以端身矣.' -《순자》〈법행편〉

281 孔子曰: '君子之道四, 丘未能一焉: 所求乎子以事父, 未能也; 所求乎臣以事君, 未能也; 所求乎弟以事兄, 未能也; 所求乎朋友先施之, 未能也.' -《대학》13장

282 子曰: '述而不作, 信而好古, 竊比於我老彭.' -《논어》〈술이편〉

283 孟子曰: '君子有三樂, 而王天下不與存焉. 父母俱存, 兄弟無故, 一樂也. 仰不愧於天, 俯不怍於人, 二樂也. 得天下英才而教育之, 三樂也. 君子有三樂, 而王天下不與存焉.' -《맹자》〈진심상편〉

284 孔子曰: '君子有三思而不可不思也: 少而不學, 長無能也; 老而不教, 死無思也; 有而不施, 窮無與也. 是故君子少思長, 則學; 老思死, 則教; 有思窮, 則施也.' -《순자》〈법행편〉

285 南郭惠子問於子貢曰: '夫子之門何其雜也?' 子貢曰: '君子正身以俟, 欲來者不距, 欲去者不止. 且夫良醫之門多病人, 檃栝之側多枉木, 是以雜也.' -《순자》〈법행편〉

286 仁人絀約, 敖暴擅彊. 天下幽險, 恐失世英, 闇乎天下之晦盲也, 皓天不復, 憂無疆也. 千歲必反, 古之常也. 弟子勉學, 天不忘也. 聖人共手, 時幾將矣. -《순자》〈부편〉

참고문헌

김갑수, 《장자와 문명》, 논형, 2004.

김광수 역, 《손자병법》, 책세상, 1999.

리링, 김승호 역, 《전쟁은 속임수다》, 글항아리, 2012.

박원재, 〈도가의 이상적 인간상에 대한 연구: '자아의 완성'을 중심으로〉 고려대학교 박사학위논문, 1996.

박재범 역, 《묵자》, 홍익출판사, 1999.

백민정, 《맹자: 유학을 위한 철학적 반론》, 태학사, 2005.

손영식, 〈묵자의 '하느님의 뜻'에 근거한 '보편적 사랑'(겸애)의 이론〉 1·2, 《동양고전연구》 제3집, 1994.

_____, 〈성악설의 흐름: 묵자·순자·법가 및 노자의 인간관〉, 《동양고전연구》 제10집, 1998.

신정근, 《사람다움의 발견》, 이학사, 2005.

이봉규, 〈규범의 근거로서 혈연적 연대와, 신분의 구분에 대한 고대 유가의 인식〉, 《태동고전연구》 제10집, 1993.

이수태, 《논어의 발견》, 바오, 2014.

이택용, 《중국고대의 운명론: 삶의 우연성에 대한 대응》, 문사철, 2014.

임건순, 《순자, 절름발이 자라가 천리를 간다》, 시대의창, 2015.

_____, 《묵자, 공자를 딛고 일어선 천민사상가》, 시대의창, 2015.

_____, 《동양의 첫 번째 철학, 손자병법》, 서해문집, 2016.

_____, 《오자, 손자를 넘어선 불패의 전략가》, 시대의창, 2017.

임동석 역주, 《상군서》, 동서문화사, 2015.

임용한 역, 《손자병법》, Olje(올재), 2015.

임용한 역, 《오자병법》, Olje(올재), 2015.

장원태, 〈전국시대 인성론의 형성과 전개: 유가, 묵가, 법가를 중심으로〉, 서울대학교 박사학위논문, 2005.

정원재, 〈지각설에 입각한 이이 철학의 이해〉, 서울대학교 박사학위논문, 2001.

조성주, 《알린스키, 변화의 정치학》, 후마니타스, 2015.

주광호, 《맹자: 나를 이기는 힘》, 문출판사, 2012.

최윤재, 《큰손과 좀도둑의 정치경제학: 한국의 정치경제 왜 허약한가》, 나무와숲, 2002.

_____, 《한비자가 나라를 살린다: 경제학자가 제안하는 통쾌한 한국개혁론》, 청년사, 2000.

허현, 〈맹자 성 개념에 대한 연구〉, 《철학논구》 제27집, 1999.